股市胜战策略

兰春雷 著

燕山大学出版社
·秦皇岛·

图书在版编目（CIP）数据

股市胜战策略 / 兰春雷著. —秦皇岛：燕山大学出版社，2021.1（2026.1 重印）
ISBN 978-7-5761-0091-4

Ⅰ. ①股… Ⅱ. ①兰… Ⅲ. ①股票投资－基本知识 Ⅳ. ①F830.91

中国版本图书馆 CIP 数据核字（2020）第 248778 号

股市胜战策略

兰春雷 著

出 版 人：	陈 玉
责任编辑：	李 冉
封面设计：	刘韦希
出版发行：	燕山大学出版社 YANSHAN UNIVERSITY PRESS
地　　址：	河北省秦皇岛市河北大街西段 438 号
邮政编码：	066004
电　　话：	0335-8387555
印　　刷：	廊坊市印艺阁数字科技有限公司
经　　销：	全国新华书店
开　　本：	710mm×1000mm　1/16　印　张：18　字　数：286 千字
版　　次：	2021 年 1 月第 1 版　印　次：2026 年 1 月第 2 次印刷
书　　号：	ISBN 978-7-5761-0091-4
定　　价：	68.00 元

版权所有　侵权必究

如发生印刷、装订质量问题，读者可与出版社联系调换

联系电话：0335-8387718

前　言

能够在股市获取利润，使有限的财富增值是每一个股民的理想。大部分理论认为股民亏损的原因是贪婪和恐惧，当股民回首往事的时候似乎都确认了这个原因。许许多多的人认为市场的走势和大部分股民的思维相反，导致大部分人总是做错，所以股市中大部分人总是亏损。参与股市许多年经历过长久的亏损和短暂的赢利之后，感触很深，从2015年2月起资金由几万增加到十几万之后，于2018年2月开始对股市有了自己的想法。处于熊市之中，如何做好熊市是一个需要认真对待的事情，于是开始以如何在下跌过程中操作为主题进行深入研究和总结，一边总结一边操作，当年股指一路走低，账户资金一路走高，收益好于此前的2016和2017两年，在经历2019年年初的上涨行情之后，思路变得越来越清晰。经过对稿件做了两次大幅度删改和调整，终于在2019年6月形成了完整的体系，按照这个体系整理充实，并于2019年8月形成了《股市胜战策略》的全部内容。

胜战理论认为股民亏损的根本原因是操作策略缺失和操作熟练度不够，同时认为股市是可以赢利的。本书以规避下跌保护利润为中心形成了由能量感知、形态分析、预判与确定、快速反应与仓位控制、阶段性结算五部分组成的股市胜战精髓，在此基础上以陷阱原理细致探讨了顶部、下跌、底部和上涨的各种形态以及具体操作方法，阐述了空仓和止损的意义。紧紧围绕磨炼和总结为行动纲领的人性缺陷对治策略，弘扬熟能生巧的人生取胜之道。本书有12个部分，前面三部分阐述了股市胜战基础和精髓，第四部分是对常用技术指标的综合分析，第六和第七部分是对阴线、聚压线、熊坑、短期上涨等基本形态的总结和分析，后面五个部分是对与熊市下跌过程相对应的陷阱原理中的阱口、阱壁、阱底形态进行

的总结和分析，同时阐述了具体的仓位控制方案以及反弹操作、波动操作技术。通篇都有对各种形态发生时股票关注者的心理活动的批判和剖析，对操作者在实际操作历练过程中自我提高有重要意义。

  本书的理论基于股市可以胜战的理念，所以并不认为亏损的原因仅仅是人的心理问题，也不认为是趋势与个人思维相反，而是认为赢利与亏损的根本问题是博弈双方谁的认识和技术更胜一筹。因为本书以规避风险为主题，所以有意淡化了对长线上涨和顶部形态的分析，刻意于阴线和破位下跌的描述，就是为了始终能够保护本金和利润，始终能够有清醒的头脑。本书的形态分析例图大部分来源于中国的股市，适当列入了一些美国股市的图例，但是由于交易规则的不同，可能在实用性方面需要进一步总结。经过对美股和港股的一些股票进行观察后发现，尽管交易制度不同，但是大部分股票基本的形态特征没有多大差别。对于短时间内暴跌的股票，$t+0$ 的情况下具有非常严重的风险；反观中国股市一些连续跌停的股票也一样无法进行有效规避。如果没有卖空手段，连续大跌的股票是无法进行理智的有策略的交易的，所以无论什么理论和方法，也无论什么交易制度，仓位控制和精选股票还是非常重要的。也就是说我们的策略不仅对于 $t+1$ 有效也对 $t+0$ 有效，但是对于想要操作的股票始终需要进行更深入的了解，始终需要保持高度的风险意识，尽最大努力规避无法预见的下跌风险。

  如今账户资金一直在上升之中，希望与胜战有缘的股友通过对书中内容的研究形成自己独有的有效的赢利模式，青出于蓝而胜于蓝，祝愿有缘的股友年年赢利，牛熊通吃，财源滚滚。同时也希望有识之士在实践过程中以自己更加圆满的学识对此书提出完善和改进建议。

  让我们胜战股市！

目　录

第一章　股市胜战概论

第一节　牛市和熊市的本质 001
- （一）牛熊释义 001
- （二）牛熊的关系 001
- （三）牛熊的疯狂 001
- （四）牛熊市的本质 002

第二节　牛市和熊市中的股民 002
- （一）协同运动是根本 002
- （二）扩大投机是助力 002
- （三）风投理念是诱因 003

第三节　胜战者 003
- （一）修心第一 003
- （二）勤学第二 004
- （三）磨炼第三 005
- （四）守法第四 006
- （五）美德第五 006

第四节　股市形态初论 007
- （一）基本形态 007
- （二）陷阱原理 007
- （三）初识形态 008

第五节　股市胜战 009

（一）股市胜战研究的方向 009
（二）股市胜战的目的 009
（三）胜战研究要点 009

第二章　股市胜战初步

第一节　股市胜战状态的辨析 010

（一）上涨稳定获利 010
（二）上涨增值获利 010
（三）下跌稳定保本 010
（四）下跌适度亏损 010
（五）下跌适度增值 011

第二节　胜战关键——阶段性成败 011

（一）形成适合于自己的核算周期 011
（二）放弃超过自己水平的交易 011
（三）随时准备止损空仓 012
（四）进行每一次交易总结 012
（五）阶段性的仓位控制 012

第三节　股市胜战的一些常规方法 012

（一）阶段止赢落袋为安 012
（二）熊坑止损及时跟进 013
（三）上下难测减仓操作 013
（四）股价高企分仓止赢 013
（五）良股超跌勇于抄底 014
（六）阱口空仓待机而动 015
（七）持股有度组合操作 015

第四节　熊市胜战心理要点分析 016

（一）一旦下跌要勇于空仓 016
（二）做自己非常熟悉的股票 016

（三）远离高估值的股票 017
　　（四）心有疑戒操作 017
　　（五）勇于操作要立足于勇于止损 017
　　（六）始终保证持股是活股 017
　　（七）上午冲高宜减仓深跌尾盘宜加仓 017
　　（八）勇敢细心随机应变 018
第五节　股市交易制度展望 018

第三章　股市胜战技术精髓

第一节　趋势能和变动能——胜战技术之切入点 019
　　（一）趋势能 019
　　（二）变动能 019
　　（三）能量概念 019
　　（四）能量感受 019
　　（五）敏锐感觉转势是目的 020
第二节　价格波动与K线图——胜战技术之分析基础 020
　　（一）均线系统 020
　　（二）趋势阶段 020
　　（三）趋势幅度 020
　　（四）趋势时间 022
　　（五）K线态势 024
　　（六）成交量态 026
第三节　预判与确定——胜战技术之决策精髓 031
　　（一）预判和确定之解析 031
　　（二）基本趋势预判的种类 032
　　（三）预判和确定之应用 034
第四节　快速反应与仓位控制——胜战技术之操作精髓 035
　　（一）仓位控制 035
　　（二）快速把握转折点 038

　　（三）快速反应和仓位控制完美契合 ………………………………039
　第五节　阶段性结算——胜战技术之胜战保证 ………………………040
　　（一）同过去说再见 …………………………………………………040
　　（二）不断提高操作水平 ……………………………………………041
　　（三）快速专注于未来 ………………………………………………042
　　（四）阶段性结算内容 ………………………………………………042

第四章　常规技术指标分析

　第一节　常规技术指标之MACD …………………………………………044
　　（一）MACD 简介 ……………………………………………………044
　　（二）MACD 使用简述 ………………………………………………046
　　（三）MACD 使用优缺点 ……………………………………………048
　第二节　常规技术指标之KDJ ……………………………………………050
　　（一）KDJ 简介 ………………………………………………………050
　　（二）KDJ 使用简述 …………………………………………………052
　　（三）KDJ 使用优缺点 ………………………………………………054
　第三节　常规技术指标之BOLL ……………………………………………056
　　（一）BOLL 简介 ……………………………………………………056
　　（二）BOLL 使用简述 ………………………………………………058
　　（三）BOLL 使用优缺点 ……………………………………………061
　第四节　股市胜战与常规技术指标 ………………………………………064
　　（一）常用指标的共同缺点 …………………………………………064
　　（二）常用指标在股市胜战中的应用 ………………………………065

第五章　阴线和聚压线

　第一节　阴线形态 …………………………………………………………067
　　（一）胜战技术的阴线概念 …………………………………………067
　　（二）上涨过程中的阴线基本形态 …………………………………067

（三）上涨过程中的阴线图解 068

第二节　阴线的影响 069

　　（一）K线的形成 069
　　（二）阴线出现及心理影响 070
　　（三）阴线形态概率分析 071
　　（四）阴线影响力分析 072

第三节　阴线形态的应用 073

　　（一）阴线应用步骤 073
　　（二）实例分析 073

第四节　聚压能理论 075

　　（一）聚压能起源 075
　　（二）压能概念 075
　　（三）聚压能 075
　　（四）聚压线 076

第五节　聚压线作用及应用 078

　　（一）聚压线的作用 078
　　（二）聚压线下跌概率分析 078
　　（三）聚压线应用实例 079

第六节　阴线与聚压线应用高级技术——雏形操作 082

　　（一）高位出阴操作法 082
　　（二）聚压阳线操作法 083
　　（三）雏形应用分析 084

第六章　上涨和熊坑

第一节　上涨 085

　　（一）上涨简论 085
　　（二）短期上涨形态 085
　　（三）价托线JT 086
　　（四）短期波动形态 088

　　（五）中长期上涨的形成 088

第二节　熊坑研究 089

　　（一）熊坑形态 089

　　（二）熊坑分析的目标 090

第三节　熊坑研究目标的实现 091

　　（一）第一目标——规避回调损失 091

　　（二）第二目标——分析企稳价位 092

　　（三）第三目标——确定支撑有效 093

　　（四）第四目标——确定支撑失效 094

第四节　熊坑操作实例分析 096

　　（一）熊坑①操作 096

　　（二）熊坑②操作 101

　　（三）熊坑③操作 103

　　（四）熊坑操作的要领 106

第七章　陷阱研究之阱口

第一节　阱口形态 108

　　（一）阱口形态一 108

　　（二）阱口形态二 109

　　（三）阱口形态三 109

第二节　阱口形态特征 110

　　（一）阱口前面是一场连续涨升 110

　　（二）一系列支撑位被跌破 110

　　（三）股价运行到均线之下 111

第三节　阱口形态注解 111

　　（一）渐落阱口出现的顶部形态 111

　　（二）急落阱口出现的顶部形态 111

　　（三）悬空阱口出现的顶部形态 111

第四节　熊坑在阱口分析中的作用..........112
  （一）熊坑在上涨过程中的特征..........112
  （二）熊坑的作用..........112

第五节　阱口之第一对策——空仓..........115
  （一）对待阱口的心理分析..........115
  （二）阱口空仓的执行..........116

第六节　阱口技术判断..........117
  （一）阱口初步预判..........117
  （二）波浪理论及相似性归纳预判阱口..........120
  （三）熊坑与阴线组合预判阱口..........121
  （四）预判阱口及操作方法..........123
  （五）确认阱口及空仓等待..........124

第七节　阱口形态及操作策略通论..........124
  （一）急落阱口..........124
  （二）渐落阱口..........126
  （三）悬空阱口..........127
  （四）阱口操作总结..........128

第八章　陷阱研究之阱壁

第一节　阱壁形态..........131
  （一）长期下跌..........131
  （二）中期下跌..........132
  （三）短期下跌..........132

第二节　阱壁特征..........133
  （一）股价在均线下方运行..........133
  （二）反弹在均线处终止..........133
  （三）股价不停出现新低..........133

第三节　阱壁形态分析..........134
  （一）阱壁形态1——5日线下急跌阱壁JB1..........134

  （二）阱壁形态 2——迅速向上运行的反弹阱壁 FB2 134
  （三）阱壁形态 3——在一定范围内横向震荡的阱壁 HB3 136
  （四）阱壁形态 4——有一定宽度的下降通道阱壁 TB4 137
第四节 阱壁操作策略 138
  （一）保本 138
  （二）增值 139
第五节 保本策略之空仓 140
  （一）忍得住反弹的诱惑 140
  （二）看得清反弹的本质 140
  （三）一切以空仓为前提思考 140
第六节 保本策略之止损 140
  （一）止损要在成本价附近 141
  （二）止损要果断利落 141
  （三）止损操作 142
  （四）止损后操作 147

第九章 阱壁形态细研

第一节 变形的急跌阱壁JB1 149
  （一）典型急跌阱壁 149
  （二）上圆弧急跌阱壁 149
  （三）下圆弧急跌阱壁 150
  （四）通道式急跌阱壁 151
  （五）中间通道急跌阱壁 151
  （六）上下弧急跌阱壁 152
第二节 多样化的反弹阱壁FB2 153
  （一）典型反弹阱壁 F 153
  （二）单 N 形反弹阱壁 N 153
  （三）变 N 形反弹阱壁 154
  （四）多 N 形反弹阱壁 157

（五）上弧形反弹阱壁..158

（六）下弧形反弹阱壁..159

第三节　比较单纯的横盘阱壁HB3..................................160

（一）典型横盘阱壁..160

（二）带有短期震荡的横盘阱壁..161

（三）带有短线冲高的横盘阱壁..162

第四节　广泛而特定的通道阱壁TB4..................................162

（一）特定的通道阱壁..162

（二）通道阱壁注解..163

第五节　组合下跌阱壁ZB..163

（一）上急跌下通道组合 ZB1..163

（二）上通道下急跌组合 ZB2..164

（三）上下急跌中通道组合 ZB3..165

（四）连续通道组合 ZB4..165

第六节　阱壁补存说明..166

（一）主形态被异常小波动干扰..166

（二）主形态被大幅涨跌干扰..166

第十章　阱壁增值第一策略——反弹的把握

第一节　反弹操作导论..167

（一）操作对象..167

（二）操作方法..167

（三）目标值..167

（四）风险意识..167

第二节　阱壁反弹形态格局..167

（一）急跌阱壁反弹..167

（二）通道下跌阱壁反弹..170

（三）横盘阱壁冲高反弹..172

第三节　反弹发生概率及操作策略..................174
（一）顶部急跌阴壁反弹分析..................174
（二）顶部通道阴壁反弹分析..................178
（三）横盘通道冲高反弹分析..................179

第四节　线下超跌稳步反弹专论..................183
（一）大盘线下超跌反弹分析..................183
（二）个股线下超跌反弹分析..................185

第五节　反弹的把握..................188
（一）特别强调..................188
（二）反弹操作程序..................189

第六节　实例分析..................191
（一）急跌阴壁反弹操作实例..................191
（二）通道阴壁反弹操作实例..................194
（三）横盘冲高反弹操作实例..................197
（四）反弹操作风险综合..................198

第十一章　阴壁增值第二策略——波动的把握

第一节　次级波动基础..................200
（一）单日线和分钟线..................200
（二）5分钟线形态分析..................202
（三）双日线与分钟线..................203

第二节　次级波动操作分析..................211
（一）次级波动买卖分析..................211
（二）次级波动操作基础分析..................213

第三节　次级波动操作策略总结..................217
（一）日线定势第一..................218
（二）分钟线定点第二..................218
（三）仓位控制第三..................219
（四）纠偏策略第四..................219

第四节　次级波动操作实例分析 220
　　（一）上涨波段操作分析 220
　　（二）下跌波段操作分析 223
　　（三）波段捕捉失败分析 227

第十二章　陷阱研究之阱底

第一节　阱底研究理念 229
　　（一）抄底之殇 229
　　（二）阱底理念 229

第二节　阱底形态 230
　　（一）阱底基础 231
　　（二）转折底形态 232
　　（三）波动底形态基础 243
　　（四）波动底形态 243

第三节　阱底的确认 257
　　（一）阱底预判 258
　　（二）阱底可靠性分析 259

第四节　阱底的操作 261
　　（一）波动底操作 261
　　（二）转折底操作 261
　　（三）阱底操作实例分析 264

第五节　阱底操作补充 270
　　（一）技术指标应用 270
　　（二）股票仓位控制 270
　　（三）高抛低吸 270

第一章　股市胜战概论

股市分牛市和熊市，人们把一段连续上涨称为牛市，对应把连续下跌称为熊市。想在股市拼搏而获取利益的人，绝大部分都在研究如何养牛，就是把握牛市跟随上涨赚钱，但是大部分人在熊市不仅把利润退回还把本金亏损，因为很少人研究捕熊。实际上不只是牛可以卖钱，熊也是有价值的，而且有更贵重的内涵。股市胜战就是一种养牛捕熊的技术，就是寻找一切机会跟随上涨，同时利用各种技术手段规避下跌，躲得过大幅亏损就能够成功战胜股市。要想做到养牛捕熊，就需要对股市有充分的研究并形成完美的胜战技术。

第一节　牛市和熊市的本质

（一）**牛熊释义**：牛，草食动物，养牛可以赚钱，但是养疯了就对人有害；熊，肉食动物，对人有害，越疯越有害。牛在明处给人幸福和谐的感觉，付出能够得到收获；熊在暗处给人阴森恐怖的感觉，遇到则必然损失。

（二）**牛熊的关系**：牛和熊是同时存在的，处于此消彼长之中，这是正常的生命依存现象。当牛在少数养牛人护理下茁壮成长的时候，人们都给予热切的关注，随着牛价提高，人们纷纷投入养牛的事业中，投资人越来越多，牛也越来越多，由于牛肉供过于求牛价下跌，养牛人不能及时卖出牛，于是出现病牛死牛，有的甚至不得不把牛栏里的健康牛赶出。本来熊是靠偷猎牛来生存，但是这个时候熊得到了病牛死牛和被抛弃的牛后开始发展壮大，直到有一天牛少了。这个时候社会对牛需求增加，价格上涨，人们开始对牛精心呵护，而对熊不停捕杀，于是牛逐步多了起来，而熊逐步少了。

（三）**牛熊的疯狂**：高级投资者始终站在交易系统的高端，善于把握时机，他们不仅进行养牛捕熊的活动，在特定时期扮演着害牛养熊的事情，把正常此消彼长的生命现象扩大化至疯狂的地步，而且在养牛过程中随着收益提高，一部分人不再好好养牛，而是买牛卖牛进行疯狂投机，而别有用心的人哄抬价格，使人们疯狂买入等待高价卖出，终于有一天这些人把牛以高价卖给了后来者，牛被分散给众多人，由于牛价太高资金出现问题，一切开始混乱起来，不能及时出手的牛又没有充足资金养育，于是病牛死牛大量出现并不断增加，而那些别有用心的人不是拯救养牛人，而是不停打压牛价，让更多牛死伤，养出更多熊，同时挖深坑捕猎熊。他们不仅赚了卖牛的钱，还赚了捕熊的钱。终于有一天牛少了，熊也不多了。牛价太低，牛肉供不应求了，又一轮养牛事业开始了。

（四）牛熊市的本质：正常价值区间的股票波动就好比牛熊互相依存的平衡状态；不停上涨的股票价格是因为需求变化而被扩大化的投机活动，一旦投机使价格上涨就绝对不会轻易停止，一定会延续到疯狂的程度，延续到一方资金耗尽的状态，这就是牛市。一旦资金不再努力维护，股票开始下跌，熊来了，这时候绝对不会跌到价值区就停止，一定要反复绞杀，不停挖坑，不停下跌的股价就是高级投资者深挖的陷阱，一方面困死跌落坑中的股民，就好比害牛；另一方面不停制造更多超跌股，就好比养熊，直到股民大部分套死或者低价割肉出局，股票筹码有利于低位集中，这就是熊市。

第二节 牛市和熊市中的股民

我们知道牛市、熊市的产生是由于高级投资者操控价格而形成的，但是有一个疑问那就是明知道他们操控，为什么我们心甘情愿、不知不觉之间就跟随了呢？依据 7 亏 2 平 1 赢的原则，我们 70% 以上的人始终不能逃过亏损，这个问题许多人做了回答，这里认为原因有如下几点。

（一）协同运动是根本：协同运动用一句白话说就是"哪儿有利去哪儿，哪儿有害离哪儿"。协同运动原意是指事物在某些条件下由于某一种运动状态对其他各种因素产生吸引力而使其他因素一起协同运动形成一种趋势并延续一定的时间，这个是客观规律，是不以人的意志为转移的。一个新产品出现必然有一个产生发展壮大的过程，这个过程是由少数向多数扩张的过程，当然肯定是越来越多的人参与；反过来一个老产品越来越失去利用价值，必然有一个逐步消亡的过程，当然肯定是越来越少的人参与。股票上涨有利可图，肯定会有人积极参与进来；股票下跌损失惨重，肯定是大部分人远离股市。

（二）扩大投机是助力：投机就是利用事物在不同时间和空间的价格差异获取利益的行为。物品的价格差异是广泛存在的，正常交易中的差异是价值规律的表现，是具有合理的经济学意义的，但是当人们发现这个差异可以利用时一切就发生了变化。人类有一种根深蒂固的思维方式，就是我能赚两块钱就比赚一块钱做得好，我就是聪明人、智慧人，所以越来越多的人投入了利用和扩大价格差异的投机事业中，而要扩大投机效果就必然要设局，不完美的设局者会受到惩罚，完美地利用环境和政策设局的人和机构才是成功者。在一定时间内社会的整体价值基本是一个变化不大的数字，有人多赚了，必然有人少赚，而投机的扩大化就必然造成大部分人的亏损。可以说短时期的波动无论哪一个行业，只要出现投机扩大化，就必然会让大部分人亏损。

（三）**风投理念是诱因**：风投就是风险投资，民间叫赌。对一种事物未来产生有利的想法，并付诸实施，在实施过程中进行风险评估，并设置预期值进行投资，就是风险投资。它是一门比较好的科学，用于发展科学技术等适用科学是非常有效的工具，但是用于投机，就会产生一定程度的误导。我们在参与交易的时候，总是会对我们进行测评，其中有一项就是问你，有一项事业投资一年以后会获利50%，但是得承担10%的风险；有一项事业投资一年以后会获利100%，但是得承担30%的风险。让你选择一项，你可能选择前面的也可能选择后面的。那么结果是一年以后你真的亏了10%～30%。那么我认为这个是风险投资的结果，是你应该承担的，这就是赌的结果。

总之，人在社会走，不可能都违背科学规律，一跟二争三赌是人类本来的面目，一般是不能参与扩大的投机的，参与了就必然是大部分人亏损。

第三节　胜战者

股市是资本发展过程中的产物，在国家经济发展中起着重要的作用，但是股市使少数人暴富而大部分人巨亏，对于大部分股民来说股市的故事太多、水太深，罪恶累累。所以胜战者认为股市是非善非恶之地，求善者远离股市，以一善而行十年必有大成，居股市十年大多徒劳无益。胜战者也认为股市不可不为，也不可诋毁消灭，须知资本市场在国家发展过程中居功至伟。所以胜战者若想长远必须有章法规矩，才能以一善念求心之安稳。

（一）**修心第一**：胜战者应该以修心的态度来完成股市的各种历练，一方面要明白股市中的各种心理趋向，了解自性的特点；另一方面要针对自性的特点设定必要的控制原则。

1. **正确对待盈亏**：赢利是一件高兴的事情，亏损是一件不高兴的事情。但是股市是波动的，有盈有亏非常普遍，盈亏对人的心情和身体有很大影响。可以说进入股市就和盈亏结缘了，躲是躲不掉的。对盈亏心理承受能力的认知和提高是修心的重要方面。在每一次利润回落时总是暗示自己，应该的，不能总是赚钱，应该回去一部分。每一次赢利没有达到最大化时也总是暗示自己，赚钱不要太狠，有进步就可以。所以在积极进行操作的过程中，要能够适度保持对盈亏的平常心，让自己越来越有精力、有自信做出操作策略。

2. **贪婪和恐惧的对治**：人们总是说贪婪和恐惧是操作失败的主要原因，实际上贪婪和恐惧主要是因为对市场的波动规律没有真正掌握造成的。但是真正掌握市场规律并且得心应手那是何其艰难，所以在熟悉和把握市场的同时，从心理上逐步对贪婪和恐惧进行认知、提醒进而适度控制是非常重要的。因为有时候贪婪和恐惧有一定的积极意义，比如大涨和大跌的时候，贪婪一些似乎可以多赢利，恐惧一点似乎可以避免更大损失，但是所有事情过头了就会出问题。修心的重点就是上涨的时候要多想是否需要卖出止赢，下跌的时候要多想是否需要买入，通过反向思维逐步提醒和控制贪婪和恐惧。

3. **一跟二争三赌的对治**：首先要认识到跟风争强赌性是人类的本能，都具有双面性，在一定条件下是有益的而换一个条件就是无益的。踏入市场就说明你已经具备了跟风争强赌性，不跟风你能做波段吗？不争强你能赢利吗？股市就是风险投资能没有赌性吗？修心的目的是要清醒地认识这三个方面，并培养自己对三个方面的观察和觉醒意识，清清楚楚知道自己正在进行的操作中这三方面的表现过程和深入程度，用及时下车对治跟风，用见好就收对治争强，用风险积累分析对治赌性，做到适度控制，同时结合操作经验进行融会贯通。

（二）**勤学第二**：胜战者应该以勤学来完成对股市各方面的了解、总结和掌握。勤学是了解一个行业的基础，股市也不例外，完美的操作不是有了好的心态就可以成功的。

1. **股市日常操作的熟练**：对于交易操作系统的各方面要进行专门的学练，许多老股民都不一定能够熟练应用交易系统的各项功能，这个在平时没有什么影响，但是在交易操作涉及某些功能时会出现损失。优选适合自己的看盘分析软件，并对软件的各项功能进行专门的模拟使用，保证自己能够得心应手地使用软件，交易系统和看盘软件升级后一定要了解升级内容，及时进行演示性练习。

2. **股市基础知识的学习**：股市的运行方式、新股发行方式、信息披露方式、证券公司一般性资料、上市公司的有关资料、交易收费标准等知识掌握越细致越好，日常的时间能够了解的就做一些了解，不停充实自己，为日常操作打下良好基础，即使不能那么清楚记忆但是要点是必须把握的。

3. **股市技术分析理论的学习**：股市里面有许多著名的理论，胜战者必须尽一切可能进行浏览学习，特别是其中的波浪理论、周期理论、筹码理论等具有以可知性资料和形态支持的理论，必须精学细研。对于一些以现象判断为基础的理论，比如相反论、随机漫步理论等，则要酌情使用，在承认它们的独特作用之外，胜战者要有自己的现象分析方法和对策。

4. 股市形态分析：形态分析是非常重要的，无论是已经有的形态分析理论，还是胜战者通过磨炼形成的形态分析方法，都是操作的基础。所以胜战者必须精通已有的形态分析知识和一般性的形态分析方法。

5. 技术指标的应用：胜战者对大部分常规的技术指标，都需要认真学习并掌握其用法和优缺点。

（三）磨炼第三：交易水平的提高，只有一条道路就是磨炼。许多股民由于害怕少赚、害怕多亏或者对股市不很了解而疏于操作，一个月都难得见几次买卖，这样你的操作水平是不可能提高的。有人认为长线就可以赚钱，所以无论涨跌都拿着不动，但是真正获利的却很少。所有博弈行业的成功者都必须经过千锤百炼，才能在芸芸众生中脱颖而出，所以胜战者必须坚持经常性的交易磨炼。

1. 磨炼可以积累深厚经验：每做一次交易，你都会有切身体会的经验，开始可能感觉不到其中有什么共同性的东西，但是多次交易之后，你就会越来越感觉到其中一些共同性的东西，在感受到共同性的东西以后，你可能还是不明白它在什么条件下适用，但是随着继续深入磨炼，你就会越来越细致地发现共同点并且对它出现的条件和概率有较好的把握。

2. 磨炼可以提高感知能力：在股市里面所谓感知能力，就是在每一笔交易中和交易形成的短期趋势中，发现上涨或下跌可能性的能力。持仓者发现风险，空仓者发现机会，是交易中最重要的，一般人最初是无法在合适的时间发现风险和机会的。与所有其他学科一样，股市风险与机会的获得能力，与你在股市中的磨炼程度有关，磨炼越多获得能力越强，成功次数越多。不要以为成功者有什么特殊的东西，实际上就是练得多；也不要以为成功者每一次都会赢利，他们只是比你赢利的能力强。

3. 磨炼可以提高承受能力：承受能力对于身体健康非常重要，也会极大地影响操作水平。一般人之所以不敢大胆操作，主要还是不能承受亏损、害怕做错，而股市就利用了你的害怕，把你牢牢套住或者低位割肉出局。胜战者的磨炼是从可以承受的小资金开始做起，体验盈亏的感受，提高对于盈亏的认识，逐步形成适合仓位的盈亏承受能力，保护身心健康，提高操作信心。

4. 磨炼能形成契合的方法： 交易成功的关键不是每一次都能够赢利，而是保证赢利的数量大于失败的数量，同时形成交易失败以后的对策，这些都得靠磨炼形成。每一个人的思维结构和承受能力以及学习能力、总结能力都有差异，什么样的操作方法对于自己更能够提高胜算概率，这个必须经过磨炼来解决。胜战者首先要通过交易以熟练使用通用的胜战操作技术，然后通过自己的总结，形成契合自己的赢利方法和风险控制方法。

（四）守法第四： 胜战者必须是奉公守法的模范股民，要让自己成为一个经得起检验的胜利者。胜战者要做到四不：不做非法集资；不做股价操控；不私自带人炒股；不使用高杠杆。努力做到干净的资金，干净的操作，干净的赢利。

（五）美德第五： 股市非善非恶，赢利无善无恶。一切善恶均因操作者的行为引发。良好的修养，是胜战者长久立于市场而不被恶行感染的保证。

1. 善听善止： 胜战者要独善其身，不随便听别人的说教，也不随便传播小道消息。可以接受各种信息但是要作充分的分析和研究，不要迷信他人也不能否定各类建议，尽可能作出独立的思考，不能理解的东西，就让它到此为止。

2. 慎言慎行： 如果不是别人邀请，而自己也没有疑问要别人解决，不要推荐和随便发送股票信息。一石激起千层浪，你说了人家听了，因此导致亏损，会对你产生诸多不利。这些不利因素会伴你终身，历久会影响你的健康和声誉，所以慎言慎行至关重要。

3. 善始善终： 这里有两方面意思，一方面就是自己在研究和学习以及实际操作中始终要保持善始善终，有开始有记忆有总结有验证；另一方面就是自己主动给予别人的信息，有责任关注到结果出现为止，一旦发现错误也要及时通知接受你信息的人。善始善终能够保证自己不停地进步，也能够让更多的人对你产生信任，得到胜战者应有的荣誉。

4. 善纳善弃： 胜战者要充满正能量，做到阳光操作，善于接受各种有益的理论方法和操作技术，也要善于摒弃不良的操作手法和炒作理念。尽量不做垃圾股、退市股、亏损股，保持一定的价值投资理念，利用良好的技术做短中长线投资，获取心安理得的赢利。

5. 善盈善亏： 平心静气地对待阶段性的盈亏，是胜战者必须有的修养，亏不气馁盈不骄纵，专心一意磨炼技术，修心与养德相辅相成才能渐成大家。

第四节 股市形态初论

(一) 基本形态： 为了形象化分析股价走势，引入如下几个概念。

1. **牛坡：** 我们把一段连续的上涨走势叫作牛坡。依据上涨时间牛坡有短坡、中坡、长坡，分别对应短期、中期、长期上涨。

2. **熊坑：** 我们把上涨过程中股价回落然后再上涨形成的凹坑叫作熊坑。熊坑发生在股价上涨过程中，是在牛坡和下跌反弹过程中存在的股价次级波动。

3. **陷阱：** 我们把一段长时间的下跌叫作陷阱。熊市往往形成大型陷阱，之所以叫陷阱是因为它的杀伤力太大，以致达到牛熊通杀的地步。这个长时间下跌的陷阱，是我们股市胜战研究的重点。

(二) 陷阱原理： 股市上涨和下跌是正常的价值波动，但是超大幅度的上涨和超大幅度的下跌就是高级投资者利用社会环境和经济规律扩大化的投机行为。因为上涨不会让我们大幅度损失，所以股市胜战首先要解决的是大幅度的下跌问题，这就是陷阱概念引入的原因。陷阱是熊坑的扩大，一般情况下我们意识不到熊坑什么时候能够演变成陷阱，尽管高级投资者已经看到熊坑了，但是由于一直以来熊坑并没有伤着我们，所以当出现一个熊坑时，我们不能确定这一个熊坑就会演变成陷阱。对于我们来说，陷阱总是出现在预想不到的位置，极具隐蔽性，我们只有在跌出一个深度的时候，才能有所感觉，所以一旦跌出深度就有可能是陷阱，在迈出第二步的时候，要倍加小心。陷阱由阱口、阱壁、阱底组成，是一个由熊坑演变而来的巨大的坑。

1. **阱口：** 阱口出现在上涨过程末期。首先会出现一个回调，然后在往常应有的支撑位置，没有得到有效支撑，而继续下跌形成支撑破位。有时候在支撑位会有一定幅度反弹，疑似一个熊坑，但很快破位下跌。

2. **阱壁：** 接着阱口继续深度下跌的一段走势。虽然有阶段性的反弹，但是总趋势是不停下降的。陷阱一旦形成，阱壁处下跌的时间一定不会很短，深度一定不会很小，必然是跌了再跌，股价腰斩再腰斩，一直到牛熊通吃的深度。

3. **阱底：** 足够的深度以后，由于股价已经大幅低于应有的价值，各种利空都尽情表演了它们的伤害，国家经济基础不足以承受股价的下跌，这个时候对于股价回归有了众志成城的支撑，股价开始不再下跌，由于各种复杂的原因，各路资金缓慢进入，形成了股价翻转的基础。

（三）初识形态： 看如下例子。

1. **实例 1**：中葡股份（600084）2015 年 8 月到 2016 年 4 月。走出两波上涨一波下跌。牛坡上有三个熊坑；阱口、阱壁、阱底形成熊市陷阱。

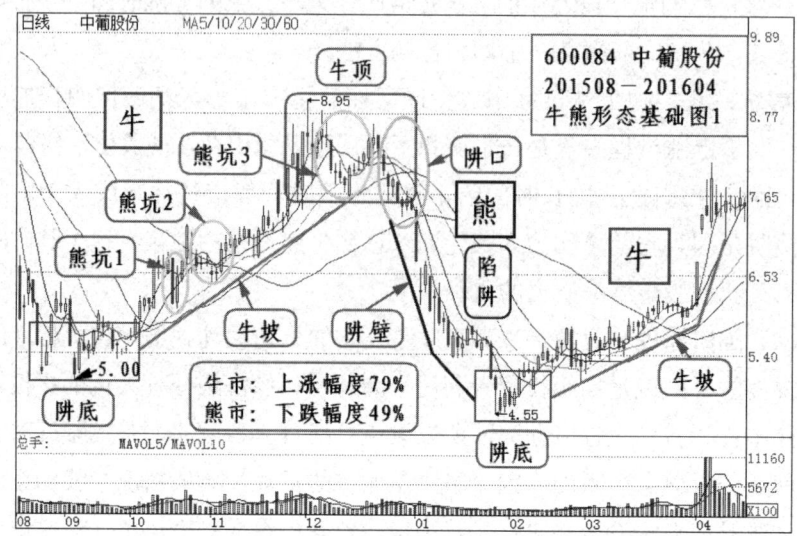

2. **实例 2**：永鼎股份（600105）2016 年 1 月到 2018 年 11 月。走出短牛有顶长熊无底的大陷阱，牛坡上有三个熊坑。依据下跌时间看 2018 年有可能走出一个底部，但是在底部没有走出来之前，并不能完全确定。大部分股民都是在这样无底的大陷阱中，不仅损失了牛市的利润而且损失了本金。

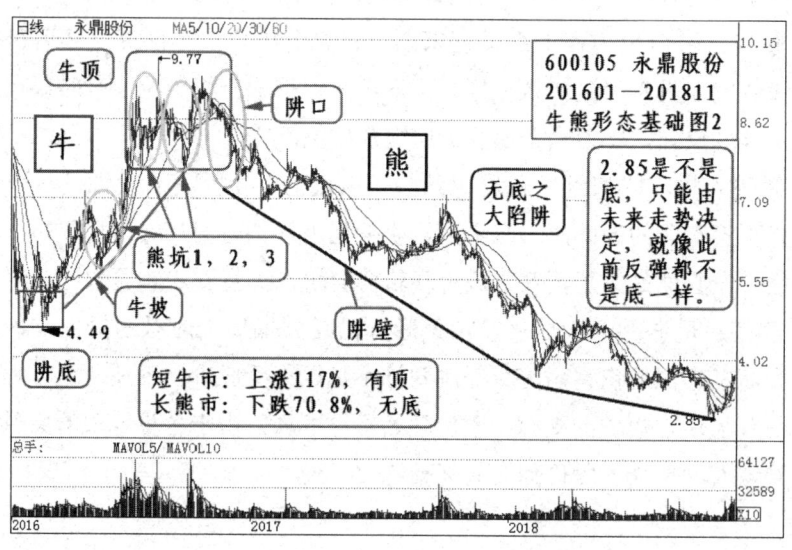

第五节　股市胜战

（一）股市胜战研究的方向： 股市胜战以股票的胜战交易状态为前提，以研究股价如何下跌展开，通过形态研究总结阶段性的具体操作技术。

（二）股市胜战的目的： 股市胜战研究的目的有三个方面。

1. **抓住上涨机会：** 抓住上涨机会是股市赢利技术的主要目的，是股市胜战的重要方面。

2. **规避下跌风险：** 股市胜战需规避两种风险，一种是上涨过程中股价回调的风险，减少上涨过程中的回调损失才能保护利润；一种是熊市大跌的风险，在熊市大跌时采取有效的仓位策略，逃得过一次次的大跌才能保护本金及利润。

3. **持续赢利：** 股市胜战不只是要在牛市中跟随获得利润并在熊市规避损失，而是要同时在熊市的反弹和震荡中，持续获取利润，达到牛熊通吃。

（三）胜战研究要点： 股市胜战以减少每一次交易的损失为重点，是一种风险第一的技术。股市胜战的中心任务是研究熊坑和陷阱，并精炼避险掌控、差价获取、上涨跟随三方面的操作技术。

1. **熊坑的研究：** 在股价上涨过程中，每一次回调然后再上涨都会留下一个熊坑，研究熊坑的形态，就是为了在上涨过程中尽量减少回调损失，同时不踏空熊坑后面的上涨。

2. **陷阱的研究：** 陷阱是股市胜战最重要的研究对象，主要研究阱口的形成条件和形态、阱壁的各种形态及阱底形成的条件和形态。为避免熊市大幅亏损，并做到熊市赢利以及完美抄底提供技术依据。

3. **避险掌控：** 股市成败不在于获利多少而在于每一次交易中规避了多少价格的下跌。绝大部分股民并不是因为没有赚到钱，而是屡屡在股价的回调和熊市的大跌中利润缩水并损失本金。所以避险是持股人最重要的操作，掌握并控制风险可以说是股市里面最高级的技术，是股市胜战必须精炼的关键技术。

4. **差价获取：** 无论股价正在下跌还是上涨，股价波动随时都存在，做差价有两种方式，一种是做反弹，每一年都会有多次一定幅度的反弹，有极好的获利空间；一种是做波动，股价短时间次级波动也有一定的获利空间，可以支持超短线操作。差价获取是股市胜战需要精炼的重要技术。

5. **上涨跟随：** 跟随有比较大的反弹和底部启动的股票的上涨，是获取利润的主要方式。所谓上涨跟随就是在股价启动后合适的时间以合适的仓位进行配置性买入，并坚持持股。它是股市胜战需要精炼的基本技术。

第二章 股市胜战初步

股市胜战者是指在股市获利的人，股市胜战也就是最终赢得利润。我们每一个股民都有获利的经历，也都有亏损的经历，但是我们大部分人不是胜战者，因为我们对股市胜战没有清醒的认识，导致我们在决策时走不出常规心理。

第一节 股市胜战状态的辨析

（一）**上涨稳定获利：**①选对股票→②持之以恒→③随着股价涨到头部→④卖到头部。这是最基本的胜战状态。每一步都是对股票基本技术的考验。

（二）**上涨增值获利：**①精选多股→②分仓持有→③暴涨减仓/异动加仓→④回调补仓/跟随上涨→⑤轮番操作跟到头部→⑥卖到头部。这是最佳的胜战状态，获利会比较大。但是对于不熟悉股票的人也许会弄巧成拙，踏不准点反而减少获利，所以这是对股票高级技巧的考验。你获利大于死守股票则成功，低于死守股票则失败，一般情况下轮番操作增值概率是30%。所以在行情好的时候许多人奉行不折腾不乱动的策略，以图稳定获利。

（三）**下跌稳定保本：**①头部破位空仓→②持之以恒→③空仓到股价下跌到底部。这是最基本的下跌胜战状态。同样每一步都是对股票基本技术的考验，但是绝大部分人做不到空仓等待且一直等到底部。

（四）**下跌适度亏损：**①下跌破位出局→②中途抄底→③下跌止损→④再一次抄底→⑤再一次止损→⑥延续到底部。这个是大部分人的实际操作状态。这里无论怎么操作你都及时止损，也算胜战的一种状态。你的损失低于股票总体下跌幅度的16%才能算成功，损失低于总体下跌幅度的16%～30%算一般胜战，凡是损失高于总体下跌幅度30%的算失败。比如一个股票从40元跌到10元，下跌幅度75%，你经过灵活操作本金损失在16%×75%=12%以内你算胜利者，本金损失在12%到30%×75%=22.5%也算达标。因为假如你有10万元，损失12%，剩8.8万元，只需要反弹14%你就回本了，一旦下跌75%，一次反弹不会只有14%的，所以你还是有大概率获利的。但是一旦你损失下跌幅度的40%，本金损失是40%×75%=30%，剩余7万元，得反弹43%才能回本，这个一般性上涨就很难做到了。就是说赔钱不一定就是失败，只要我下跌比你少很多，我还是成功者。

（五）下跌适度增值：①下跌破位出局→②中途抄底→③获利出局/止损→④再一次抄底→⑤再一次获利/止损→⑥延续到底部。这个过程中你获利额度大于止损额度，从而使本金增值，这是最佳的下跌胜战状态。当然这更要求你具有高级的操作技巧和高度的心理控制能力。

我们股市胜战追求的目标就是第（二）（五）两种理想胜战状态。如果操作不顺手则退而求其次，保持第（一）（四）两种胜战状态。

第二节　胜战关键——阶段性成败

股市胜战不以每一笔成败来衡量，而是以阶段性成败来衡量的。做每一笔交易不一定肯定获利，要是每一笔都获利，那空仓、止损还有用吗？眼界长一点，不在乎每一笔的失败，才能让你专注于操作技术而不是赢亏。在总结交易决策对错时，只有以阶段性波动为前提才能找到规律，而靠某一天的或者几天的走势是有局限性的，特别是许多股上涨你的下跌和许多股下跌你的上涨时，你是不可能明白决策的对错的，只能是赌错了或赌对了。既然你止损了，就有可能是利润缩水了或是赔了一点点，所以不能在乎某一次有多少损失，当你立足于一年的成功的时候，你会采取各种操作保护本金，会寻找各种低点去获利；当你立足于半年的成功时，你的操作将更加仔细，各种手段都会成为选择；当你立足于季度的成功时，你对止损和空仓将更加在意，因为你害怕很快就亏损。而随着时间的缩短你的技术水平也会越来越精湛。但是当你立足于每一天或每一周时，说明你过分激进了，这会影响你的情绪进而影响你的操作。

阶段性操作要领：

（一）形成适合于自己的核算周期：依据自己的分析能力和操作水平，选择合适的阶段去考核自己的每一次交易。一般情况下以一年为期分月核算，逐月调整操作状态以保证全年获利。对于水平高、激进的操作者，也可以半年为期半月核算，分周调整操作状态，保证短期获利。初学者可以长期短期两方面都做，小仓位学习，然后形成自己的周期。做一个记录本，按周期分好时间进行考核。

（二）放弃超过自己水平的交易：无论小的波动还是大的波动，在运行过程中，其后的走势始终有两个方向：一个上涨一个下跌。有时候我们看不明白究竟有多大概率会走某一个方向，这个时候最好不做；同样对于一个股票我们没有进

行分析和跟踪时不做。放弃艰难的超过自己水平的交易，才能保证一个大周期的成功。但是跌多了就会上涨，涨多了就会下跌，一个周期内机会不止一次，放弃实际上是为了更好地选择。说到底，这个放弃的理念是阶段操作的关键，因为我们要寻找阶段中最好的机会，一招制胜。

（三）**随时准备止损空仓**：这里继续强调一下，立足于阶段性操作，在一个周期里面好的机会不止一次，所以一旦情况不妙，及时止损保护本金是最重要的操作，是阶段性胜战的保证。一定要坚持在成本价附近进行止损分析，不怕逃错了，就怕逃不了。因为我们平时寄希望于每一次都成功，眼界不宽，所以不能及时出逃保护本金，这是绝大部分人的缺点。说到底阶段性操作就是让你经常性地止损空仓的方法。

（四）**进行每一次交易总结**：阶段性操作是不怕失败的，因为我们进行了及时止损，本金不可能损失太多。只有认真对每一次交易中不妥的地方进行总结，我们才能逐步形成正确的操作方法，也逐步形成适合自己的操作模式，从而保证大周期获利。

（五）**阶段性的仓位控制**：因为无论怎么操作，股市都不可能总是顺着我们的分析结果运行，尽管在每一个周期中都有许多机会，但是是不是最好的机会谁也不敢肯定，所以保持经常性的小仓位操作，用切身体验进行机会的分析，会增加分析的准确度，同时因为仓位小，一旦止损损失不大；小仓位操作除了避险和适度获利外，最重要的是逐步寻找大仓位操作的有利时机。一个大周期中上涨超过20%的机会总是会找到的，这个时候就是我们集中出击获取利润的有利时机。经常性的小仓位操作和寻机大仓位出击相结合的阶段性仓位控制，会避免大幅波动，并获取较大收益。

第三节　股市胜战的一些常规方法

（一）**阶段止赢落袋为安**：止赢是赢利后进行的操作，所以这个操作方法是这样的，每一天上涨1%以上，每一周上涨3%以上，要进行减仓审核，就是说是不是该落袋为安一部分。而每一个月无论涨多少，只要出现疑似波段顶部特征，就必须减仓或空仓。对于每一天的审核有当日减仓和当日不减仓两种情况；但是对于每一周和每一个月，则一定需要进行仓位控制。

1. **当日无须减仓特征**：在下面特征出现时当日暂时不减仓。

（1）股市上涨大阳线：有一句话说"大阳不卖股，大阴不买股"。在上涨过程初期或中期，大盘指数出现了大阳线上涨，当天无论获利多少暂时不减仓。

（2）**波段底部起涨**：就是说此前长时间下跌，个股在一个相对低位，形成企稳，并以小阳线夹小阴线沿着均线上涨过程的初期，当日无须减仓。

（3）**个股特定利好**：比如有的股票分红送股，业绩大幅上涨，或得到国家扶持，介入强势行业，持股公司利好等上涨，当日无须减仓。

2. **当日需要减仓特征**：在下面特征出现时当日必须减仓。

（1）**上涨乏力偶然冲高**：连续多日上涨乏力，突然冲高，无论后面上涨多少当日一定减仓。

（2）**震荡市冲高上涨**：横盘震荡的情况下，或小阴小阳上涨后突然出现大幅冲高行情，当日必须减仓。

（3）**出现利空暂时没有大跌**：有的股票出现了利空消息，但是由于其他因素，比如大盘正在上涨，个股大机构还没有完成筹码整理等，而使股价暂时没有下跌的情况，当日及时减仓或空仓。

（二）**熊坑止损及时跟进**：由于熊坑初期大部分疑似顶部回落，而且熊坑有时候下跌幅度比较大，所以下跌初期止赢止损的操作比较普遍。这个时候能够快速判明是熊坑，在股价反转上涨时及时跟进才是股市胜战操作。

（三）**上下难测减仓操作**：股市有一句话"高手不参与盘整"。盘整就是一个股票或整个股票市场上下两难的状态，振幅不大、获利空间狭小，偶尔还可能下跌的市场。当然这个有两种情况。

1. **市场的震荡盘整**：比如沪指 2016 年 5 月 10 日到 5 月 30 日，2017 年 12 月 6 日到 12 月 28 日。有人会说这不是底部吗？不参与怎么可以，不抄底难道我还要追高吗？其实你是站在走完的行情上说话，行情还没有走出来时随时有破位下跌的可能，股价在均线下方运行实际上没有必要参与，如果你想参与，当然是小仓位参与了。又比如沪指 2015 年 11 月 11 日到 11 月 26 日均线走平横盘筑顶上下两难之时，小仓位的人会更从容。个股如鞍重股份（002667）2017 年 12 月 25 日到 2018 年 1 月 29 日小幅横盘震荡，小仓位参与是最好的。

2. **操作者能力所限**：指某一段时间操作者本人不知道下一步是要上涨还是下跌。经过自己各种努力分析，依然看不明白，这个时候务必小仓位操作，才是胜战之术。

（四）**股价高企分仓止赢**：我们看到有一些股票上涨后还继续上涨，而有一些股票上涨一定幅度后，急速回落，甚至跌破起涨价。那么我们的股票究竟是连续上涨还是回调跌破起涨价，不是我们想出来的，是股票走出来的。所以在股票上涨一定幅度以后，进行分仓止赢，就可以兼顾以上两种情况的走势。它的做法是这样的，比如一个 5 元股票你持有 10000 股上涨 40% 到 7 元获利 20000 元，这个时候股价已经比较高了。但是后面是继续上涨还是巨幅回调不能确定，那么就需要分仓止赢。我们需要把持股减到 4000 股，落袋为安 12000 元。如果后面继续上涨，剩余的 4000 股还可以跟一段，如果下跌要跌 5 元才能出现亏损，所以在下跌过程中我们可以从容出局，依然有许多利润。股价比较高的时候为了避免突然的大幅回调导致利润大幅度缩减，分仓止赢是股市胜战的一种方法，更是调整市和小行情操作的好方法。

（五）良股超跌勇于抄底： 这里的良股是指经过筛选的同类股中具有相对优势，并且跟踪一段时间的股票。

1. **良股的条件：** 下面详细说明良股应该具备的条件。

（1）**利润稳定：** 具有稳定的收益预计不会很快大幅亏损的股票。尽管有许多亏损股被暴力拉升，但是我们还是要尽量远离亏损股，因为操作垃圾股会破坏我们长期的操作思路，形成不顾一切的过度投机行为。

（2）**资金充足：** 一个企业能不能抵御风险活得长远，资金很重要。代表资金的有三个参数：净资产、现金流、负债率。净资产高，现金流多，负债率低，就是好的企业。

（3）**比价适当：** 我们在对比板块及个股时会发现，有的板块平均股价相对高一些，有的低一些；有的股股价很高，有的却比较低。这样就引出了一个概念——股票比价，所谓股票比价就是同样的行业板块，相近的总股本，相近的流通股，相近的业绩，股价排行有高有低，高于平均价的就是高比价股票，低于平均价的就是低比价股票。我们会发现有一些比价高的股票，波动更大，也很受人推崇。这个时候我们头脑还是要清醒一点，虽然我们不能完完全全舍弃高比价股票，但是如果想长期稳定操作，还是要选择比价适当的股票。事实上低比价股票会有一部分成为阶段性的黑马股。

（4）**股性活跃：** 我们针对几个行业板块，对所有有赢利未被爆炒的股票进行反复对比筛选，依据大中小盘子选出一些股票，然后依据股票历史走势重点关注那些涨停板多、波动有规律的股性活跃的股票。个股的股性很重要，上涨的时候那些活跃的股票比不活跃的股票要涨得多、涨得快。一个股票的股性是由企业状况、大股东思维方式以及长期持仓主力的性格特点和操作手法决定的，一般情况下这三者比较稳定的时候，个股的波段运行状态有一定的个性特点。掌握一个活跃股票，获利的概率比较大。

（5）**契合度好**：对选好的股票，跟踪观测或者小仓位操作一段时间，留下那些和你操作手法契合度高的股票，长期操作。所谓契合度就是你操作过程中，成功次数高于失败次数的股票，或者股价波动情况和你预计的情况契合度高的股票。契合度也表示你对该股票的股性和它的基本面非常熟悉，除了看报告，其他尽在你的记忆里面。

2. **阶段性分仓抄底超跌良股**：一个好股票经过超跌，是具有极大的反弹潜力的，如果采取分仓买入的方法，很容易抄到阶段性低位，并获得较大反弹收益。另外一个好股票反弹预期幅度会比其他股票大，比如你前面买的仓位有一点高，反弹后大概率不会低于你的买入价。这样当你分仓买入时不仅后面更低价位的仓位获利，前面的仓位大概率也会获利。这也是阶段性胜战的方法。另外分仓买入时，如果直接买上了底部那非常好，如果没有买在最低位，下跌的时候损失也比较小。

（六）**阱口空仓待机而动**：经过一轮大幅上涨然后反转下跌形成破位的阱口，空仓以后，切记不能很快再买入，一定要等一段时间。阱口空仓以后等待时间越长，越能够保证阶段性利润。这个是股市胜战的保证。

（七）**持股有度组合操作**：持股数量不可太多，但是也不能满仓一只股票。有人做了调查，赢利账户一般持股都在 3～4 只股票，这个也是胜战的一个重要方面。持股太多资金分散，管理比较难，但是持股一只一旦遇到停牌，账户就固定了，有其他好股票也不能操作，假如遇到预想不到的大利空而连续跌停时就无法减少损失。持有几只股票，不仅可以分散风险，而且可以更灵活地运用各种组合操作手法。

1. 操作组合分类：

（1）**板块组合**：稳定的板块与热门板块组合。持仓 50% 自己熟悉的常规板块股票，用剩余 30% 适度追击热门板块。

（2）**短中组合**：中线股票和短线股票组合。某一个阶段持仓 40% 中线股，用剩余 30% 仓位介入热门股票，短线操作。

（3）**盘量组合**：大盘、中盘、小盘组合。一般是在大盘蓝筹有行情时，适度配置大盘股，稳定配置中盘股，参与热门小盘股。

2. **灵活的操作手法**：多股票以各种操作方法可以轮番操作。

（1）出高就低：短线冲高的股票适时止赢出局，稳定上涨的留仓。如果冲高的股票大幅回抽就买回来，除非牛市一般不再追高。

（2）齐涨止赢：如果股票同时上涨，这是我们乐意看到的结果，要考虑减仓止赢。止赢方式依据大盘指数情况决定，只出清涨幅较大的股票等回调或空仓。

（3）齐跌止损：股票齐跌这个是我们不愿意看到的，一定要减仓或者空仓止损。一般齐跌发生在大盘下跌途中。

（4）轮动换股：备选更多板块股票加以关注，一个板块的股票大幅上涨后就要出清这个板块的股票，换其他板块的股票。

第四节　熊市胜战心理要点分析

处于熊市时，胜战者必须了解一般操作者的关键操作及心理状况，与自己的心理状态对照，清楚自己的想法并给予克服。

（一）一旦下跌要勇于空仓： 我们经常发现在买入和卖出股票时会犹犹豫豫地很难抉择。遇到上涨经常踏空，遇到下跌又经常深赔。特别是盯着股票跌，越看越跌就是没有行动，懊悔中常常自问，卖一个股票就那么难吗？而且每一次一样的感觉、一样的等待，却没有不一样的操作。这个是我们的心理问题，我们总是不想在赔钱或者利润缩水时卖出股票，我们总是感觉没有赚到我们想象的利润，总是对我们选择的股票有所期待，在这个基本心理前提下，我们更无奈的心理是害怕一卖出就涨了，感觉已经跌了不少了该反弹了，万一我卖了人家涨了，多亏呀！你越看着要反弹结果越跌，越跌心情越差，越跌越不敢卖出。这个时候需要的是壮士断腕的决心，赚钱有的是机会，也不在于当下反弹这一点点，就好比我一年几个月没有做股票，难道就不能赚钱了吗？以后每隔几天或者十几天就有一次波动，假如真的卖错了，下一次再做呗。但是一旦本金亏了太多，下一次做好了也无非是回本，所以不及时卖出股票，和今后白做几次等同，劳心费力不讨好。记住做股票不怕空错仓，就怕钱变少。

（二）做自己非常熟悉的股票： 熊市不比牛市，做错了也无所谓。熊市做错了那是雪上加霜，一错万般愁呀！所以越是熊市越要做自己熟悉的行业和熟悉的股票。牛市一个亏损股也可以飞上天，但是熊市一旦预亏跌幅巨大，有时候连续跌停你都卖不出去。也就是说熊市会把不利因素放大。所以要做对基本面、技术面熟悉的，未知突发大事件出现可能性小的，自己能够预判最大损失的股票。胜战者要摒弃好胜心理，不能这山望着那山高，看到别的板块个股飞涨，频繁换股操作，在熊市一定要沉下心来，即使想换股操作也要认真观测仔细分析，让它成为熟悉的股票，然后进行操作。

（三）**远离高估值的股票：**同样基本面或同样行业中的股票，价格差别特别大，那些远高于平均水平的股票，即使有人在各种场合忽悠它多有发展前途、有多少题材可以挖掘，在熊市中也会越来越没有优势，且在熊市的某一个阶段会出现雪崩式下跌。实际上股价高不高散户不清楚，但是居于其中的机构那是明明白白的，一直坚持不跌，或者缓慢下跌，或者平台盘整，同时忽悠价值投资，都是机构减仓或者高抛低吸降低成本的过程。一旦处理得差不多时，会突然崩塌，跌幅巨大，犹如万丈深渊。然后有人说是价值回归。胜战者尤其不能听信别人屡次三番的高大上的吹捧，去追涨得很高的股票。

（四）**心有疑戒操作：**对反弹没有把握、对股票有疑惑时，或者想做但是还没有想好怎么做时最好不做。熊市一旦做错会赔钱，而我们只要赔钱心情就不好，就会影响我们的决策。所以隐隐约约地感觉有一些自己把握不住或者有一些方面还没有落实时，先空仓等等看。这里要这样想，一旦这里不是底部，我们不做就会遇到更好的机会买入；一旦这里是底部，反弹或者翻转也不会就涨一天，有的是赚钱的时机，沉住气找到我们合适的时候会更好。

（五）**勇于操作要立足于勇于止损：**熊市做短线收益会很可观，但是熊市是要继续下跌的，所以在熊市不敢操作是对机会的浪费，但是不懂得止损，那就叫飞蛾扑火自取灭亡。如果你在熊市做十次短线，成功达到七次，失败三次，但是如果不懂得止损，三次下跌也许会吞掉你七次的利润并让你巨亏。因为熊市总是大跌几天横盘或者反弹几天，只是反弹高度一次比一次低，只有躲得过大跌才能保护利润。所以胜战者在操作之初就要想好止损的对策，并能够有决心执行止损策略。许多人信誓旦旦如果跌到多少我就卖出，但是在实际操作中却犹犹豫豫失去机会。

（六）**始终保证持股是活股：**由于熊市的风险很大，所以一定保持手中的股票绝大部分是可以卖出的股票，也就是说每一天上午买入股票的仓位尽量要低。除非有极大把握而股价连续跌幅巨大，可以在当天买入比较大的仓位。胜战者在每一天的 2 点 30 分之前，一定要审查自己是否有冲动的想法、是否没有控制买入量；在 2 点 30 以后趋势明朗时，特别是尾盘可以做一些加仓。这样可以保持第二天手中都是活股。

（七）**上午冲高宜减仓深跌尾盘宜加仓：**熊市以短线获利为主而不能长时持

股，所以前一天买入的股票第二天上午冲高，说明已经获利，可以落袋为安减仓或者空仓；如果当天连续大幅下跌，而自己还有大部分仓位空着，那么适时在尾盘加仓会增加获利机会。如果是连续几天大跌更加可靠，仓位不高于50%，这样可以保证第二天手中持股是活股，便于避免下跌风险。胜战者在股价冲高时务必多想卖出否，审查是否被上涨的喜悦弄丢了落袋为安的操作思路。

（八）勇敢细心随机应变： 仔细观测、揣摩、感觉各种变化，心随物动听音辨色，在微妙变化中感觉出可能的大变动，在价格的关键运行区域目不转睛地仔细观测，一旦有所感觉就迅速做出行动，而不是吓吓怕怕犹犹豫豫；始终保留脱离风险的操作手段，明确止损和空仓的应急策略。

第五节　股市交易制度展望

目前我国股市实行的是 $t+1$ 和涨跌停板制度，与许多其他国家不一样。未来的股市有可能维持目前的交易制度，也有可能实行 $t+0$ 和没有涨跌停板的交易制度。经常听说国外股市一日之内下跌和上涨百分之几十的消息，但是从整体来看大盘涨跌幅度很少有超过5%的，这样的话两种交易制度的市场整体差别并不是很大。下面来看美股芯片股 AMD 走势。除偶尔涨跌幅超过10%外，均线系统和波段层次分明，我们股市胜战操作将会更加灵活方便和适用。

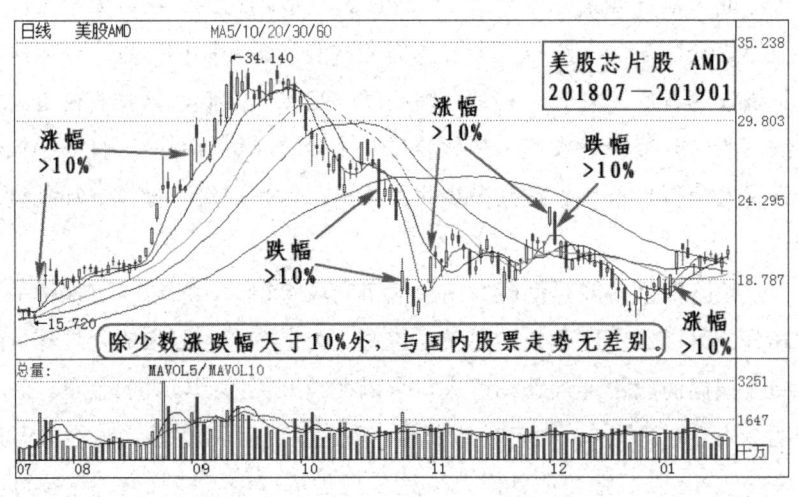

第三章　股市胜战技术精髓

胜战技术和其他股战方法不同，它需要快速的反应能力和严格的仓位控制能力，有时候根本等不到各种指标走出完美的图形，操作已经完成了。只有这样才能规避各种风险，同时避免各种技术指标的缺陷。

第一节　趋势能和变动能——胜战技术之切入点

股市胜战以感受股价的趋势能和变动能为切入点，始终通过股价的交易状况，感觉股价的转折可能性。

（一）**趋势能**：就是股价沿着一个方向运行的力度。有两方面内容：一方面是股价沿着已有的趋势继续运行的力度；另一方面就是股价和我们的预期走势一致的力度。

（二）**变动能**：就是股票交易过程中成交双方主动或被动交易此消彼长，导致股价趋势与原有趋势不同的力度。

（三）**能量概念**：股市一般用多方和空方来说事情，一般会说多方做了什么，空方做了什么。股市胜战思考的是股价趋势问题，不仅是日线的趋势，而且细化到每一次成交，分析成交维持趋势及引起变化的问题，用能量的概念来感受积累和分析，通过感受促使心理发生变化并形成交易行为。感受是最基本的东西，我们的交易究竟是理性的还是非理性的，是由我们的交易策略决定的。

（感受+经验+学识→心理决断→买卖行为）×交易策略

每一个人的感受不同，经验和学识不同，所以形成千差万别的交易心理和交易行为。良好的交易策略会减少不好的交易结果、增加好的交易结果。感受是由外部信息给予刺激而形成的，无论你会不会分析、会不会操作，接触股市就会有所感受。

（四）**能量感受**：我们最初的感受是陌生的凌乱的，经过长时间观测才能形成一定的认识。股市胜战技术要求我们把所有感受围绕趋势能和变动能进行接收和积累分析。

1. **上涨**：维持上涨的能量有多大，是否感受到上涨有了压力，促使股价转为下跌的能量是否出现并加大。

2. **下跌**：维持下跌的动力是否还有，是否感受到下跌越来越弱，促使股价转为上涨的能量是否出现并加大。

充分让你的心与趋势相随，然后感受其中的能量，形成动力和压力的感觉。观测股价成交，跟随大盘走势，分析K线图形，比对同类同板块股票走势，隐隐约约地感觉到趋势能和变动能的强弱，自然而然就有了动力和压力的感觉。

（五）敏锐感觉转势是目的： 进行能量感受分析，就是要敏锐地感觉到可能要出现转势，股价即将由涨到跌或由跌到涨，为我们做仓位控制提供依据。

第二节 价格波动与K线图——胜战技术之分析基础

股市胜战的技术分析基础是价格波动和K线图。几乎所有的股市技术都是这样，胜战技术也不例外。胜战技术分析价格波动和K线图要形成的不是各种技术指标，而是趋势维持的可能性或转势概率。所以胜战技术重势，不重指标。

（一）均线系统： 是胜战技术形态分析中相关形态确认的主要依据。均线代表股价的平均值，是持股成本的表达，也是获利盘和套牢盘计算的依据。胜战技术一般使用的均线有5日线、10线、20线、30线和60线。观测股价在各线之上、之间和之下的运行状态，判断股价运行的区间和形态。

（二）趋势阶段： 是胜战技术交易策略的基础。在分析股价趋势时，要区分牛市和调整市，看股价是运行在牛市还是调整市之中。牛市上升和回调与调整市上升和回调从力度和幅度、时间上都不相同，所以在调整仓位和赢利止损目标时有不同的考量原则。

1. **牛市操作策略：** 上涨时间久幅度大，下跌力度强幅度大，下跌反弹时间短幅度大。

(1) 上涨：持股仓位要大；时间要长；赢利预期要大。

(2) 下跌：止损位也可以放大；下跌中途必须空仓。

(3) 反弹：下跌反弹参与要大胆从容；反弹预期要高。

2. **调整市操作策略：** 上涨时间短幅度小，下跌力度强弱不等幅度大小不一，下跌反弹时间长短不齐幅度大小不一。

(1) 上涨：持股仓位要适当；时间要灵活；赢利预期要适当。

(2) 下跌：止损位也必须很小，宁可错过上涨绝不能赶上大跌。

(3) 反弹：可控的反弹积极参与，随时准备止损空仓。

（三）趋势幅度： 是胜战技术的重要参数之一。上涨幅度是分析主力获利状况的主要数据，也是衡量浮筹多少的参考数据。下跌幅度是分析风险释放情况的主要数据，也是股价估值分析的参考数据。幅度是最有用的，我们操作的原因就是因为股价有波动幅度。

调整市和下跌途中，股价上下的幅度对我们感受趋势能和变动能有较大的心理影响，同样对主力和国家也有重要的影响。所以胜战技术非常看重上涨和下跌已经完成的幅度和预计完成的幅度，用以确定转势的可能性并形成仓位比例的决定。虽然上涨幅度是多少才会转势下跌以及下跌幅度是多少才会转势上涨是市场行为，是走出来的不是猜出来的，但是随着幅度的增加，我们感知到的动力和压力却是实实在在的，风险和转势预期也越来越清晰。

1. 已经完成的幅度：波段中，最低价上涨和最高价下跌到当前股价的幅度。它是我们衡量转势可能性的重要指标，是我们决定止赢止损位的基础。

（1）止损：上涨之初我们有一个预计止损价，随着上涨幅度止损价跟随变化。

（2）止赢：已经完成的涨幅，有可能和我们预计的涨幅一致，也可能不一致。所以预计的止赢价也会随着已经完成的涨幅有所改变。

（3）能量感受：已经出现超过预计的涨幅或跌幅会给我们增加趋势能和变动能的更强烈感受，从而引起对股市走势更仔细的分析或者触发转势操作。

2. 预期完成的幅度：从当前股价开始预期正在运行的波段、未来还能够出现的幅度并伴随出现概率的分析。这里可以看出，已经完成的是无风险的，而预期的东西是伴随着风险具有一定概率的东西，所以在预期未来的幅度和概率的同时必然伴随着仓位变动。

（1）坚持仓位：上涨K线组合良好，大势无忧，个股无利空，未来预期会继续上涨。

（2）落袋为安：已经超过预计涨幅，未来即使上涨，幅度也不会很大；K线似乎有回调迹象；大势也涨幅不小，或者已经回调了。

（3）减仓操作：各方面还是不错的，但是已经涨许多了，先落袋为安一部分，自己更放心；目前走势状况有一些压力，变动能的感受较大，但是未来还是有一些预期。减仓50%或者减仓30%等。

（4）坚持空仓：下跌正沿着5日线下方运行，横向运行态势不明确，大势也不太好。

（5）加仓操作：下跌幅度不小了，横向运行态势明朗，趋势能感受弱化，变动能正在积聚,但是是不是接着就反转没有把握。适度加仓,一般第一次加仓不超过20%仓位,同时设定止损并在失败后严格执行,或依据下跌幅度在更低位补仓。由于底部是一个区间,操作过程中无法准确把握,所以在一个区间分批加仓更接近底部。

(6)换股操作:大势还是不错的,许多股票都具有较强的趋势能,但是本股票有一些滞涨,或者本股票短期涨幅较大,有了回调要求,而别的股票刚刚完成盘整启动上涨,那么减仓换股或者空仓换股操作。

(四)趋势时间:是胜战技术的重要参数之一。股市波动都带有时间和幅度,波动幅度千差万别,但是时间是最可能形成规律的参数,是我们波段操作的重要依据。股市波动的时间具有周期性,具有可参考性,对操作具有指导性。

1. **周期的含义**:周期波动是股市的固有规律。

(1)波动形态的相似性:每一轮上涨和下跌波动形态具有相似性,具有波浪特征。尽管现实波动千差万别,但是基本符合艾略特波浪理论的基本原则。这种相似性是以某一个时间段内具有某一个波浪特征来表达的。就是说回调A浪后面接着一个反弹B浪,无论走多少天都要占据一定的时间。这样我们在应用的时候,依据前面的特征去预判后面的特征,并依据前面特征的延续时间,预判后面特征的延续时间。

(2)大中小周期时间具有可参考性:虽然每一次大中小波动重复的时间不是固定的,但是过往的历史数据具有重要的参考意义。比如沪指上一次大周期是牛市2005年6月到2007年10月,熊市2007年10月到2013年6月;本轮牛市2013年6月到2015年6月,由此推出2018年是熊市的概率极大。

2. **周期的应用**:

(1)大周期:在胜战技术中大周期主要用于区分牛市和调整市,用于确定股价走势形态,以及仓位控制止损策略。

(2)中小周期:在胜战技术中中小周期的应用是最基本的,一般表现为年度月度波动率应用。

3. **基期波动率**:代表股价波动频率的一个参数。

(1)基期波动率概念:在一个基本时间区间,股价发生可以观察的波动的次数。我们一般使用年动率即一年中可观察的中级波动次数和月动率即数月中可观察的短期波动次数,分别记作 Z_n(中级/n年)和 D_m(短期/m月)。对于短线来说,取3月、6月、9月为基数更加接近于当前的走势,所以使用 D_3、D_6、

D_9，究竟取几个时间段依据前期走势确定，想更加精确最好三个参数都进行计算。

（2）基期波动率特点：

①以往走势的归纳：基期波动率是对以往的基期内股价波动的观察，它只是一种过去波动的总结，是从走势波动中归纳出来的。

②完整波动的统计：所有波动都是完整的、看得着、看得清的上涨→回调→再上涨的形态。

4. 中级波动之年动率 Z_n：对中级波段在一年内发生次数的统计和归纳。公式 Z_n= 中级波动次数 /n 年。

（1）当期年动率：就是此前每一年内完整中级行情的次数。

①指数当期年动率：大盘指数的波动只看中级行情。

沪综指：Z_n（2016）=2；Z_n（2017）=1；深成指：Z_n（2016）=3；Z_n（2017）=2；

中小板：Z_n（2016）=3；Z_n（2017）=2；创业板：Z_n（2016）=3；Z_n（2017）=2。

②个股当期 Z_n：个股的当期中级行情。

中威电子（300270）：Z_n（2016）=4；Z_n（2017）=3；

湖南黄金（002155）：Z_n（2016）=3；Z_n（2017）=2；

中科电气（300035）：Z_n（2016）=3；Z_n（2017）=3。

（2）平均年动率：多个基期发生总数除以基期数。

①指数平均 Z_{nj}：大盘指数的波动只看中级行情。

沪综指：Z_{2j}（2016/2017）=（2＋1）/2=1.5；

深成指：Z_{2j}（2016/2017）=（3＋2）/2=2.5；

中小板：Z_{2j}（2016/2017）=（3＋2）/2=2.5；

创业板：Z_{2j}（2016/2017）=（3＋2）/2=2.5。

②个股平均年动率：个股中级行情平均。

中威电子（300270）：Z_{2j}（2016/2017）=（4＋3）/2=3.5；

湖南黄金（002155）：Z_{2j}（2016/2017）=（3＋2）/2=2.5；

中科电气（300035）：Z_{2j}（2016/2017）=（3＋3）/2=3。

5. 短期波动之月动率 D_m：对短期波段在数月内发生次数的统计和归纳。公式 D_m= 短期波动次数 /m 月。中期波动比较长，差几天影响不大，但是短期波动比较短，需要计算准确。一个波段都有一个起始点，由于在观察时起始点不一定在当期时间内，所以要采用接近时差纠正。就是说比如我们观察 3 月 1 日到 6 月 1 日的 D_3 参数，但是 3 月 1 日的小波段起始点在 2 月 25 日，那么我们的 D_3 以 2

月 25 日到 5 月 25 日计算，后面的波段过顶回落算一次，不过顶不计入内；为了准确，继续计算 D_6、D_9，使之精确度提高。起点记作"Q 年月日"，因为 D_m 分析能够反映个股的股性，所以大盘指数不作 D_m 分析。

（1）当期 D_m：数月内完成的短期波动次数。

物产中大（600704）：Q（20170718）$\in D_3$=3；D_6=4；D_9=8。

机器人（300024）：Q（20170718）$\in D_3$=3；D_6=8；D_9=11。

（2）平均 D_{mj}：平均一月短期波动次数。

物产中大（600704）：Q（20170718）$\in D_{3j}$=1；D_{6j}=2/3；D_{9j}=8/9。

机器人（300024）：Q（20170718）$\in D_{3j}$=1；D_{6j}=4/3；D_{9j}=11/9。

（3）波动平均时间 T_m：依据基期波动率计算每一次波动平均时间。

T_m=30/D_{mj}。表明一次短线波动需要时间，单位是日。

物产中大（600704）：Q（20170718）$\in T_3$=30；T_6=45；T_9=34。

机器人（300024）：Q（20170718）$\in T_3$=30；T_6=23；T_9=25。

6. 基期波动率应用：主要用于布局每一年的中线进出次数和短线操作时间。

（1）中线布局次数：依据年动率进行布局。

①大盘年动率：依据 Z_{2j} 的数据，沪指一年布局中线 1～2 次；深成指、中小板、创业板一年布局 2～3 次。

②个股年动率：个股的年动率代表了个股的股性，差别是很大的，而且波动不一定是均衡的。

比如依据 Z_{2j} 2016/2017 数据进行一年的中线布局，中威电子（300270）在 3～4 次；湖南黄金（002155）在 2～3 次；中科电气（300035）在 3 次。

（2）短线操作时间：依据个股月动率及平均时间进行。

比如依据 D_{mj} 和 T_m 的数据，物产中大（600704）一月短线波动低于一次，操作时间在 30～45 日之间；机器人（300024）一月短线波动大于一次，操作时间在 23～30 日。

（五）K 线态势：K 线系统是股市最基本的股价走势表达方式，关于 K 线的分析理论有许多，胜战技术对 K 线的分析主要是配合时间幅度进行能量分析，有三方面内容。

1. 阴线第一：胜战技术最根本的是全面规避风险，所以无论上涨下跌，阴线的分析是放在第一位的。就是说任何时候都把可能的下跌能量及能量积累放在第一位。在阱口、阱壁及上涨回调的分析中，阴线及阴线组合代表的下跌能量强弱分析是基础。

2. **延续能量分析**：在下跌和上涨过程中，用K线及K线组合分析趋势延续的能量。

（1）趋势强度分析：发现走势转向，下跌变上涨或上涨变下跌。这时候最基本的分析就是当前趋势的强度大小。上涨过程中分析阳线及阳线组合；下跌过程中分析阴线及阴线组合，并结合股价在波段大周期中所处的位置进行分析。

（2）反向能量分析：就是说上涨过程中主要分析阴线及阴线组合；下跌过程中主要分析阳线及阳线组合，同时对相关部位成交量进行分析。在反向分析时，上下影线具有重要意义，并且上影线回落部分的幅度时长和成交量及下影线回涨部分的幅度时长和成交量是关键考察因素。

（3）延续的发生：在下跌或者上涨中途，当趋势运行达到一定幅度和时间后，有时候出现短暂的趋势平衡，K线形态出现横向运行均线收拢，此时情势疑似反转但是迟迟没有发生，偶尔会出现巨量反向运行后回收。其后的K线走势非常重要，当再一次趋势强度加强的时候，新一轮上涨或下跌展开，趋势又延续一段时间和幅度。

3. **转势能量分析**：在下跌和上涨过程中，用K线及K线组合分析趋势翻转的能量。

（1）衰减度分析：就是在上涨和下跌途中，趋势强度和反向能量的比较，同时结合幅度和时间对趋势衰减情况进行分析。小时K线和分钟K线的缓慢变化往往能够感受到买卖力度的变化。衰减度是以日线结合分钟线进行的分析。

（2）反转能量分析：上涨过程中趋势衰减就会多次出现短暂回调或者上涨K线实体越来越小、成交量越来越大、横向运行K线等，一旦出现巨量冲高回落、巨阴回调、顶部阴线组合等，说明转势已经在发生。在分钟K线上，每一次巨量冲高和每一次缓慢破位走势都是我们仓位控制的基点。下跌过程中则正好相反，趋势衰减就会多次出现短暂上升或者下跌K线实体越来越小、横向运行等，出现巨幅触底回升、底部阳线组合等，说明转势已经在形成中。每一次巨幅探底和每一次缓慢上穿走势也是我们仓位控制的基点。

（3）反转的发生：当趋势开始进一步沿着反向运行并出现日线、小时线、分钟线反复破位或者上穿时，反转确确实实发生了。

4. **幅度时间形态的配合**：单纯的K线形态和成交量是当前股价交易的表达，但是相同的K线形态，在不同的上涨和下跌区间意义是不完全相同的。同样是大上影K线发生在刚转势和已经有一定涨幅的情况下以及同样是大下影阴线发生在下跌开始和下跌一定幅度之后表达的交易情况是不一样的。所以趋势能和翻转能分析中，K线形态结合已经完成的幅度和时间会更有准确性。

（六）成交量态： 是判断压力和动力的重要依据。每一个K线的成交量是符合随机性的，但是K线成交量组合和特殊成交量K线里面包含着更多的内容。

1. **成交量种类：** K线有周线、日线、小时线、分钟线，相对应的成交量也有周量、日量、小时量、分钟量，下面以日量进行分析，其他类推。

（1）阴量和阳量：成交量相对应的K线有阴线和阳线，那么对应于阴线的成交量就是阴量；对应于阳线的成交量就是阳量。

①阴量意义：一般情况下阴量说明当天买入的股票以亏损为主。就是说几乎全部或大部分是亏损的。

②阳量意义：一般情况下阳量说明当天买入的股票以赢利为主。就是说大部分是赢利的。

（2）单量和量组：对应每一天K线的成交量就是单量；连续几天的成交量就是量组。

①单量：代表当天的交易程度以及当天和以往持股人的盈亏情况。交易程度就是交易资金量度和股票关注者的参与程度。依据成交量与总流通盘比例有微量、小量、中量、大量、巨量的量度之分；依据当天与前面日期的成交量对比有微缩量、缩量、强缩量、微放量、放量、强放量之量变之分。

②量组：代表数日内交易程度和盈亏情况。以阴阳分有阴量组、阳量组、阴阳量组；以时间分有持续缩量、持续放量、均衡量、交替量。

2. **单量解析：** 用换手率或年季平均量比表达。换手率即当日成交股数与总股本或流通股的比率；有一些大盘股换手率经常是非常低的，所以用年度或季度平均换手率与当日换手率比较来看，各个股票各有不同，应用时要自己总结。

（1）量度解析：这里用换手率作一简单说明，实际各个股票交易状况各不相同。相对来说固定的换手率分析不一定能够代表个股的活跃程度和参与交易的资金程度，需要针对个股的行业特征、盘子大小、历史活跃程度进行分析。

①微量：微量就是日换手率<1%，说明股票交易低迷，投资者关注度低。

②小量：小量就是1%<日换手率<3%，说明股票有一定交易量，投资者有一定的关注度，但是不很活跃。

③中量：中量就是3%<日换手率<7%，说明股票有一定交易量，投资者有

较好的关注度，股票很活跃。

④大量：大量就是 7%< 日换手率 <15%，说明股票交易量比较大，投资者有较好的关注度，股票很活跃。

⑤巨量：巨量就是日换手率 >15%，说明股票交易量很大，投资者在当时的关注度很高，股票出现特殊的情况。

（2）量变解析：就是当日量与前日量的比较。

①微缩量：前日量 > 当日量 >80% 前日量，说明股票交易情况变化小。

②缩量：80% 前日量 > 当日量 >50% 前日量，说明股票交易减少。

③强缩量：50% 前日量 > 当日量，说明股票交易出现显著减少。

④微放量：115% 前日量 > 当日量 >100% 前日量，说明股票交易情况变化小。

⑤放量：130% 前日量 > 当日量 >115% 前日量，说明股票交易增加。

⑥强放量：当日量 >130% 前日量，说明股票交易显著增加。

3. **量组解析：**

（1）阴量组：全部都是连续的阴量。

①持续缩量：连续数日阴 K 线对应成交量呈现一天比一天小的形态，说明股票连续下跌或连续受到打压，交易越来越低迷。

②持续放量：连续数日阴 K 线对应成交量呈现一天比一天大的形态，说明股票连续下跌或连续受到打压，初始主力抛售强劲，然后恐慌盘涌出，同时有人感觉价格比较低也在保守性买入，交易越来越频繁，股价越走越低。

③均衡量：连续数日阴 K 线对应成交量呈现每一天都变化不大的形态，说明股票连续下跌或连续受到打压，但是投资者的关注度比较低，交易不活跃，一般发生在股价整理阶段或者发生在一些冷门股上。

④交替量：连续数日阴 K 线对应成交量呈现每一天都不一样的形态，说明股票连续下跌或连续受到打压，投资者的关注度比较低，有主力在运作，交易状况不太稳定，一般发生在股价整理阶段、上升回调或者下跌中途。

（2）阳量组：全部都是连续的阳量。

①持续缩量：连续数日阳 K 线对应成交量呈现一天比一天小的形态，说明股票连续上升或连续受到托起，交易量越来越小。

②持续放量：连续数日阳 K 线对应成交量呈现一天比一天大的形态，说明股票连续上升，初始主力买入强劲，然后跟风盘涌入，同时有人感觉价格比较高也在适度卖出，交易越来越频繁，股价越走越高。

③均衡量：连续数日阳K线对应成交量呈现每一天都变化不大的形态，说明股票连续上升或连续受到托起，但是投资者的关注度比较一般，交易不活跃，一般发生在股价整理阶段。

④交替量：连续数日阳K线对应成交量呈现每一天都不一样的形态，说明股票连续上升，投资者的关注度比较低，交易波动性大，主力在进行运作，一般发生在股价整理阶段、上升初期或者下跌反弹中。

（3）阴阳量组：

①持续缩量：连续数日阴阳K线对应成交量呈现一天比一天小的形态，说明股票处于整理区间，交易量越来越小，即将选择方向，或正在震荡上涨和下跌途中。

②持续放量：连续数日阴阳K线对应成交量呈现一天比一天大的形态，说明股票震荡上升或震荡下跌，交易越来越频繁。

③均衡量：连续数日阴阳K线对应成交量呈现每一天都变化不大的形态，说明股票在横盘整理或缓慢上涨和下跌中。

④交替量：连续数日阴阳K线对应成交量呈现每一天都不一样的形态，说明股票有主力在进行运作，行情趋势可以是下跌也可以是上涨。

4. 成交量应用要点：

（1）关注每一笔成交：如果有时间看盘那么要关注每一笔成交的量和间隔时间，以及挂单增减情况。

（2）确认波段位置：对历史K线进行分析，判断当时所处的波段形态位置，一个单量或量组所处的波段位置不同，包含的意义也不相同。

（3）当前盈亏分析：结合波段形态，依据当下所处的位置及当前K线形态，对筹码的盈亏进行分析，同时对当日成交的每一笔进行盈亏分析。

（4）初步能量预判：依据前面的观察分析，初步分析压力和动力的状态，感受到趋势能和转势能的消长，得出当下能量状态的预判。

5. 关注异常单量： 微量强缩量和巨量强放量是单量中的特殊形态，都形成了股价中特殊的成交现象，预示未来股价会有大幅波动。

（1）微量强缩量：就是成交量非常小并且当日突然大幅缩量。出现在波段底部，说明行情极有可能翻转上涨；出现在上涨初期，说明筹码锁定性好，会继续大涨，多见于连续涨停板；出现在上涨回调到均线附近，说明主力洗盘结束，会继续大涨；出现在大幅长时间上涨后，则说明主力出货基本完成，股价上涨无量，不久会下跌。

（2）巨量强放量：就是成交量突然巨幅放量，股价大幅上涨或下跌。无论巨量是阴量还是阳量，出现在何处，都会引起股价下跌。但是下跌以后却各有不同，波段底部出现巨量上涨和巨量下跌，其后即使有回落，不久还是要上涨的，说明底部完成了；上涨途中出现巨量上涨和巨量下跌，即使其后有一定的上涨，也必然会出现回调走势；大幅长时间上涨后出现巨量上涨和巨量下跌，那么头部形成的概率极大；如果在下跌中途出现巨量上涨和巨量下跌，说明新一轮跌势开始了。

6. 精研量组能量状态：单量让我们了解了当时的成交情况、盈亏情况，但是除了异常单量能够代表一部分股价趋势外，其他的单量很难预判股价运行的趋势。量组与相对应的K线组合就使得股价趋势能够进行初步的预判。所以要想对趋势有相当大概率的把握，认真分析量组的能量状态很重要。

（1）量组的选取：与K线图配合，常用的是双量组和三量组。由于股市优良买入和卖出机会瞬间即逝，是等不得慢不得的，必须在短期内作出比较准确的判断，所以尽量不采用四日和五日以及更长的量组进行分析。如果在盘整市需要进行长时间观测和分析，那么就依照三日量组进行预判，后几日验证的方式递推进行。

（2）量组的八种基本状态：

①温和持续缩量：有两方面内容，一方面是说单量适度，大约在1%～3%之间，一方面是说每日量度递减不超过20%。

②大幅持续缩量：有两方面内容，一方面是说单量比较大，大约在3%～7%之间或者更大，一方面是说每日量度递减超过20%。

③温和持续放量：有两方面内容，一方面是说单量适度，大约在1%～3%之间，一方面是说每日量度递增不超过20%。

④大幅持续放量：有两方面内容，一方面是说单量比较大，大约在3%～7%之间或者更大，一方面是说每日量度递增超过20%。

⑤小幅均衡量：每日单量小于1.5%，量差不超过10%。

⑥大幅均衡量：每日单量大于5%，量差不超过10%。

⑦交替缩量：第二天量比第一天略多，貌似均衡量，但是第三日单量小于前两天单量的10%以上，整体感觉缩量的态势。

⑧交替放量：第二天量比第一天略少，但是第三日单量大于前两天单量的

10%以上，整体感觉放量的态势。

（3）量组八种状态的能量预判：依据形态作出的判断都是一种可能性，量组配合K线进行能量预判并进行递推验证，是一种很好的分析方法。

①温和持续缩量：依据能量来看，温和持续缩量说明股票相关人员逐步减少参与交易，处于犹豫和等待中，特别是主力有两种可能性，一种就是转折前的准备阶段，一种就是犹豫和适度减仓整理状态。温和缩量过后出现的转折不一定是反向运行，也可能是更强烈的同向运行。所以温和缩量期间应该减仓或者低于30%仓位持股。

②大幅持续缩量：依据能量来看，大幅持续缩量说明股票相关人员大幅减少参与交易，处于等待状态，持股的不卖出，持币的不买入，股票突然变得低迷。肯定地说在这个情况下主力操作的次数越来越少，更加赤裸裸地暴露了散户对该股在该价格区间的态度和买卖力度。所以这样的走势一般会引起转折发生。依据发生的波段位置不同，后期走势也不相同。横盘整理过程中发生这样的情况，比较难以判断后期走势，有可能突然大幅上涨，也有可能大幅下跌；但是其他情况下无论是上涨或下跌以及上涨回调，一般都会反向运行。

③温和持续放量：依据能量来看，温和持续放量说明股票相关人员处于逐步增强参与交易的状态。依据所处波段的位置来看，如果发生在盘整过程中，主力有两种可能性，一种就是小幅吸纳股票，一种就是适当拉升高抛减仓状态。两种情况都会引起后期继续盘整或者下跌的走势；但是盘整和下跌过后出现上涨的概率是70%；在股市极度低迷的情况下，也有下跌的可能。如果发生在上涨过程中，则说明上涨动能稳步加强，大概率会继续上涨。如果发生在下跌过程中，那么说明下跌能量逐步加强，是最有可能继续下跌的状态。

④大幅持续放量：依据能量来看，大幅持续放量说明股票相关人员处于主动强烈地参与交易的状态。无论波段的哪一个位置，都说明有大主力参与交易，股票处于不平静之中。依据所处波段的位置来看，如果发生在盘整过程中，主力有两种可能性，一种就是大幅吸纳股票同时拉升出货一气呵成，其后当然是下跌；一种就是制造盘中热点对到出货的行为。两种情况都会引起后期继续下跌的走势。如果发生在上涨过程中，则说明上涨动能超强，转向发生概率加大但是不一定就会转向，除非出现天量成交；如果发生在下跌过程中，那么说明下跌能量非常强大，最有可能继续下跌，即使有所反弹其后也会下跌。

⑤小幅均衡量：依据能量来看，小幅均衡量说明股票相关人员处于观望中并

不积极参与交易,特别是主力有两种可能性,一种就是基本不参与,一种就是适度小幅高抛低吸。小幅均衡量是不能判断未来走势的,只能依据波段特征给予关注,当然我们也需要用观望的心态对待。

⑥大幅均衡量:依据能量来看,大幅均衡量说明股票相关人员积极参与交易,股票交易比较活跃,特别是主力有两种可能性,一种就是稳步拉升,一种就是大幅高抛低吸,形成大波幅震荡走势。但是大幅均衡量一般不会在下跌过程中出现。

⑦交替缩量:依据能量来看,交替缩量说明股票相关人员逐步减弱参与交易,股票交易逐步低迷。一般发生在上涨盘整或下跌中途,其后大概率延续原有走势。

⑧交替放量:依据能量来看,交替放量说明股票相关人员逐步加大参与交易,股票交易逐步活跃。一般发生在上涨或下跌中途,其后大概率延续原有走势,也有发生在横盘波动中的。

7. **成交量态应用总论**:由于对于成交量的分析带有许多经验性的东西,而且随着大势的变化,相同的成交量状态不一定具有相同的操作机会,所以这里的分析是初步的、提纲挈领的。要想精通成交量对操作的指导,得长期观察磨炼,形成自己的能量感受。

第三节 预判与确定——胜战技术之决策精髓

胜战技术决策基础是形态预判和确定。

(一)**预判和确定之解析**:人类对所有的事情都会进行分析和跟踪,都会预判和确认然后进行决策。

1. **预判**:就是一种特征在形成过程中,观察者认为由此引起的未来某一种趋势具有发生的可能性。在股票市场就是投资者在观测由价格波动形成的 K 线图和成交量的时候,发现一些波动形态特征形成了,由此推断未来股价有可能上涨或下跌或横盘。由于只是可能性,所以未来并不是一定按照判断的趋势运行。预判水平的高低由预判后未来走势与预判相符的程度决定。投资者对股市了解越深、观测越多,长期的实战经验越多,预判水平就越高。但是没有人能够 100% 地作出与现实相符的预判。

2. **确定**:就是某一种可以认知的趋势已经发生并延续。股票市场的趋势确定就是确认股价正在上涨或者下跌或者横盘运行过程中。显然无论你预判正确不正确,股价总是会运行,股价的波动运行自然会表明股价是上涨、下跌还是横盘。确定的走势是由股票本身的运行决定的,和投资者的判断没有关系。投资者只能在确定的运行中正确地决策。这里"确定"有两方面含义。

（1）市场本身会形成确定的状态：无论前面股价是什么走势，最终在以后的运行中都会以自己的市场形态表明它的确定的实际状态。

（2）确定的状态确定了预判对错：股价已经完成的确定的形态，会有符合和不符合我们预判结果两种情况，从而使我们的预判有了确定的对和错的结果。比如我们预判上涨，其后市场以确定的上涨形态证明我们的预判是对的，反之证明我们的预判是错的，从而使预判有了确定的结果。

（二）基本趋势预判的种类：依据波动特征及能量原则，预判结果会出现五种情况。

1. **趋势延续**：就是一种趋势运行能量充足，未来将保持该趋势的延续。对应于股票有四种状态。

（1）上涨延续：脱离低价区域，向上运行的趋势中，投资者经过分析预计上涨趋势会继续。

（2）回调延续：在均线上方运行的股价，出现回落，但是主趋势暂时没有改变，此时投资者以上涨回调进行分析，预计本次回调仍会继续。

（3）下跌延续：股价跌破多重支撑，投资者认为未来还会下跌。

（4）反弹延续：在均线下方运行的股价，出现反弹，但是主趋势暂时没有改变，此时投资者以下跌反弹进行分析，预计本次反弹仍会继续。

2. **趋势衰弱**：趋势运行能量发挥到极致，在一个区间出现偏离，按照原有状态延续的轨迹将发生变化。一直延续的趋势偏离了原有状态，交易状况不再强劲，原有运行趋势出现钝化迟缓。此时投资者感觉到了能量由强势逐步弱化均衡，甚至偶尔反向能量显露作用。对应于股票有两种状态。

（1）上涨乏力：上涨一段时间后，股价明显受到压制，难以继续出现新高，或者偶尔出现新高，很快就被打压下来，股价横向偏移，均线系统走平，并纠缠在一起，投资者认为上涨趋势衰弱。

（2）下跌趋缓：下跌一段时间后，股价明显出现支撑，难以继续出现新低，或者偶尔出现新低，很快就被人买回来，股价横向偏移，均线系统走平，并纠缠在一起，投资者认为下跌趋势衰弱。

趋势衰弱不一定会出现翻转，也有可能是中途洗盘和强势盘整。这个主要看主力操作的手法和大盘走势。

3. **即将翻转**：明显感觉趋势延续出现困难，反向的能量急速增强，股价已经出现翻转迹象，未来将会反向运行。趋势衰弱一段时间后，反向能量明显加强，投资者认为趋势将翻转。对应于股票有四种状态。

（1）即将由涨转跌：上涨较长时间，趋势衰弱，出现破位走势，并且反弹遇到上一级均线拐头向下，投资者认为股价即将下跌。

（2）即将回调：上涨一段时间后，趋势衰弱，分钟线出现破位走势，但是由于股价处于长期均线之上，投资者认为上涨大趋势并没有改变，但是股价面临下跌，即将出现回调。

（3）即将由跌转涨：下跌较长时间，趋势衰弱，出现横向运行偶尔有上冲的走势，股价在一个价位区间明显稳定下来，投资者认为股价即将上涨。

（4）即将反弹：下跌一段时间后，趋势衰弱，分钟线出现上穿走势，但是由于股价处于长期均线之下，投资者认为下跌大趋势并没有改变，但是股价面临上涨，即将出现反弹。

4. **趋势翻转**：反向能量明显大于原有能量，趋势在反向能量作用下，严重破坏了原有轨迹，未来趋势将会按照和原有趋势相反的方向运行。对应于股票有四种状态。

（1）由跌转涨涨势形成：股价由跌转涨已经形成，均线金叉，股价脱离低位区域。投资者认为趋势已经翻转。

（2）回调到位新涨形成：股价回调受到支撑后继续上涨，并站上上一级均线。投资者认为趋势已经翻转，新一轮上涨正在展开。

（3）由涨转跌跌势形成：股价由涨转跌已经形成，均线死叉，股价远离高位区域。投资者认为趋势已经翻转。阱口预判就属于这一类。

（4）反弹到位新跌形成：股价反弹受到压制后继续下跌，并重新跌破下一级均线。投资者认为趋势已经翻转，新一轮下跌正在展开。

5. **反向延续**：反向趋势运行能量充足，未来将保持该趋势的延续。反向延续说明股票运行在相反的趋势中。投资者将重复进行新一轮的各类预判。对应于股票有四种状态。

（1）由跌转涨涨势延续：长时间下跌后，开始上涨，上涨趋势动能充足，投资者认为会继续上涨。阱底预判就属于这一类。

（2）回调到位新涨延续：上涨过程中出现回调，并反弹上涨，上涨趋势动能充足，投资者认为新一轮涨势得到延续。其中一部分有进入主升浪可能性。

（3）由涨转跌跌势延续：正在下跌的过程中，下跌趋势动能充足，投资者

认为会继续下跌。阴壁分析就属于这一类。

(4) 反弹到位新跌延续：下跌反弹后又开始下跌，下跌趋势动能充足，投资者认为新一轮下跌会得到延续。

(三) 预判和确定之应用：

1. 预判是决策的基础：我们的买卖决策取决于预判结果。

(1) 预判是操作的依据：预判结果出来以后，我们随时准备进行操作，买和卖都依据预判结果进行，所以预判结果是操作的依据。比如预判"下跌延续"理所当然需要空仓或者减仓；预判"即将反弹"那么就要持仓加仓。

(2) 预判决定操作方案：由于预判是一种推测，是趋势出现前或出现过程中的一种判断，实际走势有可能符合预判结果也有可能不符合，所以采用预判结果进行操作，必须首先考虑预判失败后的风险。针对预判的这个本质特性，相应的操作有两方面内容。

①依据预判结果确定增减仓幅度：我们在预判某一种趋势的时候，隐隐约约的有一种可能性的感受，但是没有人能够确定一定会发生什么走势。依据这个可能性的大小，来确定我们增减仓的幅度，保证持仓能够反映这样的可能性大小。就是说如果预判结果发生的可能性大、反向风险相对较小，那么加仓减仓幅度适当加大，但是如果预判反向风险相对也较大，那么加仓减仓幅度适当减小，而在预判结果发生可能性小时，尽量不做操作。

②依据预判结果确定风险控制方案：对于一种预判结果的风险控制当然是针对其失败而做的，就是说一旦发现预判结果不对，就要及时反向操作。比如我们做出"即将由跌转涨"的预判结果后，进行加仓的同时就要伴随判断失败继续下跌发生后及时空仓的方案，而且依据可能性分析，要制定出现什么形态的K线组合并在什么位置进行空仓止损。

完整的操作方案就是针对预判结果在当时实现的可能性，对仓位进行调整，同时做出预判失败后的风险控制策略。

2. 确定是决策的指导：我们的操作正确与否，由此前及此后已经确定的走势来检验。

(1) 确定验证预判：在我们预判行情并进行相应操作以后，实际的市场运行会依照自己的规律形成自己的形态，这个形态确定了我们的预判有没有偏差、是不是正确。

(2) 确定规范操作：由于实际的走势检验了我们此前的预判结果和相应的

操作，所以我们的进一步操作必然按照已经发生的情况进行。实际走势符合我们的预判，那么就要及时顺势操作；实际走势不符合我们的预判，那么就要及时启动风险控制方案进行逆势操作。

完整的操作策略就是针对预判结果在实际走势中出现的偏差，及时进行顺势和逆势操作，减少损失、增加获利，形成完美的操作。

第四节 快速反应与仓位控制——胜战技术之操作精髓

胜战技术的基础操作由快速反应和仓位控制组成。

（一）**仓位控制**：是股票操作的核心内容。无论是赢利还是规避风险，做得好坏最终是由持有的仓位来决定的，上涨的时候持仓大，下跌的时候持仓小或者空仓才能获得收益，反之下跌的时候持仓大，则会大幅亏损。仓位控制的根本内容就是每时每刻持有与当前行情走势相符的仓位。

1. **何时增减仓**：做仓位控制的最基本操作就是增减仓，优秀的操作必须解决的问题是什么时候增减仓。有两方面内容。

（1）经常增减仓是仓位控制的日常工作：我们做股票的人，如果不做仓位控制，就好比不懂得波段不懂得进退，当然不能做好股票。上涨加仓下跌减仓，适时止损止赢空仓，都是仓位控制的内容，无一不是仓位操作。所以我们做股票必须每一刻都对增仓、减仓、空仓进行分析，让仓位控制成为做股票最基本的思想和行为。

（2）合适时机增减仓是仓位控制的核心：经常有人说"频繁操作是亏损的原因""长线是金短线是银"，导致许多人不去做仓位控制。实际上应该这样说："仓位控制好可比金刚钻"。无论你是长线、短线、你都得符合市场规律，市场本身是波动的，所以要想跑赢市场，唯一的方法就是契合波动获取差价。一般人频繁操作是由于没有在合适的时机增减仓，导致经常割肉。看懂波动状态，在合适的位置做相应的增减仓，是仓位控制的核心内容。

2. **最佳持仓位**：由于我们的操作是建立在预判的基础上的，所以不一定都是正确的，而且在确定的形态走出来以后，也有可能出现小概率事件导致股价反向运行，比如突发事件、预亏等。所以对于不同股票的持仓数量需要进行分析和控制。有人说你看那个股票连续跌停一直跌了十个停板，这要是赶上亏死了，其实就算跌了十个跌停板也就跌了65%，如果该股持仓只有20%，实际上整体也就跌了13%，我们还有其他仓位，回本的可能性很大。所谓最佳的仓位有两方面内容。

（1）个股最佳持仓：牛市个股持仓可以超过30%，调整市一般建议持仓30%以下，或者更低。除非特别有把握的股票，一般不要破坏这个原则。

（2）总体最佳持仓：牛市当然是满仓好，但是调整市仓位最大不要超过60%。而且在下跌过程中尽量空仓，或者不超过30%。留一部分资金有两方面用途，一方面可以配合波动做t，一方面在底部判断不明的情况下，可以在低位补仓，降低成本。当然最佳的仓位，是能够让自己感觉心情安稳，能够操作起来进退自如的那个仓位。就是说那个仓位是下跌你也不很着急，而且有机会让自己翻本并赢利的仓位。

3. 预判和确定过程中仓位控制：胜战技术用预判和确定进行仓位控制，就是尽可能地契合波动，在合适的时机以合适的仓位进行操作。

（1）预判后仓位控制：预判一个结果出来，必然要进行相应操作，建议对于预判结果以总仓位的30%进行操作，原则如下：

①预判上涨：加仓原有筹码的50%，或加仓到30%。如果有套牢筹码或前期主动买入筹码，那么进行加仓以原有仓位50%为妥，比如原有2000股，则本次加仓1000股；如果原来是空仓，那么一次加仓到总仓位的30%。这样做的原因是一旦预判失败及时止损，损失不是很大。

②预判下跌：减仓到30%；如果属于高位下跌建议减仓到20%以下或空仓。一旦预判下跌，这个时候不要犹豫，虽然有一些情况下会出现预判下跌失败，但是只要有钱我们随时可以买入，仅仅是损失一点点利润而已，但是一旦预判变为现实，下跌可不是一点点而是一轮下跌波动。

（2）确定后仓位控制：确定的行情走出来以后，会证明我们预判的对错，这个时候就要对整个仓位进行分析，原则如下：

①预判上涨正确：我们预判上涨后进行了加仓，后面的走势证明我们是正确的，那么我们考虑的是及时加仓，对于比较大的反弹，则可以在回调时做t。这里加仓有两种方式，一种是及时加仓；一种是等待持股冲高减仓，减仓幅度妥善掌握，然后在回调后大幅加仓。加仓可以是加已经有的股票，也可以加其他有潜力的股票，建议在调整市总仓位不超过60%。

②预判上涨失败：我们预判上涨后进行了加仓，后面的走势证明我们是错误的，那么我们考虑的是及时减仓。这里减仓有两种方式，一种是及时空仓；一种是将预判时的加仓减出。究竟是空仓还是部分减仓依据当时的波段位置分析决定。

但是由于此前我们的持仓本来就不大,所以损失也不会很大。

③预判下跌正确:我们预判下跌后进行了减仓,后面的走势证明我们是正确的,那么我们考虑的是再次减仓或空仓。这里由于我们已经做了大幅度减仓,仓位已经在30%以下,所以减仓和空仓都可以从容选择。究竟是空仓还是部分减仓依据当时的波段位置分析决定。

④预判下跌失败:我们预判下跌后进行了减仓,后面的走势证明我们是错误的,那么我们考虑的是及时补仓。这里补仓有两种方式,一种是及时追补;一种是等待反弹回落时补仓。如果此前是空仓,可以追补,建议仓位不超过30%,尽量选择有潜力的股票;如果此前有仓位要追补,一般还是补已经持仓的股票,这样如果后面有变化可以及时卖出原有持股,保持仓位不变,当然如果在反弹过程中有更好的股票,也是可以考虑的;如果发现一时之间上涨幅度已经不小了,那么我们不建议追补,而是采用回落补仓。其后的情况依据上涨状况进行增减仓。

4. 仓位控制方案的编制:依据仓位控制的一般原则,形成完整的仓位控制方案是仓位控制的最终目标。仓位控制方案的内容如下。

(1)第一栏是题头:仓位控制方案、编号。编号是由时间和当日第几个方案组成,如果是多人的方案,还可以标注人名。如2018年7月18日股民刘晓明的方案,编号写"20180718—刘晓明"。

(2)第二栏是趋势栏:主要是写明当前趋势;后面是编制人。

(3)第三栏是关联栏:写明与当前趋势相关的状态,比如现在是上涨趋势,相关趋势就是延续、回调、横盘;如果现在是下跌趋势,那么相关趋势就是延续、反弹、横盘。这个也是表明状态的,是给编制人一种完整趋势状态的思考。后面是编制时间。

(4)第四栏是持仓股票:建议持仓股票最多不超过5只。一方面我们散户

仓位控制方案(编号:20180221-1)					
当前趋势	上涨		编制人	兰云富	
相关趋势	延续/回调/横盘		编制时间	2018年2月21日	
持仓股票	名称	汇金通	科新机电		
	号码	603577	300092		
	数量	3000股	4000股		
	仓位	27%	23%		
备选股票	名称	美力科技	中能电气	星徽精密	
	号码	300611	300062	300464	
	基数	1000股	1000股	1000股	
	基仓	约9%	约5%	约6%	

续表

仓位控制方案（编号：20180221-1）							
当前仓位	约50%		说明	总资金120000元，持仓汇金通32790元，科新机电27280元。			
预判趋势	主趋	延续上涨	概率	80%	副趋	横盘	概率	20%
仓位方案	总仓位	保持仓位	股票控制	603577	持仓3000股，合3000股		
				300092	持仓4000股，合4000股		
				603577	拟加仓		
				300464	拟加仓		
反向预案	仓位	减仓到30%以下		计划	300092出局，减仓到27%		
正向预案	仓位	加仓到75%以上		计划	603577加仓1000股；300464入仓3000股；300092持仓总仓位78%。		
执行情况	正向预案执行			效果评价	连续获利		

资金不多，另一方面可以经常性地集中资金做一两只股票。还有就是规避风险时，减掉一只股票，仓位就会大幅减少，这样便于选优去劣。

（5）第五栏备选股票：把自己认为好的股票，未来加仓时或持股减仓后换股时可以用的股票列出几只，建议不超过 5 只。所以需要从自选股里面精挑细选作为备用。备选股栏中，有基数和基仓，这个就是计算每 1000 股占多少仓位，好在加仓时按照需要的仓位，灵活计算加仓数。比如我想加仓 20%，1000 股美力科技是 9%，那么买 2000～2500 股就可以了。

（6）第六栏仓位栏：对当前仓位做一个说明，便于后面调整仓位使用。

（7）第七栏预判趋势：这是我们做仓位控制时技术分析的内容，是编制增减仓的基础。这里用了主趋势和副趋势的提法，主要是想比较详细地表达我们分析后的感受和心理倾向。

（8）第八栏是仓位方案：预判以后进行的工作。依据预判结果做的方案，一是总仓位控制数；二是持仓股票、拟加仓股票、拟减仓股票的详细方案，有了这个方案，在操作时执行就可以了。对于预判上涨一般是做拟加仓股票方案；对于预判下跌一般是做拟减仓股票方案。

（9）第九栏反向预案：主要是针对我们可能的预判失败而做的风险防范方案。特别是预判上涨后的加仓方案，首先不是考虑一定要加仓，而是要考虑失败后的减仓，所以紧接着要考虑反向操作方案，包括仓位和增减仓计划。

（10）第十栏正向预案：针对预判正确后的操作，包括仓位和增减仓计划。

（11）第十一栏结果栏：执行情况和效果评价。

（二）**快速把握转折点：** 是高水平操作的追求目标。股票波动有时候快有时候慢，但是无论波动快慢，最佳的低位和最佳的高位总是短暂地存在，所以越是快速把握最佳转折点越能够提高成功的概率和质量。优秀的操作必须以追求快速反应能力为目标。

1. 准确的预判和勇于操作： 是快速把握转折点的基本素质。没有准确的预判，不能在第一时间感受到能量的转折，是大部分人不敢快速进行操作的主要原因，所以准确的预判就成了快速反应的最基本素质。但是大部分人都曾经有过的感受是这样的，就是隐隐约约地感觉要涨了，但是没有操作，结果真的涨了，反之隐隐约约地感觉是不是要大跌了，要不要卖出，正在思索之时，却看见股价一点点走低，伴随着自己一声声叹息。实际上许多人做股票多年还是有一定经验的，只是不敢操作，特别是下跌的时候，由于没有在感觉生起的时候做出反应，错过了最好时机，导致进退两难。对于上涨没有及时加仓还没有太大问题，因为机会有的是，但是对于下跌的时候没有及时减仓那个损失就大了。所以我们必须勇于操作，特别是预感要下跌的时候，这个勇于快速操作是快速把握转折点的决定因素。

2. 快速编制仓位控制方案： 是快速把握转折点的核心操作技术。充满胜利信心的仓位控制方案，会增加我们果断操作的勇气，也会规避预判偏差带来的风险，所以要想快速把握转折点就必须对仓位控制方案的编制非常熟练。

3. 熟练掌握有提前量的预判： 是提高预判准确性的一个方法。在预判的五种结果中，趋势衰弱和即将翻转两种就是带有提前量的预判，这两种预判的水平直接影响快速反应能力。仓位控制中，这两种情况预判只能产生增减仓计划，并不能直接形成方案，但是如果经验丰富、判断能力强，在这个时候做出正确的抉择，那是非常成功的操作。

4. 经常性的操作和总结： 是快速把握转折点之基础。股市是一个变化多端，看似涨涨跌跌，但是走势诡异复杂的市场。如果我们把一般的市场比作游泳池的话，股市就好比是大海。对于一般人，大海的风险是显而易见的，但是对于熟悉大海的渔民来说，还是能够依靠它生存的。这就是熟悉、适应和经验的问题。我们要想战胜股市，必须经常地分析、经常地操作、经常地总结。

（三）**快速反应和仓位控制完美契合：** 是胜战技术操作的最高要求。胜战技术离开了快速反应和仓位控制，就失去了操作基础。越是要掌握市场就越要培养自己两方面的能力：辛苦钻研多加磨炼，用小成本换取大经验，形成既灵活又严格的操作方法，多算胜少算负。只要功夫深铁杵磨成针，要有这样的大智慧才能让自己越来越精尖。

第五节 阶段性结算——胜战技术之胜战保证

阶段性结算是胜战技术胜战的保证。以阶段性结算对亏损和套牢进行清理,并对赢利进行总结。

(一)同过去说再见: 是减少死股、激活资金、增加操作循环的唯一方法。许多人抱着一个股票数月或数年,连续下跌越跌越舍不得卖,是亏损的重要原因。大部分人都有过赚钱的经历,但是最后在下跌过程中把利润全部损失了。这些都是由于没有做阶段性结算。股市投资与现实投资不同,股市的波动性非常大,经常在非理性的高估价值区间波动,而下跌以后又会进入非理性的低估价值区间,所以不能按照一般的价值规律说事。

1. 与亏损说再见:一旦出现了亏损,尽快处置,不能等待。当我们手里有股票有资金的时候才能灵活进行各种技巧性操作,但是已经下跌和套上的股票,会让资金固定,无法进行更多操作。所以我们在一个阶段内发现手中活资金减少的时候,要义无反顾地与套牢股说再见。这样做的原因有几方面。

(1) 没有必要让亏损影响下一个时间段。连续的亏损会影响我们的心理和身体健康,同时由于下一个时间段是否能够上涨,并不能够在当下确定,所以没有必要让亏损在下一个时间段延续。尽快从亏损中走出来,保证手里有充足的资金是阶段性结算的一个大任务,需要我们认真执行。

(2) 没有必要等待它下一个时间段上涨。有人会说,它已经下跌那么多了,看着好像要反弹了,等等吧;更有甚者过了几天果然上涨了,于是说,你看看割肉了人家涨了,还是不如拿着。其实这个想法在千变万化的股市中是不成立的。因为一旦我们有了活资金,我们可以从容选择下一个阶段的优势股票,而不是死守一个下跌的股票,假如经过分析我们认为下一个阶段原来股票是优势股,再买回来也很容易;但是如果下一个阶段是一个不停下跌的阶段,很明显和股票说再见是何等正确。实际上严重套牢者就是始终下不了和亏损说再见的勇气,因为怕割肉怕反弹,却不知道只要你有钱,更好的股票和操作方法都在等着你赢利。

2. 与赢利说再见:股市赢利是我们的追求,一个阶段赢利了,说明在这一个阶段我们的操作正确性高。但是股市是波动的,你越是赢利多的时候越是说明翻转的可能性在增加,许多人就是不懂得阶段性保护利润才导致严重亏损的,所以阶段性赢利出局或减仓是保护利润的根本性操作。

(1) 及时止赢保证利润。一个阶段赢利后减仓空仓,是为了大幅度保证本阶段的利润落袋为安,有人会用牛市说话,说涨了一点点你就出局了,耽误了后面多少利润。其实行情是不是牛市是会有感觉的，就是牛市来了你也会不停买卖，与其如此不如阶段性结算一下；更重要的是我们大部分情况是在调整市，请问哪一个人的亏损是牛市中发生的？所以阶段性赢利的时候更需要我们把股票换成活钱，这个也是阶段性结算的一大任务，需要严格执行。

（2）没有必要让赢利影响下一个阶段。暂时的赢利并不能说明下一个阶段能够赢利，赢利不结算会助长我们无视风险的思想、减弱抵御下跌的分析，不利于下一个阶段的操作。我们从思想上要把赢利都放到过去，及时腾出思想关注后面的走势。

3. **与旧的操作方法说再见**：无论亏损或赢利，旧的操作方法不经过总结细化精练化，都不会成为我们长期正确的方法。随着行情的复杂化，以往的方法不一定适用，所以一个阶段结束后，以往的方法也要让它成为历史。

（1）绝对不能让亏损的操作延续。一个阶段亏损了，说明操作方法不对，必须及时纠正，而阶段性结算给出了这样的要求，需要严格执行。

（2）及时更新赢利的操作方法。一个阶段赢利了，有时候我们是按照成熟的方法操作的，有时候也会有特殊的股票给予我们利润，这就是人们说的运气，但是运气是无法把握和解释的，当时的那个选股持股方法就不能坚持了。舍弃旧方法、更新新方法包括两方面内容，一方面就是舍弃亏损的操作和无法把握的方法，一方面就是总结细化精练化成熟的方法。这既是阶段性结算的要求也是阶段性结算提供的机会。

（二）**不断提高操作水平**：阶段性结算是操作水平不断进步的必由之路。我们对过去说了再见，从此亏损赢利都成为过去，新的一页已经翻开，但是我们有高超的操作水平才能立足未来的胜利。高超的操作水平当然得靠经常性的操作和总结积累而来。

1. **阶段性结算提供更多的操作**：每隔一段时间进行一次结算，就会出清一部分仓位，进行下一步的操作，所以会增加有计划的操作次数，有利于积累操作经验。

2. **阶段性结算促成更多的总结**：每一次结算必然引起对盈亏和操作的总结，每一次总结都会扬长避短，精炼和细化操作过程，有利于提高操作技能。

3. **阶段性结算促成更多的验证**：每一个阶段的操作和总结都是对以前阶段形成的操作方法及效果的验证，有利于纠正和提纯，并使有益的操作方法用得更加熟练。

（三）快速专注于未来：阶段性结算让我们更加专注未来的操作，是股市胜利的保证。

1. **快速**：市场变化多端，要求我们快速反应并投入交易。由于我们和过去的盈亏及时做了了结，所以阶段性结算为我们告别过去、投入未来提供了方便。由于结算之后我们持币比例增加，所以可以更加快速地对优势股票在优越的时机快速建仓，更加有利于获取更好的利益。

2. **专注**：离开了过去的盈亏，让我们更加集中精力应对未来，能够以全新的状态去迎接市场的变化，同时我们会利用通过总结验证以后的操作方法去应对市场，使我们对获得交易成功更加充满信心。

3. **赢得未来**：阶段性结算的最终目标就是赢得未来，无论过去是盈是亏，只要赢得未来我们就是胜利者，所以阶段性结算是股市胜战的保证。

（四）阶段性结算内容：

1. **阶段选择**：依据短线和中线操作进行选择。

（1）**短线操作**：一般以周为单位，由于短线操作对股市波动更加细化，所以以一周一小结、两周一大结为好。执行原则如下。

①急速运行的股票一周一结。狂风不终日，骤雨不终朝，不期望一种快速上涨能够延续十几天，我们只需要几日即可。就是说对于快速上涨要及时止赢，而对于快速下跌要及时止损。尽管结算以一周为界，但是操作需要随机应变。

②缓慢运行的股票两周一结。在一定范围内波动的股票，自己经过分析比较看好，那么可以延长观测等待上涨，股市有一句名言"久盘必跌"，如果一个看好的股票一直不涨，我们还是需要格外小心，及时进行总结增减仓或者换股。

（2）**中线操作**：一般以月为结算单位。中线操作更需要对波段的周期性加以分析，以便决定一个持股周期。

①较快上涨的波段一月一结。一般情况下只有在明白了中线波段的运行之后我们才能中线持股，如果不明白已经进入中线波段，还是快进快出为好。但是一旦确定中线持股，那么较快上涨一般一个月就会转势，所以一月一结为妥。

②缓慢强劲的波段两月一结。调整市行情一般不会超过两个月，如有超过两个月的行情，也要按照两月一结。因行情向纵深发展，已经获利的股票除落袋为安外，也需要更换更加优势的股票，所以严格执行阶段性结算更加有利。

2. **盈亏结算**：以阶段初期资金为基础，对每一个持股的交易盈亏做计算，列出当期盈亏。

3. 操作总结：对每一个持股的操作思路和操作过程进行分类整理，对成功和失败的操作中每一个过程伴随的仓位控制的思路进行归纳，扬长避短，形成完整的操作总结。

（1）选股思路总结：如何选的，为什么选它建仓，基本面、技术面分析过程和分析要点，疏忽了什么，关注了什么。

（2）建仓思路总结：什么时机仓位多少及原因，建仓后预案及编制原因。

（3）增减仓思路总结：预案执行与否，执行时机选择原因及优缺点。

（4）个股最优操作构思：因为结算是针对已经完成的行情，所以依据股票实际走势对照自己曾经的操作思路，提出更适合股票走势的理想化的最优操作构思。虽然理想化的东西我们不一定能够实现，但是无数次的构思和契合，会提高我们快速准确预判的能力。

4. 未来策略：显然未来策略是阶段性结算的核心，一切以打赢未来交易战为目的。

（1）快速优选个股：新的阶段新的波段区间，我们再一次优选个股，选择更加符合我们要求的股票。审查股票基本面和股市环境的变化，对于突发利空如预亏、减持、解禁、灾难等股票以及与国家新政策、世界新局势违和的股票，即使此前非常熟悉也需要暂时淘汰，重新选择备用并逐步熟悉的股票进行操作。

（2）快速预判趋势：重新预判趋势并制定增减仓预案，对以往的总结让我们更加有信心正确预判下一步的行情走势。审查此前趋势预判存在的优缺点，进行更加快速和准确的预判，尽力使自己的预判考虑的因素更加全面细微。

（3）精炼赢利操作方法：对此前的操作方法进行优缺点分析，形成预构的最优化操作过程及相关增减仓方法，在新一轮的操作之中实施，进行更精练的执行。

（4）审核和校正操作心理：每一次新的开始，审核和校正操作心理至关重要。股民失败的主要原因就是人类心理问题，所以未来策略要总结和纠正此前交易过程中自己固有的共性和个性的心理状态对交易时机和买卖的不利影响。

总之胜战者必然是精通胜战技术并严格执行胜战技术的操作者。

第四章 常规技术指标分析

技术指标是市场价格波动的规范和归纳，是反映市场波动状态的数学模型。它是市场分析的基础内容，得到了广大股民的青睐和应用。胜战技术重能量轻指标，但是也不排斥指标，不仅需要了解常规技术指标的应用方法，更要明白其使用的优点和缺陷，特别是能够表征能量的一些东西还是要很好地把握。

第一节 常规技术指标之MACD

（一）MACD 简介： MACD 又叫指数平滑异同移动平均线，是由查拉尔·阿佩尔（Gerald Apple）发明的用于研判股票买卖时机、跟踪股价运行趋势的技术分析工具。

1. **MACD 原理：** 平滑异同移动平均线 MACD，是一种利用短期均线与长期均线之间的聚合与分离状况，对买进卖出时机进行研判的技术指标。运用短期和长期两条不同速度的平滑移动平均线 EMA，来计算两者的正负离差值 DIF，由 DIF 的多日平均计算出离差值的平滑移动平均值 DEA，形成两条连续的曲线，把 DIF 值减去 DEA 值的差 BAR 在对应位置以柱状图表示，形成完整的 MACD 指标系统。依据移动平均线原理发展出来的 MACD 经过双重平滑运算，既可以去除掉移动平均线频繁发出的转折信号，又可以保留移动平均线的趋势稳定性、流畅延展性，是证券市场最普及的技术分析工具之一。

2. **MACD 指标图：** 经过双重平滑运算后的数据，纳入 K 线图形成了 MACD 指标图，较直观地反映波动趋势强度和转折，从而指导股票买卖。

（1）**MACD 指标图类型：** MACD 指标与 K 线图相对应，依据各周期的 K 线图，对应有各周期的 MACD 图。有各类分钟线图、日线图、周线图、月线图、季线图、年线图。

（2）**MACD 日线图图例：** 汇金通（603577）2018 年 2 月到 7 月 MACD 系统图。上面是 K 线图，下面是对应的 MACD 系统图。MACD 系统由两线一柱组成，图里面的 MACD（12，26，9）说明计算参数是以 12 日、26 日、9 日的 EMA 值进行的；代表 EMA 离差值的 DIF 线是快行线，在图中最后一个交易日 DIF 值 - 0.361；代表 DIF 多日平滑移动平均值的 DEA 线是慢行线，在图中最后一个交易日的 DEA 值－0.472；指标图中上下长短不一的线柱是 MACD 柱即 BAR 柱，它的值是 2（DIF－DEA），正值时一般标注为红柱，负值时标注为绿柱；红柱和绿柱起始处形成的位置是 0 轴线，这个地方 MACD 值为 0，在图中最后一个交易日的 BAR 值+0.224。在快线 DIF 和慢线 DEA 交叉的地方，MACD 值为 0，对应图中 K 线图，当 DIF 向下与 DEA 交叉叫死叉，可以看出股价正在下跌之中；当 DIF 向上与 DEA 交叉叫金叉，可以看出股价正在上涨之中。

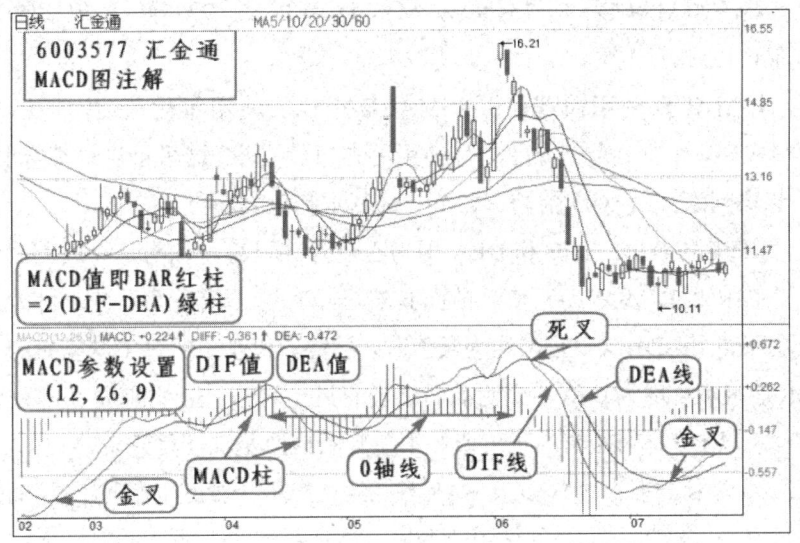

3. 计算方法：MACD 算法基础是加权平均算法，它的加权平滑因子通过每一天的算法使以前的数据对后面影响越来越小，也就是说体现一种近处影响大、远处影响小的作用模式。

（1）EMA 算法：当日 $EMA=$ 前日 $EMA \times (1-a) +$ 当日收盘价 $P \times a$

① EMA 初值：计算需要的第一个 EMA 值，一般以当日收盘价代替。

② a：叫平滑因子，$0 \leqslant a \leqslant 1$。

③ 计算序列：$EMA1=P_1$；$EMA2=(1-a)P_1+aP_2$；

$EMA3=(1-a)[(1-a)P_1+aP_2]+aP_3=(1-a)(1-a)P_1+(1-a)aP_2+aP_3$。

（2）移动平均 EMA：$EMA(n) =$ 前日 $EMA(n) \times [1-2/(n+1)] +$ 当日收盘价 $P \times 2/(n+1)$，其中 $a=2/(n+1)$。

（3）常用的 MACD（12，26，9）参数计算如下：

① $EMA(12)$：$EMA(12)=$ 前日 $EMA(12)\times 11/13 +$ 当日收盘价 $P\times 2/13$。

② $EMA(26)$：$EMA(26)=$ 前日 $EMA(26)\times 25/27 +$ 当日收盘价 $P\times 2/27$。

③ 离差值 DIF：$DIF=$ 当日 $EMA(12)-$ 当日 $EMA(26)$。

④ 离差平均值 DEA：$DEA(9)=$ 前日 $DEA(9)\times 8/10 +$ 当日 $DIF\times 2/10$。

⑤ 柱线值 BAR：$BAR=2\times(DIF-DEA)$。$BAR\geqslant 0$ 为红柱；$BAR\leqslant 0$ 为绿柱。

（4）参数设置说明：MACD 的各种值都由计算机软件计算完成，一般情况下我们只是应用就可以了。但是对 MACD 感兴趣的操作者也可以自己设置适合自己的参数，如 MACD（8，13，9），MACD（10，21，9）等。各周期的 K 线图 MACD 都可以进行设置。

（二）MACD 使用简述： 由于 MACD 指标的使用年代久远，使用方法也发展得很成熟，有许多专门介绍指标使用的书籍和文章，这里只讲最基本的用法。

1. 趋势判断： MACD 指标有如下一些基本趋势判断方法。

（1）正负值判断：DIF 和 DEA 均为正值时，强势，说明是经过上涨后的市场，凡是 DIF 和 DEA 均为正值，前面必然已经有过一段时间上涨，目前正在上涨或上涨回调中；DIF 和 DEA 均为负值时，弱势，说明是经过下跌以后的市场，凡是 DIF 和 DEA 均为负值，说明前面已经有过一轮下跌，目前正在下跌或下跌反弹中。所以 DIF 和 DEA 的正负值并不能判断后面是涨还是跌。

（2）红绿柱判断：MACD 及 BAR 柱。红柱产生，强势，前面有过一轮上涨；红柱由短变长，趋势向上；红柱由长变短，回调；连续变短，趋势向下；红柱变短后再一次变长，回调到位重新上涨。绿柱产生，弱势，前面有过一轮下跌；绿柱由短变长，趋势向下；绿柱由长变短，反弹；连续变短，趋势向上；绿柱变短后再一次变长，反弹到位重新下跌。股价走势的微小变化往往在红绿柱的长短中表现出来，并且红绿柱的连续变长或变短伴随的是曲线的向上或向下。

（3）曲线走势判断：DIF 线拐头向下，说明股价有反转下跌的倾向；DIF 线拐头向下后又向上拐头，说明股价依然在上涨；DIF 线拐头向下并下穿 DEA 线，形成死叉，说明股价剧烈回调，若 DEA 线也拐头向下，说明下跌延续；两条线均向下，而且 DIF 与 DEA 之间距离越来越大，说明股价运行在强烈的下跌趋势中。DIF 线拐头向上，说明股价有反转上涨的倾向；DIF 线拐头向上后又向下拐头，说明股价依然在下跌；DIF 线拐头向上并上穿 DEA 线，形成金叉，说明股价剧烈反弹，若 DEA 线也拐头向上，说明上涨延续；两条线均向上，而且 DIF 与 DEA 之间距离越来越大，说明股价运行在强烈的上涨趋势中。

2. 买卖决策:

(1) 交叉法: 依据 MACD 的 DIF 线和 DEA 线发生交叉决定买入和卖出。基本做法是当 DIF 线和 DEA 线形成死叉时或依据下跌的强度在形成死叉的前后卖出; 当 DIF 线和 DEA 线形成金叉时或依据上涨的强度在形成金叉的前后买入。

(2) 红绿法: 依据 MACD 红柱由长变短, 结合延续的时间和变短的幅度决定减仓或空仓; 依据 MACD 绿柱由长变短, 结合延续的时间和变短的幅度决定加仓。依据绿柱消失红柱产生并变长决定加仓; 依据红柱消失绿柱产生并变长决定减仓。依据红柱变短然后再一次变成加仓; 依据绿柱变短再一次变成减仓。

(3) 背驰法: 针对股价长时间运行在上涨或下跌中时, 会出现 MACD 背驰的现象。

① MACD 背驰: 一般情况下, 股价下跌, MACD 曲线也是下行趋势, 股价上涨, MACD 也是上行趋势, 但是在一些情况下特别是经过一段时间上涨以后, 会发现股价经过回调后重新走高, 但是 MACD 曲线却逐步走低, 这就是顶背驰; 反之在一些情况下特别是经过一段时间下跌以后, 会发现股价经过反弹后重新走低, 但是 MACD 曲线却逐步走高, 这就是底背驰。例如中国石化(600028) 2017 年 11 月到 2018 年 3 月的顶背驰及三一重工(600031) 2018 年 1 月到 5 月的底背驰。

② 背驰决策: 顶背驰后一般会出现比较长时间的反向运行, 背驰过程中会有两个以上死叉或金叉, 所以在顶背驰出现后的最后一次死叉必须卖出; 在底背驰出现后的最后一个金叉要买入。

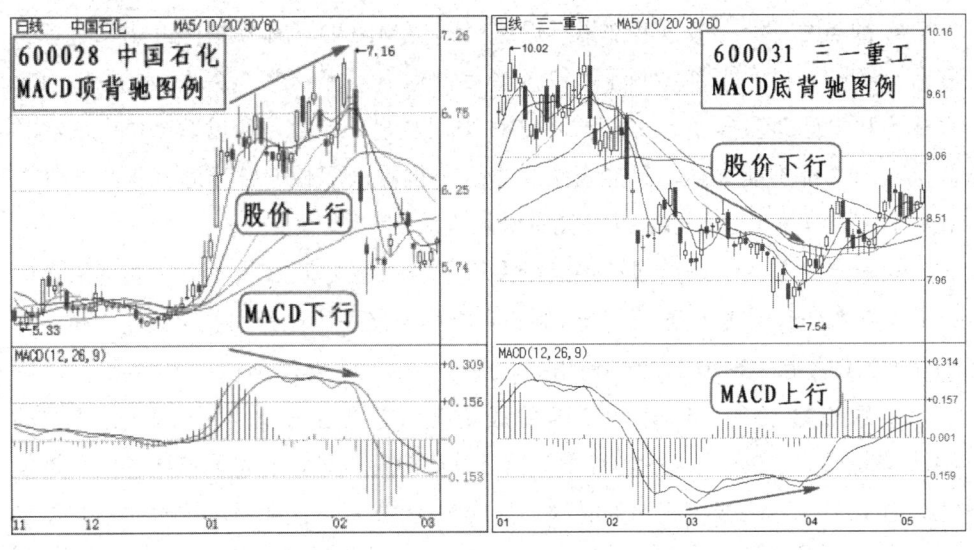

(4) 多周期综合法：为了保证短线中线长线都可以使用 MACD 指标，操作者利用日线 MACD 结合分钟线 MACD 做短线投资决策；利用日线 MACD 和周线 MACD 或结合月线 MACD 做中线和长线投资决策。对于有经验的操作者来说，多周期综合法更加灵活适用。

（三）MACD 使用优缺点：对于 MACD，每一个人有每一个人的看法，有专门研究 MACD 的人，用各种更细致的方法去把握股价运行，起到了很好的作用。这里整理几点供大家参考。

1. 优点之一——中级和大型波动的应用：MACD 指标在中线和长线趋势中能够对趋势做出很好的表达。由于 MACD 来源于次级波动的平滑，提出这个指标的意义就是寻找最好的获利时间和空间，所以有些次级的小波动被忽略了，专门用于表达中级以上波动。

2. 优点之二——波动反转预判的应用：MACD 的 BAR 柱对短期波动敏感，所以一般情况下，当一轮下跌中连续两次以上的绿柱变短伴随 DIF 走平并向 DEA 靠拢，那么发生上涨的概率随着变短次数增多逐步增大，随时准备加仓；当一轮上涨中连续两次以上的红柱变短伴随 DIF 走平并向 DEA 靠拢，那么发生下跌的概率随着变短次数增多逐步增大，随时准备减仓。这个预判无论短线、中线、长线都有用。

3. 优点之三——稳步运行波段的应用：在斜率较大的涨升波段和斜率较大的下跌波段中，MACD 准确率是很高的。所以在有明显斜率的波动中，依据 MACD 可以准确地做出买卖策略。MACD 喜欢干脆利落的上涨和下跌的表达。

4. 缺点之一——暴跌暴涨指标迟缓：这是 MACD 的本质缺陷，由于进行了平滑，所以如果在顶部遇到了暴跌或者底部遇到了暴涨都会失去效用，MACD 指标不利于逃顶和抄底；又由于 MACD 采用收盘价计算，所以对高位大阴线和低位大阳线都不能表达，只能表达收盘这个位置，即使分钟线遇到也是一样。MACD 只利于稳步上涨和稳步下跌的波段性获利。

5. 缺点之二——横盘或缓慢运行失真：也就是说 MACD 不利于表达横盘运行或缓慢上涨和缓慢下跌，这个时候所有指标不能做出预判和买卖策略。所以对于典型的调整市，MACD 是不能用的。

6. 缺点之三——当日 MACD 随着股价变异：当上涨过程中 KIF 走平并向 DEA 靠拢同时 DEA 也走平的时候，当日早晨股价下跌，有可能造成各类分钟线 MACD 死叉，下跌幅度稍大的时候，日线 MACD 也可能死叉，这时如果突然发生大涨，一根阳线在昨日收盘价下拔地而起，会导致下午死叉状态消失，反而形成上开口状态，如果早晨依据 MACD 决策卖出了，下午会有无所适从的感觉。下跌过程中也有类似反向的情况。

7. 优缺点图解：

（1）优缺点图解 1：宏达高科（002144）2018 年 2 月到 5 月。

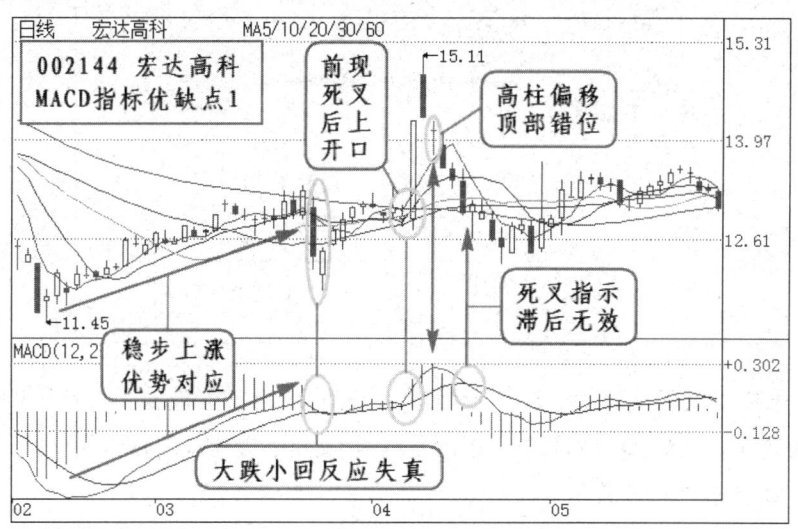

①稳步上涨优势对应：2 月到 3 月中旬一波稳步的上涨，MACD 指标跟随上行，KIF 一直到大回调当日出现拐头，其中的 DEA 一直平滑上行，充分表明了慢速线对这一轮上升的把握，展示了 MACD 的核心价值。

②大跌小回反应失真：3 月 23 日出现了大幅回调，24 日开盘又继续下挫，股价距离起涨点很近，但是 KIF 指标只有小小的一个拐头，DEA 只是走平而已，此时 MACD 并不能反映这里有大幅回调的事实。

③前现死叉后上开口：4 月 10 日出现大阳线前，连续两日小幅回调，4 月 10 日早晨股价迅速跌到均线下方，此时各分钟线死叉并开口加大，日线 MACD 也初现死叉，预示下跌态势，但是随着大阳线的产生，其后指标线并非死叉而是上开口线，预示上涨。指标出现当日变异，不具备指导意义。

④高柱偏离顶部错位：行情本来在 4 月 11 日冲顶回落，但是红色 BAR 柱最长的一根却在 4 月 12 日出现偏离，失去短期指导意义。

⑤死叉指示滞后无效：4 月 11 日见顶，而直到 4 月 18 日死叉才形成，此时股价已经由 15.11 元跌到 13 元左右，其后未见大跌，而是横盘震荡到 5 月 22 日，

此时死叉失去了指导意义。

（2）**优缺点图解 2**：仟源医药（300254）2017 年 9 月到 2018 年 3 月。

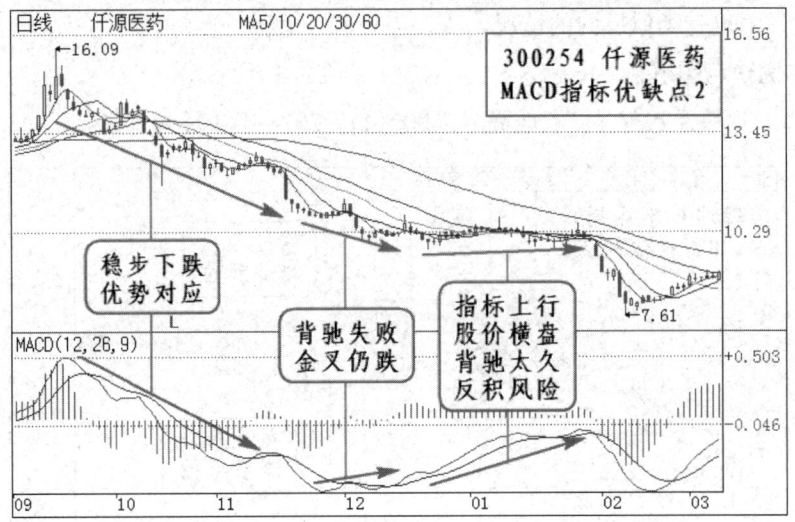

①**稳步下跌优势对应**：2017 年 9 月中旬到 11 月初一波稳步下跌，KIF 一直在 DEA 之下，形成一轮完整的中线下跌，充分反映了慢速线对这一轮下跌的把握，表达了 MACD 的核心价值。

②**背驰失败金叉仍跌**：2017 年 11 月下旬到 12 月上旬，MACD 横走略有上行，而股价下跌，疑似底背驰，但是其后 MACD 虽然金叉上行，股价却微跌后横盘运行，底背驰失败。

③**指标上行反积风险**：股价横盘一直到 2018 年 1 月下旬，此时 K 线图疑似横盘筑底，若在 1 月下旬大幅上涨，则会有长期底背驰、行情翻转一说；但是股价在 1 月下旬却大幅下跌，这里 MACD 指标上行就成了风险积累的过程，一直到 MACD 死叉。从这里看出 MACD 上行，一般说明股价上涨但是也有可能是横盘，而且无论上涨或横盘，上行时间越长、幅度越大、速度越快，风险积累越多。

第二节　常规技术指标之KDJ

（一）**KDJ 简介**：KDJ 又叫随机指标，是由乔治·蓝恩（Gerage Lanne）提出的，起先用于期货市场，后来广泛用于研判股票中短期趋势分析，成为最常用指标之一。

1.KDJ 原理：随机指标 KDJ 是根据统计学原理，通过一个特定周期内出现过的最高价、最低价及最后一个计算周期的收盘价及这三者之间的比例关系，来计算最后一个周期的趋向随机值RSV，然后根据平滑移动平均线的方法来计算K值、D值与J值，并形成曲线图来研判股票走势。

2. KDJ指标图：KDJ曲线图纳入K线图，形成了KDJ指标图，较直观地反映波动趋势和转折，从而指导股票买卖。

（1）**KDJ指标图类型**：KDJ指标与K线图相对应，依据各周期的K线图，对应有各周期的KDJ图。有各类分钟线图、日线图、周线图、月线图、季线图、年线图。

（2）**KDJ日线图图例**：创业板指（399006）2018年1月到7月，KDJ系统图。上面是K线图，下面是对应的KDJ系统图。KDJ系统由三条线组成，图里面的KDJ(9,3,3)说明计算参数是以9日的趋向随机值RSV的3日移动平均计算K值，以K值的3日移动平均计算D值进行的；图中的K线，是代表9日RSV的3日移动平均值，在图中最后一个交易日K值＋15.52；图中的D线，是代表K值的3日平滑移动平均值，在图中最后一个交易日D值＋19.55；图中的J线，J=3D－2K，在图中最后一个交易日J值＋7.47。当K值向上与D值交叉时叫金叉；当K值向下与D值交叉时叫死叉；图中可以看出无论什么时候K与D交叉J也会以同一个交点交叉；图中J值在高位横走一段，叫高位钝化，此时股价不停上涨，J值变化极小；图中股价上涨，KDJ在高位下行叫高位背驰；股价下跌，KDJ在低位上行叫低位背驰。

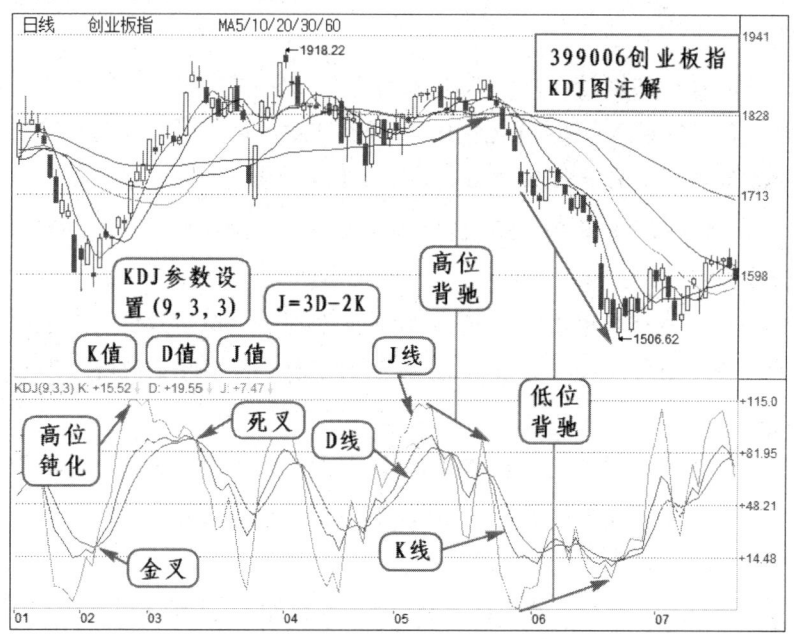

3. 计算方法：KDJ 算法基础是数据统计原理，引入特定周期内的最低价和最高价及最后周期的收盘价进行计算和平滑，突出了股价波动范围的影响，更接近于表达当时状态下随机买卖的规律。

（1）RSV 算法：$RSV_n=(C_n-L_n)\div(H_n-L_n)\times 100$。

① n 日 RSV_n：n 日为一个周期，该周期的 RSV 值。

② C_n：n 日这个周期内第 n 日的收盘价。

③ L_n：n 日这个周期内的最低价。

④ H_n：n 日这个周期内的最高价。

⑤ RSV 值：趋向随机值。由于 n 日内最低价 $\leqslant n$ 日收盘价 $\leqslant n$ 日内最高价，所以 RSV 值得数范围：$0\leqslant RSV\leqslant 100$。

（2）K 值算法：当日 $K=2/3\times$ 前日 $K+1/3\times$ 当日 RSV。

波动范围：$0\leqslant K\leqslant 100$。若无前一日 K 值，用 50 代替。

（3）D 值算法：当日 $D=2/3\times$ 前日 $D+1/3\times$ 当日 K。

波动范围：$0\leqslant K\leqslant 100$。若无前一日 D 值，用 50 代替。

（4）J 值算法：$J=3D-2K$。范围可以小于 0 也可以大于 100。

（5）参数设置说明：KDJ 的各种值都由计算机软件计算完成，一般情况下我们只是应用就可以了。但是对 KDJ 感兴趣的操作者也可以自己设置适合自己的参数，如 KDJ（5，3，3），KDJ（19，3，3）等。各周期的 K 线图 KDJ 都可以进行设置。

（二）KDJ 使用简述：由于 KDJ 指标的使用年代久远，使用方法已经发展得很成熟，有许多专门介绍指标使用的书籍和文章，这里只讲最基本的用法。

1. 趋势判断：KDJ 指标有如下一些基本趋势判断方法。

（1）区间值判断：K 值、D 值、J 值都有数值范围，在波动过程中可以用来对趋势进行预判。

① K 值：K 线是快速线，数值在 90 以上为超买，说明股价已经上涨过快、幅度过大，有回调可能性；数值在 10 以下为超卖，说明股价已经下跌过快、跌幅过大，有上涨可能性。

② D 值：D 线是慢速线，数值在 80 以上为超买，说明股价已经上涨过快、幅度过大，有回调可能性；数值在 20 以下为超卖，说明股价已经下跌过快、跌幅过大，有上涨可能性。

③ J 值：J 线是敏感线，数值在 100 以上，连续数日，说明股价已经上涨过快、

幅度过大，有形成短期头部可能性；数值在 0 以下，连续数日，说明股价已经下跌过快、跌幅过大，有形成短期底部可能性。

（2）曲线走势判断：有如下几种。

①交叉判断：当 K 线由上下穿 D 线，形成死叉时，股价有下跌可能，特别是在 75 以上高位连续两次以上死叉，下跌概率很大；当 K 线由下上穿 D 线，形成金叉时，股价有上涨可能，特别是在 25 以下低位连续两次以上金叉，上涨概率很大。

②转弯预判：以 J 值和 K 值发生拐弯预判股价短期走势，准确率有限，但是可以用于增减仓，在行情出现翻转时有非常大的作用。以 K 线急速跌入 20 以下，然后转弯或横盘预判短线反弹；K 线急速升入 80 以上，然后转弯或横盘预判短线回调。J 值以尖峰反转，预判当日或附近二日为阶段高点或阶段低点，以 J 线急速跌入 0 以下，发生尖峰反转，确认当日附近为短线低点；以 J 线急速升入 100 以上，发生尖峰反转，确认当日附近为短线高点；借助分钟线可以预判当日情况。

③背驰预判：KDJ 背驰有高位背驰和低位背驰。股价上行，KDJ 下行，在第二次死叉后，下跌可能性极大，背驰发生在 50 以上，越高位可能性越大；股价下行，KDJ 上行，在第二次金叉后，上涨可能性极大，背驰发生在 50 以下，越低位可能性越大。

④钝化预判：KDJ 钝化有高位钝化和低位钝化。钝化实际上是由强势上涨和强势下跌形成的，所以 J 值钝化说明行情强势。钝化时间越长、强势越久，出现拐头后行情反转的可能性就越大。

2. 买卖决策：

（1）交叉法：依据 KDJ 的 K 线和 D 线发生交叉决定买入和卖出。基本做法是当 K 线和 D 线形成死叉时或依据下跌的强度在形成死叉的前后卖出；当 K 线和 D 线形成金叉时或依据上涨的强度在形成金叉的前后买入。

（2）转弯法：依据 J 值和 K 值的位置结合 J 线和 K 线走势在 J 线和 K 线转弯拐头处做出增减仓。依据 J 值在 100 以上或 K 值在 90 以上，发生急转弯，及时进行减仓或空仓；依据 J 值在 0 以下或 K 值在 10 以下，发生急转弯，及时进行加仓。

（3）背驰法：针对股价高位背驰和低位背驰时间和 K 线图形态，在背驰发生后，时刻关注股价走势，做好增减仓准备，当低位背驰出现金叉并且 K 线、D

线开口扩大时买入，当高位背驰出现死叉并且K线、D线开口扩大时卖出。一般情况下，背驰过程中可能会出现多次金叉、死叉，所以哪一个叉能够操作，需要结合K线图形态仔细分析，当然背驰时间越长、出现金叉和死叉次数越多，后面反转可能性越高。

（4）多周期综合法：为了保证短线、中线、长线都可以使用KDJ指标，操作者利用日线KDJ结合分钟线KDJ做短线投资决策；利用日线KDJ和周线KDJ或结合月线KDJ做中线长线投资决策。对于有经验的操作者来说，多周期综合法更加灵活适用。

（三）KDJ使用优缺点：对于KDJ各有看法，有专门研究KDJ的人，用各种更细致的方法去把握股价运行，起到了很好的作用。这里整理几点供大家参考。

1. **优点之一——短线和中线波动的应用**：由于KDJ融合了动量观念、强弱指标和移动平均线的一些优点，所以KDJ指标在短线和中线趋势中能够对趋势做出很好的表达。周线KDJ对中线行情波动把握有很好的效果。提出这个指标的意义就是寻找完整的获利时间和空间，专门用于表达短线和中线波动。

2. **优点之二——短线中线波动有机结合**：KDJ日线指标波动比较频繁，但KDJ周线指标相对平稳，就是说KDJ指标很巧妙地用周线指标对日线指标做了平滑。更进一步地说，KDJ指标的上一级指标都对下一级指标做了平滑，但是以周线对日线为最佳。具体用法就是KDJ周线居于高位并走平，日线虽然正在走高甚至金叉，也要警惕下跌的到来，特别是周线临近死叉的单周，日K线有冲高，此时KDJ日线肯定是上行的，但是这里却正是减仓的良好机会；周线在50左右正在下跌的过程中，日线的反弹也是一样的减仓机会；反之KDJ周线居于低位并走平，日线虽然正在走低甚至死叉，也要警惕上涨的到来。特别是临近周线金叉的单周，日K线有回落，此时KDJ日线肯定是下行的，但是这里却正是加仓的良好机会；周线在50左右正在上涨的过程中，日线的回调也是一样的加仓机会。

3. **优点之三——快速把握波段高低点**：由于KDJ指标来源于对一个阶段内最高价、最低价的计算，所以在提示小波段的高低点有特别的作用，这就是J值的高低点指示，除去在延续的大涨和大跌中J值的钝化，一般波动下J值极容易表达出短线高低点，J线尖峰时概率很高。

4. **缺点之一——对小波动过度敏感**：这是KDJ的本质缺陷，由于对波段最高价、最低价进行运算，所以高低价差幅度和比例对指标影响很大，也许开始几天的上涨就让指标进入了高位区，其后虽然上涨但是可能经过数日中途横盘使高低价差幅度或者比例平缓,股价越来越高而指标反而低于前面。所以遇到高位死叉是出局还是坚持,还得看 K 线图或其他指标。

5. **缺点之二——指标钝化运行失真**:也就是说 KDJ 不利于表达连续上涨和连续下跌,这个时候所有指标不能做出趋势表达。所以对于典型的大行情还没有均线系统直观。

6. **缺点之三——当日 KDJ 随着股价变异**:这是许多指标的通病,一般情况下都发生在当日由下跌转为上涨或由上涨转为下跌的情况下。当日早盘下跌有可能导致临界指标死叉,但是如果盘中拔地而起一根大阳线,当日的死叉就会在收盘时变为上开口;当日早盘上涨有可能导致临界指标金叉,但是如果盘中倒栽葱一根大阴线,当日的金叉就会在收盘变为下开口。

7. **优缺点图解**:大冷股份(000530)2017 年 12 月到 2018 年 5 月。

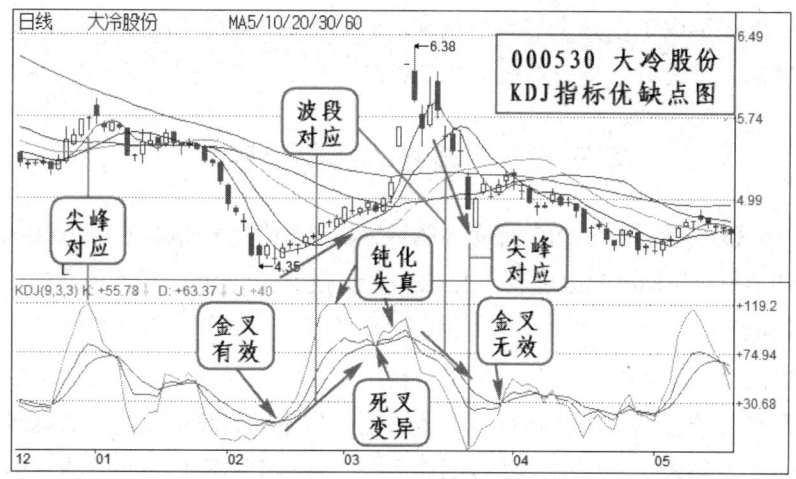

(1)尖峰对应:2018 年 1 月 8 日对应 J 线高位尖峰,尖峰于 9 日、10 日形成,9 日的冲高阴线就是短期高点;3 月 23 日 J 线出现低位尖峰,尖峰于 24 日形成,24 日的低开就是短期低点。这个体现了 KDJ 指标捕捉高低点的优势。

(2)线叉有效:KDJ 的线叉有金叉和死叉。一般情况下 KDJ 金叉和死叉表达有效性比较高。2 月 12 日的金叉,就是有效金叉,这里买入适当其时。图中没有标注出来的有 3 月 14 日的死叉、5 月 3 日的金叉,都是有效线叉。这个体现了 KDJ 指标把握短线买卖点的优势。

(3)线叉无效:KDJ 也会经常出现无效的线叉。3 月 30 日的金叉就是无效金叉,这里出现金叉的时候已经上涨几天了,后来出现了大幅回调。图中没有标注出来的 1 月 22 日的金叉也是无效金叉。

(4) 波段对应：股价在2月12日到3月14日，D线上升到走平拐弯，走出了一段完整的上升行情；股价在3月14日到3月23日，KDJ三线下降到走平拐弯，走出了一段完整的下跌行情；KDJ指标与短线波段优势对应，体现了KDJ指标的核心价值。

(5) 钝化失真：KDJ钝化有两方面，一方面就是高位横行钝化，如2月27日到3月1日J线走势，这里指标对走势反映失真，但是可以反映强势上涨中；另一方面就是股价连续上涨，KDJ指标横盘低走或横盘震荡，如3月7日到3月14日股价连续大涨，KDJ小幅缓慢上涨，这里如果单纯看KDJ指标，不能确定股价是大涨的，因为小幅上涨也会形成这个样子的曲线，此时指标只能代表波动了一次，失去了指导趋势的意义。

(6) 线叉变异：线叉变异有金叉变异和死叉变异。图中3月7日小阴线使走平的KD线形成走出死叉的临界状态，8日低开早盘就有可能形成死叉，但是当日低开高走，收盘后反而形成上开口状态。

第三节　常规技术指标之BOLL

(一) BOLL简介： BOLL即布林线指标，是由约翰·布林格（John Bollinger）根据统计学里面的标准差原理设计出来的技术分析指标，用于研判股票趋势，成为最常用指标之一。

1. BOLL原理： BOLL指标是依据价格围绕价值波动的原则，应用价格通道的方法来分析股价波动范围的指标。具体做法就是随机的股价以平均成本线作为中枢，在一个范围内波动，波动的范围取决于当时的实际股价与平均成本线形成的以标准差表达的偏移情况，依据这个偏移情况形成了上下两个数值范围，连续的平均成本线和连续的偏移线，形成了一个价格通道。中枢的平均成本线叫中轨线MID线，简写为M线，上面的偏移线叫上轨线UPPER线，简写为U线，下面的偏移线叫下轨线LOWER线，简写为L线。同时认为这个价格通道代表了当时的股价波动范围，股价在这个通道内所处的位置以及通道的状态代表了股价运行趋势的强弱和趋向，而其中股价从上面或者下面超出了偏移价格线，则说明股价出现极端走势。

2. BOLL指标图： BOLL曲线图纳入K线图，形成了BOLL指标图，较直观地反映波动的强弱和波动的范围，用来指导股票买卖。

(1) BOLL指标图类型：BOLL指标与K线图相对应，依据各周期的K线图，对应有各周期的 BOLL 图。有各类分钟线图、日线图、周线图、月线图、季线图、年线图。每一个 BOLL 线图又具有两种形式。

①指标区的 BOLL 线图：就是在 K 线图下面的指标图区域，有一个与美国线相配合的 BOLL 指标图，有利于对照均线系统进行分析。

② K 线主图叠加 BOLL 线图：在 K 线图主图直接叠加 BOLL 线图，能够更直观地表达股价运行状态。许多人在应用 BOLL 指标线时，更喜欢直接叠加 BOLL 线，而在指标区域用其他指标配合分析。

（2）BOLL 日线图图例：美力科技（300611）2017 年 12 月到 2018 年 7 月 BOLL 系统图。上面是 K 线图主图叠加 BOLL 线，下面是 BOLL 系统指标附图。BOLL 系统由三条线组成，分别是中轨线 M、上轨线 U、下轨线 L；图里面的 BOLL（20，2）说明计算参数是以 20 日的移动平均计算中轨线的 MID 值，图中最后一个交易日的 MID 值 14.77；以 MID 值加 2 倍的标准差计算上轨线的 UPPER 值，图中最后一个交易日的 UPPER 值 16.23；以 MID 值减 2 倍的标准差计算下轨线的 LOWER 值，图中最后一个交易日的 LOWER 值 13.31；上半部分的 K 线图主图叠加 BOLL 指标系统与下半部分的 BOLL 指标系统附图，除了 K 线实体有一些差异外，其他都是一样的；图中上轨线和下轨线围绕中轨线形成了一条弯弯曲曲宽度不一的通道，这是 BOLL 系统的主要特征。图中看到随着股价的波动，通道的形态有宽度较小的紧通道、股价下跌形成的通道由小到大扩大的下开口（也叫下开喇叭口）、股价休整形成的通道由大到小的下收口（也叫下收喇叭口）、宽度较大的宽通道、股价上涨形成的上开口（也叫上开喇叭口）、股

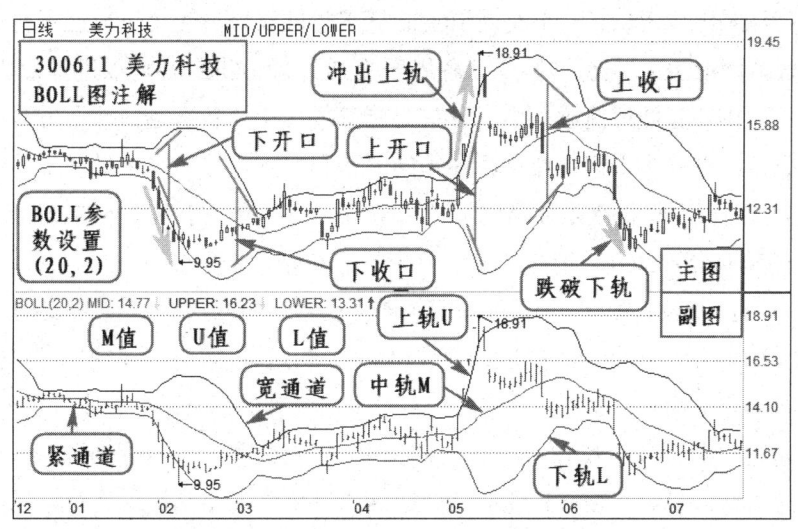

价上涨盘整形成的上收口（也叫上收喇叭口），然后接着又是一个下开口，下收口。股价对应于 BOLL 通道来说，有两种情况，一种就是股价除偶尔小幅度突出上下轨外，主要在 BOLL 通道上下轨内部运行；一种就是股价冲出上轨或跌破下轨，连续多日在通道以外运行。

3. 计算方法：BOLL 算法基础是统计学原理，引入特定周期内的平均价及标准差进行计算和平滑，形成了股价波动基本范围，依据实际股价与这个范围的对应状态表达股价运行的趋向和强弱。

（1）**平均值 MA 算法**：$MA = (p_1 + p_2 + \cdots + p_n)/n$。

① n 日 MA 值：n 日为一个周期，该周期的 MA 值。

② p_n：p_1 为第一日收盘价，p_2 为第二日收盘价，$\cdots$，p_n 为第 n 日收盘价。

③ MA：即 n 日这个周期内收盘价的平均值。n 值为 BOLL 第一设置值。

（2）**标准差算法**：标准差为方差的平方根。

方差 $MD^2 = [(p_1 - MA)^2 + (p_2 - MA)^2 + \cdots + (p_n - MA)^2]/(n - 1)$。

① p_n：p_1 为第一日收盘价，p_2 为第二日收盘价，$\cdots$，p_n 为第 n 日收盘价。

② MA：即 n 日这个周期内收盘价的平均值。

③ MD：当日标准差。

（3）**中轨线 MID 值**：$M = MA_n - 1$，即前一日的 MA。

（4）**上轨线 UPPER 值**：$U = M + k \times MD$。k 值为 BOLL 指标第 2 设置值。

（5）**下轨线 LOWER 值**：$L = M - k \times MD$。

（6）**参数设置说明**：BOLL 的各种值都由计算机软件计算完成，一般情况下我们只是应用就可以了。但是对 BOLL 感兴趣的操作者也可以自己设置适合自己的参数，如 BOLL（26，2）等。各周期的 K 线图 BOLL 都可以进行设置。

（二）BOLL 使用简述：由于 BOLL 指标的使用年代久远，使用方法已经发展得很成熟，有许多专门介绍指标使用的书籍和文章，这里只讲最基本的用法。BOLL 指标的根本特征就是通道的特征，所有应用都立足于通道的方式进行。

1. 趋势判断：BOLL 指标有如下一些基本趋势判断方法。

（1）**通道运行判断**：随着股价的波段运行，BOLL 通道也在波动，由于 BOLL 的中轨线是一条移动平均线，所以 BOLL 的通道运行基本与股价波动一致。

① 通道向上运行：BOLL 通道以一定斜率向上波动运行，说明股价正在上行。

② 通道向下运行：BOLL 通道以一定斜率向下波动运行，说明股价正在下行。

③ 通道横向运行：BOLL 通道横向运行或以极小的斜率波动运行，说明股价

正在盘整。

（2）通道形态判断：通道有四种形态。

①由窄变宽：通道由窄变宽叫通道开口，对应有上开口和下开口，由于当股价强势上涨或下跌起初，BOLL 都有一个同时向两边开口的状态，所以也叫上开喇叭口和下开喇叭口。开口喇叭口一旦形成，说明股价偏离原来方向，即将上涨或下跌。开口斜率越大说明趋势越强烈。

②由宽变窄：通道由宽变窄叫通道收口，对应有上收口和下收口，由于当股价强势波动走向平稳时，BOLL 都有一个同时由两边收口的状态，所以也叫上收喇叭口和下收喇叭口。收口喇叭口一旦形成，说明股价波动幅度和强度减弱，原来方向的运行即将出现停顿和修整，股价即将进行盘整或转向。收口斜率越大说明趋势衰减越强烈。

③宽幅通道：宽幅通道也叫宽通道，一般发生在斜率较大的上涨或下跌中途。由于强势上涨或强势下跌使通道变宽并得以延续，所以宽幅通道预示上涨或下跌趋势依然会延续一段时间。

④窄幅通道：窄幅通道也叫紧通道，发生在横盘整理、波段交替或斜率较小的缓慢上涨或下跌过程中。窄幅通道前面必然是一个收口喇叭口，这个收口喇叭口表明原有趋势出现停顿和衰弱。当原有趋势处于停顿整理阶段其后再一次沿着原有趋势运行时，窄幅通道长度比较小，所以短期窄幅通道出现开口喇叭口，有可能就是展开了新一轮走势；当原有趋势衰弱股价不能立刻做出大的方向选择时，窄幅通道将变长，股价处于整理状态，等待再一次开口的出现，确定趋势的新方向。

（3）轨线的作用：BOLL 指标的基础是移动平均线和上下轨线，一般地认为股价绝大部分情况下会在上下轨线之间运行，极端情况下会突出上下轨线运行。

①上轨线：一般地认为上轨线是股价波动的最高位置，所以大部分情况下它是当作股价运行的压力线来看的。就是说一旦股价运行到上轨线，那么股价可能会回调或沿着上轨线缓慢运行。

②下轨线：一般地认为下轨线是股价波动的最低位置，所以大部分情况下它是当作股价运行的支撑线来看的。就是说一旦股价运行到下轨线，那么股价可能会反弹或沿着下轨线缓慢运行。

③中轨线：一般地认为中轨线是股价波动的价值中枢，它既可能是股价运行的支撑线也可能是股价运行的压力线。当股价上涨过程中出现回调，到达中轨线

附近时，有可能会得到中轨线的支撑而重新上涨；当股价下跌过程中出现反弹，到达中轨线附近时，有可能会受到中轨线的压力而重新下跌。

④突出轨线：股价超过上轨线或跌破下轨线，说明行情运行强烈，但是如果连续出现，则表明趋势反转的可能性在增加，突出轨线时间越长可能性越大；当股价重新回归上下轨线并运行到通道内时，趋势反转的可能性更大。

2. 买卖决策：

（1）通道法：股价处于 BOLL 指标宽幅通道并向上以一定斜率运行时，要持仓或加仓；股价处于 BOLL 指标宽幅通道并向下以一定斜率运行时，要空仓、减仓或逢高出局；股价处于 BOLL 指标窄幅通道横盘运行或以较小斜率运行时，尽量不做操作，或做小仓位的高抛低吸。

（2）开口法：BOLL 指标开口有四种情况。

①底部上开口：股价上行引发 BOLL 通道变宽。上开口出现时，前面经过长时间下跌，窄幅通道延续较长时间，然后出现上开口，这说明股价经过较长时间的盘整形成阶段性底部，叫底部上开口。此时要加仓。

②中途上开口：股价上行一段时间后经过短暂盘整又一次上涨引发 BOLL 通道变宽。上开口出现前股价已经有一波上涨并进行充分盘整，此时通道变窄，然后再一次出现上开口，叫中途上开口，发生在长时间的连续上涨过程中。此时要加仓。

③顶部下开口：股价下行引发 BOLL 通道变宽。之前股价长时间上涨然后经过比较充分的盘整，使窄幅通道延续一定时间，然后出现下开口，这说明股价经过盘整形成阶段性顶部，叫顶部下开口。此时要减仓或空仓。

④中途下开口：股价下行一段时间后经过短暂盘整又一次下跌引发 BOLL 通道变宽，之前股价已经有一波下跌并进行充分盘整，使通道变窄并延续一些时间，然后再一次出现下开口，叫中途下开口，发生在长时间的连续下跌过程中。此时要减仓。

（3）收口法：BOLL 指标收口也有四种情况。

①顶部上收口：股价上行动力减弱股价横向盘整引发 BOLL 通道变窄。之前股价经过长时间上涨，宽幅通道延续较长时间，然后出现上收口，这说明股价经过较长时间的上涨形成阶段性头部，叫顶部上收口。此时要减仓。

②中途上收口：股价上行一段时间后中途进行短暂盘整引发 BOLL 通道变窄然后又一次上涨。之前股价已经有一波上涨，此时通道变窄，叫中途上收口，发

生在长时间的连续上涨过程中。此时要减仓防止下跌，适当做一些高抛低吸，等待下一步上开口出现再进行加仓。

③底部下收口：股价下行动力减弱股价横向运行引发 BOLL 通道变窄。之前股价经过长时间下跌，然后开始盘整，形成窄幅通道延续一定时间，这说明股价有形成阶段性底部的可能性，叫底部下收口。此时要预备加仓。

④中途下收口：股价下行一段时间后开始盘整引发 BOLL 通道变窄然后又一次下跌。之前股价已经有一波下跌，由于进行盘整使通道变窄，叫中途下收口，发生在长时间的连续下跌过程中。此时要慎重考虑持仓比例并等待下一次开口出现。中途下收口在股票趋势分析中具有特殊的意义，由于一轮下跌后出现收口，预示阶段性底部形成，但是对于连续的下跌来说，窄幅通道不一定就是底部，所以在收口后要始终保持警惕。

（4）轨线法：利用 BOLL 指标三条轨线对股价的作用进行操作。

①通道向下：此时股价低于中轨线运行，每一次股价接近或超过中轨线都是减仓的机会，而每一次股价回落到下轨线则是加仓的机会；当股价连续跌破下轨线运行，说明股价超卖，随时会出现反弹，一次良好的加仓机会即将出现；个别情况下当股价连续大跌、跌幅巨大时，反弹力度较大，会上穿中轨线并且获得中轨线支撑而达到上轨线位置，此时是减仓机会，这样的情况下会出现下收口。

②通道向上：此时股价高于中轨线运行，每一次股价接近或超过上轨线都是减仓的机会，而每一次股价回落到中轨线则都是加仓的机会；当股价连续超过上轨线运行，说明股价超买，随时会出现回调，一次良好的减仓机会即将出现；个别情况下当股价连续大涨、涨幅巨大时，回调力度较大，会跌穿中轨线并且受到中轨线反压而达到下轨线位置，此时有一定概率的加仓机会，这样的情况下会出现上收口。

③横向通道：股价在一个窄幅通道内运行，一般以股价到下轨线企稳加仓，股价上涨到中轨线待机而动；如果股价穿过中轨线到达上轨线则空仓。

（5）多周期多指标综合法：为了保证短线、中线、长线都可以使用 BOLL 指标，操作者利用日线 BOLL 结合分钟线 BOLL 同时参考 KDJ 指标做短线投资决策；利用日线 BOLL 和周线 BOLL 同时参考 MACD 和 KDJ 指标做中线或长线投资决策。对于有经验的操作者来说，多周期多指标综合法更加灵活适用。

（三）BOLL 使用优缺点： 对于 BOLL 各有看法，有专门研究 BOLL 的人，用各种更细致的方法去把握股价运行，起到了很好的作用。这里整理几点供大家参考。

1. **优点之一——中线波动的应用**：经过长时间的总结，发现 BOLL 指标是一种优秀的中长期指标。当 BOLL 线由收口转至开口，股价盘整结束，BOLL 通道由紧通道向宽通道变化，股价波动幅度逐步增大，开始上涨或下跌走势，同时通道三线分别向上或向下运行。在整个上涨下跌过程中，下轨线、中轨线、上轨线对股价起支撑和压力作用，当宽通道运行到一定位置出现收口通道由宽变窄，股价再一次进行盘整，一轮宽幅波动结束。

2. **优点之二——短线波动的参考**：BOLL 指标的三条轨线，在一定概率上能够起到较好的支撑和压力作用，所以无论股价在宽通道内还是紧通道内，三条线都可以作为短线操作的支撑和压力的参考，在一定程度上能够起到很好的作用。

3. **优点之三——快速把握盘整区**：一般情况下对于延续的上涨和下跌，大部分人还是能够给予把握的，但是对于盘整中的股票很容易出现操作错误，特别是在延续时间较长的盘整时操作出错概率很大。BOLL 通道的紧通道与宽通道的对比，让人对处于盘整中的股价一目了然，从操作上来说，就是既然盘整难以把握，那就少参与。

4. **缺点之一——对 V 形走势反应滞后**：股市里面 V 形走势有两种，一种是尖底，一种是尖顶，两种走势对于股民来说都是影响比较大的，一旦把握不好，不是踏空就是大幅损失。观测 BOLL 指标发现，由于收口和开口是一个连续进行的过程，当我们确认已经收口或开口时，离开最高点和最低点已经有好几天了，对于非 V 形顶和底由于走势缓慢一些，涨跌幅度不算大，还可以从容把握。但是对于 V 形顶和底就不同了，当尖顶发生时由于开始依然在宽幅通道内运行，所以通道基本没有什么变化，而当通道开始收口时离最高位已经过去数日，此时跌幅巨大；在尖底发生时情况更加明显，刚从下轨线反弹时通道依然向下而且宽度没有多少变化，等下轨线拐弯通道收口时涨幅已经很大。

5. **缺点之二——中轨线表征撑压力度弱**：BOLL 指标中轨线对于弱势走势是压力位、对于强势走势是支撑位，但是观测发现许多情况下中轨线的作用不是很明显，股价经常是反弹穿过中轨线或回调跌破中轨线。特别是盘整期间，中轨线没有下轨线和上轨线力度大，所以在中轨线处要多加思考。

6. **缺点之三——连续切规趋势难把握**：连续切规是指几日 K 线在轨线上面，后面几日在轨线下面，造成轨线小幅度收口、开口波动。这样的情况下，非常难确认是要连续上涨、连续下跌还是要转势，而一旦收口、开口确认的时候已经转势幅度不小了，趋势是难以把握的。

7. 优缺点图解：

(1) 优缺点图解1：华邦健康（002004）2015年9月到2016年4月。

①宽通道上涨优势对应：2015年9月30日到11月12日一轮上涨，BOLL上开口后形成宽通道与之对应，直到出现上收口行情进入盘整。这个体现BOLL指标的中线优势。

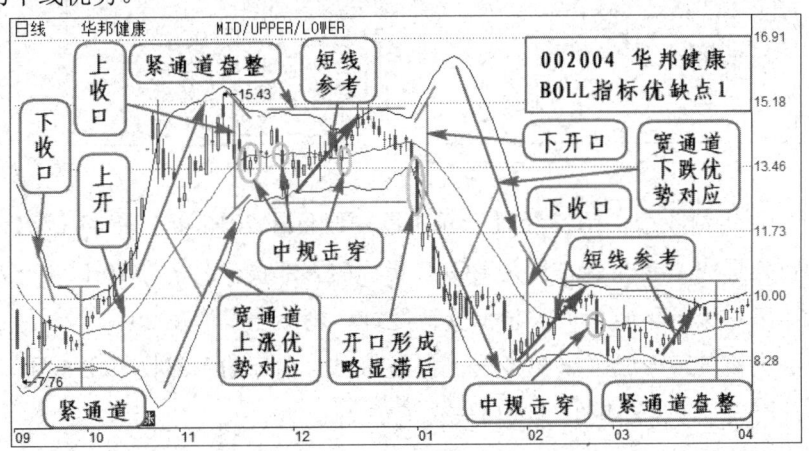

②宽通道下跌优势对应：2015年12月30日到2016年1月28日一轮下跌，BOLL下开口后形成宽通道与之对应，直到出现下收口行情进入盘整。这个体现BOLL指标的中线优势。

③短线参考轨线优势：在顶部紧通道中从2015年12月2日到17日；在下部紧通道中从2016年1月28日到2月24日，从2016年3月11日到22日分别出现从下轨线处到上轨线处的反弹，非常适宜短线操作。这个体现了BOLL指标轨线的撑压作用对短线操作的重要意义。

④紧通道盘整一目了然：股价在2015年9月23日到10月14日有一个短的紧通道；在11月24日到12月30日和2016年2月15日到4月分别有一条长的紧通道，与上涨和下跌的宽通道相比我们一下子就看出来这时股价处于窄幅盘整过程中，震荡横盘。这个体现了BOLL指标的通道对股价盘整波动形态具有表达优势。

⑤中规击穿撑压力度弱：在顶部紧通道内横盘期间及底部紧通道内横盘期间，股价在中轨线处非常随意就上下穿过中轨线，说明在股价盘整时中轨线的支撑和压力作用不很明显。这个表明在紧通道内中轨线失去了指导趋势的意义。

(2) 优缺点图解2：宏达新材（002211）2015年9月到2016年7月。

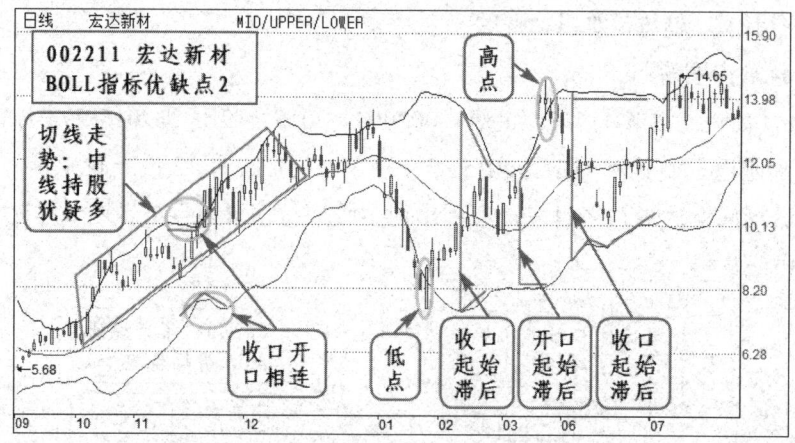

①V形走势收口滞后：经过一轮下跌，股价在2016年1月14日出现低点并大幅反弹形成V形反转，但是BOLL指标的下部收口在2月19日才开始，此时表征下跌结束的下收口失去了意义；经过一轮上涨股价在2016年6月3日出现高点并大幅下跌形成倒V形反转，但是BOLL指标的下部收口在6月13日才开始，此时表征上涨结束的上收口失去了意义。

②大幅波动开口滞后：2016年5月31日之前虽然经过了一段时间停牌，但是表征股价上涨的上开口此时才出现，其实股价已经涨了一半了。从这里可以看出，BOLL指标的开口和收口在剧烈波动时不一定能够依照一般的意义给出表达。

③切线走势中线持股犹豫多：股价从2015年9月30日到12月31日走出一波上涨，这一波上涨一共有4次切上轨运行，一会儿超过上轨线一会儿跌破上轨线，而且中间出现了收口和开口相连的走势，对于中线持股来说收益波动频繁，可谓是心惊肉跳，应该说有多次趋势难以判断的情况出现，大部分人都是在这个切轨运行中失去了方向。这个说明BOLL指标在中线运用时需要深入研究认真把握，一般性的内容在特殊情况下会失效。

第四节　股市胜战与常规技术指标

常用股市指标有许多，所有股票软件里面都有，研究其中几个就是要明白它们是怎么来的、有什么优缺点。股市胜战技术是依据股价走势分析能量变化形成仓位控制方案，达到最优化的获利模式，力求利用指标做严密的能量分析。

（一）常用指标的共同缺点：

1. **指示滞后**：由于形态是走出来的，而指标又是平滑计算出来的，所以一个改变原有走势的形态被看出来时，必然是原有走势已经改变以后。就是说我们认为走势由涨转跌的时候，肯定是已经跌下来了，这是一贯的思维模式，而指标经过平滑可能比这个还偏移。比如KDJ指标的尖峰对应，一般情况下J值在高位或低位形成尖峰，对应股价短线一个高价或低价，看过这个指标的人都会对KDJ指标经常地表达尖峰对应而惊叹，但是大部分人却发现用不了，原因就在于指标表达的滞后性上。来看看J值尖峰的形成过程，首先于某一日有一个经过一波上涨后的高价位，使J值陡坡上升达到高位，这个时候卖出是最漂亮的操作，但是这个时候尖峰并没有形成，只有第二日出现比较大的跌幅尖峰才能形成，而这个时候已经不是最佳卖出位了，如果第二天跌幅巨大可能都得赔钱。有许多人通过修改指标参数试图减少这种滞后，但发现都是徒劳的。

2. **表达失真**：指标经过平滑所以遇到特殊的情况，比如急涨急跌、连续调整时表达不了实际股价的运行幅度和力度以及转折点位，使表达失真了。这个时候指标是没有用的。特别是连续横盘波动时，几乎大部分指标所表达的行情强弱都没有实际意义。

3. **临界变异**：所有指标在面临变盘的时候如果股价出现强烈上下波动，会出现当日变异，对于散户来说杀伤力很大，如果转弯不快有可能被轧空或套牢。这个情况一般发生在短时间盘整以后，当日开始下跌形成下跌形态，有时候砸下去比较深，让指标形成下跌破位态势。当人们纷纷以为股价破位大跌了急忙卖出后，突然一根大阳股价大幅上涨，当天指标由下跌形态变为上涨形态；反之当日开始上涨形成上涨形态，有时候拉升比较高，让指标形成上涨态势，当人们纷纷以为放量大涨了急忙买入后，突然一根长上影线股价大幅回落，当天指标由上涨形态变为下跌形态。

（二）常用指标在股市胜战中的应用：按照指标的来源说，所有指标在某一个方面或某一段时间都是适用于短线、中线操作的，所以股市胜战要求对指标有较好的研究并对各种指标的优缺点了然于胸。

1. **常规指标的优点是重要参考**：胜战技术的根本是能量分析，主要依据K线图和均线系统进行分析，但是由于各个指标具有各自的优点，所以在短线和中线操作中常规指标的优点将作为能量分析的重要参考，对能量分析起到积极的作用。如BOLL指标在短期支撑和压力位的参考意义，配合KDJ的尖峰对应，及时在高位做出减仓操作；又如MACD在中期上涨过程中的趋向对应，对坚定持股信心有一定的作用；顶背驰和底背驰对把握一轮反弹有重要参考意义。

2. **常规指标的缺陷对治是编制预案的依据**：各种指标在表达趋势时会出现各种缺陷，在正常情况下这些缺陷表明指标失效，但是在股市胜战中这些指标的缺陷却提供了一种完善操作思维的方法。指标运行到特殊位置时，针对指标的缺陷预判和预防会避免损失，提高操作精确度。

①指示滞后的对治：股价运行时伴随指标在关键位置会出现滞后，胜战技术要求在这个情况下能够提前预判，并做出相应操作。比如 KDJ 的 J 值快速冲高，预判尖峰出现，在高位给予减仓，而不是等到下跌以后；同样在即将出现反转时及时加减仓，等完成形态后再进一步加减仓，会增加利润或减少损失。

②表达失真的对治：了解各种指标什么情况下会表达失真，也是有用的，这个情况下及时更换指标，作多指标分析。比如 KDJ 钝化失真，可以参考 BOLL 上下轨线指导短线操作，如横盘时 MACD 指示失真，用形态分析进行操作。

③临界变异对治：在盘整形成临界状态时，一定要预防临界变异，股价的临界变异极易引起操作失误，有可能刚以为破位卖出，不久又翻转上涨；刚以为要上涨买入，不久又翻转下跌。走势在临界状态时对下跌后上涨可以先出局，发现反转时转弯要快、要及时跟进；但是对于上涨后下跌就要三思而行，如果是 $t+0$ 市场也可以先跟进再出局，依然是要求转弯要快，而我们现在的股市是 $t+1$ 市场，这就不得不倍加小心，需要严格控制仓位和跟进的程度。

3. **股市胜战重能量轻指标**：虽然股市胜战轻指标，但是对于表征压力位和支撑位的指标，胜战技术是很看重的，而且会把它们纳入常规能量分析中，比如 BOLL 指标，所以凡是技术指标中有反应能量的特征都会为胜战技术服务，特别是在中线行情的上涨或下跌的转势和突破时机的选择方面有重要参考意义。在震荡市，行情波动频繁的时候，胜战技术在短线操作中一般不看指标，如在 BOLL 轨线内的频繁波动，许多波动幅度很大，但是还没有到上下轨线。

第五章 阴线和聚压线

股价走势一般都用K线图描述，K线图有阴线和阳线。收盘价低于开盘价叫阴K线，收盘价高于开盘价叫阳K线，股价走势就是阴线和阳线交替组成的波动。牛市股价上涨，表现为阳线夹杂着阴线的上升趋势；熊市股价下跌，则是阴线夹杂着阳线的下降趋势。下跌都是由阴线引起的，股市胜战技术研究首先从阴线开始，阴线出现无论后面是涨还是跌，都会形成一个下落形态，而熊坑的雏形也就出现了，经过一系列阴线，股价大幅下跌就是阱口；经过一系列阴线之后，股价又开始上涨，就是熊坑。

第一节 阴线形态

（一）**胜战技术的阴线概念**：胜战技术的阴线建立在常规K线基础上，但是与常规阴线有一些不同。它以价格发生实质性回调为基础进行分析。

1. **多周期综合**：本时间周期K线结合下一级时间周期K线综合分析。就是说日线的阴阳属性不只看当天K线，也要看60分钟线的K线组合。比如一个上影线，上影线长度较大时，无论K线实体是阴是阳都视为阴线，而且结合60分钟线看，上影线所占成交量越大，阴线属性越强。

2. **多K线组合**：一个K线与它前后数个K线进行组合分析。比如二连阴、三连阴、一阳双阴组成阴线组。这样的走势表达更强的价格回调能量。

（二）**上涨过程中的阴线基本形态**：上涨过程中的阴线对上涨避险及阱口判断非常重要，是胜战技术的第一形态要素。上涨过程有两种，一种是牛市长期上涨；一种是调整市的中短期反弹上涨。依据长短周期和目视感觉看，一般性的阴线有四种基本形态：小阴线、大阴线、大影线、阴线组。

1. **小阴线**[①]：上下影线很小，阴线实体较小，阴线实体小于2.6%。

（1）回调小阴线 h [①]：上涨过程中夹杂在阳线中的小阴线。只引起价格小幅回落，不影响主趋势的小阴线。

（2）伴随小阴线 b [①]：经过一段时间上涨，出现几根陡升的阳线，其后一个交易日在前面阳线实体上半部分，生成一根小阴线。

（3）压顶小阴线 y①：经过一段时间上涨，出现几根陡升的阳线，其后一个交易日前面阳线收盘价之上，生成一根小阴线。

2. 大阴线②： 上下影线很小，阴线实体较大，阴线实体大于 2.6%。

（1）回调大阴线 h②：上涨过程中夹杂在阳线中的大阴线。由于股价远离 5 日线，出现较大幅度回落，但是并没有改变上涨主趋势。

（2）伴随大阴线 b②：经过一段时间上涨，出现几根陡升的阳线，其后一个交易日在前面阳线实体内部，生成一根大阴线。

（3）压顶大阴线 y②：经过一段时间上涨，出现几根陡升的阳线，其后一个交易日在前面阳线收盘价之上开盘，生成一根大阴线，收盘价在前面阳线收盘价上面或下面。

（4）破位大阴线 p②：临近下一级均线或支撑线时，股价没有受到支撑，而以一根大阴线击穿一条或多条均线或支撑线，股价落在线下。

3. 大影线③： 上影线或下影线长度较大的阴阳 K 线及十字线。

（1）伴随大影线 b③：经过一段时间上涨，出现几根陡升的阳线，其后一个交易日在前面阳线实体内部，生成一根具有长的上或下影线的 K 线。

（2）压顶大影线 y③：经过一段时间上涨，出现几根陡升的阳线，其后一个交易日在前面阳线收盘价之上开盘，生成一根具有长的上或下影线的 K 线，收盘价在前面阳线收盘价上面或下面。

4. 阴线组④： 数根阴线或小阳线与数根阴线形成的连续 K 线组合。

（1）回调阴线组 h④：数根阴线或小阳线与数根阴线形成连续下跌，但是下跌幅度较小，没有大幅破位，主趋势没有改变。

（2）伴随阴线组 b④：由一条伴随阴线或伴随上影线引导，接连出现下跌阴线的阴线组。

（3）压顶阴线组 y④：由一条压顶阴线或压顶大影线引导，接连出现下跌阴线的阴线组。

（4）破位阴线组 p④：不管由什么阴线引导，后面连续出现阴线，并击穿一条或多条均线和支撑线，股价落在线下的阴线组。

（三）上涨过程中的阴线图解： 维科技术（600152）2015 年 3 月到 2015 年 6 月是一段时间较长的上涨走势，包含有各种阴线形态。通过这个图我们可以初步认识阴线的各种形态及发生的位置。

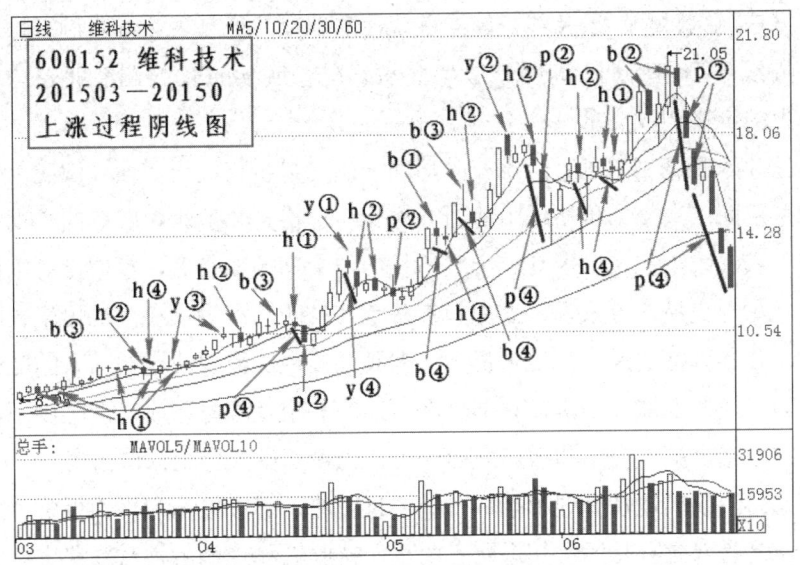

第二节 阴线的影响

阴线是价格回调的表达,影响股民交易心理并影响股价走势。

(一) K 线的形成: K 线是在一定时间内由每一次交易后高低不同的价格序列形成的连续交易状态的表达。

1. **连续的单笔交易**: 站在股票买卖交易立场上来看,每一笔交易都是随机的,每一笔交易都包括两方面内容: 成交价格和成交量。这些连续的随机交易价格在时间轴上呈点式分布,但是有价格就会有差异,就会形成涨和跌。站在交易双方的立场看,每一次交易都不是随机的,而是有前因后果的,每一次交易都代表了买卖双方的期望和实力大小以及对当时股价的认识,是经过一系列选择对比分析之后的结果,而且也影响到股票未来的价格趋势,特别是实力较大的交易。股票交易和物品交易不同,物品交易中除了做投机的中间商外,交易是建立在生活需求之上的,而且普通物品数量是越来越多的。买得多的交易并不一定表明对往后价格会有影响,因为它只代表当时有人用得多。而股票交易则不一样,股票在相对一段时间内数量是固定的,买得多的人在涨的时候卖出的可能性小,反过来在跌的时候卖出的可能性大,会对价格有较大影响。所以股票交易的分析就是建立在对并不随机的交易双方的分析基础上的。

2. **时间区间的交易**: 由于对每一笔交易的分析有即时性,一旦时间久了再仔细查看已经不可能了,所以出现了以交易时间区间的价格和成交量为考察基础的分析方法,这就是 K 线。K 线是建立在统计基础上的交易表达,而且通过分钟线、日线、周线等不同周期,来考察股票交易状况。连续的 K 线图能够表达股价历史走势中的价格和成交量。

3. **上涨和回落的解析**:上涨就是后面一次交易价格高于前面一次交易价格,下跌就是后面一次交易价格低于前面一次交易价格。一般来说股票的长期与中期走势和国家的政策、经济形势、个股的长期与中期预期有关,短期走势则极具个性特点。对于交易双方来说,上涨和下跌是有目的的行为,在投机幅度较大的股票市场,股票价格实际上是由大资金、大股东的现实需要决定的,有的能够控制中期走势。短期上涨和回落,大部分由短期的利空及利好形成,有时候不需要利好和利空,完全由大资金和散户博弈产生,也可以由大资金创造出来。

(二)**阴线出现及心理影响**:对于一只股票,有大股东和机构投资者及普通交易者。交易双方分持股者和选购者两类,持股者和选购者都对股票进行各种研究和分析,统称关注者。关注者的一般性心理过程如下。

1. **前行交易的认知**:就是关注者对之前的交易情况的认知。有之前 K 线图走势的认知和自己每一天仔细关注过的交易情况片段的记忆,由于在阴线出现之前一般都是波动不大的上行趋势,关注者心念有三种。

(1) **会继续上涨**:有这种心念的人是持股或预期买入的人。

(2) **涨得差不多了**:有这种心念的人是持股或预期卖出的人,但是一般情况下不会有买入预期。

(3) **有回落可能性**:有这种心念的人是预期卖出的人。

2. **即时交易的观测**:就是关注者随时进行的对当下交易情况的观测。有一些人会仔仔细细观看每一笔成交情况,一些则只是看大致交易情况。但是此前有三种心念的人,会在观测中触发交易欲望。胜战者也会有三种心念产生,但是胜战者要求对三种心念的产生及后果非常熟悉并坚持有时间的话仔细观测每一笔交易,积累能量分析经验。阴线产生过程如下。

(1) **反向交易增加**:在交易过程中,卖出交易增加、买入交易减少是阴线出现的前奏,但是某一时间段卖出增加并不一定出现阴线。胜战理论认为,不停发生的交易不都是随机的散户突然发生买卖欲望而发生的,我们从盘面上看到的交易实际上主要是大资金、大仓位依照他们的投资计划和随时的大盘走势而进行的有计划分仓交易行为,伴随着与其他大资金和随机发生的散户的博弈。由于大资金仓位太大,他们不能大进大出,所以他们只能依据实际情况分仓操作。发现卖出交易增加有可能是大资金在博弈，也有可能就是大资金一点点卖空的减仓行为，还有可能是大资金对倒做整理的行为。

（2）**交易价格下移**：发现反向交易增加同时交易价格下移，阴线的雏形已经形成了，首先是一个1分钟级别的阴线。由于在上涨过程中经常出现1分钟阴线并没有改变上行趋势，所以这里尤其关注这个阴线的幅度和成交量，以及下一个时间段的交易状况。对于心念为继续上涨的人，可能暂时不会有买卖决策，但是对于心念为涨得差不多了、有回调认知的人，触发卖出的可能性极大，而且会有人看着一分钱一分钱的下跌而不停后悔卖晚了。

（3）**阴线形成**：这里专指短期分钟线破位，一般情况下5分钟线形成均线死叉，则30分钟、60分钟线或者日线形成阴线。一根阴线形成不只是5分钟线破位，有的阴线会同时使各层分钟线或日线均线死叉。我们认为只要价格回落导致5分钟线破位，即5分钟线的5、10、20单元线死叉形成，就确认一个短期阴线形成了。对于一般性分析来说，日线阴线（包括上影线）有关键的作用。

①单笔交易形成的阴线。由一笔交易导致价格大幅下落形成一根分钟线破位阴线。

②缓慢下跌形成的阴线。一分钱一分钱下跌，或在几分钱内小幅波动，交易价格逐步走低，形成分钟线破位阴线。

③上下震荡形成的阴线。股价在波及区域有一定幅度的上涨下跌震荡，然后这些震荡叠加一起形成分钟线破位阴线。

3. **未来趋势的预想**：由于所有下跌都是由阴线引起的，所以阴线形成以后必然引起关注者心理的变化，使交易情况更加复杂化。阴线一旦形成，会使想卖出的持股者增加，使关注者对未来走势的预想产生变化。

（三）**阴线形态概率分析**：是对阴线形态出现后，未来股价趋势的概率分析。这里的分析是针对一般性的统计意义上的评估，阴线及伴随成交量发生时前几日K线图形态会影响后期走势，所以实际应用的时候对以下概率值依据当时走势和成交量进行调整。

1. **小阴线①**：小阴线对趋势影响较小，主要看后一日的K线配合。

（1）回调小阴线 h①：短期转势下跌概率30%。

（2）伴随小阴线 b①：短期转势下跌概率，牛市40%；调整市60%；熊市线下反弹80%。

（3）压顶小阴线 y①：短期转势下跌概率，牛市60%；调整市70%；熊市线下反弹 80%。

2. **大阴线②**：大阴线对趋势影响较大，主要看发生的位置。

（1）回调大阴线 h②：短期转势下跌概率 50%。

（2）伴随大阴线 b②：短期转势下跌概率，牛市 70%；调整市 80%；熊市线下反弹 90%。

（3）压顶大阴线 y②：短期转势下跌概率，牛市 80%；调整市 90%；熊市线下反弹 95%。

（4）破位大阴线 p②：短期转势下跌概率 90%。

3. **大影线③**：大影线对趋势影响较大。

（1）伴随大影线 b③：短期转势下跌概率 90%。

（2）压顶大影线 y③：短期转势下跌概率 90%。

4. **阴线组④**：阴线组对趋势影响波动较大，主要看发生的位置。

（1）回调阴线组 h④：短期转势下跌概率 30%。由于下跌数日未破位，有时候反而会反转上涨，主要看成交量缩量状态。

（2）伴随阴线组 b④：短期转势下跌概率 50%。由于伴随阴线组发生在一定的上涨之后，其后是否继续下跌，一要看阴线组下跌幅度，二要看成交量状态。

（3）压顶阴线组 y④：短期转势下跌概率 50%。由于压顶阴线组发生在一定的上涨之后，其后是否继续下跌，一要看阴线组下跌幅度，二要看成交量状态。

（4）破位阴线组 p④：短期转势下跌概率 50%；中期延续下跌趋势 80%；长期延续下跌趋势 50%。破位阴线组在高位一般都是由伴随阴线和压顶阴线引导形成的。由于已经破位、下跌幅度比较大，所以短期反弹也有可能发生；但是中期趋势看淡；如果未形成牛市陷口，长期趋势不明；如果形成牛市陷口，长期趋势看淡。

（四）阴线影响力分析： 阴线的影响有两方面内容，一方面是对关注者心理的影响；另一方面是对股价趋势产生影响。

1. **阴线影响分析：**

（1）幅度越大影响越大：阴线实体和上影线波及的范围越大，影响越大。上涨过程中的阴线给人一种下跌的感受，阴线较大时无论发生在什么位置，都会浇灭一部分关注者的买入欲望，部分情况下会刺激回调抄底者的买入欲望。

（2）位置越高影响越大：股价上涨幅度越大，形成阴线后作用越大。股价涨幅较大时浮筹较多，获利盘和短线交易者出逃意愿较大；在有的情况下会诱导股价见顶的思维，导致浮筹增加。

（3）下跌越单纯影响越大：无论速度快慢的单边下跌和没有多少反弹的开盘大跌，形成的作用都非常大，给人一种无人看好无人接盘的感受。对关注者和持股人产生较大的心理压力。

（4）成交量组合非常关键：阴线形成前和形成过程中的成交量组合是阴线作用的重要方面。一般来说，阴线伴随成交量越大、影响越大。有时候阴线发生时成交量并不是很大，但是阴线前面的阳线成交量较大，也有重要影响。

2. 阴线形态概率调整原则：结合阴线影响力分析，对阴线形态概率作调整以适应实战要求，调整原则如下。

（1）阳K线越多下跌概率越大：比如一个伴随大阴线发生前只有一个阳K线，后期下跌概率低于发生前有数根阳K线的情况。

（2）平台震荡阴线作用减弱：比如一个大阴线在平台震荡中，也许并不引起后期下跌。

（3）强缩量阴线作用减弱：比如一个伴随阴线成交量非常小，有时候并不会引起下跌。

尽管我们在概率分析中考虑到了这些异常因素，可以把它们归于小概率事件，但是对于我们操作者来说，一旦持股就好比上了独木桥，小概率事件也需要给予把握。

第三节 阴线形态的应用

上涨过程中对阴线进行分析，主要是认知一个价格回落形成并对后面短期内的走势进行概率分析，然后做出增减仓或空仓的操作策略。这是在表达上涨过程的K线图中，阴线及阴线组形态完成以后进行的分析和操作。

（一）**阴线应用步骤**：①关注一系列的上涨K线→②关注即时交易→③阴线出现→④阴线形态认知→⑤下跌概率分析→⑥增减仓操作。

（二）**实例分析**：新宁物流（300013）2018年9月中旬起涨一直到2018年10月下旬。

1. **回调小阴线**：两根阳线起涨后在9月20日出现一个缩量回调小阴线，属于正常回调，大概率延续上涨。操作策略：持仓或加仓。

2. **压顶大阴线**：三连阳后在9月27日出现一根大量压顶大阴线，回调概率极高。操作策略：空仓。全天没有买入意义。

3. 回调小阴线：回调过程中在 10 月 8 日出现一个成交量适度的回调小阴线。由于已经回调许多，可以 30% 仓位做超短线，也可以继续空仓。

4. 回调大阴线：经过一个熊坑后连涨数日，在 10 月 18 日出现成交量不大的回调大阴线，未破位而且与前面 K 线形成横盘，有一定回调概率。操作策略：持仓或减仓。

5. 伴随大影线：连续数日大涨，在 10 月 25 日出现一个伴随大影线，上影线和成交量比较大。操作策略：大幅减仓。

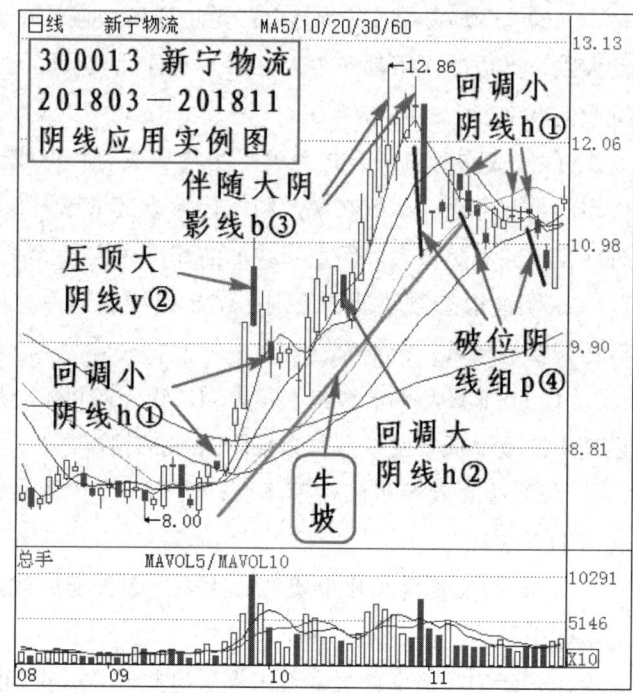

6. 伴随大影线：经过两日反弹，在 10 月 30 日又一次出现高位伴随大影线。操作策略：空仓。

7. 破位阴线组：由第二次的伴随大影线引导，在 10 月 31 日出现破位大阴线，并在 11 月 1 日形成破位阴线组。由于破位阴线组跌幅比较大，所以此时继续回调概率 50%。操作策略：在 20 线附近建仓，不超过 50% 仓位；中期走势看淡，短线持股。

8. 破位阴线组：反弹后在 11 月 6 日出现回调小阴线并引导出连续四个阴线组成的破位阴线组。操作策略：在 30 线附近建仓不超过 30% 仓位；中线继续看淡，短线持股。

9. 回调小阴线：反弹后在 11 月 14 日出现回调小阴线，股价触及 20 线回落，此时由于成交量不很大，比较难以判断后期下跌概率。操作策略：减仓，持币观望。

10. 破位阴线组：在 11 月 16 日出现回调小阴线，并引导出连续三个阴线组成的破位阴线组，股价落在 30 线下。操作策略：空仓。

这里有几个亮点：①缩量回调小阴线不影响趋势；②横盘中的回调大阴线未破位，大概率不会影响趋势；③第一个破位阴线组出现后中期一直处于回落。

第四节　聚压能理论

在实际操作过程中发现，尽管阴线应用把握得好会有很大好处，但是阴线一旦形成特别是大阴线、长上影线和阴线组形成以后再操作，股价已经下跌不少了，所以在阴线形成过程中或阴线形成之初甚至阴线形成之前就预判并做出减仓空仓操作就成了胜战技术追求的目标。要想在下跌之前或下跌之初就看出可能出现的下跌，并了解什么情况下有可能引起大幅回调，是一个经验性很强的问题，主要在实战中归纳总结。这里从形态上分析，提出聚压能理论，试图提前把握回调可能性。

（一）**聚压能起源**：一定时间内正在上涨的股价，会聚集回落能量，回落能量足够大时股价就会下跌。聚压能思想起源于两个方面。

1. **价格上涨**：连续上涨的价格使买入能量衰竭、卖出能量增加。上涨一段时间后，由于股价过高而使关注者买入的欲望减弱，坚定买入的越来越少；由于持股者获利不少，股价越高兑现欲望越大，而使坚定卖出者越来越多。也就是说该买的已经都买了，就剩下该卖的人了。此时股价走势聚集了下跌能量。

2. **价格下跌**：高位下跌的价格加重了买入能量衰竭，使卖出能量增加。上涨一段时间后，由于股价下跌导致关注者不再有买入欲望；而获利者和止损者都想减少利润和本金的进一步损失，使卖出欲望更进一步加强。也就是说该卖的开始卖了，就剩下想卖还犹豫的人了。此时股价走势更加聚集了下跌能量。

（二）**压能概念**：压能就是阻止价格上涨的能量。特点如下。

1. **涨升有压**：压能产生在上涨过程中。价格上升就好比人爬坡，是带着重量前进的。风险是涨出来的，价格越高风险越大，压能越强。

2. **差价有压**：只要出现价格上涨形成差价就有压能。出现差价就始终有持股者想着兑现，从心理到行动都带有压能。价差越大压能越大。

3. **压能蕴聚**：有压能不一定就会引起价格回落。股价运行良好的时候，尽管关注者始终有兑现卖出的想法并且越来越强烈，但是真正卖出者还不是很多。

（三）**聚压能**：就是压能的积累聚集，是引起价格回调的能量集。当股价上涨到一定程度，会聚集大量的压能，从而引起股价回调。特点如下。

1. **涨幅积累压能**：股价上涨幅度越高，积累压能越多。

2. **大换手率积累压能**：阶段性换手率越高，积聚压能越多。

3. **高价位回落集中压能**：价格的高位回落好比压气球，会使压能更加集中。

4. **破位下跌激发压能**：破位下跌引起恐慌，筹码松动使压能爆发作用久远。

(四)聚压线：

从以上分析知道，聚压能是股价从上涨向下跌转换的推动者。而且只要有了压能的聚集，无论上涨还是已经开始下跌都有可能引起更大的下跌。聚压线包括聚压阳线和聚压阴线及聚压线组。

1. 聚压阳线：要想对回调有更好的把握，必须在上涨中找到下跌的可能性，提前做出操作预案。我们常说阳线造成风险，阴线表达了风险。风险是由上涨造成的，所以阳线也会带有压能，在关键位置就会使压能聚集。聚压阳线有如下几种形态。

（1）轨压阳线 gy：上涨过程中，股价冲击布林带上轨线，股价带有两方面压能，一方面是价差压能，一方面是轨线压能。冲过上轨线的阳K线就是轨压阳线 gy。同样道理，反弹过程中，股价冲击布林带中规线或上轨线，冲过中轨线或上轨线的阳K线也是轨压阳线 gy。除涨停板外，成交量过大或过小的聚压阳线压能更大。成交量过大的阳线说明阶段性出货结束，成交量过小的阳线说明上升乏力。轨压线形态见聚压线形态图例1（裕兴股份（300305）2015年12月到2016年3月），图例3（道琼斯工业指数2018年9月到12月）。

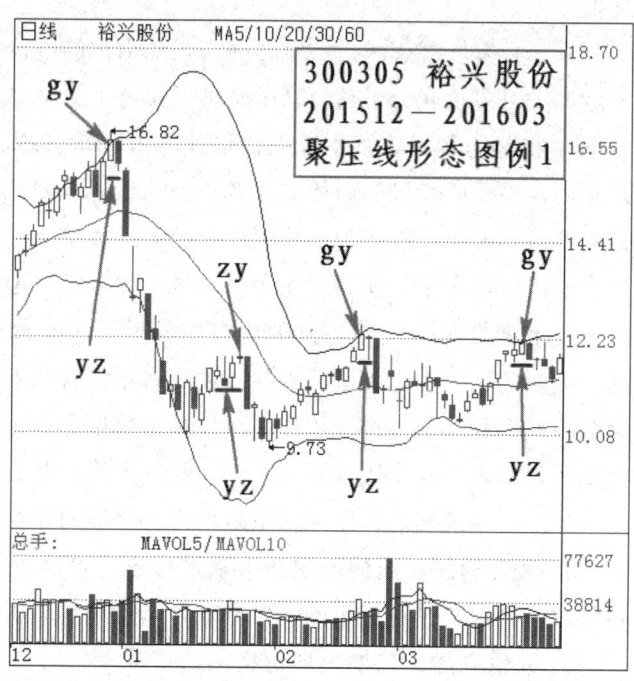

（2）线压阳线 xy：主要指下跌途中的反弹过程中，股价冲击上级均线，股价带有两方面压能，一方面是价差压能，一方面是均线压能。经过一段时间反弹在均线上下一个幅度内的阳K线，就是线压阳线 xy。线压阳线成交量不规则，大中小都有可能引起回落。线压线形态见聚压线形态图例2（中小板指（399005）2018年9月到2018年12月）。

（3）滞压阳线 zy：一般发生在反弹过程中，经过一段时间上涨，股价出现放量滞涨阳线或缩量微涨阳线，尽显弱势，有的并没有触及均线和轨线。滞压线形态见聚压线形态图例1、图例2及图例3。

（4）**抛压阳线 py**：经过一段时间上涨，股价出现缩量跳空冲高或巨量跳空压顶阳线，如将一块石头高抛，势能很大动能归零。抛压线形态见聚压线形态图例3。这样的阳线一般实体不很大，如果阳线上影线很长，则压能

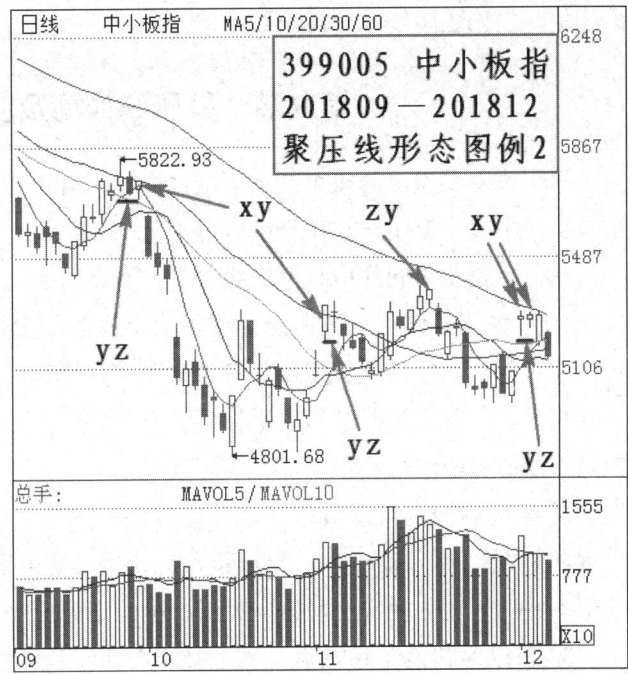

更大，阴线属性加强，归入压顶大影线。抛压线由于有一定高度，所以经常同时是轨压线或线压线或压顶大影线。

2. **聚压阴线**：阴线有时也是轨压线、线压线、滞压线、抛压线，叫聚压阴线。阴线本来已经具有下跌属性，同时是聚压线的阴线更有压能。

3. **聚压线组 yz**：由数根小范围并立的聚压线形成聚压线组。经过一段时间上涨，出现两个以上大成交量聚压线横盘，或里面带有一根成交放量的聚压线横盘，或成交量逐步缩小的聚压线横盘，压能强大。聚压线组形态见聚压线形态图例1、图例2及图例3，有两线组和

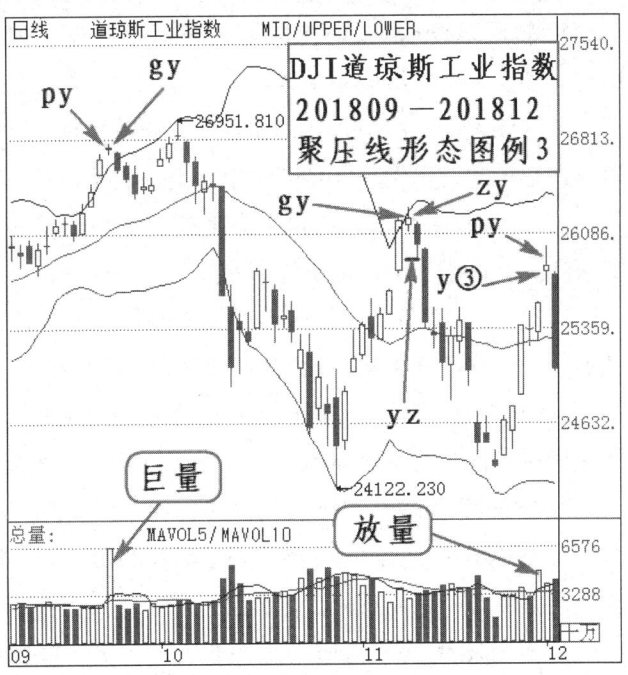

多线组，由聚压阴线和聚压阳线组成。

第五节 聚压线作用及应用

聚压线主要用于分析可能的下跌概率，阴线的作用是摆在那里的，这里主要是对聚压阳线及聚压线组作仔细探讨。

（一）**聚压线的作用**：聚压线有三方面作用。

1. **下跌警觉作用**：聚压能是对阻止上涨的能量的分析，聚压线出现并不一定会即时下跌，但是能够给操作者带来下跌预警作用。明确告知操作者上涨途中已经积聚了下跌能量而且形成了临界状态，尽管下跌具体从哪里开始暂时不清楚，但是下跌的可能性已经很大了。

2. **预构后期走势基础**：上涨一定时间和幅度后，聚压线形成，依据聚压线出现的位置以及形态，对后一日及几日走势作出预构，得出一种或几种预想K线形态并随时观测现实交易偏向哪一种可能走势。

3. **仓位控制策略起始点**：胜战技术对于下跌始终处于高度关注状态，随时准备减仓空仓，聚压线就是减仓空仓的决策线，一旦出现聚压线，仓位控制计划就必须制订，并随时执行。

（二）**聚压线下跌概率分析：**

1. **轨压阳线 gy**：首先轨压线是一种临界线，但是实践中发现，在上涨过程中可以多次上穿轨线而不下跌。在一轮比较大的行情中，股价经常沿着上轨线运行，并且屡出新高；但是在调整市，轨压线出现后即时或不几日就会下跌。所以轨压线分析时要首先确定是在牛市还是在调整市。

（1）牛市主升浪：牛市主升浪初期都会出现沿着5日线的上涨，这个时候轨压线没有作用，不作为决策K线。

（2）牛市震荡行情：牛市回调震荡期间，轨压线作用比较明显。出现轨压线后一日下跌概率40%，后二日下跌概率60%。

（3）调整市行情：熊市反弹和调整市震荡波动，轨压线作用比较大。出现轨压线后一日下跌概率60%，后二日下跌概率90%。

2. **线压阳线 xy**：线压阳线只能在熊市反弹或震荡反弹出现，线压阳线出现后一日下跌概率50%，后几日下跌概率80%。有一些强势股会穿透均线股价上冲很大幅度，但是大部分在均线上下一定幅度内会引起回落。

3. **滞压阳线 zy**：滞压阳线在低于上一级均线处形成价格滞涨，或在大阳线末端形成滞涨，表现为放量小涨和缩量小涨，过大或过小的成交量容易分析，一般性成交缩量很难看出弱势特征来，所以滞压阳线分析主要看成交量状态。出现放量或缩量滞压线，后一日下跌概率 70%。一般成交量不算滞压线，依据交易经验判断。

4. **抛压阳线 py**：一旦出现跳空抛压阳线，无论成交量如何都是很危险的，如果成交量巨大或比较小，除了牛市主升浪，回调概率 95%。

5. **聚压线组 yz**：在有一定涨幅的位置出现横盘聚压线，说明股价上涨遇阻，其后回调概率 80%。

（三）**聚压线应用实例**：胜战技术中，一旦确认一个或数个 K 线聚压，就要做出仓位控制操作。

1. **应用原则**：由于聚压线有阳线存在，所以后续交易有一定概率可能会延续上涨，聚压线操作必须考虑反向趋势即后面出现上涨。

（1）**确认聚压线形成**：无论后面是否出现反向趋势，以概率分析结果为基础，做出减仓或空仓决策并执行，本次避险单元操作完成。

（2）**下跌趋势出现**：无仓位继续空仓；有仓位继续执行减仓或空仓。本次仓位控制操作单元完成。

（3）**反向趋势出现**：确认出现反向趋势，不考虑上一次减仓空仓是否正确，立刻加仓或继续减仓进入另一个操作单元。

反向趋势仓位控制原则：出现聚压线前已经上涨一定幅度了，其后继续上涨并不一定会一直延续，所以后面的上涨要更加小心，仍然以减仓空仓为主，如果确认上涨会继续才可以加仓。

2. **聚压线应用实例 1**：美年健康（002044）2018 年 8 月到 10 月两波反弹上涨。

（1）**起点 1**：比如我们在 8 月 20 日开始持股。

（2）**压顶阴线**：经过两个交易日的大涨，在 8 月 22 日出现缩量压顶大阴线 y②。操作策略是空仓。

（3）**滞压阳线**：8 月 23 日出现缩量微涨滞压阳线 zy，形成聚压线组，操作策略依然是空仓。

（4）**横托形成**：8 月 24 日放量阴十字星，这里连续横盘三日，有双重作用，一方面上升受阻，另一方面缩量放量股价横盘，有形成价托的可能性；再看均线系统形成金叉，聚压线组的压力得到缓解。操作策略是继续空仓或 20% 仓位回买。到 27 日股价突破，操作策略是补仓到 40% 以上。

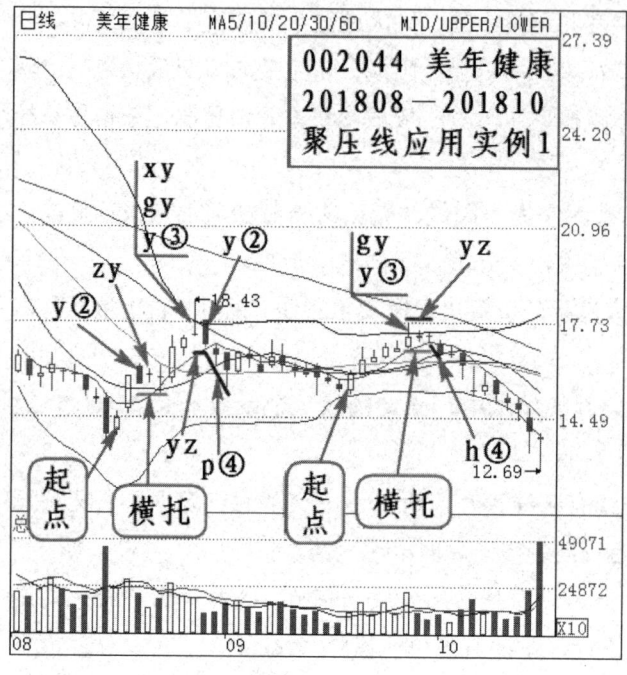

(5) 多属性线：8月29日出现一个同时具备轨压线 gy、线压线 xy、压顶大影线 y③的 K 线。操作策略一定是空仓。

(6) 聚压线组：8月30日出现压顶大阴线 y②，与29日的聚压线形成聚压线组。操作策略是继续空仓。

(7) 破位阴线组：8月30日、8月31日、9月3日三个交易日形成破位阴线组 p④。操作策略是超短线仓位30%，中线暂时不考虑。

(8) 起点2：假如半个月后的9月18日开始持股。

(9) 多属性线：股价沿着5日线缓慢上升，直到9月26日出现一个同时具备轨压线 gy、压顶大阴线 y②的 K 线。操作策略是空仓。

(10) 横托分析：9月26日后两个交易日十字星横盘，成交量递减，首先以聚压线组看同时关注形成价托的可能性。操作策略是空仓等待突破或20%仓位。

(11) 回调阴线组：10月8日开盘跳空下跌，形成回调阴线组 h④。说明前面的横托失败形成横压。操作策略是继续空仓，或剩余20%仓位止损。

3. **聚压线应用实例2**：同有科技（300302）2018年2月到5月反弹上涨。

(1) 横托形成：2月26日起中阳线反弹，后面两个小阳线，3月1日启动，形成横托。

(2) 多属性线：3月2日形成同时具备轨压线 gy、滞压线 zy 属性的阳线，成交量放大。操作策略是空仓。

(3) 线托形成：3月5日是具有轨压线 gy、滞压线 zy 属性的阳线；3月6日是具有轨压线 gy、线压线 xy、滞压线 zy 属性的阳线；3月7日是一个回调小阴线。这三个 K 线形成聚压线组 yz。操作策略是继续空仓。股价一直在5日线上方运行，形成线托。

(4) 横托形成：虽然有线托说明趋势较强，但是此前的聚压线组有较大影响力，依然有下跌的可能性。转折发生在3月8日和9日，8日一个缩量十字星，9日启动形成线托。操作策略是买入40%仓位。

(5) 多属性线：经过两个交易日上涨，3月13日出现一个同时具有压顶大阴线y②、轨压线gy的巨量阴线。操作策略是空仓。

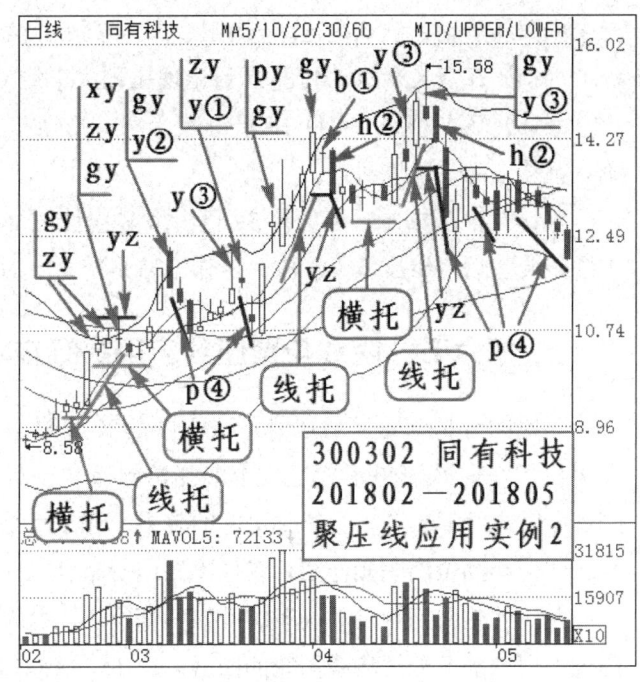

(6) 破位阴线组：此前的压顶大阴线引导出一个破位阴线组p④。此处短线50%概率反弹，操作策略是买入30%仓位。

(7) 压顶大影线：3月21日出现放量压顶大影线y③。操作策略是空仓。

(8) 多属性线：3月22日出现同时具有压顶小阴线y①、滞压线zy的K线。操作策略是继续空仓。

(9) 破位阴线组：由3月22日K线引导形成一个破位阴线组p④。此处短线50%概率反弹，操作策略是继续空仓或30%仓位买入。

(10) 多属性线：3月27日出现同时具有抛压线py、轨压线gy的跳空放量小阳线。操作策略是空仓。

(11) 线托形成：同有科技走势很强，展开主升浪。其后有连续数根以5日线为依托的上升阳线，而且这些阳线都是轨压线gy。在3月27日空仓后，如果能够辨别强势股则可以加仓。主升浪聚压线失效。

(12) 聚压线组：强势上涨过程中，4月2日到4日，形成轨压线gy，伴随小阴线b①，回调大阴线h②形成的聚压线组yz。操作策略是空仓。

(13) 横托形成：4月9日以后连续四个交易日横盘，这里已经处于有一点涨幅的位置，最好的操作是空仓等待，但是横盘也可能转化成横托。直到4月16日，

081

一个中阳线启动,确认横托形成,因为处于高位,操作策略是买入40%仓位。

(14) 压顶大影线:4月17日出现压顶大影线y③,操作策略是空仓。

(15) 线托形成:4月18日继续上涨,形成依托5日线的线托。如果能够确认强势上涨,可以买入。

(16) 聚压线组:当4月19日出现多属性线gy+y③,并于20日出现回调大阴线h②后,聚压线组形成。操作策略是空仓。后面属于下跌行情。

第六节　阴线与聚压线应用高级技术——雏形操作

一般的分析都是针对已经形成下跌的K线形态的分析,这个叫完形应用;如果我们在K线形态形成过程中就开始预判和决策,在下跌酝酿过程中或下跌刚开始时进行增减仓,会达到更好的效果,这个就是雏形应用。有两种方法。

(一) **高位出阴操作法**:我们不知道价格什么时候下跌,但是股价在高位出现回落,就是我们预判和决策的开始。高位出阴就是指股价有一定涨幅以后,在高位出现跌破5分钟均线系统的回落,在15分钟、30分钟、60分钟及日线都出现阴线或上影线。由于在5分钟K线图上出现了破位,所以叫高位出阴。

1. **高位出阴详解**:股价经过一系列上涨达到一定高位,5分钟K线跌破10单元线并出现5单元线下穿10单元线,就是下跌出现了,叫出阴,此时就是预判和决策的开始;如果5分钟K线跌破20单元线并出现5单元线下穿20单元线,下跌加大为阴盛,如果出现股价反弹不过10单元线又继续下跌,为减仓起始点;如果5分钟K线跌破30单元线并出现5单元线下穿30单元线,下跌更大为阴强,如果出现反弹不过20单元线又继续下跌,为大幅减仓起始点;如果股价已经涨幅很大,以上各处均可以空仓。

2. **出阴操作技术要点**:高位出阴法应用得好可以规避大影线和大阴线回落造成的大幅度下跌,使下跌在比较小的时候出清筹码。单纯看,高位出阴操作法很简单,只要看5分钟K线走到哪一个单元线下然后进行相应操作就好了。但是许多情况下股价在5分钟线破位时,会反抽并继续上涨;有时候一天之内横盘震荡数次出现5分钟线破位,所以用好出阴操作法要仔细分析如下几方面。

(1) 上涨的认知:首先股价上涨要有一定幅度,避免刚上涨的时候小回调看作出阴而减仓;其次上涨幅度依据大盘行情和同类股票走势进行调整。这些非常具有经验性,实战中的观察和总结很重要。

(2) 反弹的分析:在5分钟K线破位过程中反弹分析很重要。因为此前股价上涨时，短暂的5分钟线破位会被反弹化解而继续上涨，所以这里5分钟线破位后有没有反弹和反弹遇上一级单元均线后是否回落就显得很重要，我们在这个时候尤其要认真观测。

（3）下跌持续性分析：出阴操作法必须是减仓空仓以后有持续下跌的走势才能完美，所以下跌持续性分析很重要。一般情况下股价涨幅越高，5分钟下跌持续性越大，进而大幅下跌也有可能发生，但是下跌究竟能不能持续，单从K线图看是有一定的失误率的。下跌持续性分析需要结合成交量组合、大盘走势及相关股票走势进行分析。

总之用好出阴操作法是一个非常需要经验的工作，以上三方面既是要点也是难点。但是无论如何我们思想意识里面要有这个操作方法，就会增加胜率。

（二）聚压阳线操作法：有许多股票前一个交易日是一个收盘在较高甚至最高位的阳线或倒T形线，但是第二天一个大跌，这就需要做到阳线当日减仓或空仓，也就是下跌酝酿期进行操作，也称止赢操作法。

1. **聚压阳线操作详解**：聚压线有聚压阳线和聚压阴线，雏形操作只是针对聚压阳线的操作行为。显然在冲高并没有下跌的阳线中进行减仓操作肯定是最高的技术。在调整市的一轮上涨过程中，股价上行当日K线形成轨压阳线、线压阳线、滞压阳线和抛压阳线的时候，不管当天后面怎么走，都要进行减仓，必要的情况下执行空仓，然后再酌情考虑是否需要回补。

（1）轨压阳线：要分析主升浪和调整浪，调整行情只要形成轨压，无论下跌与否一定要减仓；主升浪可以不考虑减仓。

（2）线压阳线：发生在调整行情中，同时分析当日成交量情况，一般都要减仓，依据反弹上涨时间和幅度作空仓决定。

（3）滞压阳线：要分析主升浪和调整浪，同时分析当日成交量情况，调整行情成交量过大过小都要减仓，成交量适中需酌情处理。

（4）抛压阳线：无论什么行情只要发生抛压阳线，均执行空仓。

2. **聚压阳线操作要点**：聚压阳线操作难度更高，对行情所处位置及成交量状况都需要分析。

（1）行情状态分析：首先必须依据大周期分析短中周期波动股价处于什么位置，并区分主升浪和调整浪。

（2）成交量分析：这是一个经验性很强的事情，尽管如此，成交量的异常放大和缩小，都是分析的重点。

(3) 上涨幅度分析：阳线代表的当然是涨了多少，要想让我们在阳线上升途中减仓，当然要考虑涨了多少，一般情况下涨幅越大，遇到聚压阳线越要减仓。

同样，用好聚压阳线操作法也是一个非常需要经验的工作，它操作起来过于高级，所以不是用简单的言语能够完整表达的，但是，无论如何它的应用会让我们思想里面有意识去利用阳线进行减仓操作以增加胜率。

（三）雏形应用分析：雏形操作最大的缺点就是，如果主升浪判断不准确，会卖早了，就是赚少了，除此外雏形应用是最佳卖出操作方法。

1. 雏形应用心理障碍：雏形应用最主要的心理障碍就是害怕赚少了，害怕踏空，对未来抱有过高预期，不愿意在上涨时出局。对于风险大于收益的市场，在自己已经获利的条件下执行减仓空仓，最要不得的就是害怕少赚，而不害怕损失。所以操作者心里始终要告诫自己，不怕少赚才能大赚。

2. 雏形应用原则：雏形应用原则与聚压线应用原则一样分三个方面。

（1）有压必减：只要有出阴和聚压，都要依照概率减仓直到空仓。

（2）正向等待：减仓以后股价下跌，继续减仓或空仓等待。

（3）反向精准：如果发现走势反转，给予关注，可以等待也可以加仓。但是要求分析速度更加快，准确度更加高。这里不支持在判断不明的情况下追涨，宁可错过绝不追套。特别是要认真分析波段大小和波段处于什么市场状况下，努力区分辨别主升浪发生的可能性。

第六章 上涨和熊坑

一轮中期或长期上涨，必然包含多次回调，回调后上涨就会形成熊坑。因为我们需要在回调时出局而在熊坑形成并再一次上涨时跟进，所以围绕熊坑需要作细致的研究。

第一节 上涨

关于股票如何上涨的理论和书籍非常多，我们的研究可能与常规有一些不同，就是立足于避险的上涨形态分析，说到底就是我们不能长期拿着一只股票不动，要把上涨动态灵活地展示出来，并使操作符合动态的规律。

（一）**上涨简论**：股价上涨从来都不是一直涨而是在不停波动中上涨的。有如下几个一般性的特点。

1. **集短成长**：波动有短期波动、中期波动和长期波动，短期波动是中期波动和长期波动的基础，所有波动都是由短期波动叠加延展而成。

2. **步步高升**：股价上涨首先表现为回落时遇到支撑，使股价沿着倾斜向上的趋势运行；然后又表现为连出新高。就是说每一次短期波动的低点都比前一次的低点高，高点也比前一次的高。

3. **小回大升**：每一次股价短期上涨波动表现为下跌时成交量缩小，上涨时成交量放大；同时回调深度总是被后面的涨幅吞没。

4. **缓急相异**：股票急速上涨必然急速下跌，但是股票缓慢上涨却不一定缓慢下跌，所以防止下跌风险尤其重要。

5. **价有依托**：股票上涨过程中，表现出均线和支撑线及价格区间有支撑作用。也就是说一旦股票上涨开始，好像那些均线和支撑线或某一个价格点位真的就支撑着股价一样，并且能够把股价推高。

（二）**短期上涨形态**：短期波动中的上涨主要是 5 日线上涨。股价沿着 5 日线或在 5 日线上方上涨，是股价短期上涨的典型特征，叫 5 日牛坡，记作 5N。短期上涨分超线上涨 CN 和切线上涨 QN 两种。5 日线上涨形态见图解 1（新易盛（300502）2017 年 8 月到 10 月）及图解 2（川金诺（300505）2018 年 8 月到

11月）。

1. **超线上涨 CN**：就是股价急速陡升，K 线逐步远离 5 日线。发生在上涨过程中，局部几个交易日的急涨或强势股的连续上涨时，并且 K 线都是中阳线或大阳线，甚至连续涨停板。

超线上涨 CN 状态特点：起涨点一般在 5 日线下；启动以后股价快速上升，沿着 5 日线上方运行，趋势线与 5 日线距离越来越大，形成上开口夹角。

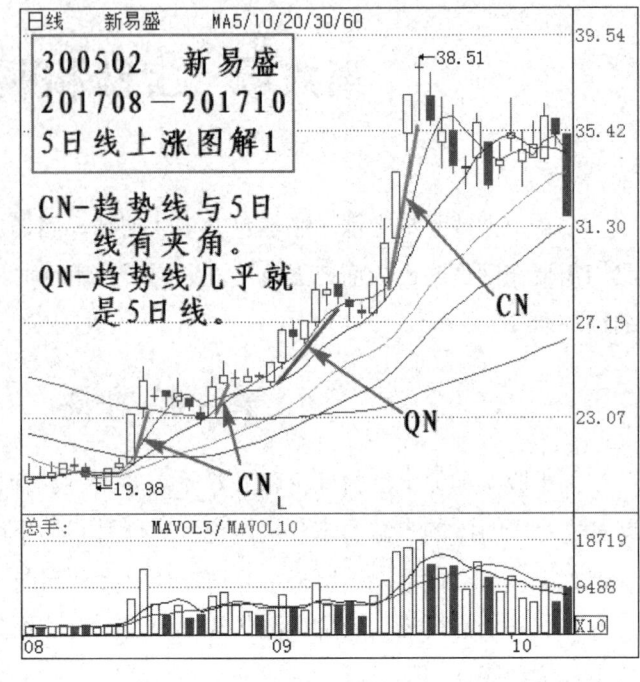

2. **切线上涨 QN**：就是股价回落的落脚点和上涨的起始点基本在 5 日线上下一个小范围内，K 线实体大部分在 5 日线上。

切线上涨 QN 形态特点：起涨点大部分是在 5 日线下；启动后股价沿着 5 日线运行，大部分 K 线实体在 5 日线上，也有一部分小幅度落在 5 日线下。K 线实体有大有小，有阴有阳。

（三）**价托线 JT**：所谓价托线就是支撑并托起股价的虚拟线。有线托 XT、横托 HT、势托 ST 三种。价托基本形态见华夏银行（600015）2016 年 9 月到 2017 年 2 月。

第六章 上涨和熊坑

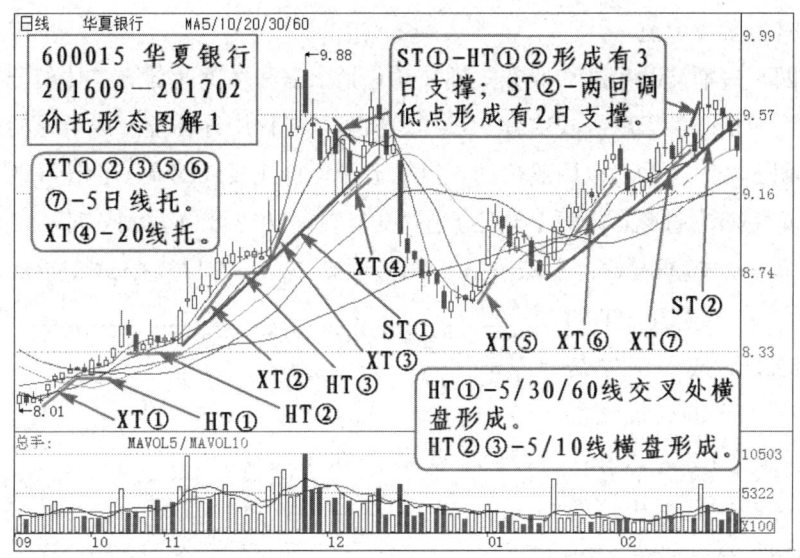

1. **线托XT**：K线图中最基本的价托是线托。线托就是各级均线对股价的支撑作用。上涨的时候，5日线托是频繁出现的形态，表现为股价在5日线上运行或沿着5日线运行；在回调整理阶段，10线、20线、30线及60线也都具有支撑作用。图解1中，XT①②③⑤⑥⑦都是5日线托，XT④由于股价回调过程中在20线处得到支撑反转上涨，所以是20线托。

2. **横托HT**：横托是股价的一种特殊的整理方式，它是股价在上涨一定幅度后，微幅回调并横盘运行或有一定幅度回调后横盘运行，然后继续上涨。在上涨比较快的情况下，横托以股价在5日线与10线之间横盘运行为主；股价波动较大的情况下也有10线、20线、30线、60线之间回调并横盘运行的。图解1中，HT①是5日线上穿30线、60线的时候形成的，有6个交易日，然后继续上涨；HT②③则是股价上涨过程中，从5日线向10线横盘运行，然后在10线附近起涨。

3. **势托ST**：势托就是股价趋势线形成的支撑作用，它的观点是这样的：股价上涨过程中在K线图上，由前面两个低点形成一条直线，表达股价上涨趋势的斜率和波动支撑价位，这个直线就是上涨趋势支撑线。由于它有支撑作用，所以是一种趋势线价托。它的作用是用前面的低点去认识后面股价在回调过程中受到的支撑。图解1中，ST①由HT②和HT③的起涨点形成，后面的股价回调过程中有3个交易日受到ST①支撑；ST②由上涨过程中的两次回调低点形成，后面的股价运行过程中有2个交易日受到ST②支撑。在急速上涨的情况下，由于股价呈上开口抛物线上涨，势托作用不大；而在震荡攀升过程中，势托和其他价托一样具有参考价值。

（四）短期波动形态： 股票短期波动包括上涨和休整两部分，休整分回调和横盘，回调是股价下跌寻找支撑的过程；横盘是股价中途休整形成价托的过程。所以短期上涨波动都可以用股价的 5 日线上涨 + 价托线或回调 + 价托线两部分来表达。见短期波动形态图解 1（汇金通（603577）2018 年 4 月到 6 月）。

1. **第一次短期波动：** 上涨段由 5 日线上涨 5N ① +5 日线托 5XT 组成；休整段由回调① + 横托 HT/30 线托 30XT 形成。首先是一段连续 6 天的 5 日线上涨，5 日线是上涨的线托；然后在冲高回落后出现两天的回调，显然股价在 30 线处遇到支撑，5 个交易日的横盘形成一个横托。

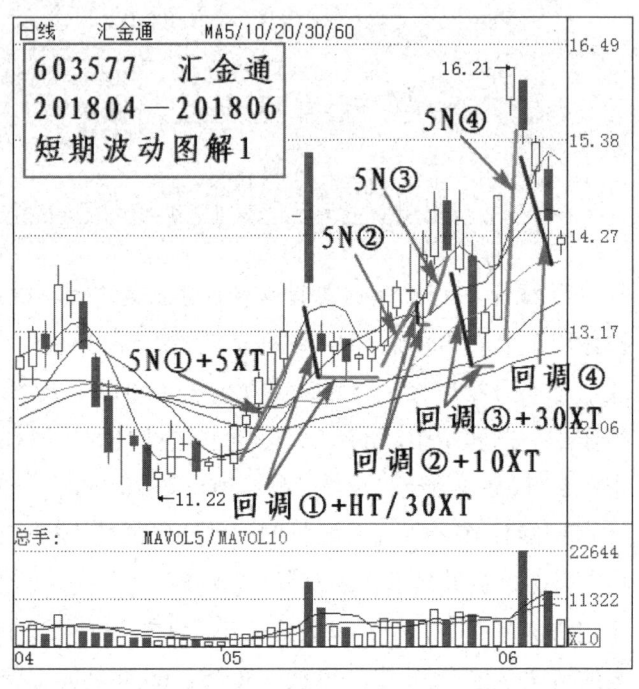

2. **第二次短期波动：** 上涨段由 5 日线上涨 5N ②组成；休整段由回调② +10 日线托 10XT 组成。在前面的横托形成后，连续上涨 4 天，然后股价在冲高后开始回调，经过 1 个交易日的回落在 10 线处遇到支撑又继续上涨。

3. **第三次短期波动：** 上涨段由 5 日线上涨 5N ③组成；休整段由回调③ +30 日线托 30XT 组成。以 10 线为依托股价很快回到 5 日线上方上涨 2 个交易日后，开始回调，在 30 线处得到支撑又继续上涨。

4. **第四次短期波动：** 上涨段由 5 日线上涨 5N ④组成；休整段是回调④。以 30 线为依托股价很快回到 5 日线上方上涨 3 个交易日后，开始回调。

（五）中长期上涨的形成： 若干个短期上涨波动延续就组成了中期上涨，如短期波动图解 1 中，汇金通长达一个多月的上涨，就是由 4 次短期波动延续而成；更多的短期波动与中期波动延续就形成了长期上涨。所以对于股票操作来说，短期波动是交易的主要依据。

第二节 熊坑研究

熊坑是一轮上涨过程中，前一轮短期上涨的休整段和后轮短期上涨的上涨段形成的，所以熊坑研究就是研究前一轮短期波动与后轮短期波动是如何衔接的。对于操作者来说，明白一轮上涨已经出现回调的情况下，后面是不是还能够上涨是非常重要的。

（一）**熊坑形态**：熊坑发生在中长期上涨过程中，依据短期波动延续的形态来分析熊坑。

1. **熊坑的基本形态**：熊坑由于处于两次短期波动的衔接之处，其基本形态是回调＋价托线＋5日线上涨模式。有日线图熊坑和分钟线熊坑。

2. **熊坑形态实例分析**：黄河旋风（600172）2017年9月到11月一轮中期上涨过程中，出现4个日线熊坑。

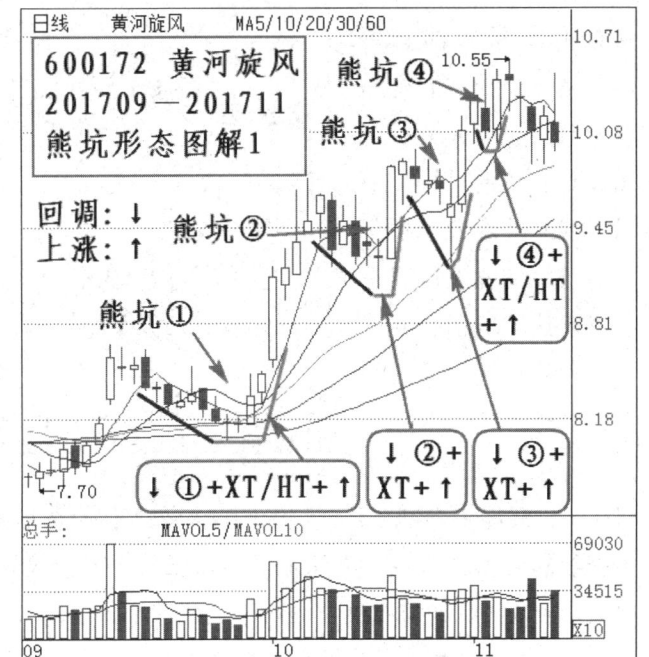

（1）熊坑①：经过8个交易日的回调↓①，遇到20、30、60线形成线托XT，并经过3个交易日形成横托HT，然后又一次上涨↑。

（2）熊坑②：经过6个交易日的回调↓②，在10线下方、20线上方出现大下影线十字星的XT，然后再上涨↑。

（3）熊坑③：经过4个交易日的回调↓③，在20线上受到支撑并出现大下影阳线的XT，然后再上涨↑。

（4）熊坑④：经过2个交易日的回调↓④，在5日线、10线上受到支撑形成XT，3个交易日形成横托HT，然后再上涨↑。

3. **分钟线熊坑观察**：对黄河旋风（600172）熊坑形态图解1中熊坑2、熊坑3、熊坑4进行60分钟线观察。

(1) 熊坑②：日线图中这里是一个在10线和20线之间的下影线。分钟线图里形成了2个单元的横托。

(2) 熊坑③：日线图中这里是一个受到20线支撑的下影线。分钟图里保留下影线，在60单元线处形成3个单元的横托。

(3) 熊坑④：日线图中这里是一个5日线和10线支撑，K线之间的凹坑不太明显。分钟线图里是一个四个单元的横托，并且有明显的凹坑出现。

4. **日线图与分钟线图**：日线图熊坑与分钟线图熊坑有一些差异，作用如下。

(1) 日线图的作用：由于分钟线在日线中是有连续性的，交易没有停顿，而日线在交易前和交易后都有停顿，是一个独立的交易单元，能够给人分析对比和再思考的过程，所以日线对关注者影响更大。一般情况下日线是能够表达熊坑形态并确认支撑价托的，以日线分析研究。

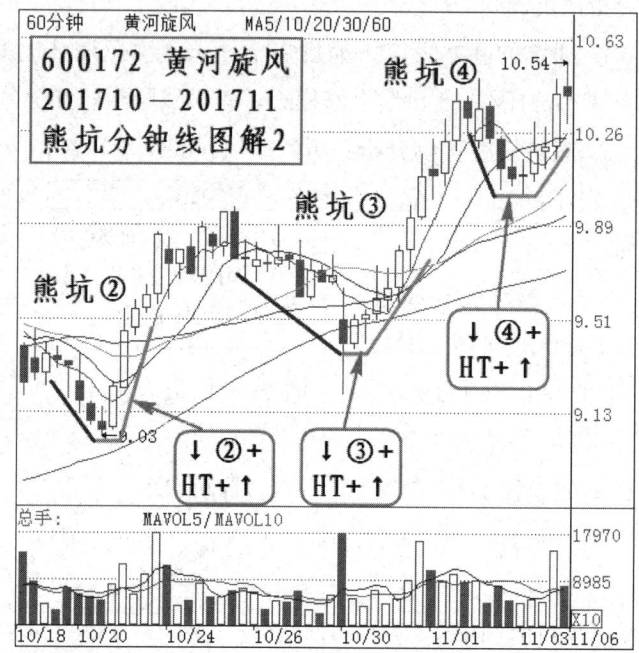

(2) 分钟线的作用：分钟线能够详细表达熊坑的凹凸形态，使熊坑形态更加清晰完整。在遇到上下影线的K线或大阴线和大阳线时，日线图不能表达主要交易区域和短时间价格波动状态，使熊坑支撑位分析不太好进行。由于下影线与大阴线在熊坑形成中占有重要比例，所以分钟线图主要用于补足下影线、大阴线对熊坑形态表达不清楚的现象，各级分钟线结合日线均线系统能够更好地确认支撑位。

(二) **熊坑分析的目标**：熊坑研究要达到如下几方面目标。

1. **规避上涨过程中的大幅回调**：上涨过程中股价回调和整理是必然要发生的，小幅度的整理不会造成太大利润损失，但是比较大幅度的回调就会损失许多利润。所以熊坑研究的第一个目标就是要在阶段性回落之初确认熊坑即将出现，并作出减仓空仓操作。

2. **分析股价回调后的企稳价位**：熊坑表达的是股价回调后在一定位置企稳然后继续上涨，股价能否企稳是熊坑能否形成的关键。所以下跌一定幅度或整理一段时间后，对价托线进行分析，初步确定股价最佳支撑位，是熊坑研究的第二个目标。

3. **确定股价支撑有效并上涨**：股价企稳然后重新开始上涨，说明熊坑完美形成了，这时候我们需要在熊坑上涨开始时及时跟随上涨。所以确定股价受到有效支撑并即将上涨或开始上涨，是熊坑研究的第三个目标。

4. **确定股价支撑失效并续跌**：陷阱是放大的熊坑，一波下跌无论你预设了多少支撑线或价托线，都有可能跌破并形成陷阱，特别是涨幅已经不小的情况下。所以确定支撑失效股价破位并继续下跌，是熊坑研究的第四个目标。

第三节　熊坑研究目标的实现

（一）第一目标——**规避回调损失**：股票上涨过程中预知股价回调并作出减仓空仓操作是第一最优熊坑操作。要做好三个方面。

1. **盯住 5 日线上涨**：当股价启动上涨并站在 5 日线上方、沿着 5 日线上涨的时候，不需要任何操作，只需盯住就可以。所谓盯住就是仔细观察成交状况，等待可能的回调信号出现。

2. **聚压线操作应用**：聚压线是股价回调的开始，一旦正在沿着 5 日线运行的股价出现聚压线，就需要按照聚压线回调的概率进行操作。

3. **5 日线完美对策**：股价出现聚压线，一般情况下都会出现回调或休整，但是在上涨主升浪中，聚压线出现并不能够形成回调，所以 5 日线上涨还需要更完善的策略。

（1）主升浪策略：就是分析本轮上涨有没有形成主升浪的可能性，概率有多大。如果概率低于 50%，那么依据聚压线操作原则处理；如果概率高于 50%，则依据概率大小保留仓位，直到不做减仓。

①依据周期分析：如果一个股票有主升浪，一定是一个中级以上行情。中级以上行情一般来说有一个波动周期，比如年动率、月动率等。

②依据幅度分析：分两个方面，正在上涨的股票，初期涨幅不大、风险度比较低的时候，可以相对减少减仓数量；反之，涨幅已经比较大，则增加减仓数量。下跌反弹的股票，前期跌幅不大的，增加减仓数量；反之前期跌幅较大的，适当提高上涨预期，减少减仓数量。

③参照同类股票分析：股票总是有先动和后动的分别，有的股票从一开始就大幅上涨，成为领头羊，在行情发展过程中，逐步有股票加入大幅上涨的行列。当与所持股票有相近条件的其他股票走出大行情的时候，要适度提高所持股票走高的预期；反之则要降低走高预期。

（2）成交量分析：成交量观察和分析是主升浪分析的一个关键因素。5日线上涨过程中某一日成交量大幅放大，无论任何时候都要提高回调的概率；如果当日或数日成交量均衡，说明行情延续可能性大，形成主升浪的可能性就大；某一日或几日成交量缩量，说明上涨无量，回调很快会发生；5日线上涨过程中遇到当日或数日回调成交量显著萎缩但是没有跌破5日线，形成主升浪的可能性有所提高。

（3）远减近收：就是说5日线上涨过程中，为了既不踏空又不损失，采取远离5日线就减仓、回调到5日线附近适度加仓的策略，可以有效减少继续下跌后的损失。

（二）第二目标——分析企稳价位： 确认股价已经回调，熊坑的前提形成了，这个时候我们已经减仓空仓了，主要做的事情就是预设股价要跌到什么位置会企稳。

1. 以幅度预设： 一般情况下，中长期波动的波动时间最重要，而短期回调则是回调幅度最重要。短期上涨和下跌幅度太大都极易引起反向波动发生。预设回调幅度有两个方面。

（1）预设方法：以分比预设，有三分比、四分比、五分比。类似于江恩理论的方法，但是比江恩理论更灵活。三分比就是回调1/3、2/3或3%、6%；四分比就是回调1/4、2/4或2.5%、5%；五分比就是回调1/5、2/5或2%、4%。常用三分比，一般考虑前面两个价格区间，叫一级分比价和二级分比价。当跌幅比较大时，熊坑预设将考虑用到四分比的三级和五分比的四级分比价。

（2）分比选用原则：分比选用一方面要看当时所处的波段位置和大盘格局；另一方面要对照个股以往每一次次级波动回调情况进行预设。比如有一些股票喜欢用横盘代替大幅回调，有一些喜欢带有上下影线的大幅震荡，有一些喜欢小幅慢跌。可以大致计算一下回调幅度，然后采用相近的分比进行预设。

（3）预设执行：股票经过上涨有两方面数学表现，一个是当时的股价；一个是已经完成的涨幅。分比预设就是针对这两方面的。

①以股价为预设对象：就是以当时股价的百分比进行预设。如用三分比，股

价 10 元，即预设回调 3%/6%，即 9.7 元 /9.4 元。

②以涨幅为预设对象：就是以当时股价上涨幅度的百分比进行预设。如用三分比，股价上涨 2.4 元，即预设回调 1/3，2/3，即 1.6 元 /0.8 元。

③预设对象选用原则：依据股票的个性特征进行选取，依然得看股票以往回调情况进行统计计算后，适合哪一个就选取哪一个。

2. 均线预设：在股价回调过程中均线的支撑是显而易见的，所以每一级均线都可以作为股价企稳的预设位。

（1）日线均线预设：5 日线下跌开始一般都是从 5 日线向 10 线回落，进而到 20 线、30 线，熊坑的后面还是要上涨的，所以回调到 60 线的概率不大。我们常规预设以 10 线、20 线、30 线为主，60 线为辅。

（2）分钟线预设：当形成熊坑的交易日较少时，会发现分钟线的表达更加有用，所以预设时要参考分钟线的均线系统，常规预设也是以 10 线、20 线、30 线为主，60 线为辅。

3. 支撑线预设：对于不停上涨的行情来说会有若干个熊坑出现，前面熊坑的底部连接起来形成一根直线，就是支撑线，对后面将要发生的回调起支撑作用。在前面已经有数个熊坑的前提下，可以用这一根支撑线作回调价位预设。

（三）第三目标——确定支撑有效：支撑有效，熊坑才能形成，我们的下一步操作才能进行。一般来说，在股价回调整理完成后继续上涨之初买入股票是第二最优的熊坑操作。

1. 分比价支撑分析：做法是以日线涨幅和价格预设的分比企稳价为基础，在日线和分钟线上观察该价位的支撑情况，确认是否具有较强的支撑并形成反弹发生。

2. 价托线有效分析：价托线在股票价格运行过程中，确确实实发生着支撑作用，大多数情况下股价遇到价托线都会发生反弹。

（1）线托 XT 分析：一般情况下，均线都会作为一种支撑给予考虑。这里需要观察的是股价在均线附近运行的细节，并参考各级分钟线进行成交量观察。均线附近会有两种反弹发生，一种是快速反弹形成下影线；一种是在均线附近形成缩量小 K 线。均线附近的小 K 线，有时候是 1 个交易日有时候是几个交易日，并且成交量都不会太大。但是无论哪一种走势，我们肯定是在股价反弹发生后才能确认支撑有效。在均线附近的小 K 线形成后做一定仓位的建仓，确认上涨后再加仓。

(2) 横托 HT 分析：横托有三种形态，K 线横行初期并不能确定是横托，也可能是小平台顶或下跌中途横盘。横托形成的条件是股价横盘运行时成交量逐步缩量到微量，横盘过程中十字星较多，并发生继续上涨，只有这个时候才能确认横托形成了。横托三种形态及操作方法如下。

① 5 日线上方形成横托：股价强势上涨，直接在一波上涨途中横盘，并等待 10 线拐头或上升。这一种形态极易演化成小平台顶，所以操作过程中以等待突破为主，如果在缩量末端想介入，持仓量不超过 20%，突破发生时加仓。

② 回调到均线形成横托：股价从 5 日线上方回落在下方均线附近形成横盘并上涨。显然这样的走势可靠性要比较大，如果股价在均线附近企稳，成交量逐步萎缩，在上涨前是可以介入的，仓位 40% 以下，如果开始上涨及时加仓。

③ 在均线之间形成横托：有时候股价从 5 日线回调，在 10 线和 20 线之间横盘或在 20 线和 30 线之间横盘，然后上涨。这种情况下，我们只能空仓或小仓位观察，一直要看到下面的均线逐步上行，横盘的 K 线已经接近下一级均线并开始上涨，然后加仓。

(3) 势托 ST 分析：势托是用前面的回调看后面的支撑，所以采用势托时，仓位尽量小一些，不超过 30%。

3. 综合分析：在支撑分析时，我们的希望当然是稳妥再稳妥，所以要进行综合分析，提高胜率。

(1) 分比价与价托综合：一个价托正好也是分比价，胜率增加。

(2) 价托线综合：一个价位同时具备多种价托线条件，胜率增加。

(3) 分钟线综合：日线与分钟线综合分析，有相近的形态出现，胜率增加。以日线为基础，多层次分钟线综合分析，会使细微的交易状态呈现出来，对操作有极好的指导作用。

(四) 第四目标——确定支撑失效：支撑失效有两种形式，一种是支撑形成过程中直接失效；另一种是支撑形成并出现上涨后突然失效。显然后一种对我们的伤害比较大，并且许多机构利用假突破出货会把我们套牢。这里的支撑是我们预设的，因为行情是走出来的，行情能不能与我们预设的一致，不是我们自己能够控制的，所以预设的企稳或支撑随时有可能失效。

1. 直接失效：就是当股价从 5 日线上方跌落时，我们预设的企稳价位和价托线被直接跌破。包含三种形态。

(1) 连续下跌：一根或数根阴线，直接跌破 10 线、20 线、支撑线并继续下跌或跌破一级分比价、二级分比价继续下跌。对于这样的走势，我们是最愿意看到的，因为我们只要不操作就可以了。

（2）波动下跌：股价在不停波动中接连下跌，其中有多次反弹，大多在上方的均线附近又一次开始回落，并跌破前期低点，K线组合是阴阳相杂，或带有长的上下影线，如果用分钟线来看表达得尤其清晰。就是说股价从5日线下跌遇10线或在5日线和10线之间开始反弹，反弹到5日线附近又掉头向下并跌破10线；接着在10线和20线之间反弹，到10线附近再一次掉头向下跌破20线。这样的走势对于我们极易形成诱惑，特别是在下部均线处反弹的时候。一般来说这里短线获胜率可以达到50%，但是风险也是存在的，如果当天反弹到上面均线后，当天又下跌并跌破下面的均线，被套的概率很大；如果这里发生了追高，即使幅度不大也可能被套，所以这种走势参与仓位不超过30%。

（3）横盘下跌：起初股价在一个价区横盘，成交量也出现萎缩，但是在看似要形成横托的时候，却开始下跌，形成了小平台顶或下跌中途盘整。我们对于横托的操作一般都是空仓观察的，成交量萎缩，下面均线上行并向上突破时才跟进。

2. 冲高回落：就是我们经常说的假突破。股价在价托线和分比线处企稳，并突然大幅上涨，但是当天就冲高回落并跌破下面的价托线或分比线；或当天收涨，第二日再一次冲高回落并跌破下面的价托线或分比线。这个时候前面上涨时完完全全符合我们熊坑上涨的条件，我们是极容易介入的，对于第二天还有冲高的来说，我们还可以冷静一下获利出局；但是对于当天就跌破买入价和下面的支撑这种情况我们是防不住的。

（1）冲高回落中成交量分析：一般情况下，冲高回落会伴随极大的成交量，当日连续放量或2日放量。有时候会在某一个价格停留较长时间，有明显的派发嫌疑，并且股价下跌开始后成交量缩小。我们也看到有时候冲高回落虽然也有放量并没有形成大成交量，但是股价还是回落了，这种情况也有可能是机构试盘，或高抛低吸，并没有大批筹码派发的意图，或者某一个游资做一个短差搞偷袭。

（2）冲高回落中的仓位控制：这里的仓位控制尤其重要，因为一旦认为熊坑形成重新上涨并积极建仓后，遇到冲高回落在技术上很难避免损失，所以仓位控制的任务就是防止冲高回落，初期建仓不超过20%，如果中途有回落并再一次企稳上涨，成交量并没有放出巨量的时候，我们可以加仓。

（3）冲高回落后的盈亏认识：从技术上说，在冲高回落之初的冲高时完完全全符合熊坑形成的技术条件,我们买入是大概率发生的事情。所以一旦遇到回落发生,我们要有良好的心态,此前买入仓位并不很大,及时止损还来得及,因为技术因素而形成的损失是应该接受的,赢利不在一时,今后有更好的机会,所以此时从容对待损失才是最好的。

第四节 熊坑操作实例分析

熊坑操作是上涨过程中规避回调损失的重要手段,我们的分析当然是针对已经完成的 K 线图进行,但是所有操作分析立足于前面 K 线已经完成而后面的 K 线还没有发生来进行,才能应对未来的行情。如南方航空(600029)2018 年 10 月到 12 月一轮上涨过程中,出现三个熊坑。以下建仓减仓加仓描述中的 100% 仓位,并非资金账户满仓而是计划买入该股仓位的足额买入,其他百分比仓位均是相对于计划买入足额仓位而言的部分仓位。

(一)熊坑①操作:

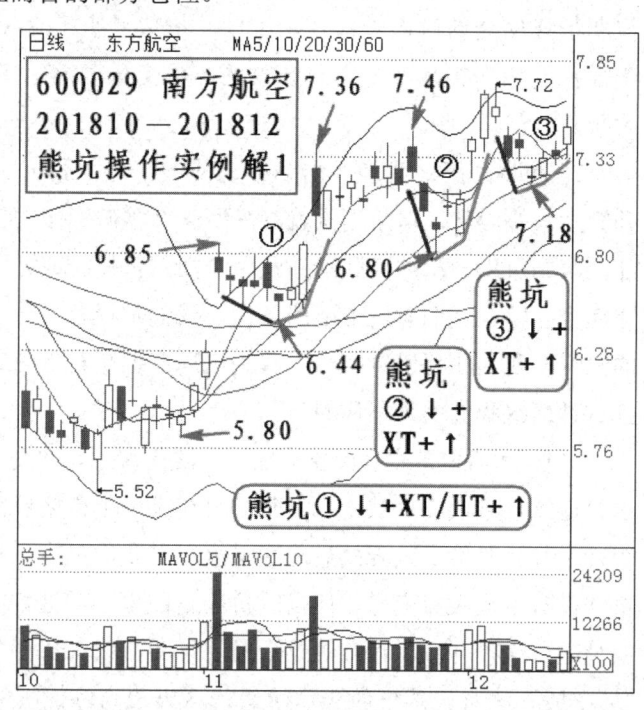

实例解 1 中,股价由 11 月 2 日最高点 6.85 元回调到 11 月 9 日的 6.44 元,然后上涨并在 11 月 13 日超过前高形成熊坑①。

1. 建仓操作:10 月 30 日股价由 5.80 元开始上涨,31 日继续上涨。

(1)初步建仓操作:股价在 30 日出现小阳线,这里有两种操作思想。

①激进型建仓思想:依据前面的走势和自己多年来的经验对该股当前价位进行分析,激进型操作者可以确定在 30 日建仓 40%,继续上涨则补仓。显然这种操作在未来看是最佳抄底操作,但是由于股价依然在均线之下,所以小仓位建仓并设好止损是必须要做的。

②保守型建仓思想:对于保守型操作者,考虑到股价刚企稳,为了保证稳妥

可以继续空仓，等待底部突破再建仓。

（2）建仓操作：31日股价放量跳空高开继续上涨，由于此前已经经过长期下跌，并有若干交易日的横盘走势，所以当股价站上5日线的时候，是建仓最佳的机会。

①激进型建仓：由于此前已经有一定仓位的股票，31日形成突破可以补仓到100%仓位。

②保守型建仓：对于等待突破的保守型操作者，31日的突破提供了建仓机会，当股价站上5日线之上时，建仓100%仓位。

2. 上涨预设操作：建仓以后关注股价走势，以跟随上涨为主。这里要做这样几件事情。

（1）预设操作分析：建仓以后主要操作就是跟随上涨，但是由于股价上涨情况千变万化，而且究竟涨1天还是2天，或者只是上午冲高下午就回调或上午回调下午冲高，我们是不清楚的，所以依然要预设一些应对各种情况的操作。

①冲高止赢：有时候股价会在前两天上涨推动下，使5日线上穿10线并牵引10线拐头上行，这个时候会继续上涨，但是许多情况下会发生一种情况，就是冲高回落。这个一方面是由于主力拉升以后需要回吐一部分筹码锁定利润，另一方面就是短线操作者获利以后会卖出股票。那么我们也需要顺应这个波动，在冲高时减仓，或暂时空仓，锁定利润。有人会说如果我卖了以后涨停了怎么办？上涨过程中出现涨停板是一种可能性，但是绝大部分股票不会涨停，事实上大部分股票会冲高回落，所以冲高止赢是一种不错的操作预案。当然这个操作也需要看当日的走势来确定，一般情况下如果股票急速冲高并没有涨停就需要减仓保护利润，对于放量但是没有涨停的尤其需要及时止赢。减仓以50%为参考，依据情况也可以做30%、60%减仓。

②回调止损：这是每一次建仓以后必须预设的操作。因为我们不是主力，而且股价刚从底部启动，所以第二天深度下跌也是可能发生的，如果出现个股意外利空事件或大势跳空下跌这样的情况，我们及时进行减仓止损是必须做的。这里千万要杜绝的就是如果股票不跌或上涨了卖出就亏了的思想。在出现个股意外利空事件或大势跳空下跌的时候，即使后期实际走势能涨也必须止损，因为后期能涨我们当下是看不明白的，而且实实在在地说绝大部分股票在这个时候不会上涨，都会下跌，而大部分股票下跌形成的赢利机会比死守股票等待上涨要好而且多。

③深调补仓：建仓后，由于一时没有止赢，遇到了深度回调，若此时个股无

利空大势还算稳妥，那么大概率是个股在做冲高回落的获利盘回吐并带洗盘，可以在回调到一定深度时或均线附近适度补仓。这个补仓有可能会使仓位超过计划仓位，为了保持稳定仓位及时卖出一部分股票就是下一步的操作。这个及时卖出有获利卖出和亏损卖出两种，由于这个时候获利的概率要大于亏损的概率，所以也是建仓后预设操作之一。

（2）活动仓位策略：活动仓位操作是一种短线优化操作的策略。它的意思是上涨过程中随时增减仓，但是每一天保持一个基本仓位。前面所说的冲高止赢、回调止损、深调补仓都属于活动仓位范畴。

①活动仓位操作原理：由于股价波动随时发生，不仅是日线级别，有时候分钟线级别波动幅度也是比较大的，同时大势运行风险度随时都会有所变化，所以持仓也不能一成不变，需要分钟线波动结合日线进行仓位调整。

②活动仓位操作原则：放量冲高不涨停，回落之时必减仓；减仓以后深度调，及时补仓保仓位；放量上涨幅度小，及时加仓跟随涨；加仓之后细观察，及时减仓控仓位；如遇早盘深度调，加仓等待上涨减。

③活动仓位操作目的：规避短线风险，获取短线最大化利润，有效放大持仓效果。比如你为了控制风险一般持仓在总仓位的50%，那么每做一次高抛低吸，你仓位保持不变的情况下，放大了资金效率，就是说50%的持仓做出了70%、80%甚至100%的效果。例如建仓一只股票，用了50%仓位，早盘跟进加仓25%上涨到一定程度，卖出这25%的仓位，到收盘依然是50%仓位，但是实际上你的收益是75%的仓位收益。

④操作要求：活动仓位操作是一个经验性很强的技术，要求快速进出，并且反向操作应对熟练。有时候一日之内波动频繁，所以如果没有经过反复磨炼，没有积累丰富的操作经验，在上涨过程中还是以持股和止损为主，不提倡乱动仓位。

（3）成交量分析：跟随上涨时，要想做好活动仓位操作并正确跟随上涨，成交量分析起到关键作用。

①温和放量：温和放量股价上涨，持股待涨。

②大幅放量：大幅放量股价中幅上涨，持股待涨；大幅放量股价微幅上涨，准备减仓。

③巨幅放量：巨幅放量无论涨跌什么幅度，都要减仓。

④均衡量：股价上涨，成交量前后适中，持股待涨。

⑤小幅缩量：股价大幅上涨，小幅缩量准备减仓；股价持平，小幅缩量，持

股观望；股价下跌，小幅缩量，酌情处理。

⑥大幅缩量：股价大幅上涨，大幅缩量及时减仓；股价下跌，大幅缩量，持股或补仓。

（4）均线系统分析：均线系统相对来说比较单纯，就是分析均线方向和股价与均线距离。

①股价与5日线：5日线上持股待涨；远离5日线，准备减仓；股价回落到5日线，准备加仓，或观望；跌破5日线，及时减仓。

②股价与10线：回落到10线企稳，酌情加仓；由10线起上穿5日线，及时跟进。

3. **上涨操作**：11月1日股价上涨成交量温和放大，11月2日股价跳空高开大幅上涨巨量收阴。操作分析如下。

（1）**跟随上涨**：在11月1日，最佳操作就是早晨放量上涨时补仓跟进，普通操作即是持股待涨，当日上涨幅度与成交量配合完美，无须减仓操作。

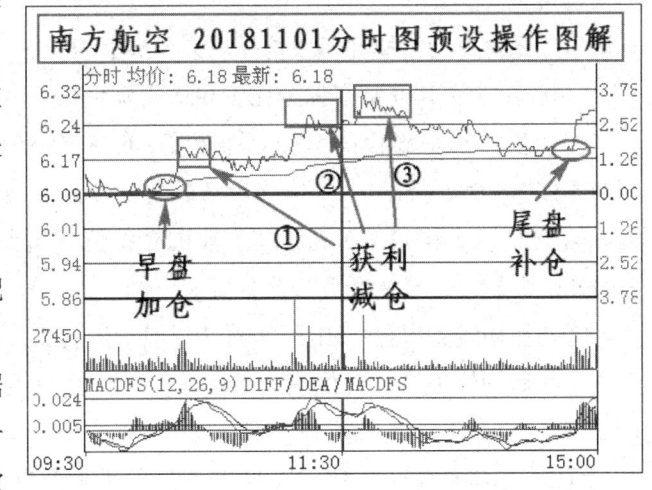

预设操作分析：依据分钟线和分时图看，有一次早盘加仓机会，有三次冲高减仓机会，有一次尾盘补仓机会，无止损机会发生。整日看尾盘持股待涨为主。对于冲高减仓已赢利即可出局，但是从上面分时图看，第③次减仓是最佳位置，一般情况下第①和第②次都可能发生减仓，减仓原则是幅度越小减仓越少，幅度越大减仓越大，而且在上涨幅度小时基本仓位最好不动。

（2）**冲高空仓**：11月2日上涨幅度很大而成交量非常大，并收出阴线，这个K线同时具备属性轨压线gy+抛压线py+压顶阴线y①，所以空仓是唯一选择。

预设操作分析：依据分钟线和分时图看，无加仓机会，有一次冲高减仓机会，无尾盘补仓机会，唯一执行止赢空仓最好。这个走势如果早盘高开能够止赢空仓是最好的选择，因为如果成交量比较大但是不能涨停，就不要犹豫了，这个位置无论如何不做补仓，如果早盘没有空仓仍然期待涨停，那么在冲高回落之后就不要再幻想了，赶紧空仓，运行到尾盘没有涨停，成交量又那么巨大，必须空仓。

至此，我们熊坑第一目标——预防大幅回调获利回吐实现了。

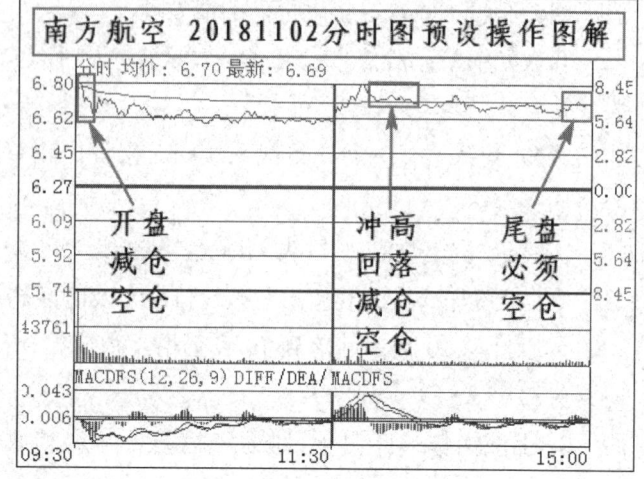

4. 熊坑①分析：回调在11月5日开始，当回调确认以后，我们考虑的是熊坑就要出现了。初步勾勒出以企稳价位为支撑并形成价托后又一次上涨的熊坑走势图。

（1）初步支撑分析：以分比价和均线系统对企稳价进行预设。

①初步分比企稳价：本次上涨幅度（6.85－5.80）=1.05元，三分比回调位（5.80+2/3×1.05）=6.50元；本次价格最高6.85元，回调3%为6.64元；回调6%为6.44元。以6.44～6.5元区间为熊坑企稳位。如果跌破此价位，再以下一级三分比价分析或四分比及五分比分析。

②初步均线支撑位：由于11月2日股价远离5日线和10线，所以均线还在下方，其后均线上升。股价震荡回调过程中，于11月9日股价到6.44元并接近10线和60线，开始小幅反弹。初步以10线、60线作为支撑线。

（2）支撑有效性分析：从11月9日以后3个交易日，股价在6.5元以上，沿着10线上行，并居于60线上，11月13日放量上涨。这里形成了10线托XT和6.44～6.50元的横托HT，确认支撑有效。初步支撑有效，就无须进行下一步支撑分析。

至此熊坑第二目标——分析企稳价位和第三目标——分析支撑有效达成，无须进行第四目标分析。

（3）操作对策分析：在从11月1日到11月12日连续7个交易日的回调震荡中，我们的操作策略如下。

①空仓为主：当11月1日短期获利出局，其后没有好的介入点是无须操作的，如果有其他好的股票，可以换股操作。所以对于南方航空我们的操作还是以空仓等待为主。

② 5 日线对策：由于处于上涨过程中，所以是否主升浪我们不一定看得明白，激进的操作者为了不踏空主升浪，还要进行 5 日线对策分析。此处由于 11 月 1 日成交量过大，建议盘整充分再行操作，如果要进行操作，仓位不超过计划仓位 20%，并及时做好获利出局和止损。实际情况观察还真有一次 5 日线机会，11 月 6 日股价回调到 6.51 元，接近 5 日线，然后反弹，第 2 个交易日，股价冲高到 6.8 元，获利区间 4.4%。由于当日收出带上影线的阴线，所以只能继续空仓。

(二) **熊坑②操作**：实例解 1 中，股价由 11 月 26 日最高点 7.46 元回调到 11 月 28 日的 6.8 元，然后上涨并在 12 月 3 日超过前高形成熊坑②。

1. **建仓操作**：11 月 9 日股价下探到 6.44 元，并接近 60 线、10 线，12 日在 10 线上运行，13 日大幅上涨横托形成。

(1) 试探性建仓：由于股价经过一轮上涨，所以这里建仓要更加稳妥，当 11 月 9 日股价回落到 6.44 元的时候，股价进入我们预设企稳位，并接近 60 线和 10 线支撑，激进的操作者可以进行试探性建仓，在股价开始由 6.44 元反弹时买入仓位 20%，买入价在 6.44～6.50 元之间，并设置好止损。在当时我们并不知道后面两天会真的反弹，所以仓位不能大而且必须以短线思维设置好止损。

(2) 建仓操作：真正的建仓应该在确认支撑有效以后，11 月 13 日股价从 10 线附近放量上涨横托形成，建仓 100% 仓位。建仓价位以放量超过 12 日上涨收盘价 6.62 元为起点逐步完成。

2. **上涨操作**：11 月 14 日跳空高开大量收阴。

(1) 冲高空仓：由于早盘股价跳空 6% 高开，无论如何冲高卖出的意识要强烈一些。早盘放量没有涨停，有两种操作。

①分批锁定利润：早盘即时减仓 50%，因为这个走势也有涨停的可能性，所以可以保留 50% 仓位继续观察，确认股价继续回调而成交量出现放大，说明主力锁仓力度不大，当即进行空仓操作。

②开盘空仓锁定利润：开盘大成交量没有封涨停，如果你感觉 1 个交易日获利 6% 以上已经够止赢的价位了，那么也可以及时空仓。

这两种操作都会及时锁定利润，但是如果股价涨停，则会失去后面的利润。遇到这种情况，思想上不能犹犹豫豫的，由于成交量的放大，应该及时放弃涨停幻想。

(2) 空仓分析：实际上当日走出一个同时具备属性轨压线 gy+ 抛压线 py+ 压顶大阴线 y②的 K 线，所以空仓是唯一选择。而且这个走势与 11 月 2 日不同，由于阴线实体过大所以卖晚了利润损失极大。

　　（3）预设操作分析：单边下跌，几乎没有任何进行活动仓位运作的可能性，当然激进的短线高手也可以设好止损，在尾盘适度买入，仓位不超过20%。但是这种情况下不建议进行买入。

　　（4）5日线策略：在不知道后面走势的情况下，我们基本不考虑再买入，但是我们也并不知道此时是不是在主升浪中，所以激进投资者也可以试探进行5日线操作。从空仓后的第2个交易日开始，震荡攀升8个交易日，其中有三次5日线操作机会，可以以20%仓位进行试探性操作。如果有其他股票可做，也可以不参与。

　　（5）操作评估：这里有人会说如果我不卖出一直拿着还可以多赚，因为股价在主升浪中。从后面走势看这个波段确实是主升浪。从11月13日最低6.5元上升到11月26日的7.46元用10个交易日，涨幅14.7%。但是从技术上看，我们能够把握的就是11月14日大阴线出局这一段，或者可以小仓位参与5日线策略。利润是这样的：假如我们在11月13日6.5元买入，11月14日开盘空仓其后不做操作，我们的利润是11.6%，相差3.1%，参与交易日2个，资金利用率（11.6/2）=5.8；一直持有的资金利用率是（14.7/10）=1.47。余下的8个交易日我们还可以参与5日线策略或其他股票，比一直持有更有获利机会。

　　至此，我们熊坑第一目标——预防大幅回调获利回吐实现了。

　　3. **熊坑②分析**：熊坑②走势比熊坑①复杂，当我们在11月14日空仓后，我们考虑熊坑就要出现了，但是其后的走势并没有呼应我们的想法，而是出现了震荡攀升，此时股价没有跌破5日线，熊坑能不能出现就要继续观察；当11月26日再一次出现压顶阴线，并在27日继续回调跌破5日线时，熊坑②就要出现了。

　　（1）初步支撑分析：以分比价和均线系统对企稳价进行预设。

　　①初步分比企稳价：本次上涨幅度（7.46－6.50）=0.96元，三分比回调位（6.5+2/3×0.96）=7.14元，下一级（6.5+1/3×0.96）=6.82元；本次价格最高7.46元，回调3%为7.24元；回调6%为7.01元。由于11月27日已经下探到7.00元，所以暂时以6.82～7.00元区间为熊坑企稳位。如果跌破此价位区间，再以四分比或五分比价分析。

　　②初步均线支撑位：11月28日，股价下跌并在跌破20线后反弹回到20线上方。最低价6.80元接近6.82元，收盘价6.93元与初步企稳价相当。初步以20线作为支撑线。

第六章 上涨和熊坑

(2) 支撑有效性分析：从11月28日以后3个交易日，股价在6.82元以上，沿着20线上行，11月30日依托20线放量上涨。这里形成了20线托XT和6.80～6.90元的分钟线双底，由于股价依然在5日线下，所以初步确认支撑有效。

至此熊坑第二目标——分析企稳价位和第三目标——分析支撑有效初步达成。

(3) 操作对策分析：从11月26日到11月28日连续3个交易日的回调形成破位阴线组，我们的操作策略如下。

①空仓为主：11月14日短期获利出局，其后没有好的介入点是无须建仓操作的，如果有其他好的股票，可以换股操作。到11月26日以后对于南方航空我们的操作还是以空仓等待为主。

②5日线对策：由于11月26日股价直接跌破5日线、10线，所以没有5日线操作机会。

(三) 熊坑③操作：实例解1中，股价由12月5日最高点7.72元回调到12月10日的7.18元，然后上涨在12月13日站上5日线形成熊坑③。

1. 建仓操作：11月28日股价下探6.80元，并依托20线反弹，11月30日上涨。

(1) 初步建仓：股价下探到6.80元，并跌到20线附近，有两方面建仓依据。

①破位阴线组：11月26日到28日形成破位阴线组，在分析破位阴线组的时候，一般地在这里遇到均线，有50%概率会反弹，所以依据短线操作策略建仓50%，设定止损。

②价位支撑：一方面遇到20线，另一方面股价跌到预设企稳位，出现反弹，所以依据短线操作原则建仓50%。

所以，在11月28日，初步建仓50%。

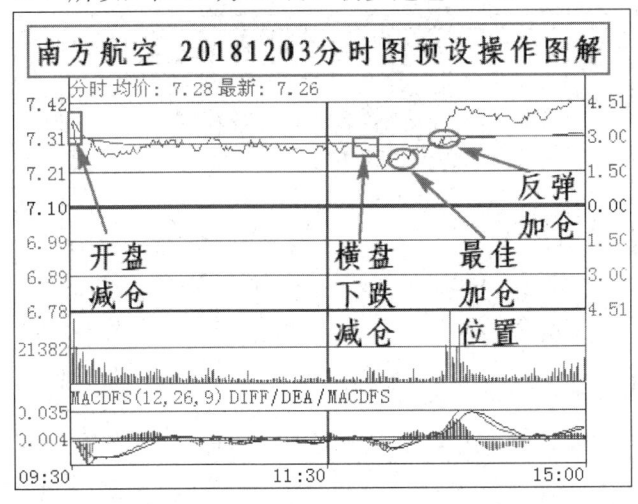

(2) 建仓操作：11月30日股价上涨，在20线形成3个交易日的线托，同时在分钟线上形成双底，建仓100%。

2. 上涨操作：12月3日跳空高开大量收阳，4日继续中阳放量上涨，5日形成伴随聚压线。

(1) 跟随上涨1：12

月 3 日早盘跳空高开 3.5%，无论如何冲高卖出的意识要有，早盘放量没有涨停，后续预设操作如下。

①高开减仓锁定利润：早盘即时减仓 30%，因为这个走势也有涨停的可能性，而且由于高开在 5% 以下，所以减仓可以小一些，保留 70% 仓位继续观察，如果确认股价继续回调而成交量出现放大，说明主力锁仓力度不大，当即进行空仓操作，但是当日成交量只是温和放大并且股价横盘很长时间，所以可以持仓不动。

②横盘下跌继续减仓：下午开盘后出现一波下跌，由于涨停已经没有希望，所以此时继续减仓 30%，剩余仓位 40%。当日这一根 K 线在没有走出下午 1：30 以后的上涨的时候，很容易演变成抛压线，那样后面的风险是无法控制的，所以 1：30 以前还是以减仓保护利润为主。

③反弹及时加仓：当 1：30 以后反弹开始并逐步走高时要适当加仓，以加仓不超过 25% 为宜。思路是这样的：如果后面真的上涨我们加仓是必须的，但是如果后面出现大跌，那么我们仓位越大亏损就越大，但是由于我们预留的 40% 仓位可以及时卖出止损，这样最后亏损的仓位只有 25%。或者有人会问我们为什么不能加仓 60%，达到满仓呢？不能。因为后面的走势我们不知道，我们的决策不能用不知道的结果作依据，如果下午 2 点以后大幅跳水，满仓的话我们根本无法避免大的损失。有经验的操作者可以在最佳加仓位买入，一般情况下在反弹达到或超过横盘位时，确认横盘支撑有效后买入。

（2）跟随上涨 2：12 月 3 日收盘，我们获得利润扩大，12 月 4 日操作如下。

①开盘前操作思想：经过几波上涨，我们已经获利不少了，所以这个时候我们要有随时空仓的思想意识，要告诫自己，这个时候保护利润第一，追求高利第二；谨记不怕少赚就会大赚，赢利不在此高处之一时。具体的操作就是以减仓为主、加仓为辅，而且加仓一定不超过 20%。

②开盘操作：12 月 3 日温和放量，上涨 4.51%，股价临近前高。如果 4 日开盘上涨依然要减仓，如果开盘下跌不超过 1%，可

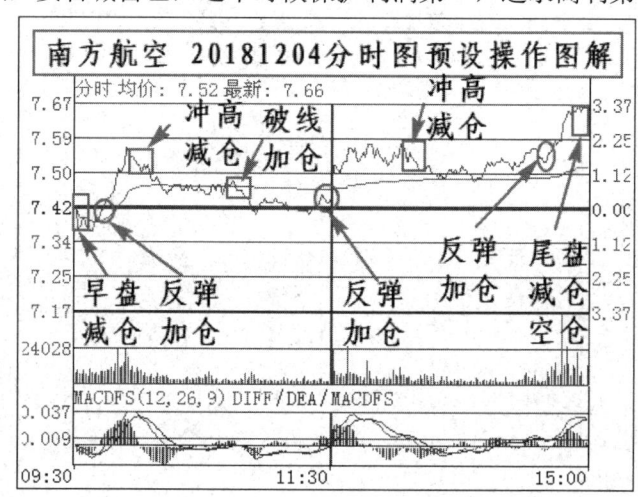

以不动仓位,如果平开则仔细观察。依据大盘运行情况和其他股票开盘情况进行辅助分析,如果大盘下跌,其他股票涨少跌多,那么平开也要及时减仓;如果大盘上涨,其他相关股票涨多跌少,微跌也可以暂时持仓。4日平开大盘微跌,保守型操作者可以及时减仓 30%,预留 35% 仓位。激进型操作者可以持股观望。早盘果然在大盘影响下下跌约 0.9%,然后反弹。这里即使是激进型操作者,也不建议加仓,尽管后来走势看加仓是对的,如果早盘减仓的可以考虑加仓 20%,达到 55% 仓位。上午 10 点冲高回落,是一个减仓位;10:46 横盘破位下跌继续减仓,也可以空仓;11:25 以后是一个加仓位,加仓不超过 20%;13:30 股价有一次下跌,是一个减仓空仓位;14:40 以后出现一个加仓位,加仓不超过 20%;尾盘是一个减仓空仓位。有人会问这里为什么总是把就减仓空仓放一起,因为上涨已经时间不短了,我们要始终把随时减仓空仓落实到位。在各个小波段加仓均不宜超过 20%,是为了控制可能的下跌风险;也有人会说尾盘涨得好好的为什么也是减仓空仓位,因为已经放量上涨两天了,而且当日股价超过 BOLL 上轨,是一个轨压线 gy,上涨时不减仓空仓难道非要等到下跌吗?

(3) 聚压空仓:时间来到了 12 月 5 日,操作如下。

① 开盘前操作思想:这里要有强烈的空仓意识。要告诫自己,空仓为主,加仓小心;不怕少赚才能大赚,赢利不在高处逞能。

② 空仓操作:由于经过了两天的放量上涨,我们也做了减仓空仓操作,如果由于一时看高一线没有来得及减仓空仓,那么早盘要更加小心,股价已

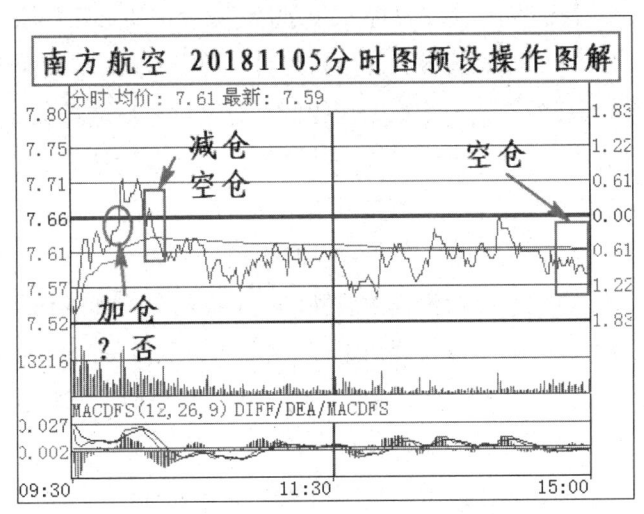

经在 BOLL 上轨线以上,上涨已经一个半月,此时要倍加小心。果然早盘股指全部跳空低开,股价低开 1.6%,不小的损失,随后展开反弹。这里切记问一下自己加仓吗?果断回答"否",打消自己的买入念头,随时观察走势寻找空仓机会。10 点以后股价冲高回落,是最佳空仓位。然后整个一天内没有任何操作价值,都是回落横盘走势,直到尾盘。收盘后当日形成一个同时具备滞压线 zy+ 轨压线

gy 的 K 线，与前一天的轨压线 gy 一起形成聚压线组，而且成交量缩量非强缩量，所以到了尾盘无论如何都要空仓。

至此，我们熊坑第一目标——预防大幅回调获利回吐实现了。

3. **熊坑③分析**：熊坑③走势比熊坑②简单，当我们在 12 月 5 日收盘之前空仓后，我们考虑熊坑就要出现了，其后直接跌破 5 日线，熊坑出现了。

(1) 初步支撑分析：以分比价和均线系统对企稳价进行预设。

①初步分比企稳价：本次上涨幅度（7.72－6.80）=0.92 元，三分比回调位（6.8+2/3×0.92）=7.41 元，下一级（6.5+1/3×0.92）=7.11 元；本次价格最高为 7.72 元，回调 3% 为 7.49 元；回调 6% 为 7.26 元。由于 12 月 6 日已经下探 7.30 元，所以暂时以 7.11～7.26 元区间为熊坑企稳位。如果跌破此价位区间，再以四分比或五分比价分析。

②初步均线支撑位：12 月 10 日股价下跌并在 20 线上反弹。最低价 7.16 元接近 7.11 元，收盘价 7.22 元与初步企稳价相当。初步以 20 线作为支撑线。

(2) 支撑有效性分析：从 12 月 10 日以后，股价在 7.16 元以上沿着 20 线上行并逐步走到 5 日线上方。这里形成了 20 线托 XT，初步确认支撑有效。

至此熊坑第二目标——分析企稳价位和第三目标——分析支撑有效初步达成。

4. **操作性分析**：这里的走势与前面不同，成交量连续不放量，股价缓慢上涨，可操作性不大，一般来说我们希望缩量之后放量上涨，以这里的情况来看，股性由活跃趋于平静，可操作性降低，由于股价从底部的 5.8 元上升到 7.72 元，已经上涨 33%，中期上涨幅度不小了。所以这里不做大幅度建仓，短线小仓位是操作的主体，能赢好，不能赢及时止损。

(四) 熊坑操作的要领：从上面的分析和操作策略看，上涨过程中遇到熊坑要想操作好就得规规矩矩、踏踏实实依照波段的规律性来进行观察感觉认知分析，及时随着波动转弯，在关键的支撑线和短期顶部附近，要果断转弯，上涨转下跌，下跌转上涨，并能够快速制定仓位控制策略，及时实施。这个是股市胜战基本技术之一，合拍跟进胜慢半拍的，慢半拍的胜慢一拍的。就是说股价下探时就做出跟进决策的人胜股价反弹以后的人，而反弹以后跟进的人胜上涨明了熊坑确认以后的人。对熊坑操作做一个简要精练的回顾，发现熊坑操作就是围绕 5 日线上涨的一系列操作。

1. **上涨盯牢 5 日线**：股价在 5 日线上上涨，是股价波段运行的特征，紧盯股价在 5 日线上运行跟随上涨。除了连续涨停以外，一般波动中大涨不过三四日，慢涨不过九十日，一波急速上涨也就涨 1～4 天，一波慢速上涨也就涨 5～10 天，其后就会回调。

2. **聚压减仓常空仓**：在 5 日线上上涨时遇到聚压线和聚压线组，一定要减仓，并告诫自己经常要做空仓，这是技术分析的底线。

3. **主升绑定 5 日线**：如果遇到主升浪，股价聚压再聚压依然上涨，就适当做一下 5 日线策略操作，回调临近 5 日线就小仓位买入高抛低吸。

4. **预设企稳支撑线**：股价回调时要认认真真预设可能的企稳价位，并结合均线系统进行支撑位确认，多算胜少算负，凡事有预设才能有对策。

5. **放量上超 5 日线**：一般情况下在预设的支撑位，出现放量上涨并站上 5 日线，才能确认新的上涨开始了，是我们收获的时候。

6. **紧跟节拍赢波段**：尽管我们做各种分析，但是实际操作经验更加重要，不仅要踏准大节拍，而且要紧跟小节拍，提前布局，最优化赢取波段。虽然说回调跌破 5 日线为熊坑初现，但是我们还是依据聚压线雏形操作原则努力做到在股价下跌之初进行减仓为最优；同样，虽然说股价由熊坑底部启动站上 5 日线为新的上涨开始，但是我们还是需要在股价启动之初依据均线支撑价托等进行加仓更占先机，这个就是踏准节拍抢先一步，趋势明朗滞后一步，患得患失失去先机，但是这个操作必须以丰富特征分析和操作经验作为基础。所以熊坑操作也要多做磨炼，进行专题研究。

第七章　陷阱研究之阱口

阱口是下跌的起步，它是牛市、熊市转换之处。阱口与上涨时间空间紧密关联，是陷阱研究的第一步。

第一节　阱口形态

（一）阱口形态一： 渐落阱口。华通医药（002758）。

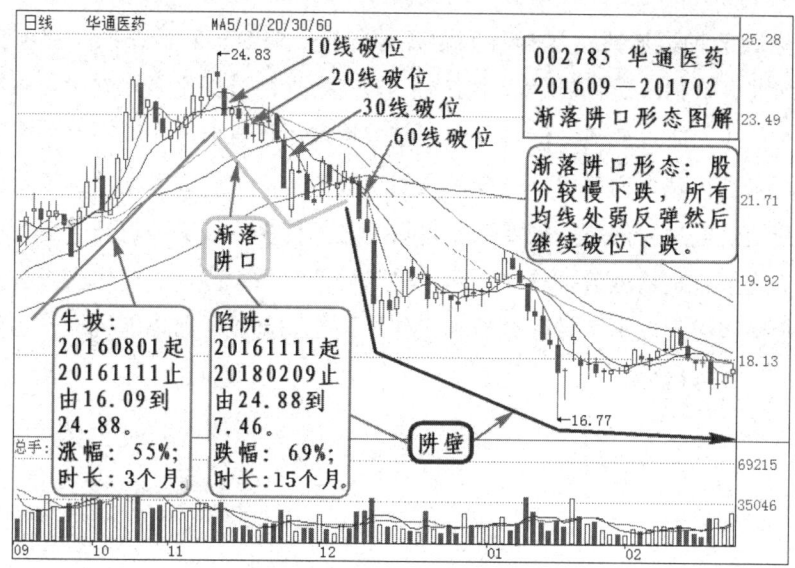

1. **走势描述：** 华通医药 2016 年 8 月 1 日到 2018 年 2 月 9 日走势中，上涨段在 2016 年 8 月 1 日到 11 月 11 日，时长约 3 个月，涨幅达 55%；下跌段在 2016 年 11 月 11 日到 2018 年 2 月 9 日，时长约 15 个月，跌幅达 69%。可以说我们经历了一个长达 15 个月的大陷阱。

2. **形态解析：** 股价由 8 月上涨到 10 月，这个过程中股价基本上在所有均线上运行，并且形成短期均线高于长期均线的格局，10 月中旬开始构筑头部，到 11 月 11 日后开始逐步回落，阱口形成于 2016 年 11 月 11 日到 12 月 8 日。起初股价直接下跌跌破 10 线，然后小幅反弹，接着跌破 20 线，又一次小幅反弹，继续下跌跌破 30 线，在 60 线附近震荡多日后，跌破 60 线。这个过程中股价每一次反弹幅度都不大,最后股价跌到所有均线之下,同时所有均线与上涨过程中格局相反,短期均线在长期均线下方。

(二)阱口形态二:急落阱口。汇金通(603577)。

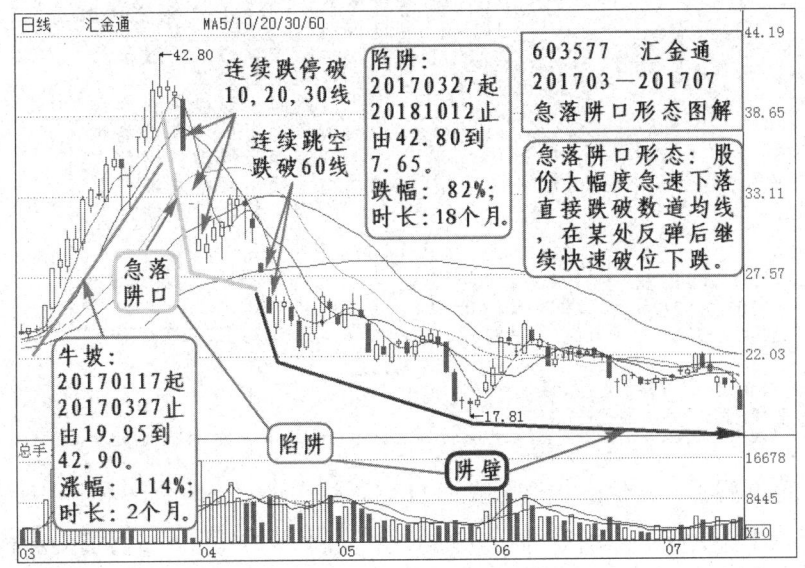

1. **走势描述**:汇金通2017年1月17日到2018年10月12日走势中,上涨段在2017年1月17日到3月27日,时长约2个月,涨幅达114%;下跌段在2017年3月27日到2018年10月12日,时长约18个月,跌幅达82%。可以说我们经历了一个长达18个月的大陷阱。

2. **形态解析**:股价由1月上涨到3月,这个过程中股价基本上在所有均线上运行,并且形成短期均线高于长期均线的格局。3月27日后在5日线上震荡2日形成头部,到3月30日以连续跌停的方式大幅下跌并接连跌破10线、20线、30线,30线下反弹5个交易日,在10线下重新下跌,以跳空大幅下跌方式跌破60线。这个过程中没有明显的筑顶过程,股价直接从5日线上方下跌,短期跌幅巨大,导致短期均线向下,而在初期长期均线依然是上行的格局。由于急跌短期幅度较大,所以反弹幅度也不小,但是最后股价跌到所有均线之下,同时所有均线与上涨过程中格局相反,短期均线在长期均线下方。

(三)阱口形态三:悬空阱口。精达股份(600577)。

1. **走势描述**:精达股份2015年9月15日到2016年1月27日走势中,上涨段在2015年9月15日到11月26日,时长约2.5个月,涨幅达100%;下跌段在2015年12月31日到2016年1月27日,时长约1.5个月,跌幅达41%。

可以说我们经历了一个中期陷阱。

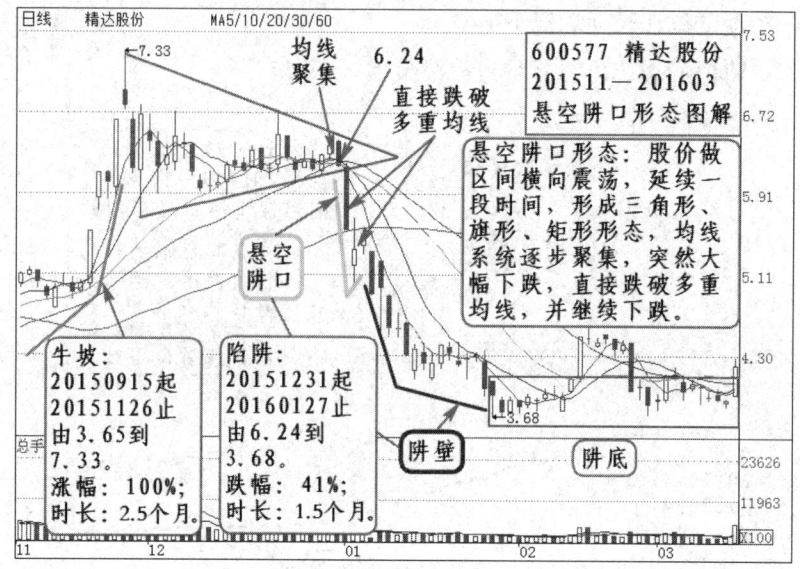

2. 形态解析：股价由 9 月上涨到 11 月，这个过程中股价基本上在所有均线上运行，并且形成短期均线高于长期均线的格局。11 月 26 日后横向震荡在 30 线上方形成三角形头部，在三角形末端 5 日线、10 线、20 线聚集在一个小的区域并纠缠横行，到 12 月 31 日 30 线与 5 日线、10 线、20 线相遇，然后开始回调。2016 年 1 月 4 日，以跌停的方式，一举跌破 10 线、20 线、30 线聚集的区域，形成破位，接着跌破 60 线。这个过程中有明显的筑顶横盘过程，股价在一个区间震荡，幅度越来越小，最后在一个极小的区间形成均线系统聚集纠缠，所有支撑都在一个狭小区间，然后大幅下跌如高台跳水，前面的走势如伸出的悬空山崖。最后股价跌到所有均线之下，同时所有均线与上涨过程中格局相反，短期均线在长期均线下方。

第二节　阱口形态特征

无论急落阱口、渐落阱口、悬空阱口，都有几个共同特征。

（一）阱口前面是一场连续涨升：所谓阱口就是牛向熊转变的节点出现，所以前面必须要有一个涨升波段，而且涨幅比较大或很大，形成中期或长期上涨。

（二）一系列支撑位被跌破：阱口出现的主要特征就是一系列支撑位在短时间内被跌破。上升行情中支撑价格的体系开始崩溃，而上面的巨大成交量全部成为套牢盘，对股价上升产生巨大压力。

（三）股价运行到均线之下： 在上升行情中，股价随时会反弹或者翻转，遇到支撑或者短暂跌破支撑，即刻会出现反弹重新回到上升趋势中，但是熊市出现，股价会下跌很久，必然会在均线下方运行一段时间，所以阱口出现必然是股价运行到均线下方，各种均线对股价形成反压而使股价无法抬头。

股市中一旦以上三个特征满足，可以确认陷阱就要出现了，熊市来了，价格不会跌一会儿就停止，股价下跌的时间空间会非常巨大。

第三节 阱口形态注解

熊市即将来临，高级投资者为了最大化利益、最小化损失，在阱口出现过程中作出一系列操作，由于持股结构、认识水平及操作手法不同以及每一个股票的基本面不尽相同，从而形成不同的阱口形式。

（一）渐落阱口出现的顶部形态： 在多重顶形成后期。表明高级投资者还没有来得及完全处理好高位筹码，这时候熊已经来了；或者高级投资者为了从容出局提前出货，利用趋势掌控能力，逐级破位逐级反弹，一边疯狂出逃一边制造反弹减少损失，在阱口形成过程中进行筹码转移。渐落是指阱口形成过程中波动较细较多，是相对急落而言的，如果渐落阱口形成时长较短，跌起来也很厉害。但是渐落阱口由于波动较细较多总是有机会出逃的。

（二）急落阱口出现的顶部形态： 在尖顶后。表明高级投资者在股票上涨过程中，已经基本完成高位筹码转移，这样的股票一般来说短期内涨幅惊人，突然有一天发生翻转，极短时间内价格大幅下跌，连续大阴线或者跌停，让股价迅速走低；或者是有一些股票出现了大的利空因素，考量谁跑得快而不得不下跌规避。急落阱口形成过程中，破位快速，反弹较少，跌幅巨大。所以急落阱口出逃困难或者根本无法出逃。

（三）悬空阱口出现的顶部形态： 在三角形、旗形、菱形、平台等顶后，或在一轮上涨后期一段小幅度波动的通道上涨顶部末端。表明高级投资者不能在短时间充分处理高位筹码，他们利用资金和舆论优势，让股价维持在一个高位或者次高位进行区间波动，充分完成大部分筹码的高位转移后，股价毫无支撑一泻千里。当一些股票暂时还没有什么大的利空，或者是股价还没有经过过度疯狂炒作，看起来还有一些投资价值，高级投资者也会让股价长期横盘保持一种高抛低吸的走势，处理手中的筹码，即使其他股票下跌他们也保持强势状态，吸引资金介入，直到筹码处理完毕；还有一种情况，就是股票在未来比较长的时间会出现重大利空，比如大幅解禁、收益大幅下降，为了适应这些利空同时减少损失，并在未来利用利空进行打压深挖，提前在一个价格区间长期横盘尽量比较彻底地转移筹码，然后突然大跌，并不停打压股价直到利空来临。悬空阱口一旦形成，短期内损失极大，高位横盘时出局是唯一选择。

第四节　熊坑在阱口分析中的作用

（一）熊坑在上涨过程中的特征：

1. 出现之前特征：价格在所有均线和趋势线上运行。就是说熊坑出现在牛坡上，在股价上涨过程中出现，熊坑前面是一段连续涨升。

2. 股价回调特征：遇到支撑会反弹。股价突然在最高位回落，然后向下运动，但是在重要支撑线附近开始反弹。这里熊坑也有深浅之分，浅坑遇10线即反弹，深坑遇20线甚至遇30线反弹。股价即使稍微跌破支撑线也会很快反弹，重新回到支撑线上。

3. 股价反弹特征：反弹并重新运行在均线上方，回到超过下跌幅度的50%以上或超过原有高点。就是说股价上涨趋势并未改变，股价重新大幅上涨并超过原有高点，或者做N形调整，即上涨超过回调50%以上然后再一次下跌，其后有可能继续大幅上涨也可能形成三角形、菱形、旗形头部。

4. 表现特征：一轮上涨中会有多次熊坑出现。熊坑一般出现在中途调整过程中及头部盘整过程中，所以一轮上涨到下跌阱口出现之前会有多个熊坑出现。部分股票在某一个阶段由于急涨，趋势线越来越陡，几乎没有熊坑，多见于股票大涨主升浪、新上市的股票和牛市中低位停牌股开盘后的一段时间。但是一般情况下没有一个在整个上涨过程中没有熊坑的股票。

（二）熊坑的作用：

1. 熊坑能够改变上涨趋势的坡度：股票上涨过程中，熊坑出现会使股价趋势走平缓。如日照港（600017）2015年9月到2016年1月走势，2015年12月10日由底部起涨，连续7天走出第一趋势线，股价沿着5日线上方运行；第8个交易日回调走出熊坑①，连续5个交易日走出第二趋势线，股价沿着10线上方运行；然后到第6个交易日，又一次开始回调，这一次回调幅度加大，连续5个交易日跌破20线，然后反弹走出熊坑②；从起涨点开始到熊坑②最低点形成第三趋势线；第二趋势线到第三趋势线相对于第一趋势线，斜率越来越平缓；其后股价快速反弹回到5日线上方，经过8个交易日的上涨，幅度超过熊坑②下跌幅度

50%以上并稍微超过前高，形成第四趋势线，几乎与第二趋势线平行；到第9个交易日回调到10线反弹走出熊坑③，形成第五趋势线；第五趋势线相对于第四趋势线走势平缓。到2015年11月27日一根大阴线跌穿第三及第五趋势线和20线、30线形成阱口开始下跌。

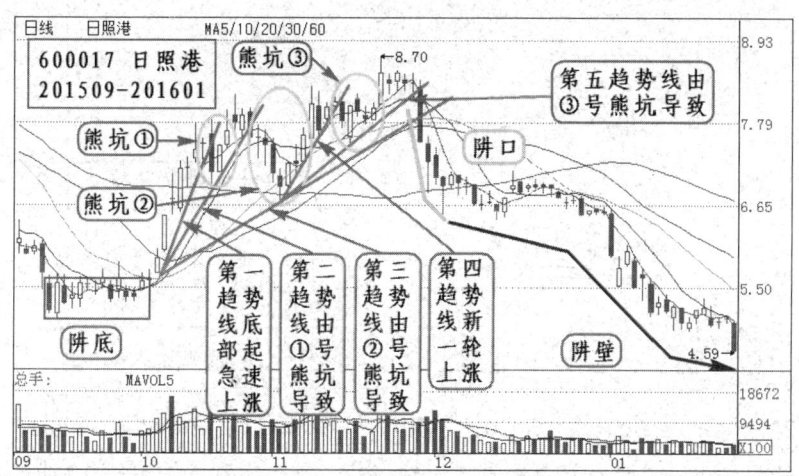

2. 熊坑是判断阱口的重要依据：陷阱是由熊坑发展而来的，熊坑什么时候发展成为陷阱，是预估陷阱出现的主要依据之一。陷阱就是由牛坡高处的大型熊坑演变而来的，在股价一再上涨而形成大型牛坡的时候，就会出现大型熊坑。一般情况下在陷阱出现之前，都会有一个或者多个影响主趋势的熊坑出现。一个股票连续上涨后，在高位大幅上涨过程中，一旦出现大型熊坑，就要引起注意，陷阱在不远的未来就要出现了。如果连续出现数个熊坑，其中至少有一个大型熊坑，则无论是股价一直上涨还是横向运行，陷阱出现的可能性极大。

（1）例1：沪指（000001）2007年4月到12月的走势。当时处于牛市，所以熊坑以跌破20线反弹为标准分析。跌破30线、60线反弹为大型熊坑；跌破60线没有当即反弹为疑似阱口；有效跌破60线，并继续下跌为阱口。5月中旬到6月中旬出现熊坑①，跌破60线当即强势反弹，高度超过跌幅50%以上，由于没有超过前期高点为平走熊坑，并确认为大型熊坑出现，由于此前已经上涨两年，所以这个时候要随时注意阱口的出现。6月中旬到7月初又一轮下跌跌破60线，反弹后又双阴下跌，确认疑似阱口出现，要倍加小心。后来在7月下旬强势翻转，新一轮上涨确立，这里确认是大型熊坑。在9月和10月出现两个小型熊坑③及④，10月中旬到11月初出现了跌破30线的大型平走熊坑⑤，其后出现了跌破60线并继续下跌的阱口，并连续下跌一年多。

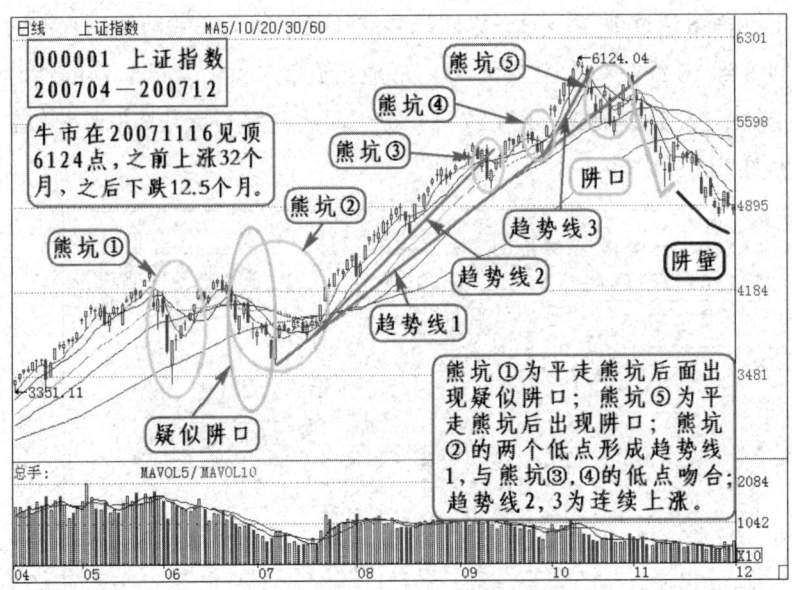

（2）例2：山东钢铁（600022）2017年5月到11月走势。从2017年5月开始一轮强劲上涨，股价基本沿着5日线运行，其中出现两次跌破10线的走势，但是在20线遇到支撑开始反弹，确认为两次小熊坑，熊坑①为2日熊坑；熊坑②为1日熊坑。在第二次挖坑后走出了更加强劲的上涨，趋势越来越陡峭，在8月4日见顶之后，形成了疑似急落阱口，这里的走势说明大幅急涨走势要回避急落。见顶回调后，一度跌破30线，在遇到启动趋势线后反弹，反弹高度超过下跌幅度50%以上，接近前次高点，这里确认一个大型平走熊坑③形成，其后形

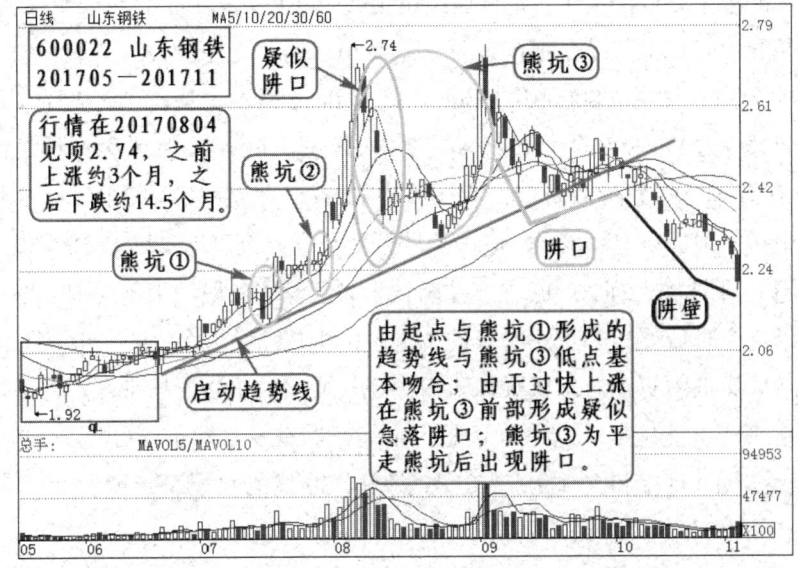

成渐落阱口。

第五节 阱口之第一对策——空仓

研究阱口就是为了规避下跌带来的巨大损失。所以及时快速空仓是第一位的要做的。

（一）**对待阱口的心理分析**：绝大多数人在下跌来临时一方面不能判断要大幅下跌，另一方面也不能及时空仓。有如下几个原因：

1. **顶部难测**：人们都说牛市不言顶，熊市不言底，行情是走出来的不是想出来的。这个充分说明真正能够看到顶部比较困难。因为前面有数次熊坑，下跌后都很快又涨了上来，所以这一次下跌究竟是回调形成熊坑，还是一直下跌形成阱口存在疑虑。特别是对股市充满信心的时候，对主趋势的把握处于牛市思维中一时转换不过来。这个行情究竟什么时候见顶确实是每一个人都较难把握的，但是决策肯定是要做出来的，所以在上涨时间较长时，一定要有随时转熊的思想准备，深入研究认真分析，提高技术水平和摸索正确的策略才能做好。

2. **止损麻木**：大部分人对止损心有不甘，而且在股市上涨中利好不断，形成了一次次高潮，许多人对利润产生了更高要求，所以一般人难以接受或者没有想到会巨幅下跌。这也是人性的弱点之一，让他亏着卖出许多人很难接受。在股票市场不能克服这个弱点，很难立足。

3. **尚能承受**：对自己选的股感觉良好，自己已经赚了不少或者赔得不多时，认为股票好跌不了多少，中间还有几次反弹，赔得也不多赚得还不少呢，心理还是能够承受得住的，等等看吧，结果越等越跌。卖出股票是依据行情特点作出的决定，不是依据赚了多少赔了多少、心理是否能够承受来的。这个因为心理尚能承受而不想决策也是人性的弱点之一，而且是一般人在关键时刻没有卖出的主要原因。许多人就是在这样的心理下，赢利不卖最后亏着卖的。

4. **左右为难**：这种情况主要有两个方面。

（1）反弹就可以少赔：这个发生在已经跌了不少，超过5个点之后，看着跌了不少，所以总是想反弹一点再卖吧，都跌不少了，万一我卖了就涨怎么办。但是理智又告诉自己，已经涨了好久了，应该空仓看看了，于是开始纠结，而且过一会儿还真的涨了一点点，于是就想：你看看要是刚才卖了，不就亏了吗？就在自己纠结卖与不卖时突然在当天或者第二天又大跌一下子。等反弹卖出的思想最要不得。

(2) 长线股一定会涨：选股时选了别人推荐的或者自己选的所谓潜力股、白马股、价值股等长线股，这个时候更加纠结了。本来想长期持有获取大利，可是看行情是有了风险，一旦有了卖出的想法，一个好股票持股要坚定的思想就出来了，总是感觉自己的股票是长线股票，而且舆论又在呼吁持有白马股、价值股，于是心里想"这样的股票我就不卖，迟早会涨上来"，但是心里又不甘心，天天计算要是早卖出会少赔多少钱，越跌越矛盾。股市是波动的，即使是立足于长线的价值股、白马股，也要长线关注，波段操作，这样的思想才是正确的长线股操作思想，该出手时就得出手。

5. **担心少赚**：有的人在下跌时及时卖出了股票，但是一看见反弹超过自己卖出价就后悔，这也是人之常情，在这个时候，害怕自己少赚了钱，会有一部分人转手又买回来了；转手买回来这样的做法在上涨过程中确实是次次成功的，但是在阱口形成过程中是最错误的，如果不是短线高手，一定会被套住；与之相同的另一种人是害怕空仓以后又上涨了，自己少赚了钱，所以有一点利好或自己的持股还有一些优势就不想空仓。由于有这样思维的人在之前上涨时已经获得了成功。所以在下跌时这样的人会有所损失。对于阱口形成，一定要仔细分析，一旦出局不能因为暂时反弹就后悔进而再一次被套上，也不能由于股票还有一点优势而不出局。

（二）**阱口空仓的执行**：对于阱口，无论是形成后空仓、形成过程中空仓，还是在形成初始就空仓，都是要空仓的，空仓是唯一正确的操作。但是空仓要执行好真是非常困难。常言道：会买是徒弟，会卖是师父，会空仓是祖师爷。空仓容易执行就辱没了祖师爷的神圣。对于胜战者，空仓是最根本技能，是必须认真修炼并严格执行的。

1. **摒弃不良思想，强化风险意识**：不盲目听信各种评论信息，让风险度分析成为每一天最先考虑的因素。随着涨升时间和幅度提高风险度数值。越是上涨幅度加大，时间延长，越要准备随时空仓。一旦意识到市场有风险，就要有针对性地做心理检查。看有没有"等反弹再空仓""跌得不多暂时能够承受不用空仓""刚买了股票，现在还赔着呢，赢一点利再说""万一卖了又涨了，多亏呀""我都亏死了，卖什么"等与股市技术分析及基本面分析无关的心理状态。如果有要做一个清理，打一个激灵，让自己头脑清醒一下，再认真分析一下股市，然后及时空仓。一般人有空仓上涨恐惧症，就是即使已经赢利了但是怕以后少赚了钱而不愿意减仓空仓，对空仓以后又一次上涨怀有恐惧，所以感觉有一分一毫希望都不愿意空仓，这个时候需要的是摒弃害怕自己少赚钱的思想，坚定自己的空仓减仓策略。

2. **让波段操作意识刻印在心**：股市就是价格波动组成的，任何股票都在做波段运动，波段运行的差价，就是赢和亏的依据。我们需要分开长线持股和长线操作的概念：我们这里定义的长线持股就是一年或多年持有一个股票；长线操作则是长期关注并波段操作某一只股票。现实里长线持股在2010年前的股市是一个不错的选择，那个时候没有全流通没有退市，所以算下来长线持股者是可以获大利的，但是未来我们面对的是一个个全流通的股票和有可能退市的股票，长期持股的弊端就非常明显了。所以无论自认为多有价值的股票也要有空仓的时候，空仓以后还可以关注，有好机会再一次介入，这不也是长线吗？假如真的空仓错了，其他股跌了，你那个依然上涨，难道其他股的下跌不是机会吗？保护资金是股市唯一的无错的行为。

3. **让空仓成常态技术手段**：空仓是规避风险的最好手段，不仅可以规避熊市亏损，也可以规避上涨中的回调。所以操作中要形成经常性的技术性空仓。只要有了技术性空仓的习惯，熊市来临时是会在最初状态下空仓的。如果在你做股票的时候，三个月内没有一次空仓，说明你是不成熟的；如果你在一年之内没有空仓，说明你对波段操作和止损是麻木的，除非你买在低位，或买入了长期上涨的股票，那么你赢利的概率是20%，恰好和股市的1:2:7差不多，因为中国的股市只有20%的股票具有长期上涨的可能性。

第六节　阱口技术判断

虽然我们已经决定要在阱口来临时空仓，但是我们在阱口形成之初空仓、阱口形成过程中空仓、阱口确认后空仓效果是非常不同的，显然阱口形成之初空仓是最高级技术。阱口技术包括阱口预判和确认以及相关操作方法。

（一）**阱口初步预判：**阱口出现在一波有一定幅度和有一定时长的上涨之后。所以时间和幅度是初步也是最根本的判断手段。

一般情况下股票上涨和下跌与大势牛熊转换基本同步，只是其中的阶段性波动各有不同。

1. **大势时空分析：**

（1）例1：中小板指数2006年到2016年。

第一波段上涨2006年3月8日到2008年1月15日，时长22个月，指数

1850～6633，幅度258%；下跌2008年1月15日到2008年10月28日，时长10个月，指数6633～2114，幅度－68%。

第二波段上涨2008年10月28日到2010年11月11日，时长24个月，指数2114～7493，幅度254%；下跌2010年11月11日到2012年12月4日，时长24个月，指数7493～3557，幅度－53%。

第三波段上涨2014年5月19日到2015年6月12日，时长13个月，指数4432～12084，幅度173%；下跌2015年6月12日到2016年2月9日，时长8个月，指数12084～5928，幅度－51%。

（2）例2：沪综合指数2005年到2016年。

第一波段上涨2005年6月6日到2007年10月16日，时长28个月，指数998～6124，幅度514%；下跌2007年10月16日到2008年10月28日，时长12个月，指数6124～1665，幅度－73%。

第二波段上涨2008年10月28日到2009年8月4日，时长10个月，指数1665～3478，幅度109%；下跌2009年8月4日到2010年7月2日，时长11个月，指数3478～2319，幅度－33%。

第三波段上涨2010年7月2日到2010年11月11日，时长4个月，指数2319～3186，幅度27%；下跌2010年11月11日到2012年12月4日，时长25个月，指数3186～1949，幅度－39%。

第四波段上涨2013年6月25日到2015年6月12日，时长24个月，指数2010～5178，幅度158%；下跌2015年6月12日到2016年1月27日，时长7个月，指数5178～2638，幅度－49%。

可以看出，大势分牛市波段和调整波段，一波大牛市上涨时长一般1～2年，幅度在200%左右，熊市下跌时长不等；在下跌过程中会有多次调整波段，调整波段上涨时长大约几个月，幅度50%左右。

2. 个股时空分析：例汇通能源（600605）2013年到2018年。

第一波段上涨2013年7月9日到2014年9月30日，时长14个月，股价5.98～18.38元，幅度207%；下跌2014年9月30日到2014年12月30日，时长3个月，股价18.38～11.40元，幅度－38%。

第二波段上涨2014年12月30日到2015年6月15日，时长6个月，股价11.4～31.22元，幅度174%；下跌2015年6月15日到2015年8月26日，时长2个月，股价31.22～11.65元，幅度－63%。

第三波段上涨 2015 年 8 月 26 日到 2015 年 12 月 25 日，时长 4 个月，股价 11.65～27.91 元，幅度 140%；下跌 2015 年 12 月 25 日到 2016 年 1 月 29 日，时长 1 个月，股价 27.91～14.43 元，幅度－48%。

第四波段上涨 2016 年 3 月 1 日到 2016 年 4 月 18 日，时长 2 个月，股价 14.94～24.36 元，幅度 63%；下跌 2016 年 4 月 8 日到 2016 年 5 月 20 日，时长 1 个月，股价 24.36～16.93 元，幅度－30%。

第五波段上涨 2016 年 5 月 20 日到 2016 年 11 月 16 日，时长 6 个月，股价 16.93～25.90 元，幅度 53%；下跌 2016 年 11 月 16 日到 2018 年 10 月 12 日，时长 23 个月，股价 25.90～7.65 元，幅度－70%。

个股波动相对于大势更加丰富，有配合牛市大势的牛市波段和个股自身的调整波段两种。牛市波段上涨时长 20 个月左右，幅度 200% 以上；调整波段时长比较多样化，幅度 50% 以上。

3. **预判原则**：依据以上例子来看，阱口出现没有什么固定的月数和幅度，但是依据波动状态我们可以设定基本符合波动状态的阱口预判原则。

（1）利用周期分析牛市还是调整市：阱口出现在牛市转熊市和调整市的大型波段中，所以首先要依据此前历史行情进行牛市和熊市的分析。按照历史走势，上一个牛市过去两年内就是调整市；进入第三年以后就可能筑底，并可能开始走牛。

（2）牛市阱口预判：牛市不言顶，所以牛市上涨时间和幅度非常难以预见。主要依据牛市周期进行简单分析，比如沪指 2007 年牛市上涨时长为 28 个月、幅度 514%，2015 年牛市为 24 个月、幅度 158%。那么牛市上涨在 24 个月左右，幅度在 200% 就有可能形成阱口。个股牛市时长基本与大势相符，但是涨幅却参差不齐。

（3）调整市阱口预判初步规则：调整市上涨超过 1 个月，涨幅在 20% 以上，随时注意阱口有可能形成；如果时长超过 2 个月，涨幅在 30% 以上，要天天分析阱口形成的可能性；个股时长参考这个规律。

（4）调整市涨升斜率分析法：由于调整市终究是要下跌的，所以涨得越快时长越短，涨得越慢时长越长。就是说上涨启动后，斜率越小时间越长、幅度越高。

（5）短期上涨不会有阱口：如果股票涨了几天就开始回调，有两种情况，一种是股票筑底阶段；一种是下跌途中的反弹后继续下跌。一般情况下股票起涨后，沿着均线或者支撑线向上运行，会延续一段时间。所以涨了几天、涨幅较小的行情不会有阱口。

我们在躲避熊市的时候，心中要有时长和幅度的基本轮廓，虽然现实总是会偏离，但是当有所预防时总是会提高成功率。

（二）波浪理论及相似性归纳预判阱口：波浪理论对于阱口预判有很重要的意义，它代表了行情具有相似性的原理。我们的做法是以波浪理论为中心，从股市历史走势寻找相似行情进行分析推理。

1. **波浪理论中心内容简介**：艾略特波浪理论有丰富的内容，我们主要用核心的两点内容就可以了。

（1）**五浪上涨三浪下跌**：如图所示，上升过程为1—2—3—4—5的五浪波动结构，波1、波3、波5为上升波，代表一波股价的上涨；波2、波4为调整波，代表上涨过程中的回调。下跌过程为A—B—C的三浪结构，波A、波C为下跌波，代表股价的下跌；波B为反弹波，代表下跌过程中的反弹。图中每一个波段都包含相应的内部细小的波动，更加复杂多变。

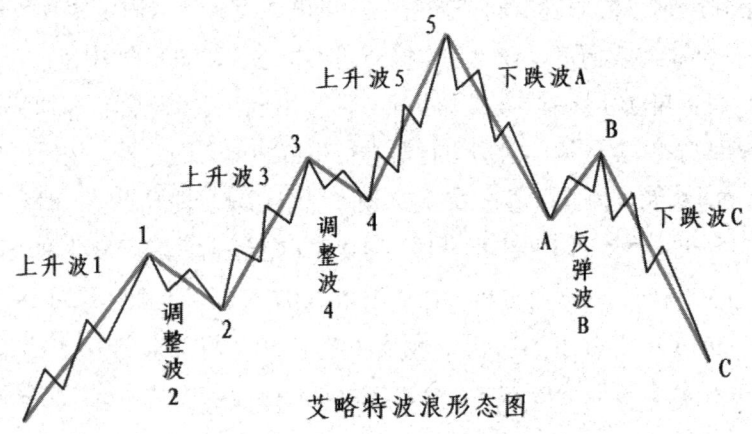

艾略特波浪形态图

（2）**数浪三法则**：

①波的重叠：调整波4一般不能与上升波1有重叠，也不能调整到上升波1之下。

②波的幅度：在三个上升波中，上升波3不会是最短的。

③波的位置：上升波5长度弹性较大，可以是最长的，也可以是最短的，有时候会低于上升波3的高度。

2. **波浪结构相似性预判阱口**：在历史走势的波浪结构相似之处，阱口会出现。如沪指2005年到2007年牛市行情及2014年到2016年牛市行情形态对比图。可以看出除了时长不同外，形态非常相似。特别是在顶部最后一波上涨过程中，临近顶部都出现了巨震熊坑或巨震影线。有人曾经抱怨2015年下跌是由于去杠杆导致，其实是由于股市内在规律导致，资金流系统完成了一波牛市运行，借去杠杆下跌罢了。依据前面的走势，在波浪结构相似的地方，出现巨震熊坑或聚压线组时，要预判阱口出现。

一般来说大势行情与波浪理论相近；个股走势复杂多变，真正符合的时候比较少，但是个股对大势行情有跟随性，大势行情是个股分析的重要参考。

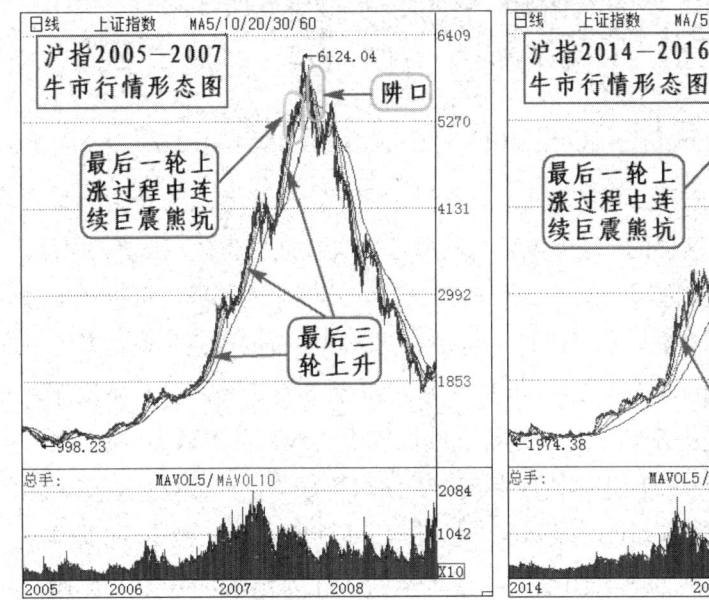

(三) 熊坑与阴线组合预判阱口：阱口是大幅回调后继续下跌，熊坑是大幅回调后上涨，代表大幅震荡，在阱口出现之前，会有多次熊坑给以预示。

1. **连续巨震熊坑预示阱口来临：**急速上涨过程中，数个熊坑连续出现，阱口就要出现了。如沪指（000001）2015年3月到7月走势。3月到4月下旬，一轮长时间上涨后，出现平台K线组合和破位阴线组，此处预判阱口①，遇30线反弹，阱口不成立形成熊坑①；5月初到6月中旬的最后一轮上涨过程中连续出现由回调大阴线和巨震下影线组成的熊坑②及由单日巨震下影线形成的熊坑③，当时许多股票都走出了形状各异的熊坑。连续几个巨震熊坑形态出现后不久，出现了回调阴线组，此处预判阱口②，由于继续破位阱口成立。显然上涨过程中出现连续熊坑时阱口形成概率加大。这里如果每一次巨震都给予重视和预判，越往后逐步增加预判确信度，并进行减仓空仓操作是最好的操作思想。

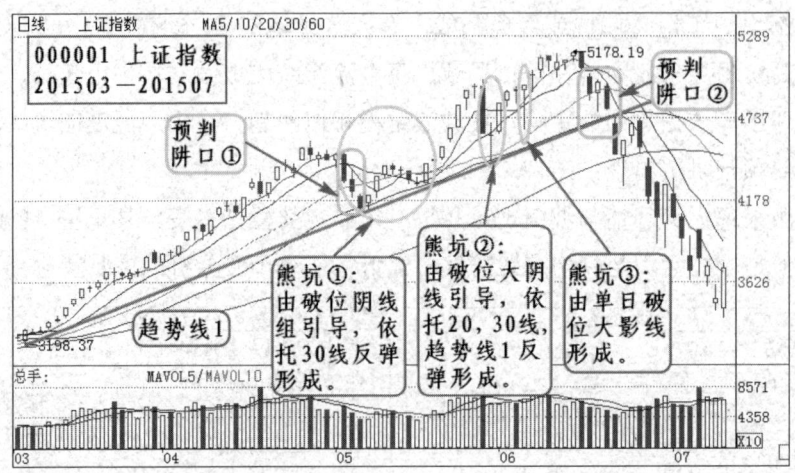

2. 高处平走的熊坑预示阱口来临：三角形、菱形、旗形等顶部是由一系列熊坑形成的。一旦出现这样的形态，就要在其后每一次破位阴线组、破位大阴线、回调大阴线、上影巨震线等出现时，进行阱口预判。连续平走的熊坑可以在上涨或下跌反弹途中及顶部存在。研究阱口一定是对上涨很长时间的高位横盘熊坑进行研究。如中直股份（600038）2016年9月到2017年5月走势。很明显顶部有四个横盘的熊坑。急速上涨后1月初出现连续巨震上影线，并跌破10线下跌，此处预判阱口①，经历一个巨震半阴线后反弹，阱口不成立；此处反弹高度未超过前高即回调，形成平走熊坑①，其后又一次回调，预判阱口②，破10线反弹，阱口不成立；2月初出现回调大阴线，并逐步下跌，此处预判阱口③，破10、20、30线后反弹，阱口不成立；3月中旬在一波上涨后并未超过前高，出现横盘K线和破位大阴线，形成平走熊坑③，此处预判阱口④，破所有均线后反弹，阱

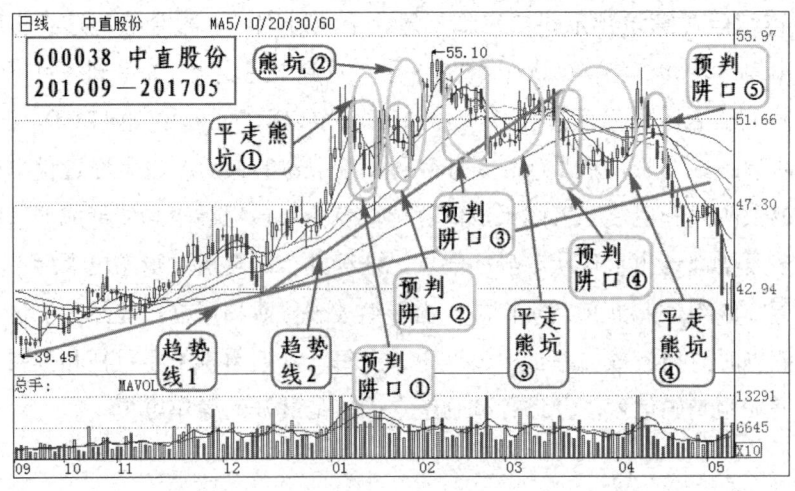

口不成立；4月中旬出现上影巨震线并出现破位阴线组，高点与前高接近，形成平走熊坑④，此处预判阱口⑤，连续下跌，阱口成立。平走熊坑越多，阱口预判越可靠。

（四）预判阱口及操作方法： 通过上涨时间幅度的基本分析、波浪理论和相似性的轮廓分析，一直到熊坑和阴线组合的细节分析，我们初步可以预判阱口出现的位置，从而做出相应的空仓减仓行动。因为此时还有形成熊坑的可能性，所以还需要保持寻机买入的操作思路。

1. **第一选择——空仓：** 当我们预判阱口要出现后，第一选择就是空仓，无论后面是真正的阱口还是熊坑。此时股价正在下跌，由于上涨已经很久了，这里股价继续下跌的概率远大于上涨的概率，一旦决定空仓要果断出局再说。

2. **空仓后股票上涨的应对：**

（1）空仓当日上涨不要追击：我们空仓以后却发现股票在当日突然上涨了，如果这个时候是上涨初期，那么我们补仓追击肯定不会错，为了控制风险也可以30%仓位买入。但是我们预判阱口的时候，都是经历过几次调整熊坑后，所以切记空仓当日的上涨不要追击。

（2）空仓后当日继续大跌并在尾盘反弹上涨：如果空仓后当日股价继续大跌，在某一支撑位开始反弹，这时如果股价远低于我们的空仓价，可以30%仓位抄底。这样有一利，即如果是熊坑我们就抄在了最低处；也有一害，即第二天继续大跌则需要亏一点，所以第二天的决策比较困难。

（3）空仓后次日在某一支撑处上涨并形成阳线：为了防止继续下跌，第二天上午上涨不要轻易出手，需要在支撑处企稳，然后在尾盘以30%仓位买入。发现短暂翻转可以加仓，最大仓位不能超过50%。而且要以短线操作思想对待，随时获利了结。这个支撑线越低也就是说短期回调幅度越大，支持力越强，短线反弹操作越有利。这样的操作是股价在60线上方的时候。

3. **空仓后继续下跌：** 这是最好的结局，我们只需要等待就可以了，能不能抄底，需要分析下跌的状况和幅度。如果形成阱口则需要格外小心。

（1）空仓后第二天走势分析：空仓后第二天上午如果有上涨不可买入，经常的走势是上午小幅上涨碰到均线没有冲过，或者在均线下方就逐步缓慢下跌最后继续大跌的抛物线形式，所以切不可在回抽时买入。这时最好的操作是，逢反弹在抛物线走过顶部向下时减仓，因为我们已经空仓，所以不需要考虑减仓的事情，坚持住不买入就可以了，许多人控制不住自己在这个地方买入，当天就被套牢。

（2）**空仓后连续大跌，靠近30线及支撑线**：如果我们是在预判阱口初期空仓的，然后股票继续下跌，遇到30线或支撑线出现反弹，这里可以结合大势状况和短期下跌幅度以及股票的基本面状况30%仓位买入股票，参与短线反弹。

（五）**确认阱口及空仓等待**：预判阱口的意义就是要提前做出应对策略，由于预判后的阱口有可能形成熊坑，所以要做买回的操作，但是阱口一旦确认，空仓等待是唯一的策略。预判阱口后阱口的确认原则：

1. **跌破各种支撑，阱口确认**：我们做了空仓后，股价继续大跌，直接跌破30线、60线，并继续下行，股价沿着5日线下方运行，阱口确认。急落阱口和悬空阱口符合这个特点，预判阱口遇到急落阱口和悬空阱口，当即确认。

2. **弹不过线反破下线，阱口确认**：反弹遇上一级均线不过，转头跌破下一级均线时，阱口确认。当股价下跌破20线，在20线下反弹，遇到20线没有冲过，或者瞬间冲过又继续回落，并跌破30线；下跌破30线后，在30线下反弹，遇到30线没有冲过，或者瞬间冲过又继续回落，并跌破60线，股价沿着5日线下方运行，阱口确认。缓落阱口符合这个特点。

第七节　阱口形态及操作策略通论

（一）**急落阱口**：基本是以尖顶形态出现，此前一轮急速且幅度很大的上涨，股价远离5日线、10线，初期大跌并未破线，而当破线的时候，跌幅也非常大。这样的阱口必须在上涨末端或第一根阴线出局，否则连出局机会都没有。有两种形态。

1. **平台突破阱口**：大幅上涨后出现较长时间的横盘运行，在均线聚集处突然平台突破急涨几天，然后直接巨阴或跌停下跌。这里平台突破疑似诱多。

（1）例1：台基股份（300046）在2015年11月下旬，连续急涨后由高位压顶大影线引导破位阴线组形成，预判阱口①；后受30线和趋势线1支撑横盘运行，到12月29日启动急速上涨，31日出现一个压顶上影阴线，预判阱口②。2016年1月4日大阴跌停，1月5日出现上影巨震线并跌停，阱口确认。最佳操作策略是警觉到12月31日的上影阴线的风险；一般情况下许多人会认为是中途盘整突破，对赢利抱有希望；次一等策略就是1月4日大阴下跌之初，意识到阱口来临并及时空仓；其后怎么做都很亏。

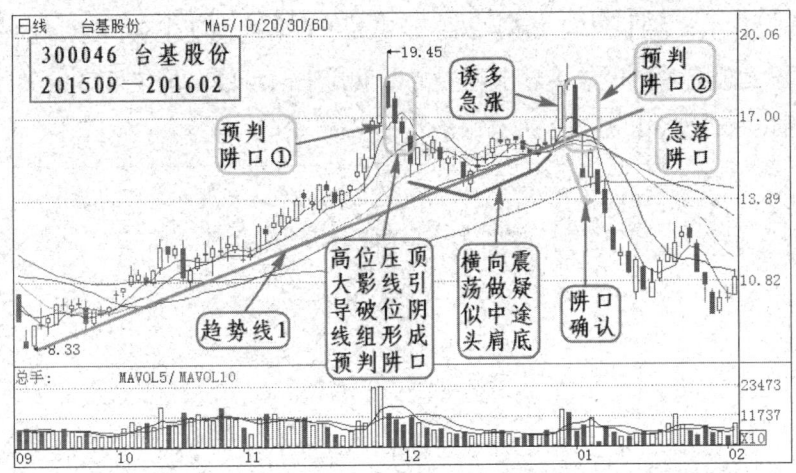

(2) 例2：卓翼科技（002369）2017年10月末出现聚压线组和破位阴线组跌破20线与趋势线3，预判阱口①；11月中旬出现聚压线组和破位阴线组形成平走熊坑，跌破30线和趋势线2，预判阱口②；12月上旬跌破60线，渐落阱口即将确认之际，依托趋势线1横盘运行，12月末到2018年1月初出现聚压线组和破位阴线组跌破60线，预判悬空阱口③；1月5日到9日在线下形成横盘，10日突然涨停横托形成，平台突破连续2天涨停，第3天高位压顶+抛压大阴线，预判阱口④；其后跌停并形成破位阴线组，阱口确认。最佳操作策略是顶部大阴线空仓；其后怎么做都很亏。

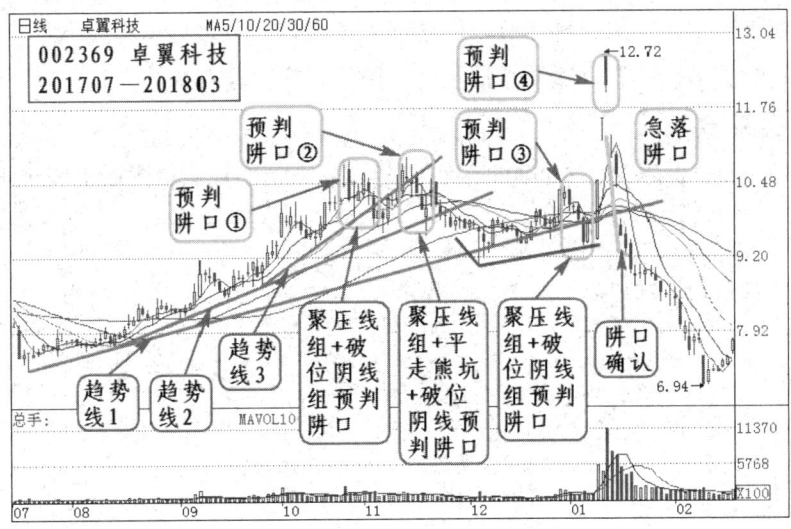

2. **急涨急落阱口**：多见于新股次新股炒作过程。一轮沿着5日线急速且幅度很大的上涨，然后几天盘整或者没有盘整，直接巨阴或跌停下跌。如桂发祥

（002820）2017年3月。3月3日启动一轮沿着5日线的急速上涨，到3月16日后，出现伴随大阴线并跌停，接着出现一个带反弹小阴跌停。最佳策略是3月15日冲高出局，或者16日开盘后冲高回落及时出局。

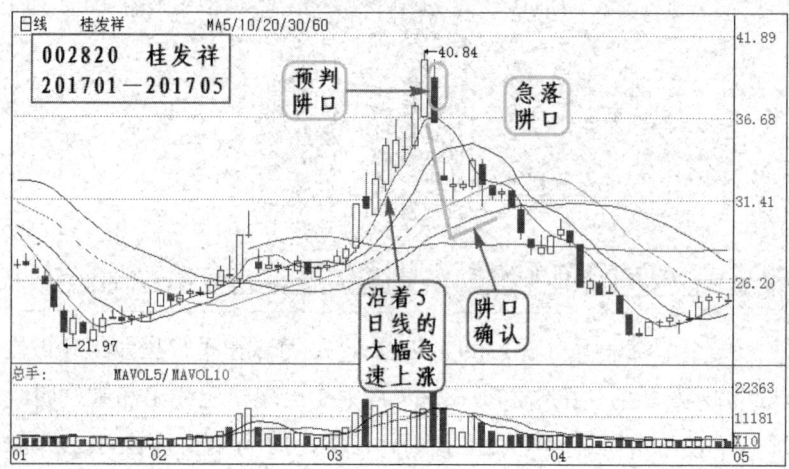

3. 操作要点：在急速上涨过程中，随时准备空仓，意识里面要有急落阱口即将出现的高度警觉性，或者止赢减仓下跌空仓，或者见阴线下跌急速空仓。

（二）渐落阱口：多见于大盘股的行情中。阱口形成初期都是小阴小阳夹杂少量中阴中阳，缓慢走低，局部会遇支撑线反弹，再破线，在阱口形成后期，有两种走法，一种是继续小阴小阳夹杂个别大阴大阳缓慢下跌进入下跌通道，股价沿着均线下方运行；另一种是有一段连续大跌走势，直接远离均线下跌。这样的股票，随时都可以空仓，短期亏损不大。操作起来比较随意。

1. 实例分析：

（1）例1：古越龙山（600059）2017年2月下旬出现破位阴线组和平走熊坑，

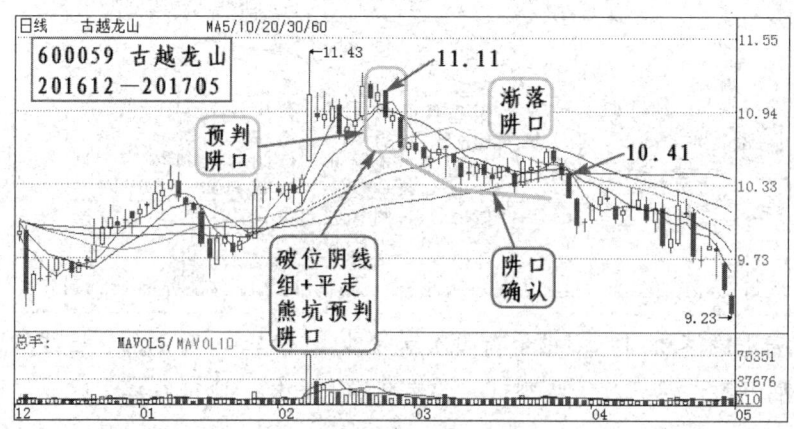

预判阱口；从 2 月 23 日第一根中阴线出现到 3 月 29 日破位大阴线出现，阱口确认，时间约 1 个月，股价 11.11～10.41 元，跌幅 6.3%。这段时间可以从容出局或做一些高抛低吸。

（2）例 2：宋都股份（600077）2017 年 9 月 14 日后出现破位阴线组和平走熊坑，预判阱口；14 日收盘到 22 日出现破位阴线，时长 7 个交易日，股价 4.84～4.54 元，幅度 6.2%。可以从容出局。

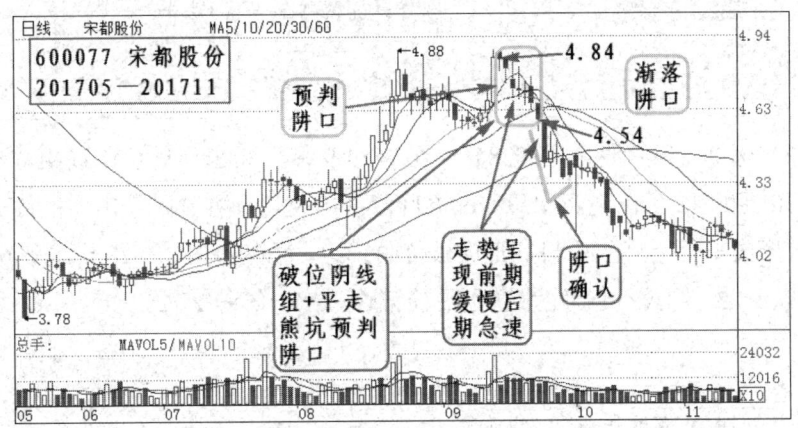

2. **操作要点**：尽管开始几日没有多少下跌，并且其中几根 K 线的上影巨震和阳线反弹还可以减少损失，但是依然要结合大势分析，最好在阱口形成最初的阴线或者中间反弹中尽快空仓；如果空仓尚有疑虑，那么尽快把仓位减小到 30%以内，待机而动。

（三）**悬空阱口**：经过较长时间的整理走势，形成三角形、旗形、矩形形态，初始或是稍有上涨或是稍有小幅下跌，然后一根或两根大阴线使股价击穿许多均线并运行到支撑线和均线之下，好像跌下悬崖一样。因为已经经过了长时间整理，头部完成得比较充分，所以下跌也非常剧烈，不及时空仓损失极大。

1. **实例分析**：

（1）例 1：沪指 2015 年 11 月中旬连续出现聚压线组和横盘回调阴线组，要警觉阱口出现，11 月 27 日大阴线跌破聚压线平台，预判阱口①；12 月末连续聚压线横盘，均线聚集，2016 年 1 月 4 日大阴破位，形成平走熊坑＋破位阴线组，即时让指数跌到所有均线之下，预判阱口②，其时出现千股跌停，悬空阱口确认。最佳操作是预判阱口②出现时空仓；次一等操作是先减仓到 50%以下，跌破均线的时候空仓。

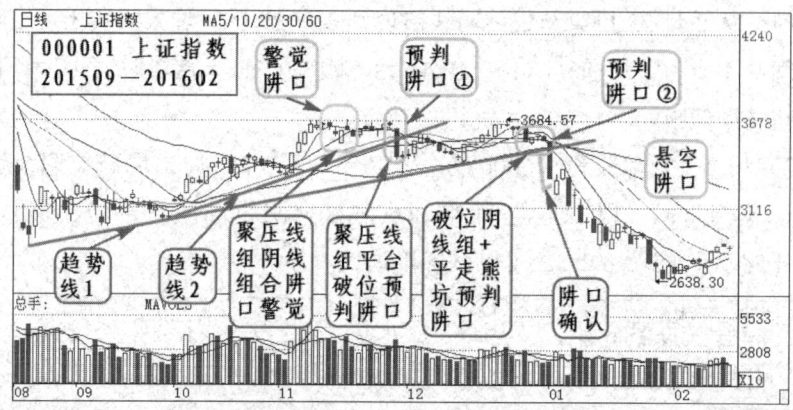

（2）例2：英联股份（002846）2017年9月下旬出现破位阴线组，预判阱口①；10月到11月出现两次急涨冲高回落并破位，要警觉阱口出现；11月2日到24日形成平台走势，23日后形成破位阴线组，预判阱口②；28日跌破60线，阱口确认。23日上影巨震线空仓是最佳策略，次一等是27日空仓，以后没有机会了。

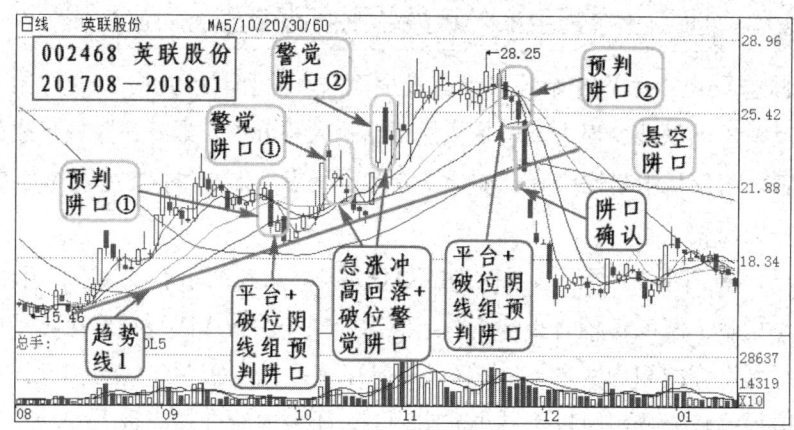

2. **操作要点**：为了防止悬空下跌的巨大损失，首先要立足于整理形态和时长的分析，在均线纠缠聚集过程中，预判悬空阱口的可能性并在初期下跌阴线处大幅减仓或空仓是最好的策略，一旦已经破位，立刻空仓止损是必须要做的，否则损失不亚于急落阱口。

（四）**阱口操作总结**：阱口分析在股市决战中是胜利的根本保证，股市胜利不是如何进得去而是如何逃得掉、逃得好。

1. **阱口操作步骤**：上涨跟踪→聚压警觉→阱口预判→预判操作→熊坑分析→阱口确认→空仓。

2. 实例操作引导： 如康欣新材（600076）2017年6月到11月。

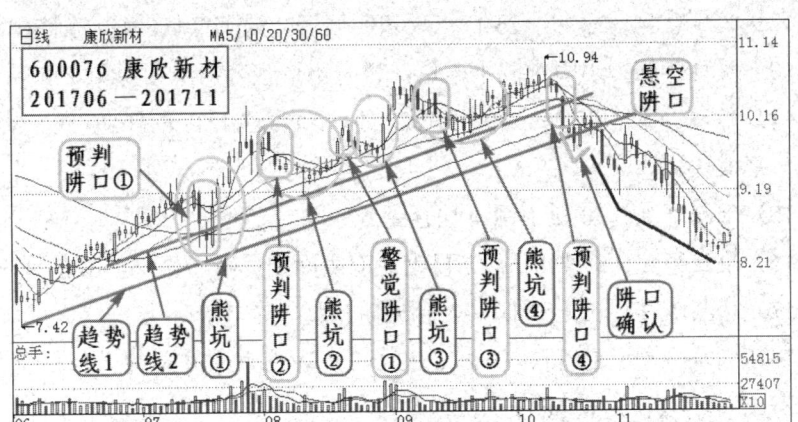

（1）**上涨跟踪**：2017年6月3日底部下影阳线，横盘起涨，此时进仓按100%计。起初一段沿着5日线的上涨，出现平台横盘整理。

（2）**聚压警觉**：7月11日上影巨震线后横盘运行出现聚压线组，要引起重视，警觉可能的回调。

（3）**阱口预判**：7月17日破位大阴线，破10线后减仓60%，破20线空仓。预判阱口①，待机而动。

（4）**熊坑分析**：18日巨震下影线，破60线反弹，此处反弹继续则熊坑成立，反弹失败则阱口成立，可以一直空仓不做操作，但是由于此时总趋势涨幅不大、时长短，所以也可以考虑反弹加仓，不超过30%。

（5）**阱口确认**：19日巨量大幅反弹，阱口不成立，形成熊坑①。反弹加仓到60%，第一轮上涨可以大胆操作。尾盘可以加仓满仓，保持第二天全部是活股，可以随时出局处理。

（6）**上涨跟踪**：接着一轮沿着5日线的上涨，7月27日出现冲高上影巨震线。

（7）**聚压警觉**：上影巨震线处给予警觉，减仓到30%。其后横盘运行形成聚压线组。

（8）**阱口预判**：8月2日、3日形成破位阴线组，给予空仓或保持30%仓位不动，预判阱口②，观测后面走势。

（9）**阱口确认**：8月10日、11日、14日在30线企稳，依托30线走高，15日择机可加仓到50%。16日、17日逐步上涨，阱口2不成立。

（10）**熊坑分析**：18日后大涨形成熊坑②。

(11) 上涨跟踪：连续数日上涨。

(12) 聚压警觉：22日、23日出现双阴回调，给予警觉，减仓到30%以下。

(13) 阱口预判：小阴小阳未破位，暂时不作预判，继续观测。

(14) 熊坑分析：28日、29日在20线、30线企稳，依托20线、30线，3日大涨，形成熊坑③。

(15) 上涨跟踪：30日上涨，加仓到60%以上仓位。

(16) 聚压警觉：9月4日、5日出现双阴回调，给予警觉，减仓到30%。

(17) 预判阱口：12日中阴线，预判阱口③，空仓。

(18) 熊坑分析：18日、19日、20日在30线企稳并反弹，形成熊坑④，阱口③不成立。20日进仓50%。

(19) 聚压警觉：10月16日、17日、18日出现上影巨震线+双阴线，给予警觉，减仓到30%以下。预判阱口④，随时准备空仓。

(20) 阱口确认：19日大阴破位，空仓。初步确认阱口成立，到30日反弹不过均线，进入下降通道，阱口确认。

以上是完整的阱口操作，要在使用时灵活运用并做好仓位控制。

第八章　陷阱研究之阱壁

阱壁是下跌的延续，它说明熊市已经开始，是陷阱研究的第二步。

第一节　阱壁形态

（一）长期下跌： 景峰医药（000908）。

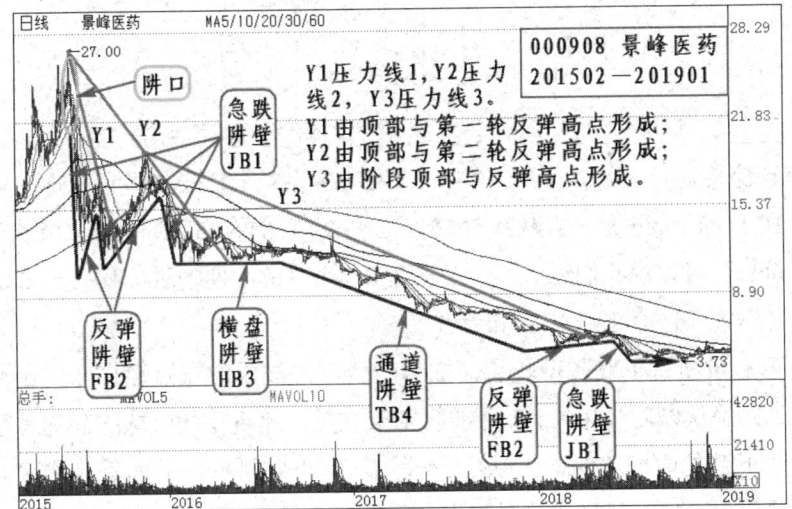

1. 走势描述： 景峰医药 2015 年 2 月到 2019 年 1 月走势中，下跌波段从 2015 年 6 月 15 日的 27 元一直跌到 2018 年 10 月 19 日的 3.73 元，时长约 40 个月，跌幅达 86%。可以说我们经历了一个长达 40 个月的大陷阱，并且在 2019 年 1 月 3.73 元能否成为底部并没有确定。

2. 形态解析： 由于长期下跌所以阱壁很长，把每一段下跌波段的低点连接在一起，可以发现从阱口确认以后长达 3 年的阱壁依次是急速下跌的阱壁 + 急速上涨的阱壁 + 急速下跌的阱壁 + 急速上涨的阱壁 + 急速下跌的阱壁 + 横盘运行阱壁 + 通道运行阱壁 + 缓慢反弹阱壁 + 急速下跌的阱壁 + 横盘运行 +……。这里开始出现由各种顶部连线形成的压力线，顶部与第一轮反弹高点连接的压力线 1、顶部与第二轮反弹高点形成的压力线 2 和反弹顶部连接而成的压力线 3。

（二）中期下跌：葛洲坝（600068）。

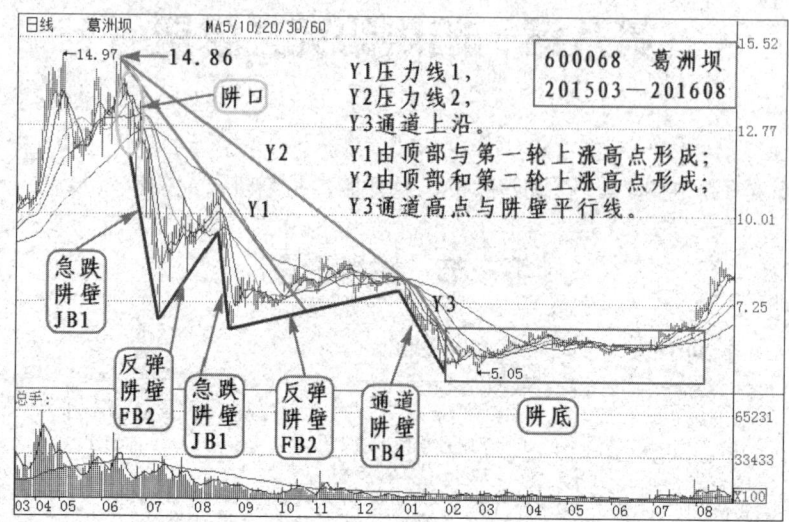

1. 走势描述： 葛洲坝 2015 年 3 月到 2016 年 8 月走势中，下跌波段从 2015 年 6 月 10 日的 14.86 元一直跌到 2016 年 2 月 29 日的 5.05 元，时长约 8.5 个月，跌幅达 66%。可以说我们经历了一个长达 8.5 个月的中期陷阱，其后 5.05 元成为阶段性底部并一直上涨到 2017 年 4 月。

2. 形态解析： 下跌阱壁较长，把每一段下跌波段的低点连接在一起，可以发现从阱口确认以后长达 8.5 个月的阱壁依次是急速下跌的阱壁＋急速上涨的阱壁＋急速下跌的阱壁＋缓慢上涨的阱壁＋通道下跌阱壁，后面就是阱底。在这个下跌过程中，顶部和第一轮反弹高点形成压力线 1，顶部与第二轮反弹高点形成压力线 2。在短通道下跌中，通道波动高点与通道阱壁平行线为通道上沿线。

（三）短期下跌：阳煤化工（600691）。

1. 走势描述： 阳煤化工 2017 年 9 月到 2018 年 3 月走势中，下跌波段从 2017 年 9 月 29 日的 3.97 元跌到 11 月 23 日的 2.91 元，时长约 2 个月，跌幅达 27%。我们经历了一个长达 2 个月的短期陷阱，其后经过一波上涨后，第二个下跌波段从 2018 年 1 月 4 日的 4.03 元跌到 2 月 9 日的 2.98 元，时长 1 个月，跌幅 26%，我们又经历了一个长达 1 个月的短期陷阱。

2. 形态解析： 下跌阱壁较短，把每一段下跌波段的低点连接在一起，可以发现第一波下跌从阱口确认以后长达 2 个月的阱壁，依次是通道下跌的阱壁＋急速下跌的阱壁＋急速反弹的阱壁＋急速下跌的阱壁，后面就是阱底；第二波下跌从阱口确认后长达 1 个月的阱壁，依次是急速下跌的阱壁＋横盘的阱壁＋急速下跌的阱壁，后面就是阱底。在这两次下跌过程中，形成压力线1、压力线2和通道上沿线。

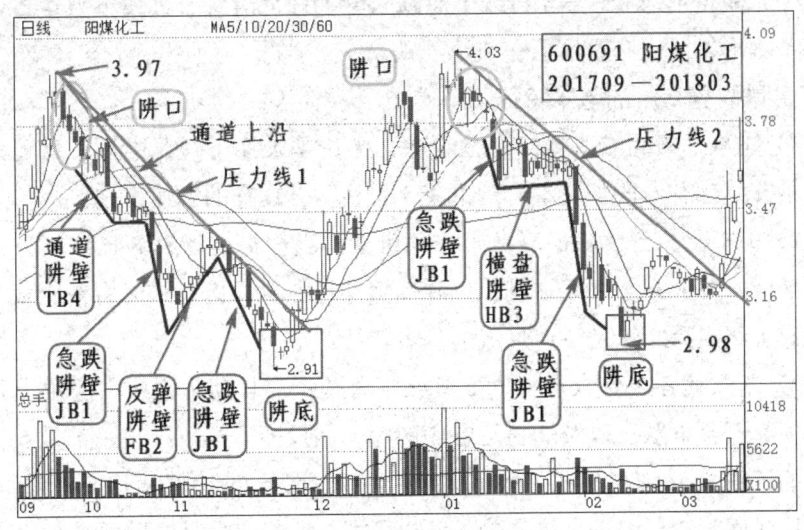

第二节 阱壁特征

综上内容，股价连续下跌形成了阱壁，最基本的特征如下。

（一）**股价在均线下方运行**：连续的下跌使股价运行在均线之下，并且依照短期均线在长期均线下方排列，就是说5日线在10线之下、10线在20线之下的形式。即使出现反弹，股价也在长期均线下方。

（二）**反弹在均线处终止**：反弹会使股价运行到短期均线上方，但是在遇到上方长期均线时再一次下跌。反弹在长期均线处有三种终止方式。

1. **在接近长期均线处终止**：股价反弹上穿短期均线后，在长期均线下、短期均线上震荡并再一次下跌。

2. **在触碰长期均线后下跌**：股价反弹上穿短期均线，碰到长期均线后震荡并再一次下跌。

3. **在短暂上穿长期均线后下跌**：股价反弹上穿短期均线，短暂超过长期均线后震荡并再一次下跌。

（三）**股价不停出现新低**：下跌过程就是股价不停出现新低的过程，所以无论一直下跌还是反弹，最后股价会不停走低。

第三节　阱壁形态分析

（一）阱壁形态 1——5 日线下急跌阱壁 JB1： 沿着 5 日线下方运行，是下跌的最基本形态。说明股价正在快速下跌。

1. 急跌阱壁 JB1 的基本特征：

（1）下跌总是由 5 日线下急跌引导：无论是长期下跌、中期下跌还是短期下跌，最开始都有一段长短不一的沿着 5 日线下方运行的急速下跌。

（2）5 日线下连续破位形成第一段阱壁：当价格运行在 5 日线下方，遇到 10 线、20 线、30 线、60 线，稍作反弹偶然冲过 5 日线但是未能有效企稳，其后接连跌破各级支撑，这是阱壁形成的基本特征。

（3）下跌的各个阶段都存在 5 日线下急跌：在长期下跌中，股价反弹后再下跌，横盘后再下跌，以及通道运行中的每一次反弹后再下跌几乎都是 5 日线下方运行的下跌，或者在 5 日线下快速运行的股价偶然会向 10 线横移或者瞬间反弹，但是很快又回到 5 日线下。这样的下跌幅度大、速度快，是阱壁研究的重点。

2. 图例分析：如泰豪科技（600590）2016 年 10 月到 2018 年 2 月。阱口形成后一段 5 日线下急跌阱壁引起大幅下跌；经过反弹后的通道下跌过程中含有多段 5 日线下急跌的阱壁；横盘后有两段 5 日线下急跌的阱壁。

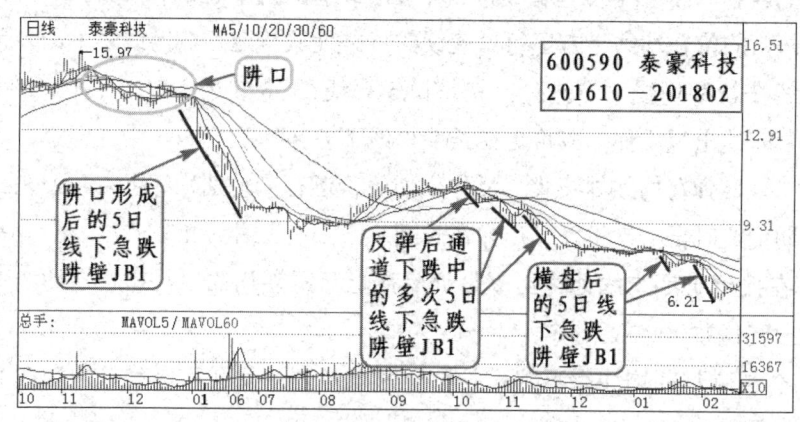

（二）阱壁形态 2——迅速向上运行的反弹阱壁 FB2： 反弹是对下跌速度和幅度的修正，说明股价已经低于当时的估值水平。

1. 反弹阱壁 FB2 的基本特征：

（1）反弹会使下跌速度变缓：5 日线下的急速下跌，会使有恐慌心理的人卖出，这样实际股价严重低于当下的估值水平，必然会有看好的人买回来。由于反弹会使股价回升,所以下跌就变得缓慢许多。

(2) **跌幅越大跌速越快,反弹也越强烈**:一段超跌会引起一段急涨,一般情况下以带下影线的尖底或者单日底形态启动快速反弹。

(3) **反弹发生在均线之下**:由于均线代表人们的持股成本,是相当一批人对当时价格的一种肯定,所以下跌过程中的反弹是价格过度偏离均线后向均线回归的现象。一般情况下反弹到均线处或者短暂高于均线时,如果相对应的其他人不认可这个价格、无人继续接盘就会继续下跌。短期下跌反弹到10线、20线会停止,中期下跌反弹到30线、60线为界,所以反弹一般在60线下。如果第一轮下跌幅度太大,也可能出现超过60线的反弹。

(4) **反弹之后会继续下跌**:下跌是一个顶部和底部不停下降的过程。间或存在没有跌破前期底部的反弹,但是顶部却明显地低于原有高度,并且在后来出现跌破前期底部的趋势并延续。说明支撑股价的基本面出现了问题,相对估值水平已经降低。

2. 图例分析:如众合科技(000925)2015年5月到9月。在2015年6月10日见顶34.55元,阱口形成后一段5日线下急跌阱壁JB1.1,跌幅66%,出现反转1日底,其后9个交易日形成反弹阱壁FB2.1,由于反弹高于20线低于30线,所以也叫30线下反弹,急跌之后发生急涨,上涨60%;7月24日反弹见顶又一次下跌展开,6个交易日形成一段5日线下急跌阱壁JB1.2,跌幅35%,此次下跌并未跌破前期低点,出现反转2日底,其后8个交易日形成反弹阱壁FB2.2,由于反弹高于30线低于60线,所以也叫60线下反弹,上涨42%;此次反弹见顶后又翻转下跌,并跌破前期低点,出现新低8.66元,跌幅51%;从34.55元到8.66元整个中期下跌跌幅75%。

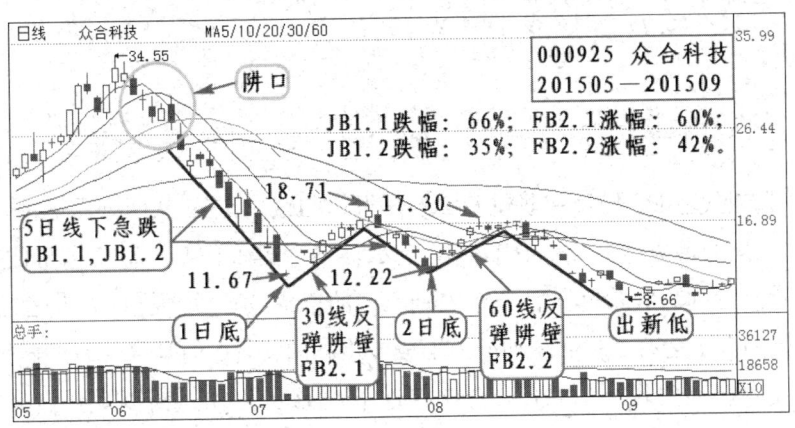

(三）阱壁形态 3——在一定范围内横向震荡的阱壁 HB3：横向盘整是对下跌中的股价进行重新评估、筹码进行充分交换的过程。说明基本估价水平在发生缓慢变化，为了后面的继续下跌进行充分的筹码转移。

1. 横向阱壁 HB3 的基本特征：

（1）连续的明显的横向特征：股价在某一段时间内，波动的底部之间和顶部之间参差不齐但是相差不多，特别是底部，同时均线系统依次由短期均线到长期均线，陆续逐步走平。

（2）横向运行后期均线纠缠：一般情况下在横盘运行后期短期均线和长期均线黏合，偶然会有短暂的冲高越过黏合纠缠的均线，但是最后还是继续大幅下跌，给人一种股价正在选择方向的感觉，最后选择了下跌。

（3）横向运行主要区域幅度在 12% 以内：在横向运行过程中偶然带有短暂冲高会超过 12%，但是一般的主要盘整区不会超过 12%，在均线系统之间的横移一般不会超过 8%。

2. 图例分析：如科华生物（002022）2018 年 5 月到 10 月。2018 年 8 月到 10 月有一段横盘震荡阱壁 HB3，波动幅度 6.8%，横盘过程中 5 日线、10 线、20 线、30 线逐步走平并纠缠聚合延续。在横盘末端均线纠缠被突然打破，然后以 5 日线下破位急跌的形式大幅下跌。

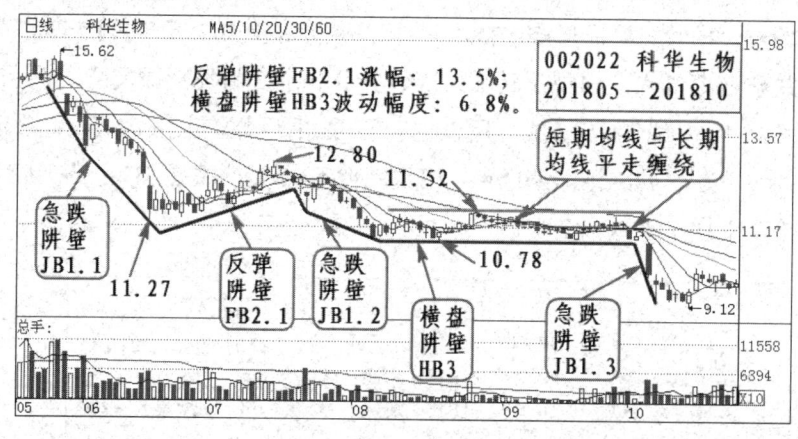

3. 横向阱壁 HB3 与反弹阱壁 FB2 的辨识：HB3 与 FB2 从两方面辨识。

（1）走势的差异辨识：HB3 无论怎么波动，股价在某一区间内形成明显的横向运行，特别是股价回落在一个差别不大的价格位置受到支撑向上运行；FB2 则有明显的向上运行，股价波动低点形成步步高的特征。但是尽管有这样的区别，有时候反弹斜率比较小的时候，FB2 接近于 HB3 的形态，所以反弹走势斜率小的时候可以同时以两种方式进行分析。

（2）均线系统的差异辨识：HB3 股价在某一区间内形成明显的横向运行后，短期均线和长期均线逐步走平纠缠并延续一段时间；FB2 则是在顶部区域均线走平，纠缠聚集随即重新发散，没有明显的平走延续。

（四）阱壁形态 4——有一定宽度的下降通道阱壁 TB4：通道运行是股价上升顶部和下跌底部连线形成的一个平行区域。广义的通道运行可以涵盖急跌阱壁 JB1、反弹阱壁 FB2、横盘阱壁 HB3，在各个阶段整体或者局部都可以用通道来描述；在阱壁研究中，通道阱壁专门指股价在 5 日线、10 线、20 线等均线之间摆动的下跌通道运行。

1. **通道阱壁 TB4 的基本特征**：

（1）下跌由急跌和回归交替组成：股价在某一个阶段不停下跌，表现为一小段 5 日线下急跌接一小段幅度不超过 10 线或 20 线的短期反弹或短期横盘，并交替出现。

（2）股价在基本平行的区间运行：连接交替出现的下跌波动的最低价和最高价，发现绝大部分股价运行在一个基本平行的向下的区域内。

（3）短期均线向长期均线靠拢：每一次交替运行都会让 5 日线向 10 线靠拢，或者继续向 20 线靠拢，但是始终运行在上一级均线之下。一般情况下以 5 日线向 10 线靠拢居多，长期下跌的股票，也有向 30 线和 60 线靠拢的情况。

2. **实例分析**：如广汇物流（600603）2017 年 3 月到 12 月。阱口由一段 5 日线下破位急跌引出，然后横盘向 10 线靠拢，形成 10 线下的通道运行阱壁 TB4.1；再一次 5 日线下急跌后出现穿过 10 线向 20 线靠拢并形成 20 线下反弹阱壁 FB2；反弹后出现第二段下跌，由一段 5 日线下急跌启动，然后反弹向 10 线靠拢并短时

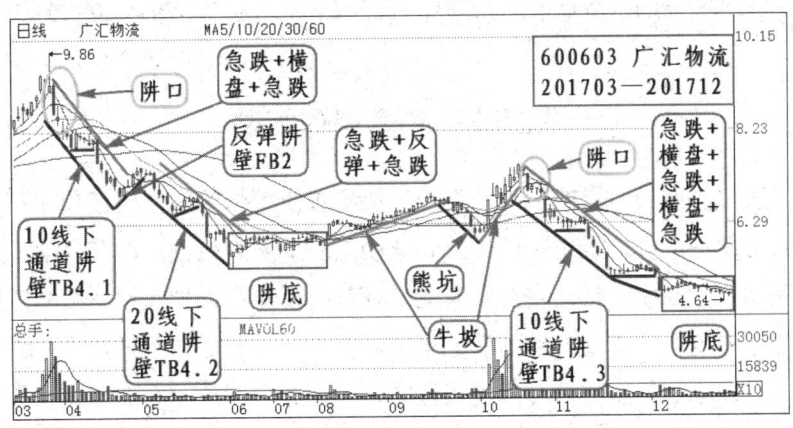

超过10线,接着又一次5日线下急跌形成20线下的通道运行阱壁TB4.2;新一轮上涨完成于10月20日,阱口依然由一段5日线下破位急跌引出,然后横盘向10线靠拢,形成10线下的通道运行阱壁TB4.3,此次通道下跌带有两次由5日线向10线的横盘。

3. **通道阱壁的波动分析**:当股价在通道内运行并下跌时,必然存在股价在均线之间的反弹运行或横向运行,并且以横盘运行居多,以5日线向10线移动居多,在这个过程中上级均线波动不大并以一定斜率向下运行。如恒丰纸业(600356)2017年9月到2018年2月。前一段反弹完成后,股价又一轮下跌,形成一段以5日线下急跌并向10线回归交替进行的20线下的通道下跌阱壁TB4,其中包含4段回归走势,通道内反弹TB4－F1波动幅度4.2%;通道内横盘TB4－H1波动幅度2.4%;横盘TB4－H2波动幅度3.1%;横盘TB4－H3波动幅度2.3%;整个通道阱壁TB4下跌幅度27%。可以看出在通道内5日线向10线回归运行时波动幅度不大,一般小于6%,并且在运行的末端5日线与10线黏合,然后继续下跌,但是20线、30线没有多大波动并以一定斜率向下运行。

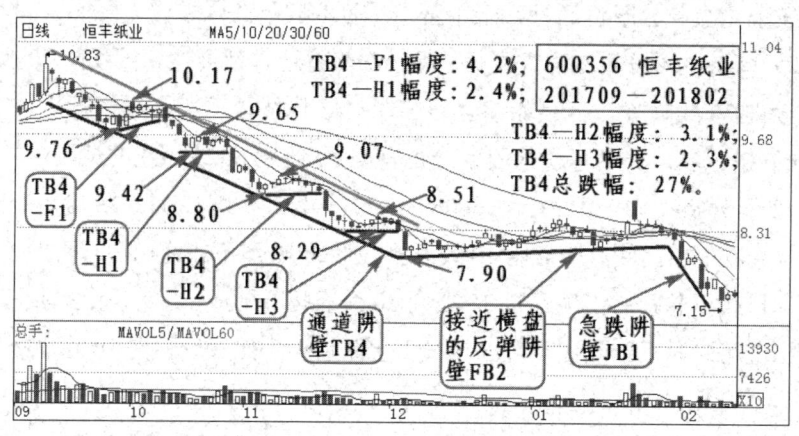

第四节　阱壁操作策略

许多股民不明白阱壁的巨大杀伤力,屡屡被阱壁中的疑似底部和冲高诱多欺骗,同时不能够准确地利用阱壁反弹和波动具有的赢利机会,以致套住了股票、吐回了利润、大幅度赔钱。阱壁研究就是要解决诱多和误抄底并获利的问题,达到牛熊通吃的境界。阱壁处于下跌过程中,保本和增值是阱壁研究的主题。

(一)**保本**:保本是针对误抄底说的。无论怎么下跌,大部分股民是忍不住空仓的，总是会买一些自己看着不错的股票，这个心理问题是根深蒂固的，需要以修炼的态度去改变，用保本的思想取而代之。明显进入了下跌之途，想稳稳当当获利也就不可能，所以这个时候耐心是非常重要的。

1. **保本第一策略——空仓**：由于未来股价会一次比一次低，所以空仓是保本的根本手段。此时如果在生活中有其他需要用钱的地方，可以取出50%以上资金，先用于其他地方，然后耐心等待。空仓得忍得住反弹的诱惑，看得准反弹的本质，等得到进一步的低价，实实在在是一般人比较难做到的，但是唯其难才是胜战之关键。

2. **保本第二策略——止损**：空仓很难，诱惑很大，再加上我们并不能确定跌到什么时候、什么价位就是真的到底了，所以抄底错了是很正常的，在前面分析中我们知道，有时候一个短期下跌都可以跌去30%～50%，而一个长期下跌都要跌去60%～80%，所以究竟跌到30%是底部还是50%是底部，或者跌到60%是底部都不能确定。但是股票我们总是要做的，比如一个20元股票，我忍到12元下跌40%了，接着又等到10元下跌50%了，而且也大半年过去了，我已经够有耐心了，于是感觉可以做一次了，在9.8元买了，但是它横盘一阵子又下跌了，还一口气跌到了7.5元。从整体看下跌到了62.5%，貌似才跌12.5%，实际上新进入的资金下跌了23%。股价一轮大跌跌62.5%非常有可能，但是我们只是稍微做一下23%没有了。这就是抄底容易赔钱的原因。可是谁敢说肯定知道下跌百分之多少是个底部？所以除了急功近利之徒在下跌时不停抄底外，就是有经验、有能力、有耐心的人，抄底错误也是在所难免的。这个时候就要用到止损，止损是唯一出路。

（二）**增值**：增值是针对下跌过程中的反弹和小波动而言的，有时候下跌过程中的机会反而会更加丰富多彩。阱壁上的增值有两个方面。

1. **增值第一策略——反弹的把握**：在下跌过程中最好的增值就是分析和把握反弹阱壁FB2，一般来说这样的反弹幅度在10%以上，而且每一次急速下跌都会有反弹，是风险比较小的操作方法。

2. **增值第二策略——波动的把握**：在四种阱壁内部都有微小的次级波动，幅度一般不超过6%，甚至更小，可以说一天内可以有3%的振幅，但是一天内不一定有3%的涨幅，而在短暂超跌过程中，3%以上的振幅比比皆是，做好这样的操作那是最好不过的增值手段，但是由于次级波动幅度小，而我们操作时不一定买在最低点，卖在最高点，所以一旦失败是会赔钱的，风险相对来说比较大。

把握波动是胜战技术磨炼提高的重要方面。

第五节　保本策略之空仓

阱口形成我们做了空仓，那么在阱壁之处，自然还是保持空仓，不到能够进入的时候，一定不能进入。

（一）忍得住反弹的诱惑： 所有人在空仓过程中，最不能忍受的是空仓后上涨，特别是还涨过了卖出价，心急的人有可能反手追高。所以欲要空仓做得好，一方面要把阱口分析做好；另一方面就是要忍得过刚空仓时偶然或者一两天股价高于卖出价。因为阱壁注定是破位再破位以后形成的，上面有的是套牢盘，所以短暂的上涨根本不可能翻转。只要忍得住开始一段时间，下面必然是股价一天低于一天，你的心情就会平静。

（二）看得清反弹的本质： 我们在空仓后又高位追入，根本原因就是没有分清楚是反弹还是翻转。在阱壁处，所有反弹都不会超过上一级均线，而且都会继续回落跌破原有的最低价，所以阱壁内只有反弹没有翻转。如果我们确定是阱壁，那么反弹是不能追高的，因为一般的反弹充其量也就百分之几到百分之十几的高度，你追个3%、4%的，有可能来不及获利。只有比较大的反弹才有机会，但是反弹究竟是不是大的，是走出来的，在起初是不确定的。如果你到破位再破位依然没有明白行情，到了阱壁，神也救不了你。

（三）一切以空仓为前提思考： 有一些人希望做一个短线，在一定位置买入，或者在反弹时追入。在阱壁处这样操作是对是错不在赔赚，而是在于你是什么思想主导下的操作。如果在空仓主导下进行，你一定会进行风险控制、仓位控制，而且会随时止赢止损回到空仓状态。如果是抱着想赚钱的态度，有可能被进一步下跌闷死；或者卖出时舍不得空仓有所保留，导致局部大亏。

总之，空仓根本上说是一种思想和状态。一般性地表现为对心理控制能力和分析能力的双重考验，空仓就像把叫恐惧的龙和叫急躁的虎放在笼子里，并用易悔的烈焰熏烤一样，外面没有感觉里面斗争激烈，只有用清明的定力，降龙伏虎的本领才能做得好。

第六节　保本策略之止损

止损对于下跌过程来说一般都是赔钱后的行动，而此时因为已经下跌不少了，我们买入价又在下跌以后,所以在这时对股价反弹还有期待,止损尤其困难。而且有时候真的就是刚止损没有几天,股价又突然上涨回到了买入价上方,没有正确的认识和操作方法肯定会心神大乱。

(一)止损要在成本价附近: 阱壁处买入有两种情况,一种就是超跌抢反弹,一种就是超跌后抄底。两者出发点不同但是都会导致买入行为。在买入后情况当然只有两种,一种就是按照预计想法如期上涨,一种是没有按照自己想法走,股价出现下跌,这个时候要不要卖出,需要进行分析。为了避免大幅损失,在成本价附近就要仔细观测股价走势,作出决断,越早决定,损失越小,越是应付自如。有的人把止损设为下跌3%,有的设为10%。这个是一种策略,但是已经损失不少了。假如我们能够在下跌1%内作出决断损失不是更小吗?所以当你依照阱壁进行抢反弹或抄底时,在买入的那一刻就要有止损意识,就要考虑如何尽快出局的问题。在成本价±1%范围内努力分析清楚,是最佳方法。有些人会认为跌一点看不出来今后是不是大跌,不好操作。实际上也是这样,拿捏非常准确谁也做不到,但是这就是技术的关键之处,必须尽量做到准确。一般人当股价在成本价附近时心理承受力较强,由于抱着赢利期待,所以基本上没有几个人去分析要不要出局止损,结果往往是股票赚钱的时候没有走,一直磨到亏钱了不得不走。止损要伴随强烈的成本价附近分析并减仓空仓的意识,这样才是技术提高的基础。

(二)止损要果断利落: 说到这个问题,实际上就是戳到了人性的痛点。每一个人都是有智慧的,都不是傻子。但是要亏钱卖出,那是极不情愿的。许多人特别是老股民有这种感觉,就是有的时候隐隐约约地感觉不行了,估计要下跌,但是没有行动也没有仔细分析,就是真的仔细想了想,又被一些无关于股市技术却有关于各种思想的东西战胜,比如"这个股票基本面还是不错的""现在亏得不多,不用着急""我本来就是中线选股看中它的优点""我就拿着不信它涨不起来""以前那个什么股票不就是卖亏了吗""实在不行我就长期持有"等。思想在不停转悠,时间在流逝,"啊?又跌了!"于是又开始转悠,终于跌多了,另一种思想出现了,"既然跌这样多了,肯定会反弹,等等吧"。不久股票继续下跌,后悔了,"我怎么就不早卖呢""长期持股是好,但是当初卖了,再抄回来不是更好吗""我这也叫炒股,高位不卖,低位不买这哪是炒股""哎呀!这跌的。要不卖了看看,低位再买"。终于受不了了,卖了,此时已经赔了许多。当然还真的有止损以后不久股价回到了卖出价以上的,这个时候许多人会特别后悔，后悔卖错了，而那些没有卖的人会说："你看看拿住股票还是可以的，我就不像你们天天急急忙忙的，一会儿这样一会儿那样的。"那么根本问题是这样的吗？当然不是。第一就是你在最初卖出了吗？在成本价附近卖的吗？都不是！那么估计你卖出的时候就是别人抄底之时，你不失败可能吗？即使在成本价附近卖出然后又上涨了，一方面说明我们技术分析水平有限，另一方面说明股市基本面有了新的变化。但是这也不能说明你错了，因为你的出发点是及时止损，你本金没有多少损失，股市有的是机会。这种情况下，你就当有一段时间你没有做股票，下一次机会依然属于你。

（三）止损操作： 为了兼顾各种思想，让止损与我们心理最大吻合，可以进行分仓止损。

1. 分仓原则： 下跌破位，空仓；下跌幅度小未破位或刚破位趋势不明，减仓；减仓后一般不高于 40% 仓位；常用 30% 仓位，承受力小则用 20% 仓位。

2. 实例分析：

（1）例1：科隆股份（300405）2017年8月到2018年2月。从2017年9月1日最高的17.58元，一直跌到2018年2月7日的最低点9.29元，延续5个月，下跌幅度48%。下跌由通道阱壁TB4.1+ 接近横盘的通道阱壁TB4.2/HB3+ 急跌阱壁JB1组成。

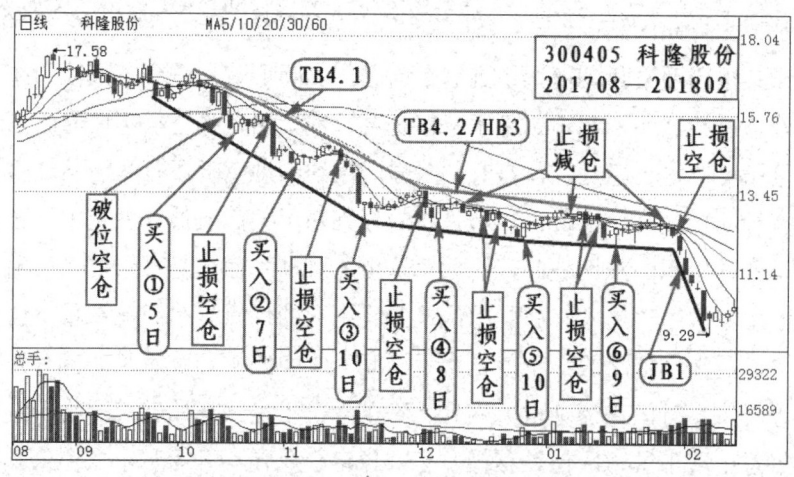

买入和止损分析：2017年8月和9月形成阶段性反弹顶部，于10月18日大阴破位下跌，19日形成双阴破位，此处执行破位空仓，顶部形成后破位空仓是止损的第一操作，很显然这里卖得越早越好。一般情况下，顶部破位后短期不建议买入，但是由于各种心理影响都会导致买入行为，所以下面对各阶段买入后

第八章 陷阱研究之阴壁

的止损进行分析。

①买入①：在买入①处有一根小阳线，其后出现5个交易日的微幅反弹，这里极易引起一部分看好该股的人产生买入行为，如果一直到第5个交易日仍然持有股票，那么到第6个交易日遇到伴随阴线，则必须进行止损。由于这里距离顶部比较近，所以建议执行止损空仓，第7个交易日继续下跌更需要果断空仓。

②买入②：在买入②处出现一个小阳线，此时由于下跌已经有一定幅度，所以这里的7个交易日，也极易引起反弹幻想，发生买入行为，如果在第7个交易日依然持有股票，第8个交易日出现中阴线则需要止损，在阴线形成过程中，可以逐步减仓，就是说上午下跌开始把握不好，可以先减仓到40%，继续下跌再减到30%、20%，但是由于阴线实体较大，最终建议执行空仓；在这里如果你经验丰富，考虑到此前两天已经滞涨，那么开盘直接空仓是最好的。

③买入③：在买入③处出现了下影阳线，其后有5个交易日微幅横盘，随着下跌幅度增加，抄底的人也会增加，在这里买入行为发生的可能性较大。如果在第10个交易日依然持有股票，第11个交易日出现反包中阴线则需要止损，建议执行空仓。

④买入④：在买入④处出现一个伴随反包阳线，这里给人一种已经跌了不少跌不下去的感觉，其后股价初步形成横盘微涨走势，也是容易吸引买入，如果在第4个交易日依然持有股票，第5个交易日出现小阴线需要执行减仓，在第9个交易日再一次出现下行阴线则需要执行空仓；如果有人一直迟疑不决持股到第12个交易日则必须空仓。显然在第5个到第12个交易日，越早卖出越好。

⑤买入⑤：在买入⑤处出现一个伴随反包大阳线，这个大阳线就是由于股价一再下跌抄底跟风盘大胆介入形成的，其后6个交易日上涨，由于此前的横盘给人有盘底的感觉，所以股民买入可能性也是非常大的，如果在第6个交易日依然持有股票，在第7个交易日出现连阴时需要执行减仓，在第10个交易日出现反包中阴线时则需要执行空仓；如果有人一直迟疑不决持股到第12个交易日则必须空仓。在这里反观我们在买入④的止损空仓，发现股价没有几日又回到了我们的卖出价，而且有可能高于我们的卖出价，这里如果我们认为底部横盘了，跌不下去了，无须空仓，那么我们就产生了一种危险的思想，而股市就是需要在这里给我们这样的暗示，为继续下跌创造条件，出现这种思想说明我们没有掌握止损空仓的意义。

⑥买入⑥：在买入⑥处又出现下影线阳线，其后6个交易日微幅上涨，好像

强化了跌不下去、磨底等概念，特别是起初的阳线，顺势小阴小阳小量反弹靠近 30 线几乎就要突破 30 线，并且均线系统聚集纠缠，而且反观买入④和买入⑤的止损空仓，发现股价依然没有继续下跌而是又涨回来了，这个时候特别能够引起底部即将完成的幻觉，买入一定仓位在所难免，但是我们还是要警觉，因为是在下跌过程中，是不是磨底不能确定。第 8 个交易日出现回调小阴线，第 9 个交易日继续回调小阴线，这个时候明显滞涨，执行减仓操作，等待突破再加仓。到第 10 个交易日形成中阴下跌，股价运行到所有均线下面，必须执行空仓，如果依然持股，那么到第 11 个交易日大阴下跌就亏大了。在第 8 个和第 9 个交易日搞不清楚是不是磨底，判断不准不算没有水平，但是到了第 10 个交易日及第 11 个交易日均线下破位，你再不止损那就等着大亏了。

这里要说明一点，就是当我们止损空仓后股价缓慢上升而且高于你的止损价，并且发生两次以上时，是不是更加说明跌不下去呀？没有关系，股市就是这样复杂，卖低一点不算没有水平。在买入⑥会更加引起人们磨底的猜想，均线纠缠，似乎要突破，买入也没有错误，后面的走势是走出来的，我们怎么可能猜得出呢？虽然这里横盘那么久，实质是主力高抛低吸转移筹码给散户，但是在没有走出来的时候我们不知道，所以止损就是为了预防后面大跌的必然操作。

（2）例 2：物产中大（600704）2017 年 9 月到 2018 年 3 月。从 2017 年 10 月 16 日最高的 8.17 元，一直跌到 2018 年 3 月 23 日的最低点 5.94 元，延续 5 个月，下跌幅度 27%。阱口形成后，下跌由急跌阱壁 JB1.1+ 横盘阱壁 HB3+ 急跌阱壁 JB1.2+ 反弹阱壁 FB2.1+ 急跌阱壁 JB1.3+ 反弹阱壁 FB2.2+ 急跌阱壁 JB1.4 组成。

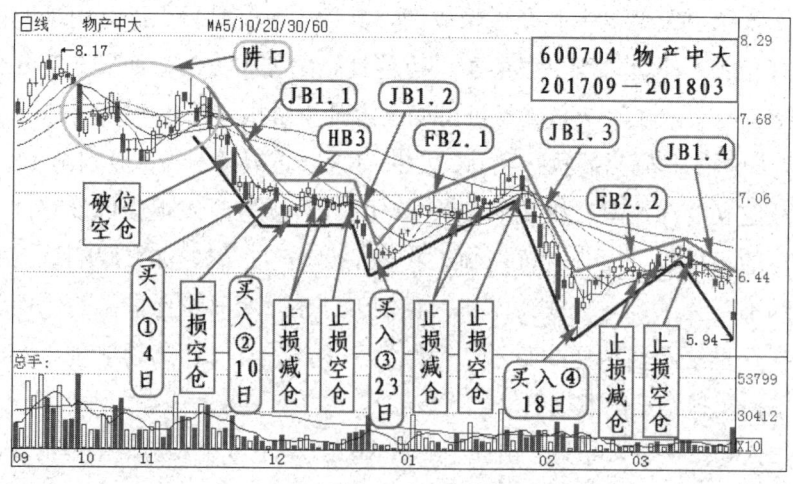

第八章　陷阱研究之阴壁

买入和止损分析：2017年9月到11月形成了长期上涨的三重顶，11月22日中阴线下跌股价确认破位，23日大阴急跌阱口确认，执行止损空仓。下面对各阶段买入后的止损作分析。

①买入①：在买入①处出现一根反弹中阳线，由于此前股价下跌不少，这里会有不少买入者，其后3个交易日横盘，如果第4个交易日依然持股，那么在第5个交易日出现反包中阴线时需要止损空仓。

②买入②：在买入②处出现一个反弹阳线，其后3个交易日反弹，如果在第4个交易日依然持股，那么在第5个交易日出现回调阴线时需要执行减仓，由于回调跌幅在前面上涨幅度上半部，所以这里可以暂时不空仓；在第7个交易日又一次阴线回调，依然在横盘范围内，所以可以执行减仓；这里有人会说在横盘过程中回调加仓才对，事实上也是这样。这两次回调尾盘加仓都有小利，那么执行止损减仓是不是没有意义？股市就是这样熬人，有时候左也不对右也不对，有时候左也有理右也有理，怎么办？其实只要不是必须执行空仓的地方就有矛盾，对策是这样的，究竟加仓还是减仓主要看当时的仓位，对于此前持仓大的，执行止损减仓就是对的，因为后面是否上涨不是当时能够知道的，但是对于此前仓位已经很小的，不妨试一试回调加仓。这里如果在第10个交易日依然持股，那么第11个交易日出现反包大阴线并破位下跌，则必须先执行空仓。

③买入③：在买入③前1日出现一根长下影阴线，买入③处出现一个小阳线，由于此前下跌幅度较大，所以买入可能性较大，其后3个交易日横盘，然后经历时长23个交易日的反弹行情FB2.1。在第14个交易日经过多日横盘出现一个带上影线的阴线，这里要做好两手准备，一方面就是止损减仓，因为此处均线纠缠，其后是否破位下跌并不清楚，所以先减仓；另一方面就是等待破位再减仓。实际走势是依托30线继续反弹。在第18个交易日已经出现连续两个阴线，与前面一样要做好两手准备。这里我们更加能够理解这一句话，那就是"只要不是必须空仓的地方，就会矛盾重重"。由于后面连续的上涨，是不是说明我们止损减仓的考虑没有意义？这个问题在第24个交易日给予了回答。在第22个和23个交易日依然是小幅横盘、依然在均线之上，在第24个交易日大阴线回调，依然在均线之上，但是到了第25个交易日破位下跌则必须空仓，但是肯定增加了止损的损失，如果在第24个日就分步空仓损失肯定要小得多。所以提前减仓主要应对的就是大幅的破位下跌，并且减仓以后还可以再加仓，操作起来更加灵活，而选择一直持仓肯定会被动得多。

④ FB2.1 回顾：FB2.1 这一波反弹幅度比较大，最高上摸阱口形成时的止损空仓价位，并高于此前在买入①、买入②和买入③中的减仓和空仓价位。对于赔钱出局后没有及时买入的人来说在心理上是很刺激的，这个事情如果不能正确认识，会对严格实行止损造成不良心理影响。这一波反弹似乎印证了一句老话："拿住！不久会有更好的出局机会！"你看如果在买入①、买入②和买入③不做减仓空仓，一直拿到反弹高点再卖，显然会更好。针对这一种心理在止损中的不良影响，做两方面分析：第一，虽然后面价格比前面卖出价高，但是依据波动原则来说，后面是一轮新的波动，已经不是当时的趋势了，不能把不同时期和不同形态的波动放在一起考虑，做股票最正确的做法是有效把握当下的波动，只要留好钱在任何时候都有再来一波的机会。止损不仅是为了把握本次趋势，也是为了下一轮波动做资金准备，你既然敢在高价位持有股票，为什么不能在更低价位重新买回呢？第二，在长期下跌过程中大部分股票都会有反弹，反弹之后继续下跌，观测发现，下跌发生最多的形态不是大幅度反弹而是小幅度反弹或横盘运行后继续大幅下跌，在没有走出来之前，谁敢肯定下一轮是大幅度反弹呢？所以不能以一种可能性否定涵盖多种可能性的操作。

⑤买入④：在买入④处是一个带下影线的大阴线，由于此前又一轮大幅下跌发生，所以这里抄底买入者也会出现，其后连续 7 个交易日反弹上涨，都会有做反弹者买入，如果在第 10 个交易日依然持股，那么在第 11 个、第 14 个交易日回调阴线处要做减仓准备，在第 19 个交易日则需要执行空仓操作。

3. 止损技术的精髓：通过上面实例分析，我们了解了下跌过程中的一般性止损操作，这里更进一步进行归纳和分析。在例 2 中由于反弹阱壁 FB2.1 的存在，使买入①、买入②处的股价均有利润，对于止损以后赔了一点、在底部又没有参与的人，会造成一定的心理冲击。所以我们需要强调止损技术的意义！因为我们的止损发生时后面的反弹还没有出现，而且反弹幅度也是一个不确定的东西，假如走势不是例 2 的形态，而是例 1 形态，我们是不是会越赔越多呀？所以在未来还没有出现以前，我们所做的就是依照大部分股票的规律来操作，不能幻想出现什么形态。因为我们止损就是保护资金，有充足的资金，无论什么时候只要出现买入机会我们都可以再一次买入。所以我们不能用后来发生的事情否定前面正确的操作，思想一定要清晰。反过来说，在例 2 中当急跌阱壁 JB1.3 和 JB1.4 出现后，以前的止损是不是全部都是正确的？而此时认为不如不卖的人，是不是又会说："唉，还是卖了好。"

止损技术的精髓：用已经发生的形态，结合大部分股票历史走势的一般性规律，依照大趋势的走向所做的风险规避。止损做得成功与否只以本金或利润减少了多少损失来衡量，是不看原来股票的股价在未来能够涨多少的。

正是因为人们用后面的走势否定前面的决策，形不成固定的止损策略，使自己思考越来越没有标准，才在下跌过程中被股价走高窜低搞得晕头转向，任何时候都不敢进行决策。

（四）止损后操作： 止损和止赢不同，止赢发生在上涨高处，还没有套牢盘。但是止损一般发生在下跌破位之时，上面已经有了套牢盘。

1. **止损后股价走势：** 有三种情况。

（1）股价如期下跌：这是理想的止损后走势，在我们止损后75%的概率会是这样的走势。因为我们止损肯定会是连阴破位之时，所以大部分股票已经呈现颓势。在下跌过程中，无论阱口止损，还是反弹阱壁完成后，在上一级均线处下跌止损或横盘下跌后止损，几乎都是这样的走势，此时只能空仓等待。

（2）股价横盘震荡：止损后没有大幅下跌而是小幅横盘，其后有上涨也有下跌两种走势。多见于通道阱壁之中，也有横盘阱壁中途。其后下跌的居多，上涨的比较少。由于横盘会有几天时间，所以我们可以从容处理，只需要空仓等待认真分析就可以。

（3）止损"失败"：我们止损以后股价突然大幅上涨。一般人都会有很不爽的感觉，这个情况多见于横盘阱壁中途、反弹阱壁中途盘整和上涨剧烈洗盘过程中。有时候我们突然发现我们是被洗出去了。遇到这种情况是不是说明我们止损做错了呢？如果盘面出现了应该止损的走势，我们做了止损，肯定是做对了。这里已经不是止损的问题了，而是止损后处理的问题。

2. **止损"失败"辨析和处理：** 首先止损后即刻上涨的情况是比较少见的，所以如果发生，我们在心理上要泰然处之，无非错过了几个点而已。实际上在各种操作中，比如止赢也有可能损失后面发生上冲时的几个点。在股市里面因为策略而形成的局部损失是我们不受股市迷惑、执行既定策略的有效手段。后续操作有以下两方面。

（1）尽量在均线即将破位时止损：就是说我们止损尽量早进行，如果没有把握也可以在均线处减仓，等破位后再空仓；如果没有破位在低位接回，这样损失要小得多。即使当日反涨，我们接回来，本金不少，如果再跌无非再止损一次，灵活操作。

（2）绝对不要重仓追高：这个时候头脑要清晰，如果我们止损比较早，后面又下跌了一段，返回时可以小仓位买回来。今后确认翻转了再加仓，但是绝对不能重仓追高，毕竟止损以后 75% 的概率是下跌的。如果我们止损较晚，损失比较大，也可以放弃操作，等待今后的机会。

第九章 阱壁形态细研

下跌阱壁有急跌阱壁 JB1、反弹阱壁 FB2、横盘阱壁 HB3、通道阱壁 TB4，实际的下跌阱壁形态要复杂得多，为了更好地应用，我们做一下详细分析。

第一节 变形的急跌阱壁 JB1

（一）**典型急跌阱壁**：数码科技（300079）2017 年 11 月到 2018 年 2 月，出现两次急跌阱壁，都是典型急跌阱壁。

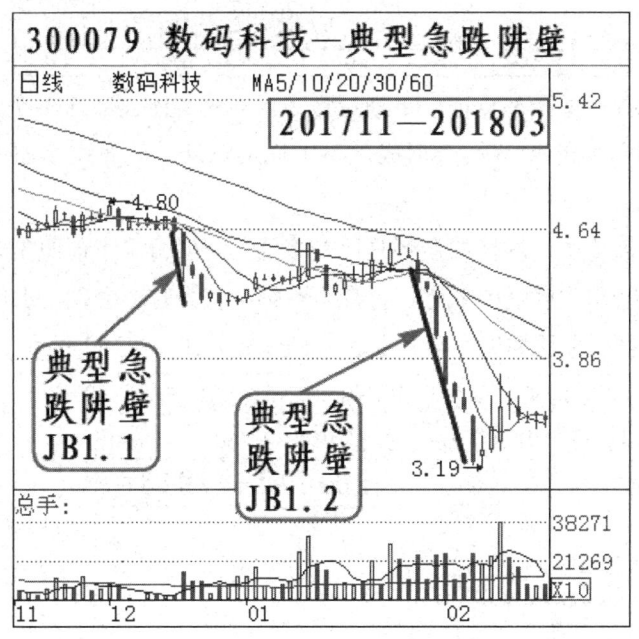

典型急跌阱壁形态特征：下跌过程中，K 线实体全部在 5 日线下，绝大部分 K 线的最高价低于前一天的最高价；K 线实体最低价低于前一天的最低价，走势如直线倾斜下跌。

实际运行中，典型急跌阱壁走势一般出现在阶段性顶部或横盘之后。

（二）**上圆弧急跌阱壁**：精伦电子（600355）2018 年 4 月到 7 月，出现上圆弧急跌阱壁。

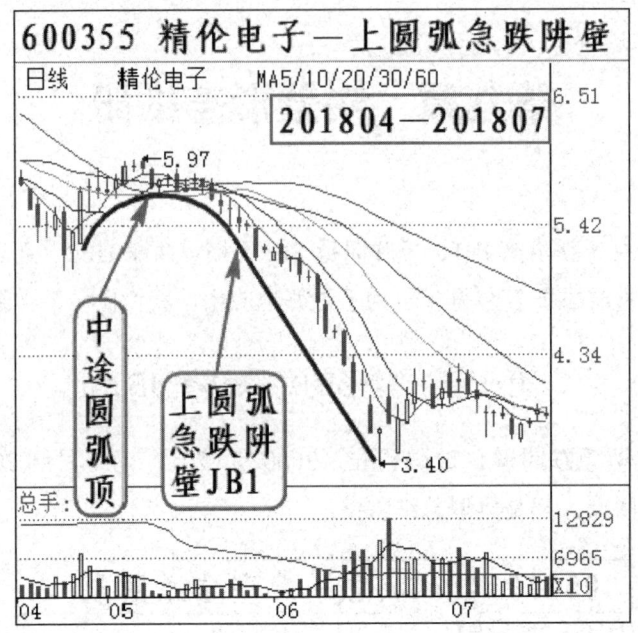

上圆弧急跌陷壁形态特征：下跌过程中，K 线实体大部分在 5 日线下，开始下跌缓慢，与前面的 K 线组合形成下跌中途圆弧顶，后面跌速加快，走势接近典型急跌陷壁。

在线下下跌途中，这样的走势是比较多的，一般情况下前面是一波反弹，其后大部分情况会出现横盘的形态，下部下跌幅度较大时，会直接出现反弹。

（三）**下圆弧急跌陷壁**：梦舟股份（600255）2017 年 12 月到 2018 年 7 月，

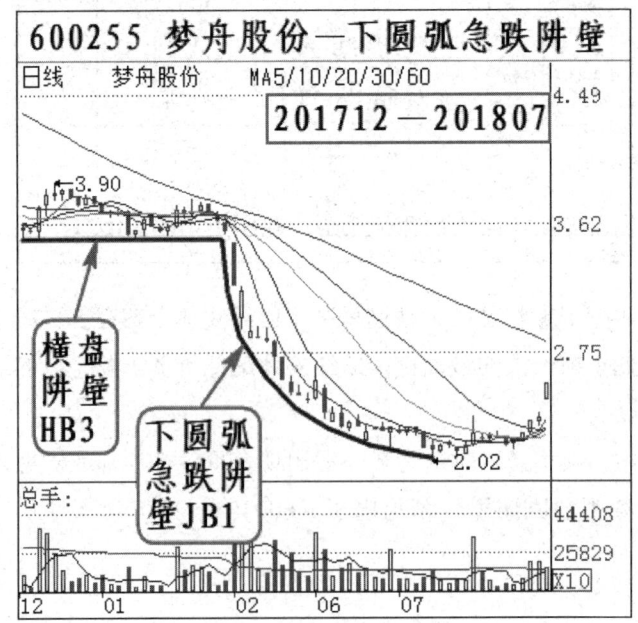

出现下圆弧急跌陷壁。

下圆弧急跌陷壁形态特征：下跌过程中，K线实体大部分在5日线下，开始下跌较快，接近典型急跌陷壁，一定幅度以后下跌趋缓，形成下圆弧下跌走势。

在线下下跌途中，这样的走势前面一般是横盘走势或一轮上涨后形成的中途悬空顶，下圆弧以后一般会有一段横盘走势，然后形成圆弧底反弹或横盘后继续下跌。

（四）通道式急跌陷壁： 冠农股份（600251）2018年5月到8月，出现通道式急跌陷壁。

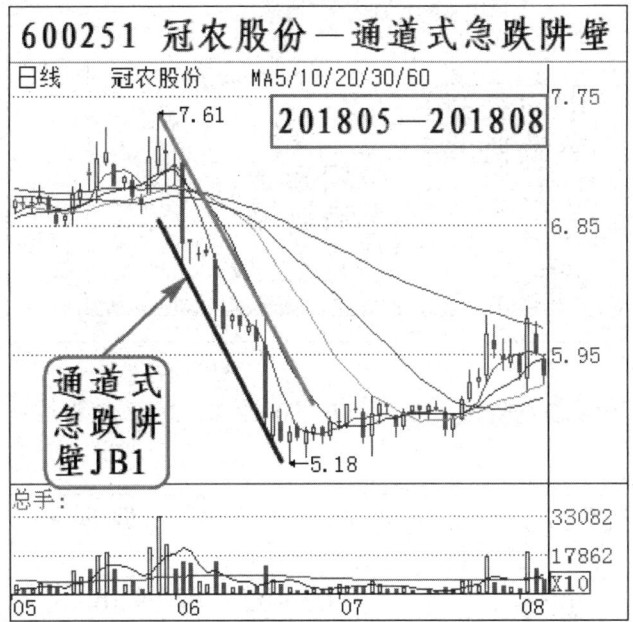

通道式急跌陷壁形态特征：下跌过程中，K线实体绝大部分在5日线下，开始下跌较快，然后在远离5日线处向5日线做横盘或反弹，接近5日线后继续下跌，连续数次，类似于通道陷壁的台阶形态。

这样的走势由于K线几乎都在5日线下运行，所以依然是急跌陷壁，与典型通道陷壁有区别，一般出现在横盘震荡运行后。

（五）中间通道急跌陷壁： 商业城（600306）2018年1月到6月，连续出现两次中间通道急跌陷壁。

中间通道急跌陷壁形态特征：下跌过程中，K线实体绝大部分在5日线下，上下都是5日线下急跌，中间有一个倾斜向下的窄幅通道过渡，由于通道只有一个并且时间短、幅度小，超过5日线K线少，所以是一个通道式急跌陷壁。

这样的走势在股票下跌途中广泛存在，中间通道倾斜向下，可操作性极差，等同于5日线下急跌阱壁。短线也可以看作是一个不规范的横盘运行。

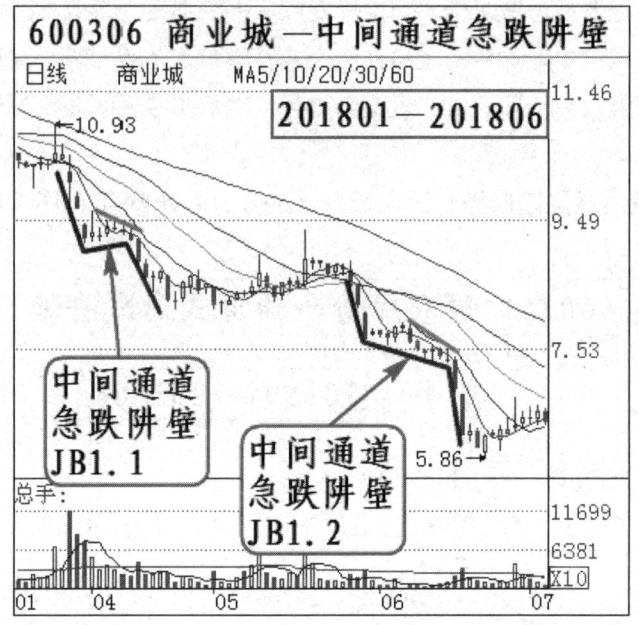

（六）**上下弧急跌阱壁**：联化科技（002250）2018年3月到6月，出现上下弧急跌阱壁。

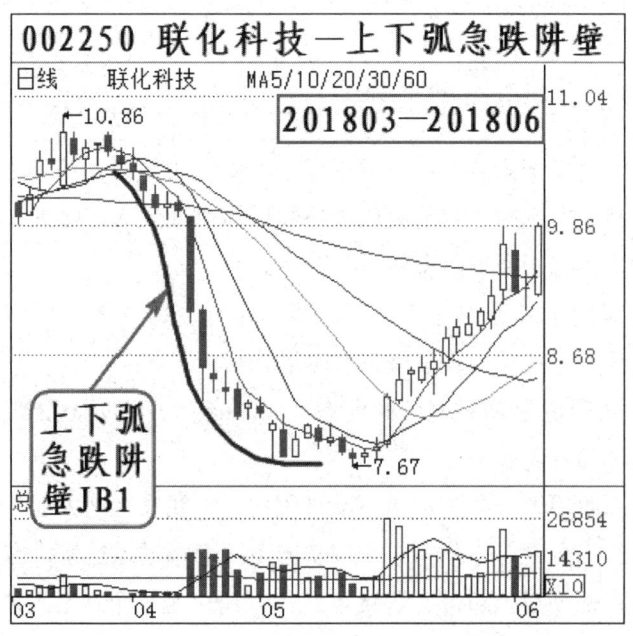

上下弧急跌阱壁形态特征：下跌过程中，绝大部分K线实体在5日线下，开始和后来下跌比较缓慢呈圆弧状，中间是直线大跌过渡，5日线形态更标准。前面弧线形成圆弧顶的一部分，后面走势结合横盘形成圆弧底或横盘后下跌。

这种走势在下跌过程中比较少，发生于阶段性高点的长时间下跌。

第二节 多样化的反弹阱壁FB2

（一）**典型反弹阱壁 F**：力星股份（300421）2016年12月到2017年4月，出现典型反弹阱壁，也叫一浪式反弹。

典型反弹阱壁形态特征：反弹从低价位开始沿着一定斜率步步走高，当反弹结束将要下跌的时候，股价也正好达到本次反弹的最高位，股价走势表现为沿着5日线的急涨或5日线和10线之间的上升通道。最高位可以在60线下，接近60线或小幅超过60线。

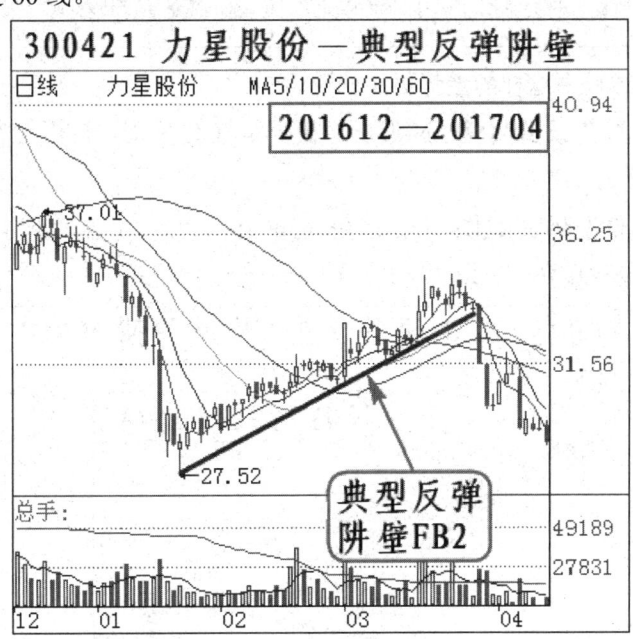

实际运行过程中这样的走势还是比较多见的。

（二）**单N形反弹阱壁 N**：国电电力（600795）2017年12月到2018年2月，出现典型单N形反弹阱壁，也叫标准三浪反弹。

单N形反弹阱壁形态特征：反弹第一波是一轮典型一浪上涨，然后短暂回调，回调点高于起涨点，接着又一轮典型一浪上涨，形状如斜放的N字，在N形末端正好是反弹最高位。最高位可以在60线下、接近60线或小幅超过60线。

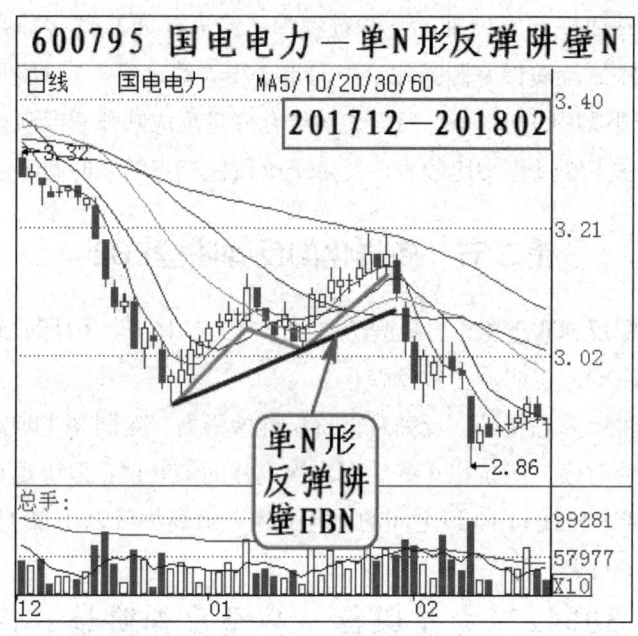

实际运行过程中这样的走势更加普遍。

（三）**变 N 形反弹阱壁**：N 形反弹极少是标准 N 形，广泛存在的是变形的 N 形走势。

1. **后涨走低型阱壁 N①**：开山股份（300257）2017 年 9 月到 11 月，出现后涨走低变 N 形反弹阱壁 N①。

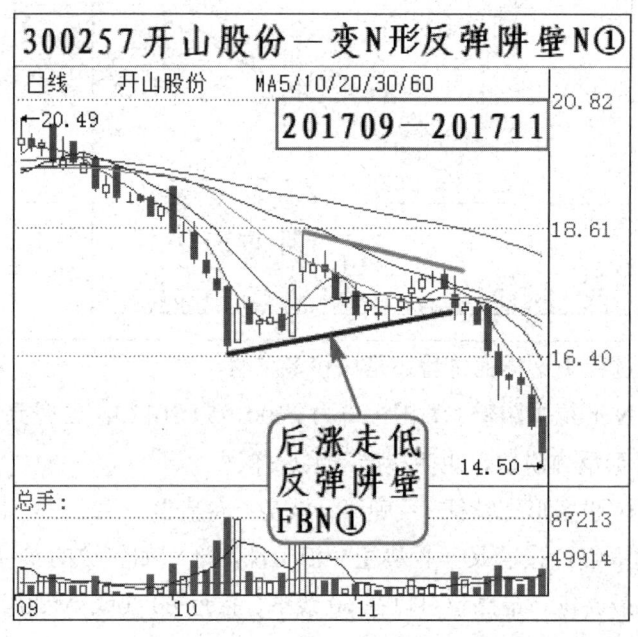

后涨走低型阱壁形态特征：反弹过程中，所有回调低位呈现逐步走高的 N 形反弹特征，且在 N 形反弹中第二次上涨高点低于第一次上涨高点，股价反弹到均线处回落并走低，显示均线压制较强，上涨阻力较大。也叫中途三角形整理形态。

2. 后涨走平型阱壁 N②：中国医药（600056）2017 年 11 月到 2018 年 1 月，出现后涨走平变 N 形反弹阱壁 N②。

后涨走平型阱壁形态特征：反弹过程中，所有回调低位呈现逐步走高的 N 形反弹特征，且 N 形反弹中第二次上涨高点与第一次上涨高点接近，股价在均线附近受压反转，形成下跌中途双顶，显示均线压制较强，上涨阻力较大。反弹压力线有 30 线和 60 线。

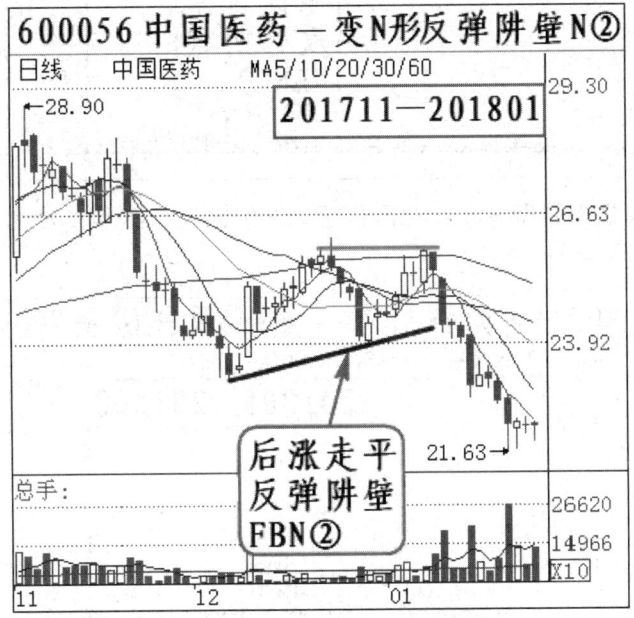

3. 中间平走型阱壁 N③：动力源（600405）2018 年 1 月到 4 月，出现中间平走变 N 形反弹阱壁 N③。

中间平走型阱壁形态特征：N 形反弹中间的回调走势，没有明显地向下，而是沿着均线横向运行，有的运行时间长，有的运行时间短，由远离均线处一直运行到接近均线交叉的地方，然后开始第二波上涨，并超过上一级均线。

这样的走势有两种情况，一种是第二次反弹在 60 线下停止然后继续下跌；另一种是第二次反弹大幅上涨并超过 60 线。实际的股价运行中后面一种居多，而且横盘时间越长，上涨幅度越大。

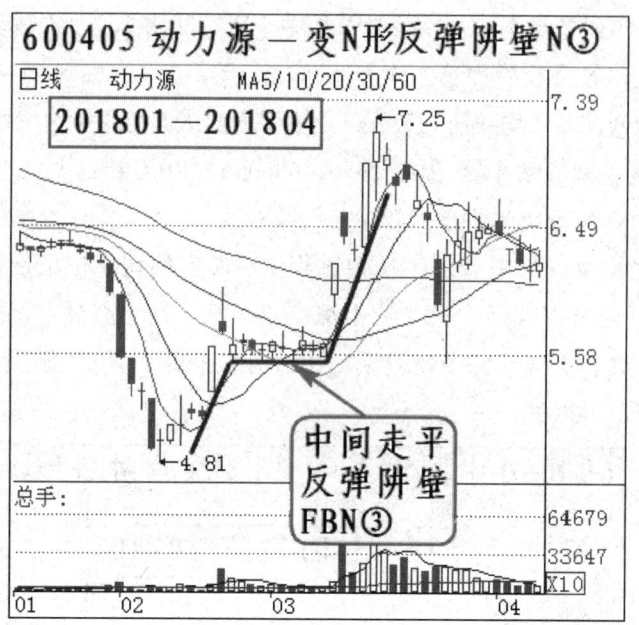

4. 中间深调型阱壁N④：力源信息（300184）2018年5月到8月，出现中间深调变N形反弹阱壁N④。

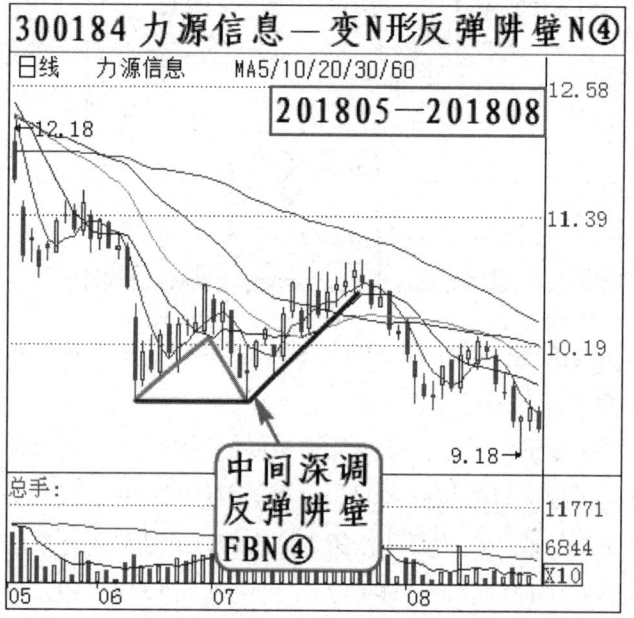

中间深调型阱壁形态特点：N形反弹中间的回调深度较大，回调低点落在反弹起点附近，形成下跌中途双底，第二波上涨的高点明显高于第一波上涨高点，有明显的N形形态，这里把前面的走势看作N形比看作横盘更合适。

（四）多 N 形反弹阱壁： 当发生时间稍长和幅度比较大的反弹时，实际走势往往是由多个 N 形反弹组成的复杂结构。

1. 多 N 形组合实例一：丹化科技（600844）2017 年 11 月到 2018 年 2 月，出现多 N 形反弹阱壁 ND，呈现七浪反弹格局。

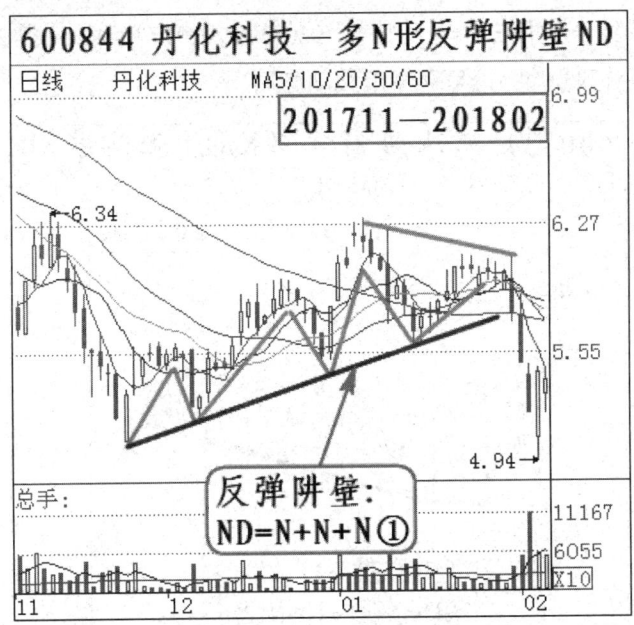

多 N 形反弹阱壁 ND 实例一分析：反弹走出多次波动，形成多浪上涨格局。整个反弹过程由连续的两个 N 形反弹和一个后涨走低型变 N 形反弹 N①构成。这里把最后面的一波走势当作反弹延续，表明反弹遇阻，形成中途顶部。反弹形态 ND=N+N+N ①。

2. 多 N 形组合实例二：华泰股份（600308）2018 年 3 月到 6 月，出现多 N 形反弹阱壁 ND，呈现五浪上涨状态。

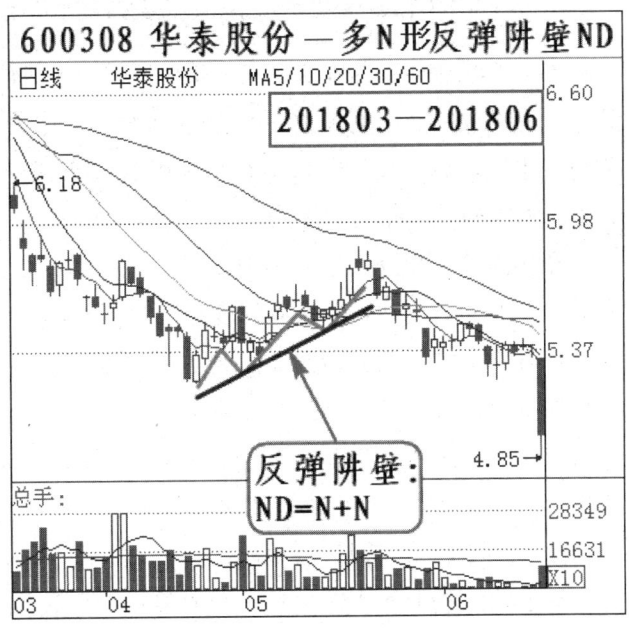

多 N 形反弹陷阱 ND 实例二分析：反弹走出两轮波动，形成五浪上涨格局。整个反弹过程由连续的两个 N 形反弹构成。反弹形态 ND=N+N。

这个五浪上涨格局，在反弹或上涨中比较多见。由于反弹行情是下跌的延续过程，所以我们的分析和典型的艾略特波浪理论分析有一些不同。

3. 多 N 形组合实例三：宏达股份（600331）2017 年 10 月到 2018 年 2 月，出现多 N 形反弹陷阱 ND，呈现七浪波动格局。

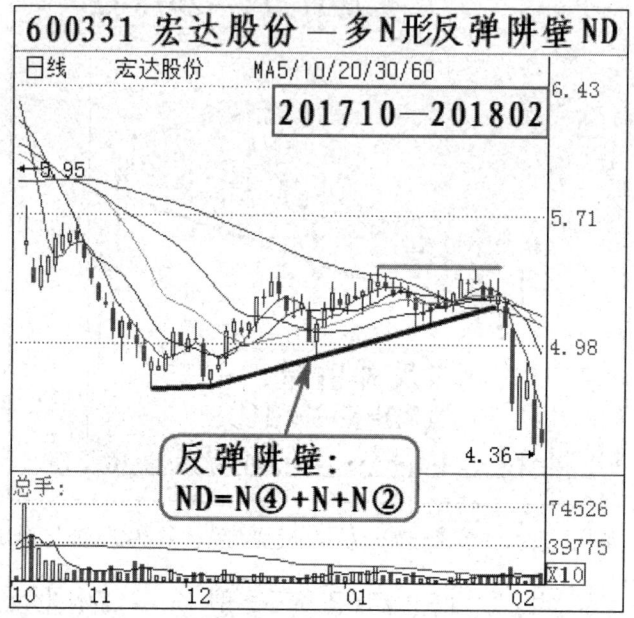

多 N 形反弹陷阱 ND 实例三分析：反弹走出三轮波动，形成七浪波动格局。整个反弹过程由一个变 N 形反弹 N④启动形成中途双底，接着一个 N 形反弹形成反弹中段，后面又是一个变 N 形反弹 N②形成中途双顶，然后反弹结束。反弹形态 ND=N④+N+N②。

在实际的反弹过程中，多浪反弹也是广泛存在的，一般都是由 N 形反弹和变 N 形反弹组合而成，并且以幅度超过 60 线的反弹多见。

（五）上弧形反弹陷阱： 合肥百货（000417）2018 年 1 月到 4 月出现上弧形反弹陷阱。

上弧形反弹陷阱形态特征：反弹启动后股价沿着弧线运行，弧线向上弓起，股价走势开始陡峭，往后逐步走缓，一部分反弹与其后的回调形成近似圆弧顶，一部分在弧线末端形成悬空急跌。

标准的弧线走势比较少见，一般都是带有 N 形的走势与弧形配合，形成广泛存在的中途圆弧顶或中途圆弧悬空顶。

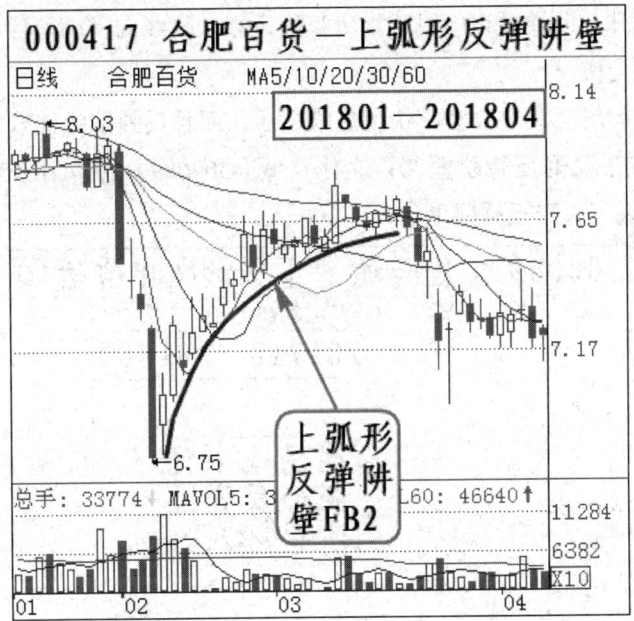

（六）下弧形反弹阱壁： 下弧形反弹阱壁是一种大幅下跌之后，比较多见的反弹走势，有两种形态。

1. **攀升下弧形反弹阱壁①**：宝光股份（600379）2018年1月到3月出现攀升下弧形反弹阱壁①。

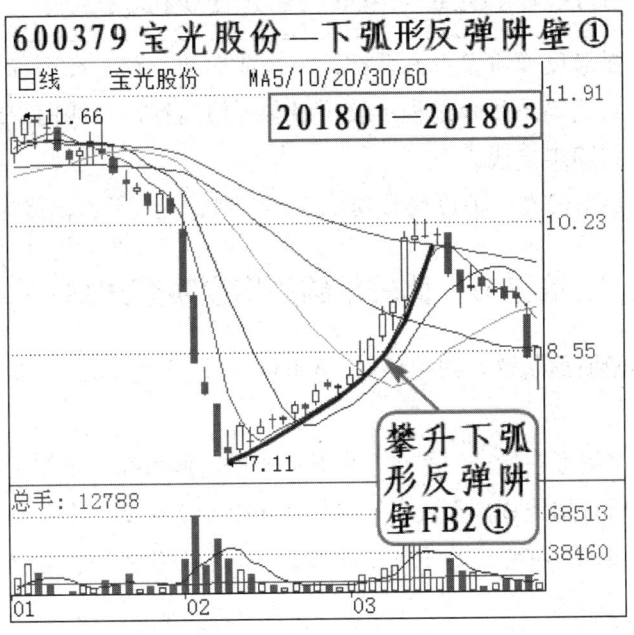

攀升下弧形陷壁形态特征：承接前面的急跌，形成近似尖底，股价几乎不作回调，稳步攀升。反弹过程中股价沿着弧线运行，弧线向下凹，股价走势开始缓慢，往后逐步走快。

这样的走势出现在一波大幅快速急跌之后，而且反弹涨幅比较大。

2. **震荡底下弧形反弹陷壁②**：文化长城（300089）2017年10月到2018年1月出现震荡底下弧形反弹陷壁②。

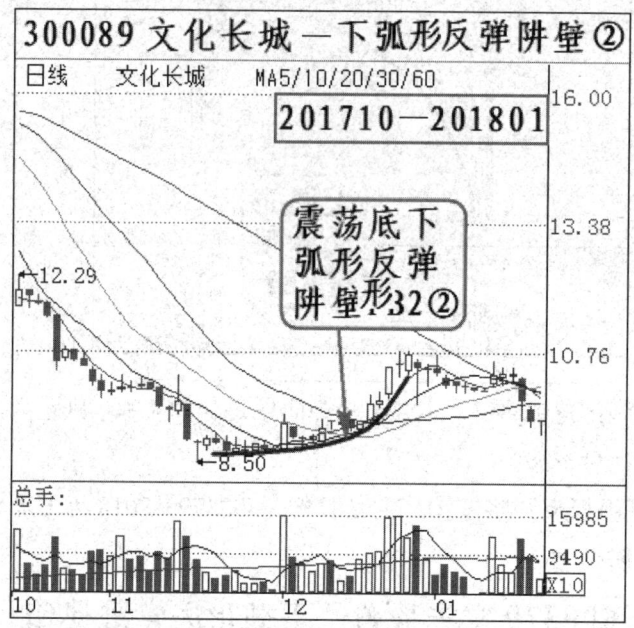

震荡底下弧形反弹陷壁形态特征：承接前面的下跌，在底部横盘震荡，形成圆弧底或小双底等。反弹过程中股价沿着弧线运行，弧线向下凹，股价走势开始缓慢，往后逐步走快。

这样的走势出现在一波跌势较缓的大幅下跌之后，反弹幅度也是比较大的。

第三节　比较单纯的横盘陷壁HB3

（一）典型横盘陷壁：国祯环保（300388）2018年7月到10月出现典型横盘陷壁。

典型横盘陷壁形态特征：经过一段时间下跌，股价在一个幅度不大的区域横向运行，同时所有均线逐步聚集，短期均线在近于水平的一个狭小区域运行并逐步汇聚长期均线，在横盘运行末期均线纠缠，然后股价跌破横盘区域下边沿，又一次下跌。

典型横盘阱壁在下跌过程中时有发生，而且横盘之后下跌更加强烈。实际上代表了筹码整理的一个过程，就是中途派发或战略建仓完成。

（二）**带有短期震荡的横盘阱壁**：瑞普生物（300119）2017年10月到2018年2月出现带有两次短期震荡的横盘阱壁。

短期震荡横盘阱壁形态特征：在股价横盘过程中，明显有两次有一定幅度的

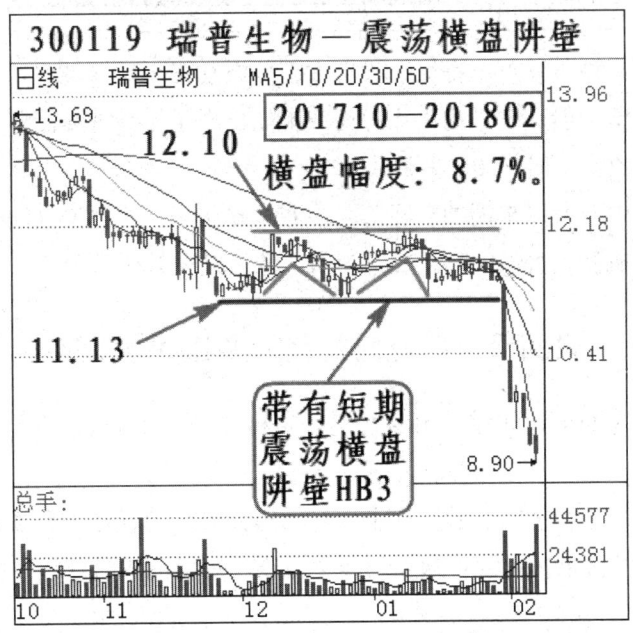

起落，由于时间短、幅度小，所以称为震荡。横盘震荡过程中短期均线走平纠缠并逐步与长期均线相交，然后在均线汇聚处大幅快速下跌。

震荡横盘阱壁在下跌过程中也有不少，之后下跌也很强烈。说明主力利用股价低位优势高抛低吸，处理筹码。

（三）带有短线冲高的横盘阱壁： 鹏翎股份（300375）2018年6月到10月出现带有多次短期震荡和两次短线冲高的横盘阱壁。

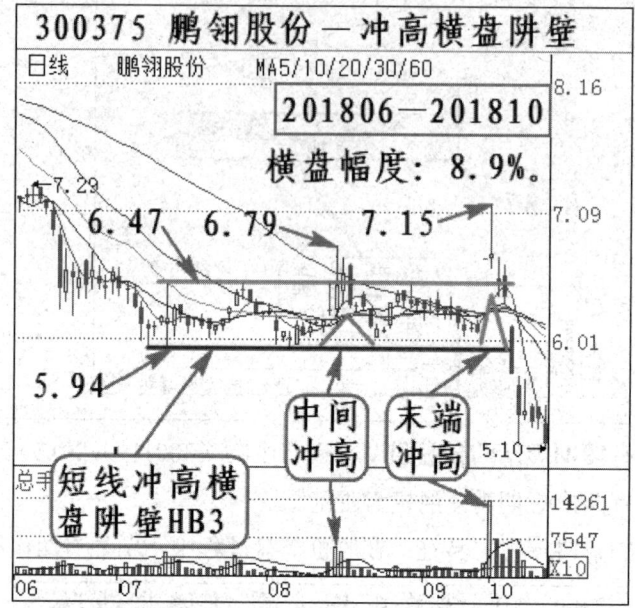

短线冲高横盘阱壁形态特征：股价大部分波动在一定区域内，整体形态是一个典型横盘阱壁，但是在横盘运行中途或末端出现了短线冲高回落，伴随着成交量放大或异常放大，时间短、幅度大。

股价运行中一般以末端冲高回落并接着大跌居多，中途冲高回落也有发生，说明主力利用横盘优势做拉高派发，为新一轮下跌做筹码整理。

第四节 广泛而特定的通道阱壁TB4

（一）特定的通道阱壁： 山河智能（002097）2017年8月到12月出现一段通道阱壁。

通道阱壁形态特征：下跌过程中，绝大部分股价运行在一个倾斜的具有上下沿平行线之间的区域内，由多次5日线下急跌和短暂的横盘或短暂的反弹组成。

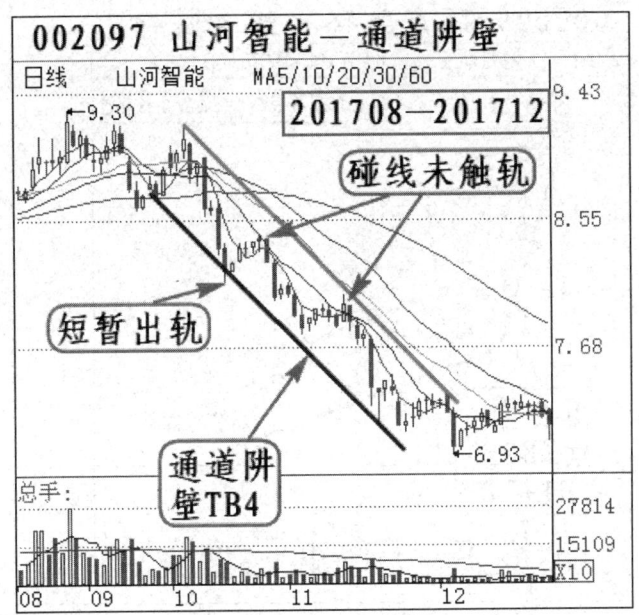

（二）通道阱壁注解： 通道阱壁广泛存在于下跌过程中，表达了以一定斜率稳步下跌的走势。

1. **广泛性：** 几乎所有股票都有一个时期走出通道式下跌。

2. **特定性：** 通道式下跌具有固定的形态，就是绝大部分股价在近似平行线的区域内运行，有短暂的超出平行轨线，也有在轨线内反弹和下跌未触轨的波动存在。

3. **概念注解：** 广义的通道下跌包括所有构成区域平行线的股价走势，包括多次发生大幅反弹下跌形成的通道；狭义的通道下跌，只是指20线下，股价运行在5日线和10线之间，或超过10线未超过20线，并且中间的反弹或横盘短而且幅度小的通道。这里以狭义通道当作通道阱壁处理，其他分解成5日线急跌阱壁和反弹阱壁或横盘阱壁处理。

第五节　组合下跌阱壁ZB

股价运行过程中存在5日线下急跌阱壁和通道阱壁连接而成的连续下跌的组合阱壁。

（一）上急跌下通道组合 ZB1： 南方航空（600029）2018年6月到8月出现上急跌下通道组合阱壁 ZB1。

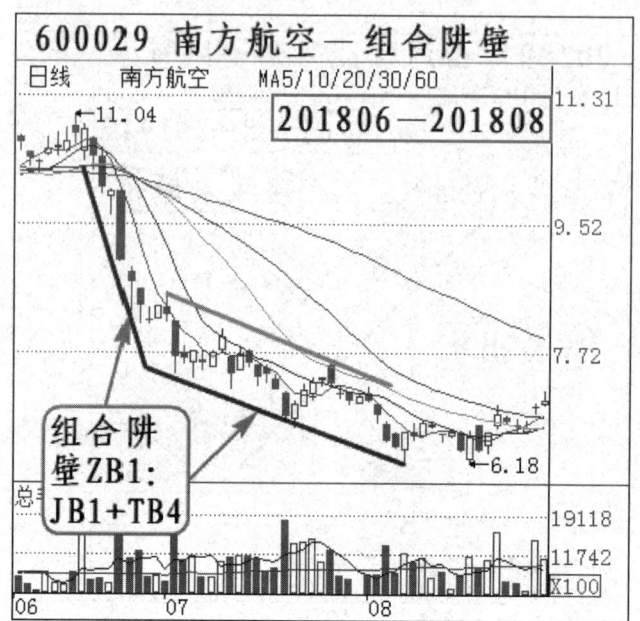

上急跌下通道组合阱壁形态特征：下跌由一段 5 日线下急跌阱壁 JB1 引出，接着不是反弹阱壁和横盘阱壁，而是一段通道阱壁 TB4。表明下跌由急趋缓，但是依然在下跌。

这种走势与下圆弧急跌阱壁表达的走势意义一致，只是由于后期波动较大形成通道阱壁。所以在急跌阱壁幅度不是很大的情况下，不一定就会出现反弹阱壁。

（二）上通道下急跌组合 ZB2： 中国国贸（600007）2018 年 11 月到 2019

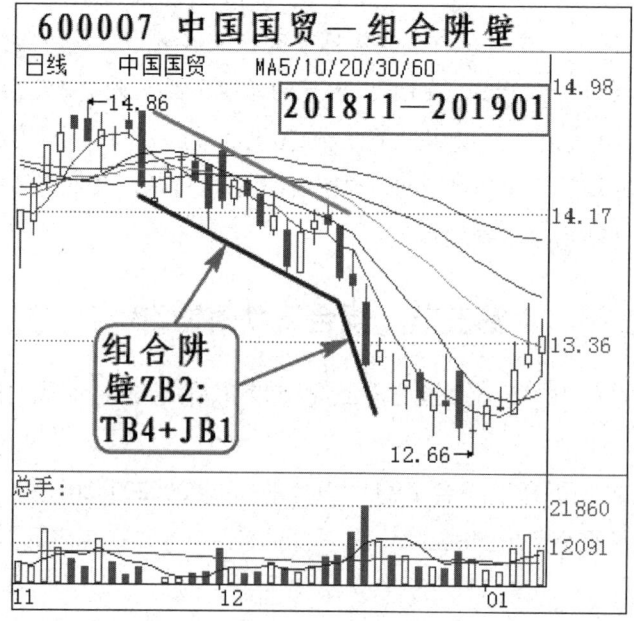

年1月出现上通道下急跌组合阱壁ZB2。

上通道下急跌组合阱壁形态特征：下跌开始是一段通道阱壁TB4，接着是一段5日线下急跌阱壁JB1连接而成的连续下跌走势。表明下跌由缓趋急，更加强力下跌。

这种走势与上圆弧急跌阱壁表达的走势意义一致，只是由于前期波动较大形成通道阱壁。

（三）上下急跌中通道组合ZB3： 上港集团（600018）2018年4月到7月出现上下急跌中通道组合阱壁ZB3。

上下急跌中通道组合阱壁形态特征：下跌开始是一段5日线下急跌阱壁JB1，接着是一段通道阱壁TB4，最后又是一段5日线下急跌阱壁JB1，三段连接而成的连续下跌走势。表明下跌缓急交替。

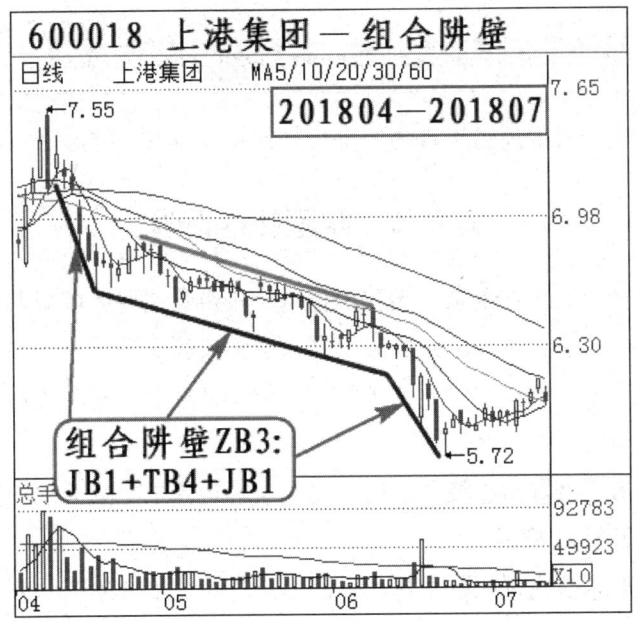

这种走势与中通道急跌阱壁表达的走势意义接近，差异在于中间通道延长使下跌趋缓。

（四）连续通道组合ZB4： 宇通客车（600066）2018年7月到11月出现连续通道组合阱壁ZB4。

连续通道组合阱壁形态特征：下跌由两段通道阱壁TB4连接而成，表明下跌波动较多。这样的走势有两种，一种是前面通道斜率小于后面通道，说明下跌加快；另一种是前面通道斜率大于后面通道，说明下跌变慢。

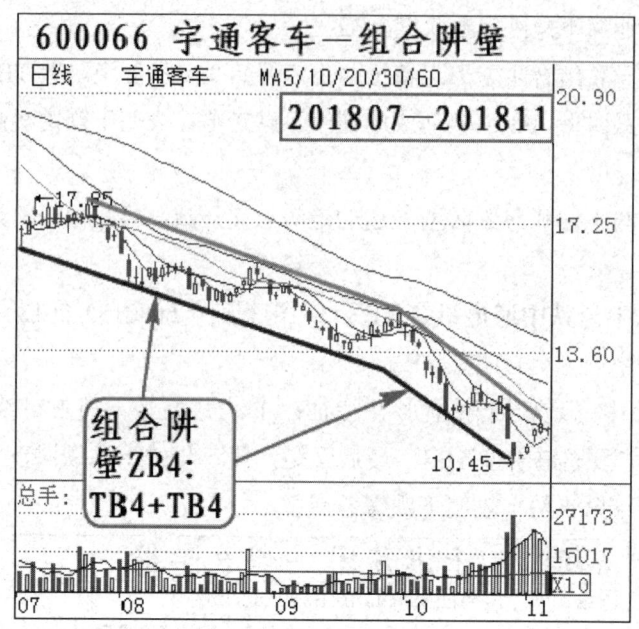

这种走势与一般的通道下跌相似，只是趋势缓急有一些改变。

第六节　阱壁补存说明

实际的股价走势更加复杂，当我们把每一段走势主要区域截取的时候，下跌形态与四种阱壁形态一致，但是放眼一看，全部走势又感觉有一些不同，也就是说与四种下跌阱壁形态相似的占绝大多数，但是合规合矩的走势却不是很多。实际走势出现差异的原因有两点。

（一）**主形态被异常小波动干扰：**比如大趋势像中途圆弧顶，偏偏里面又一次波动，感觉又像 N 形走势。

（二）**主形态被大幅涨跌干扰：**大部分走势参差不齐的感觉来源于下跌过程中的突然上涨回落或突然下跌反抽，好像长满了鱼刺。

了解下跌阱壁，牢记各种形态，是预构股价下跌走势、提高应变能力的基础。

第十章 阱壁增值第一策略——反弹的把握

股价经过一定时间和幅度的下跌就会反弹,下跌过程中做好反弹是在熊市保持增值的手段。

第一节 反弹操作导论

(一)**操作对象:**我们在下跌过程中把握反弹,实际上就是对下跌过程中的反弹阱壁和横盘阱壁的把握,是针对反弹幅度超过 8% 的均线间运行和高度超过 12% 的大幅度横向运行。这样的反弹获利比较从容,如果不是追高,一般都会有一定利润,出局也比较从容。

(二)**操作方法:**因为股价正在下跌过程中,反弹以后股价大概率还会继续下跌,所以采取短线操作方法。仓位 30%~50% 之间;持股时间 1 个交易日到 7 个交易日之间,超跌反弹最长持股 15 个交易日;仓位控制以时间越长、仓位越小的方式进行,或者反弹超过 5%,即依照 30% 仓位进行持股。如果感觉把握较大时可以扩大持仓。

(三)**目标值:**以获利 1%~5% 为基本操作。如果反弹力度较大,在控制仓位后谋取更大获利空间。

(四)**风险意识:**反弹具有不确定性,所以随时准备止损止赢。做反弹有没有利润不是失败的标准,而会不会止损止赢才是衡量做反弹水平的唯一依据。对于一般股民来说,不贪更高,不惧下跌,心地清明才能做到恰如其分,才是胜战的保证。

第二节 阱壁反弹形态格局

结合陷阱阱壁形态,发现有一定幅度的反弹走势有三种格局。

(一)**急跌阱壁反弹:**有顶部急跌反弹和线下急跌反弹。

1. **顶部急跌急涨反弹:**如国电南瑞(600406)2015 年 5 月到 9 月。2015 年 6 月 10 日,国电南瑞达到了 29.37 元,然后从均线之上的高位,用短短的 16 个交易日跌到 7 月 8 日的 11.81 元,跌幅 60%,平均每一天下跌 3.7%。高位严重超跌,其后出现了急速上涨的 N 形反弹阱壁 FB2。第一次反弹用 12 个交易日，股价上涨到阶段性高点 18.52 元，在接近 30 线处向下回调，涨幅 57%，涨速 4.7%/日，初期的三天更是连续涨停。其后又出现了第二次反弹。

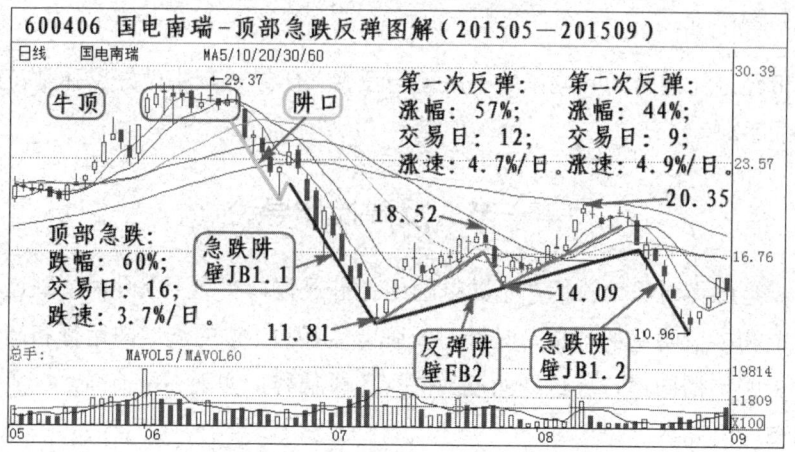

（1）顶部急跌反弹形成条件：

①前面是从高位急速大幅下跌：这种形态出现前一般是一轮大幅上涨，股价处于均线系统之上，然后连续快速地大幅下跌。

②股价大幅远离上级均线：由于下跌比较剧烈，在下跌后期股价超跌，股价在均线下方，各级均线呈距离逐步扩大的下开口形式。

③反弹幅度预期较大：由于下跌过大过快，一方面内中的主力来不及出逃，需要拉高整理，另一方面随着下跌，人们对于反弹的预期越来越大，从而为大幅度反弹创造了心理基础并造就了资金动力。

（2）走势要点分析：这样的反弹一般都有几个特点。

①出现在第一轮下跌后：在大涨行情中头部形成后伴随阱口的形成并延续下跌的走势。比较长久地在 60 线上运行，然后急速下跌。

②两种急跌状态：一种是单一的典型 5 日线下急跌，一种是带有一次短暂向 10 线过度的中间通道急跌。

③数据特征：牛市行情股价跌幅在 30% 以上，跌速在平均每日 3% 以上；反弹上涨行情涨幅在 20% 以上，涨速在平均每日 1.4% 以上。

④反弹特征：无论反弹多大幅度，股价初次反弹不会超过 60 线，有时候会在 20 线或 30 线处回头继续下跌。股价在上级均线附近出现明显滞涨并形成下跌中途顶。

2. 线下急跌反弹： 如鲁西化工（000830）2018年7月到10月有两次60线下的急跌反弹。7月24日鲁西化工股价在高位18.90元，然后从60线处，用9个交易日跌到8月6日的15.24元，跌幅19%，平均每一天下跌2.2%。其后出现了反弹阱壁FB2.1，股价由15.24元用6个交易日上涨到阶段性高点16.88元，在30线下滞涨，涨幅11%，涨速1.8%/日。8月28日鲁西化工股价在相对高位开始下跌，从30线下，用11个交易日跌到9月11日然后企稳，在9月17日出现阶段性低位12.96元，跌幅23%，平均每一天下跌2.1%。其后出现了反弹阱壁FB2.2，股价由12.96元用6个交易日上涨到阶段性高点14.65元，在30线下滞涨，涨幅13%，涨速2.2%/日。整个股价一直在60线下运行，其中大部分在30线下。

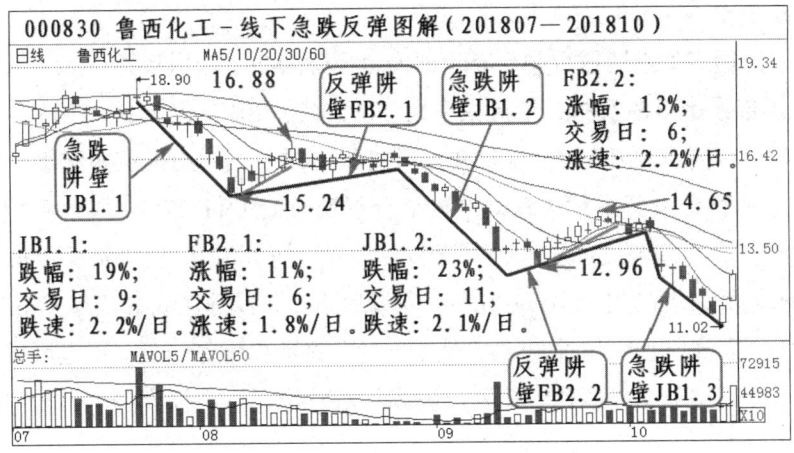

（1）线下急跌反弹形成条件：

①股价一直在60线或30线下运行：在反弹发生之前K线图上看，股价一直在回调过程中。

②股价从接近上级均线或均线聚集处急速大幅下跌：股价已经在长期均线下面，下跌前股价经过一轮反弹运行到上级均线处或经过一段时间的横盘使均线汇聚在一起，然后连续快速地大幅下跌。

③股价大幅远离上级均线：由于下跌比较剧烈，在下跌后期股价超跌，股价连续在均线下方，各级均线呈距离逐步扩大的下开口形式。

④反弹有一定幅度预期：一般来说线下运行的股价在反弹或横盘以后突然大幅下跌，说明主力已经充分整理同时利用大势打低股价。这里的反弹幅度差异较大，有的涨幅较大，有的只进行新一轮横盘然后继续下跌。但是由于下跌过大过快，人们对于反弹的预期越来越大，从而为出现反弹创造了心理基础。

(2) 走势要点分析：这样的反弹一般都有几个特点。

①出现在连续下跌的途中：股价长久处于 60 线下，中长线处于下跌之中。整体看高点一轮比一轮低，股价不停出现新低。

②两种急跌状态：一种是单一的 5 日线下急跌，一种是带有一次短暂向 10 线过渡的通道急跌。

③数据特征：股价跌幅在 18% 以上，跌速在平均每日 1.5% 以上；反弹上涨行情涨幅不确定。

④反弹特征：反弹一般不会超过 60 线，有时候会在 20 线或 30 线处回头继续下跌，或在均线附近滞涨横盘运行等待上级均线走低形成压力然后继续下跌，形成下跌中途顶。

(二) **通道下跌阴壁反弹**：有顶部通道反弹和线下通道反弹。

1. **顶部通道下跌反弹**：如冠城大通（600067）2017 年 6 月到 2018 年 2 月。经过一轮上涨，在 2017 年 8 月到 9 月形成双重顶，然后由破位阴线组一举跌破 60 线，其后稍作反弹继续下跌，形成组合下跌通道 TB4+TB4，股价由最高 8.12 元跌到 5.97 元，跌幅 26%；然后展开反弹，第一次反弹由 5.97 元涨到 6.58 元，涨幅 10%，最高位在 30 线上 60 线下；回调后第二次反弹由 6.12 元涨到 6.93 元，涨幅 13%，最高位小幅超过 60 线，然后一轮急跌股价继续走低。这里可以看出，通道式下跌时间长、下跌慢，但是反弹则相对较快，下跌幅度大小不一定，相对于顶部急跌要小。

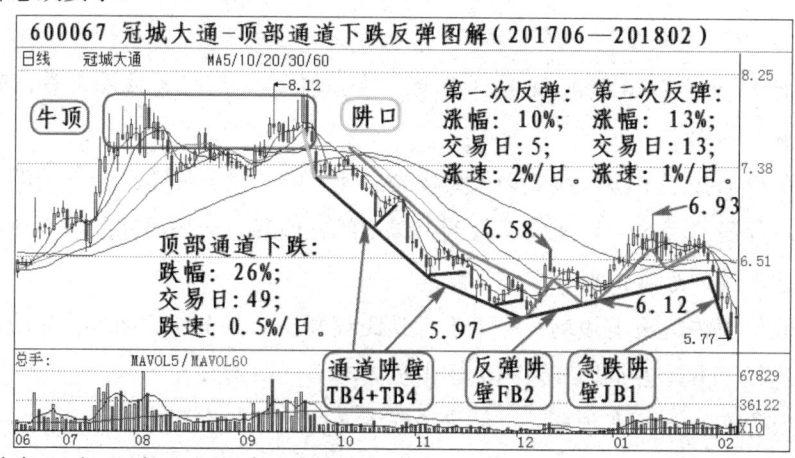

(1) 顶部通道下跌反弹形成条件：

①前面是从高位破位下跌：股价经过一轮大幅上涨，处于均线系统之上，并形成头部，然后破位下跌。

②股价大幅远离长期均线：阱口形成，股价开始下跌，股价在5日线和10线中间纠结盘整，在下跌后期股价超跌，股价在20线、30线下，与60线的距离越来越大，一般和10线或20线有伴随形态。

③反弹预期越来越大：下跌之前股票已经派发比较成功，下跌过程中主力进一步处理手中的筹码，随着跌幅加大，人们对于反弹的预期也越来越大，跌幅越大、反弹预期越大，从而为反弹创造了心理基础并造就了资金动力。

（2）走势要点分析：这样的反弹一般都有几个特点。

①出现在第一轮下跌后：在大涨行情中头部形成后伴随阱口的形成并延续下跌的走势。

②通道多台阶下跌状态：台阶有两种，一种是小幅横盘后下跌，一种是小幅反弹后下跌。由于股价形成通道格局，所以经常与20线、30线平行，但是随着下跌深度加大，离60线越来越远。

③数据特征：跌幅一般在20%以上，反弹涨幅在10%以上。

④反弹特征：无论反弹多大幅度，股价初次反弹不会超过60线，一般会有多次反弹，后续反弹有可能超过60线，然后继续下跌。

2. 线下通道下跌反弹：如木林森（002745）2018年3月到8月。在2017年11月13日之前有一轮中级上涨，之后一直在下跌，除有几天超过60线外，股价都在60线下运行，经过两轮下跌反弹后，在2018年4月到6月走出了通道阱壁TB4，股价由22.04元跌到低位的14.77元，跌幅33%，通道阱壁4内有多次横盘或反弹再下跌的台阶运行，第一轮反弹股价由14.77元涨到17.88元，涨幅21%，最高点在30线上、60线下，接近60线；第二轮反弹由15.70元涨

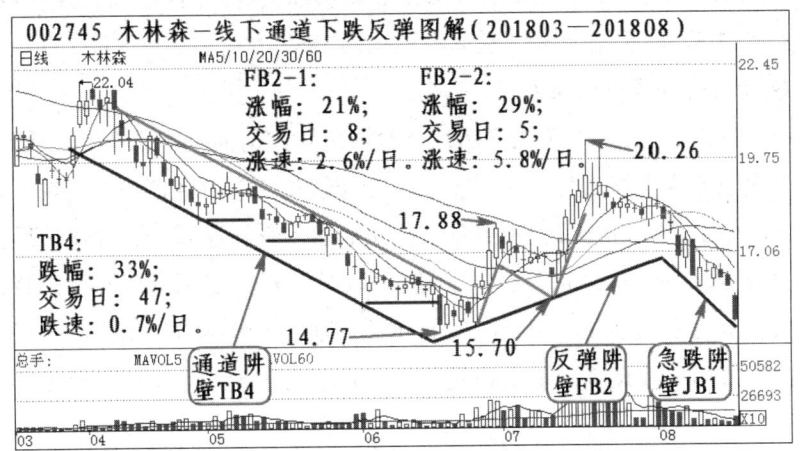

到 20.26 元，涨幅 29%，超过 60 线。

(1) 线下通道下跌反弹形成条件：

①股价一直处于下跌：此前股价已经有过一次或几次下跌反弹，一直处于均线系统之下，不停出现新低。

②股价大幅远离长期均线：通道起始处一般在上级均线附近，股价在 5 日线和 10 线之间纠结盘整下跌，股价在 20 线、30 线下，随着通道延续与 60 线的距离越来越大。

③反弹预期越来越大：随着跌幅加大，人们对于反弹的预期也越来越大，从而为反弹创造了心理基础并造就了资金动力。

(2) 走势要点分析：这样的反弹一般都有几个特点。

①出现在中长线下跌过程中：通道下跌出现之前股价已经有过一次或多次下跌反弹走势。

②多台阶通道下跌状态：台阶有两种，一种是小幅横盘后下跌，一种是小幅反弹后下跌。由于股价形成通道格局，所以经常与 20 线、30 线平行，但是随着下跌深度加大，离 60 线越来越远。

③数据特征：跌幅一般在 20% 以上，涨幅不确定。

④反弹特征：无论反弹多大幅度，股价初次反弹不会超过 60 线，一般会有两次反弹，后续反弹有可能超过 60 线，反弹后继续下跌。

(三) 横盘阱壁冲高反弹： 如联环药业（600513）2017 年 9 月到 2018 年 2 月。在 2017 年 12 月到 2018 年 1 月联环药业走出了一个横盘震荡行情 HB3，整个波动在 60 线以下，我们看到在横盘运行中大部分股价在 8.41 元到 9.13 元之间，波动幅度为 8.5%，在 1 月 15 日出现一个大幅放量快速上冲走势，形成短暂 60 线突破，当天振幅 7.34%，以横盘阱壁下沿算，总涨幅 18%。

1. **横盘运行冲高形成条件：**

(1) 前面是一轮线下通道下跌：一般情况下，前面是一段在 5 日线和 10 线之间波动的通道式下跌走势，走势较慢、时长较长。有时候前面是一轮 5 日线下短期下跌，如果是 5 日线下较长下跌，则在横盘前有一次有一定幅度的反弹。

(2) 股价在一个区间企稳：当下跌一段时间有一定幅度后股价企稳，走势平缓，在一个幅度内震荡，由于此前的通道下跌使短期均线远离上级均线，所以横盘运行的短期均线逐步向长期均线移动，末期会出现短期均线和长期均线纠缠的形态。

（3）走出疑似盘底的形态：由于股价一直在下跌，而且有一定的幅度，此时横盘企稳，从时间和空间上极易引起股价见底的猜想。就是说此时的形态为股价冲高创造了心理基础。

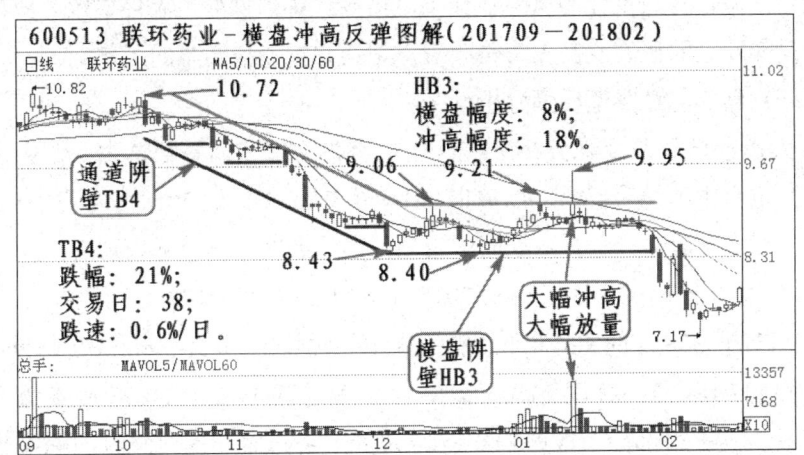

（4）突然冲高疑似筑底成功：经过一段时间横盘震荡，开始反弹走高，并在某一天突然冲高，强化了此前盘底的想法，给人一种筑底成功、股价即将翻转的感觉，非常容易引起抄底的行为。

2. **走势要点分析**：这样的反弹有几个特点。

（1）出现在下跌途中：此前已经在下跌，走势很弱，形不成大幅度的反弹走势，其中的主力不想再做好这个股票，不停地高抛低吸处理筹码，并且伺机拉高出逃。

（2）有明显的台阶式形态：此前已经有台阶式下跌或通道式下跌，以一个或几个5日线下下跌，延续下跌几天，然后出现微小反弹或者横盘向10线靠拢的小台阶的基本形态。就是说整个下跌是大横盘下跌接着一个大横盘或是多个小横盘再下跌引出一个大横盘的走势。

（3）成交量的异常放大：这种走势最关键的是伴随着股价大幅冲高，当日成交量是前面长期成交量平均值的数倍。下跌途中异常放量的大幅反弹绝大部分是主力出逃的标准形态。

（4）数据特征：前面通道下跌幅度小于30%，跌速小于平均每日1%。

（5）反弹特征：部分情况反弹高点会高出60线，幅度不确定。

第三节 反弹发生概率及操作策略

三种反弹都有不小的利益，参与得好就会在下跌过程中有所增益。不清楚反弹发生的概率，对做反弹的风险估计不足，导致不停操作，不停失败。所以下跌过程中反弹发生的概率及操作策略分析，是反弹操作最基本的工作。

（一）顶部急跌阴跌反弹分析：

1. 大盘顶部急跌反弹分析：大盘在牛市、熊市和调整行情中，都会出现高位超跌，也会出现急涨反弹。以沪指2014年3月12日到2018年4月30日行情对三大股指及个股进行分析，期间沪指顶部高位超跌急涨反弹出现3次。

（1）牛市行情：从牛市头部2015年6月15日的5178点开始一直到2015年7月9日的3373点的急跌，下跌幅度35%，时长18个交易日，跌速1.9%/日；其后反弹到4184点，幅度24%。2015年牛市下跌时绝大部分个股走势形态与大盘相近，其中大部分个股跌幅和跌速大于大盘；而反弹上涨时的幅度也大于大盘。同期深成指、创业板也出现同样走势，深成指由18211点跌到最低10850点，下跌幅度40%，时长17个交易日，跌速2.4%/日，其后反弹到13970点，幅度29%；创业板由3919点下跌到最低2304点，幅度41%，时长17个交易日，跌速2.4%/日，其后反弹到3014点，幅度31%。

（2）调整行情：从反弹行情头部2015年12月23日的3684点开始一直到2016年1月18日的2844点的急跌，下跌幅度23%，时长17个交易日，跌速1.3%/日；第一波反弹到3016点，幅度6%。延续牛市的调整行情中，绝大部分个股走势形态也与大盘走势相近，其中大部分个股跌幅和跌速也大于大盘；而上涨时的幅度也大于大盘。同期深成指、创业板也出现同样走势，深成指由13187点下跌到9668点，幅度27%，时长15个交易日，跌速1.8%/日，反弹到10554点，幅度9%；创业板由2849点下跌到1989点，幅度30%，时长16个交易日，跌速1.58%/日，反弹到2249点，幅度13%。

（3）上涨行情：从行情头部2018年1月29日的3587点开始一直到2018年2月9日的3062点的急跌，下跌幅度15%，时长10个交易日，跌速1.5%/日；第一波反弹到3335点，幅度8%。此行情为熊市行情，表面看是慢牛上涨，实际上由于资金量有限，只是一波上证50的行情。绝大部分个股走势形态与大盘不同，行情出现分化，下跌时跌幅和跌速大于大盘，而上涨时的幅度也大于大盘。同期深成指也出现同样走势，深成指由11633点下跌到9869点，下跌幅度15%，时长 11 个交易日,跌速 1.4%/日,反弹到 11335 点,幅度 15%;创业板走出的是一波线下超跌反弹走势。

由于波段最低价、最高价所在 K 线有差别,导致同样波段时长相差一两天。

2. **个股顶部超跌反弹分析**:对应于大盘指数对部分个股进行分析。

(1)民丰特纸(600235):2015 年 1 月到 2018 年 4 月有两次顶部急跌反弹。

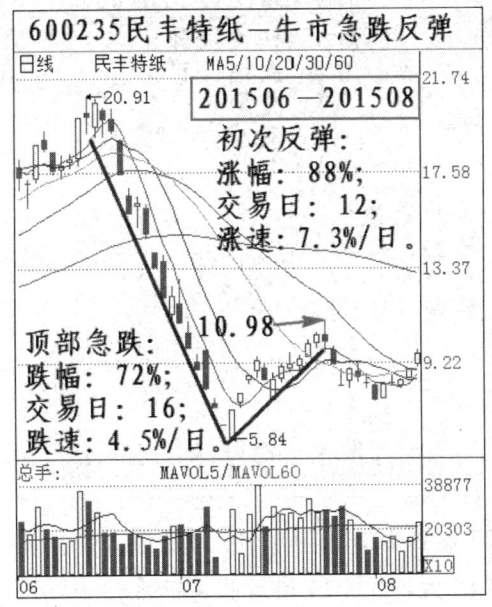 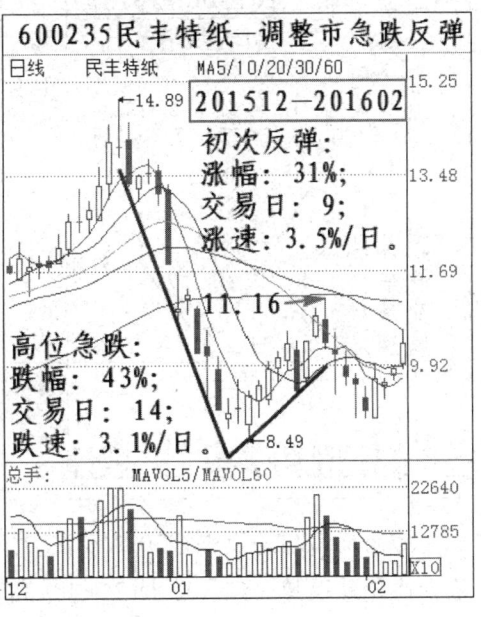

①牛市超跌反弹:2015 年 6 月 15 日到 7 月 9 日走势与沪指牛市行情超跌反弹一致。6 月 15 日最高 20.91 元,7 月 9 日最低 5.84 元,下跌幅度 72%,下跌时长 16 个交易日,跌速 4.5%/日;反弹到 7 月 24 日的 10.98 元,反弹幅度 88%,反弹时长 12 个交易日,涨速 7.3%/日。下跌和上涨幅度非常大,均大于大盘指数相应数据。

②调整市超跌反弹:2015 年 12 月 25 日到 2016 年 1 月 14 日走势与沪指调整行情超跌反弹一致。12 月 25 日最高 14.89 元,1 月 14 日最低 8.49 元,下跌幅度 43%,下跌时长 14 个交易日,跌速 3.1%/日;反弹到 1 月 26 日的 11.16 元,反弹幅度 31%,时长 9 个交易日,涨速 3.5%/日。下跌和上涨幅度相对于牛市行情小,均大于大盘指数相应数据。

(2)拓邦股份(002139):2015 年 1 月到 2018 年 4 月有四次顶部急跌反弹。

①牛市超跌反弹:2015 年 6 月 12 日到 2015 年 7 月 7 日走势与沪指牛市行情超跌反弹基本一致。6 月 12 日最高 10.28 元,7 月 7 日最低 4.33 元,下跌幅度

58%，下跌时长 16 个交易日，跌速 3.6%/ 日；反弹到 7 月 23 日的 6.53 元，反弹幅度 51%，时长 7 个交易日，涨速 7.3%/ 日。下跌和上涨幅度非常大，均大于大盘指数相应数据。

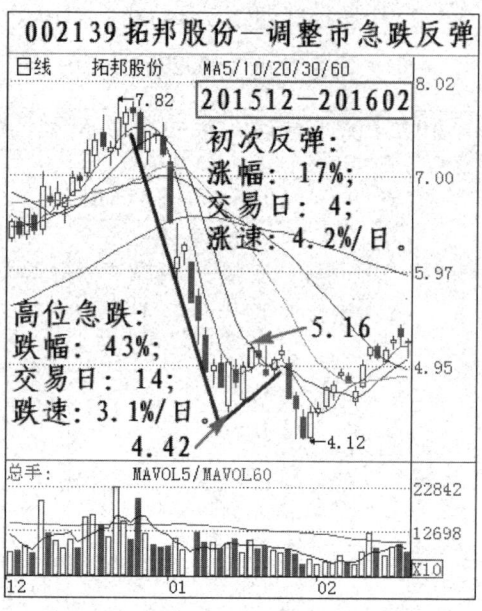

②调整市超跌反弹：2015 年 12 月 25 日到 2016 年 1 月 14 日走势与沪指调整行情超跌反弹一致。12 月 25 日最高 7.82 元，1 月 14 日最低 4.42 元，下跌幅度 43%，下跌时长 14 个交易日，跌速 3.1%/ 日；反弹到 1 月 19 日的 5.16 元，反弹幅度 16%，时长 4 个交易日，涨速 4.2%/ 日。下跌和上涨幅度相对于牛市行情小，均大于大盘指数相应数据。

③上涨行情急跌反弹 1：2016 年 11 月 17 日到 2016 年 12 月 14 日独立上涨行情见顶急跌反弹。11 月 17 日最高 7.59 元，12 月 14 日最低 5.58 元，下跌幅度 26%，下跌时长 18 个交易日，跌速 1.5%/ 日；反弹到 12 月 22 日的 6.01 元，反弹幅度 7.7%，时长 6 个交易日，涨速 1.3%/ 日。显然一般性的独立上涨行情，下跌和上涨幅度相对于与大盘同步的行情要小。

④上涨行情超跌反弹 2：2017 年 11 月 17 日到 2017 年 12 月 6 日独立上涨行情见顶急跌反弹。11 月 17 日最高 9.52 元，12 月 6 日最低 6.93 元，下跌幅度 27%，下跌时长 14 个交易日，跌速 1.9%/ 日；反弹到 12 月 19 日的 8.01 元，反弹幅度 16%，时长 10 个交易日，涨速 1.6%/ 日。属于一般性的独立上涨行情，下跌和上涨幅度相对于与大盘同步的行情要小。

第十章 阱壁增值第一策略——反弹的把握

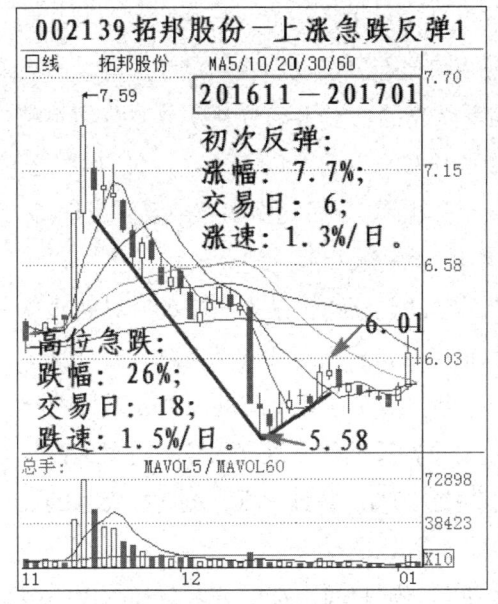

3. **顶部急跌反弹概率综合分析**：从以上实例得出如下内容。

（1）**发生次数接近上涨次数**：在相当长时间里，每一次高位超跌都发生在一轮60线之上的长时间上涨之后，涨幅越大，最后一轮上涨越急，发生可能性越大。只有部分股票上涨后下跌比较缓慢，形成缓落阱口，不会发生高位急跌，所以高位急跌发生次数与上涨行情发生的次数基本接近。

（2）**牛市行情与大盘同波大幅**：在牛市行情结束后，如果大盘出现高位超跌反弹，那么除了停盘股和有特殊利好的个股外，绝大部分股票会跟随出现高位超跌反弹，而且个股的跌幅与反弹幅度大于大盘的跌幅与反弹幅度。

（3）**独立行情次数不确定**：牛市过后首先是调整市，调整市后期是熊市，熊市也可以叫弱调整市。在调整市大部分股票对大盘跟随度也很高。但是随着调整时间延长，股票走势出现分化。在弱调整市大部分股票会走出一波比一波低的行情，在较长时间内很少再出现高位超跌，只有其中一部分股票走出有一定幅度的大幅波动，产生几轮独立的上涨行情，这个时候才会出现高位超跌。独立行情的次数是不确定的，所以发生次数也不能确定。

（4）**发生概率很低**：因为在牛市后的调整市很少有几次在60线上的大幅上涨，所以在长达数年的行情中这样的反弹很少，仅仅几次。

4. **操作分析**：

（1）**下跌初期**：下跌初期是顶部，顶部是走出来的，所以我们是猜不到的，具有不可预知性。这里的操作就是依据在上升过程中顶部形成后的阱口预判和确认原则进行分析，确定空仓操作时机，使阱口形态展现以后我们已经空仓。

（2）下跌中途：股票下跌时我们是看得见的，对于高位急跌只要我们不乱动是具有可控性的。就是说这个时候只要股价还在5日线以下急跌，我们不去管它，只要随时关注有没有向10线的横移或反弹出现，以及这个横移或反弹出现时，下跌总幅度总时长是多少。这里的操作就是空仓等待。

（3）反弹初期：正在下跌的股价什么时候会反弹也是走出来的，具有难以预知性。反弹初期是指在下跌一定时间和幅度后，出现了股价从远离5日线处向5日线进而向10线横移或反弹的走势。这个时候究竟是短暂的反抽还是即将发生反弹，并不能确认。下跌过程中经常发生短暂反抽然后继续大跌。这里的操作是小仓位试买或继续空仓，试买的仓位不超过30%，并且做好立刻止损止赢的准备，等待确认反弹成立后加仓。

（4）反弹中期：股价已经下跌很多并有一定时间，高位急跌反弹幅度不会太小，所以一旦发现反弹，我们有充分时间参与，具有可控性。这里最怕的是由于大幅下跌吓得不敢买入，把可控的机会丢失。当确认下跌幅度和时间足够大，而且反弹已经形成时，要积极参与。

（二）顶部通道阱壁反弹分析：

1. **大盘顶部通道反弹分析**：经过观测，发现大盘出现顶部通道下跌的概率非常低。沪指、深成指、创业板、中小板从2014年3月到2018年9月，没有完整的顶部通道下跌反弹发生。

2. **个股顶部通道反弹分析**：个股广泛存在顶部通道下跌反弹，但是相对于顶部急跌来说少得多。大部分个股出现顶部通道下跌时与大盘顶部下跌不同步，一般在大盘顶部区域内就开始下跌，等大盘顶部急跌时它们的股价已经下跌一定幅度，所以并没有跟随大盘急跌。

3. **操作分析：**

（1）下跌初期：下跌初期是顶部，顶部是走出来的，所以我们是猜不到的，具有不可预知性。这里的操作就是与顶部急跌一样，依据在上升过程中顶部形成后的阱口预判和确认原则进行分析，确定空仓操作时机，以便在阱口形态展现以后我们已经空仓。

（2）下跌中途：股票下跌我们看得见，但是通道下跌与急跌不一样，通道下跌经常表现为下跌一个幅度后出现横盘或小幅反弹，很容易勾起我们对反弹的期待，所以通道下跌更具有迷惑性，具有很低的可控性。这里没有说不可控的原因是当我们空仓或仓位较小时，面对股价下跌本来是具有可控性的，但是在通道下跌面前这个可控性与我们的经验和操作水平关联度比较大，所以面对跌幅不大时的横盘一定要认真分析，确定可能出现的通道下跌，提高可控性。这个时候最重要的是关注通道下跌总幅度、总时长，确定是不是能够进入。凡是下跌幅度小、时间短的时候出现的横移或反弹，我们的操作是小仓位快进快出，不做大反弹打算。

（3）反弹初期：正在下跌的股价什么时候会形成反弹具有难以预知性。通道下跌过程中我们会观测到 5 日线及 10 线之间的横移和反弹，这些横移或小反弹最后都继续下跌，所以不能确定形成反弹陷阱。这里的操作依然是小仓位试买或继续空仓。

（4）反弹中期：股价已经下跌很多并有一定时间，股价企稳并突破压力线，此时反弹发生并延续的可能性已经较大，我们有充分时间参与，具有可控性。这里的操作就是积极参与。

（三）横盘通道冲高反弹分析： 横盘走势处于下跌中途，属于调整行情，大盘和个股走势各有不同。

1. **大盘横盘冲高反弹分析**：从 2014 年 3 月到 2018 年 4 月，大盘主要指数横盘运行情况如下。

（1）沪综指没有横盘走势。

（2）深成指出现一次横盘：从 2016 年 11 月 29 日最高 11124.81 点一直下跌到 2017 年 1 月 16 日的 9482.84 点。在下跌过程中从 2016 年 12 月 13 日开始横盘一直到 2017 年 1 月 11 日，横盘波动区间最低点 2016 年 12 月 26 日 10062 点，最高点 2017 年 1 月 5 日 10396 点，幅度 3%。

（3）中小板出现两次横盘：2016 年 11 月 16 日最高 7008.57 点，微幅波动到 12 月 8 日开始形成悬空陷口，2016 年 12 月 13 日开始横盘一直到 2017 年 1 月 11 日，然后开始进一步下跌一直跌到 2017 年 1 月 16 日的 5992.24 点。横盘波动区间最低点 2016 年 12 月 26 日 6403 点，最高点 2017 年 1 月 5 日 6606 点，幅度 3%，走势与深成指基本吻合；2017 年 11 月 14 日最高点 8164.72 点，波动到 11 月 27 日破位下跌并开始横盘，一直到 2018 年 1 月 29 日，然后开始进一步下跌一直跌到 2018 年 2 月 9 日的 6705.47 点。横盘波动区间最低点 2017 年 12 月 6 日 7378 点，最高点 2018 年 1 月 12 日 7793 点，幅度 5.6%。

（4）创业板出现两次横盘，其中一次波幅较大：2016年11月30日最高点2201.56点，缓慢下跌并破位，跌到2016年12月13日开始横盘，一直到2017年1月6日，开始进一步下跌一直跌到2017年1月16日的1783.74点。横盘波动区间最低点2016年12月26日1933点，最高点2017年1月5日1993点，幅度3%，走势与深成指基本吻合；2017年11月14日最高点1912.49点，波动到11月23日破位，11月27日开始横盘一直到2018年1月29日，然后开始进一步下跌一直跌到2018年2月7日1571.47点。横盘波动区间最低点2018年1月17点1697点，最高点2018年1月25日1852点，幅度9%。

（5）综合分析：从四大指数看，出现横盘的主要是中小板和创业板，有两个时间段，其中创业板有一次幅度9%的冲高反弹，其他都是3%左右窄幅横盘。

2. 个股横盘冲高反弹分析：个股波动幅度大于大盘。

（1）典型横盘冲高反弹分析：

①电科院（300215）：2017年9月到2018年2月，有一次横盘冲高反弹走势。与创业板2017年11月到2018年1月29日横盘相呼应。2017年10月12日高点12.31元，经过通道运行下跌到11月20日的8.75元，然后开始横盘，股价小幅度横向运行，27个交易日运行到通道下轨，并开始反弹运行5个交易日，于2018年1月4日突然巨量大幅冲高，一度超过60线，当日最高涨幅10.36%，总涨幅15%。

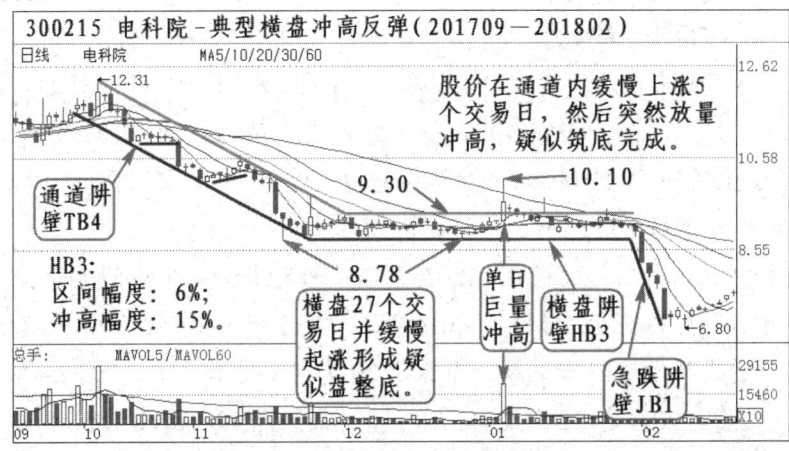

②青海华鼎（600243）：2017年8月到2018年2月，有一次横盘冲高反弹。虽然该股为沪股，但是却和创业板2017年11月到2018年1月29日横盘相呼应，表明了调整市大盘指数和个股之间分化严重。2017年10月11日高点8.95元，经过通道运行下跌到11月20日的6.71元，然后开始横盘，股价在7.7%的

第十章 阴壁增值第一策略——反弹的把握

小幅度内横向运行，经过 38 个交易日运行到通道下轨，出现低位三个小阳线，于 2018 年 1 月 16 日突然巨量大幅冲高，一度超过 60 线，当日最高涨幅 9.97%，总涨幅 12%。

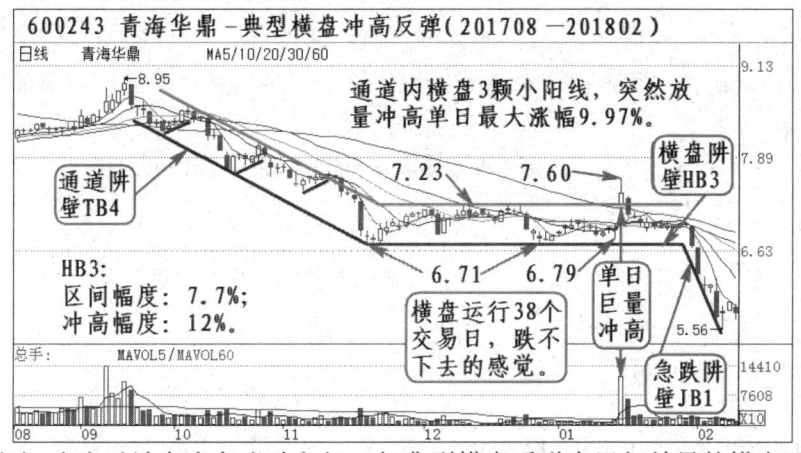

（2）非典型横盘冲高反弹分析：与典型横盘反弹有局部差异的横盘反弹。

① 飞利信（300287）：2016 年 11 月到 2017 年 4 月，出现一次横盘冲高反弹，发生于 2017 年 1 月到 4 月，和大盘指数不同步，属于独立行情。2016 年 11 月经过急跌横盘再急跌到 2017 年 1 月 16 日的 9.98 元，稍作反弹然后股价在小幅度内横向运行，经过 45 个交易日运行到通道下轨，出现双阴破位带一个小阳十字星，于 2017 年 4 月 5 日突然放量大幅冲高，连涨 5 日，超过 60 线，有巨大换手率的量堆形成，最高涨幅 17%，给人一种下跌企稳双底已经形成的感觉。横盘通道内部的波动是一个上涨回落的三角形形态，由于波动幅度小于 12%，并且回落后又一次上涨的位置与前次低点接近，所以按横盘运行分析。

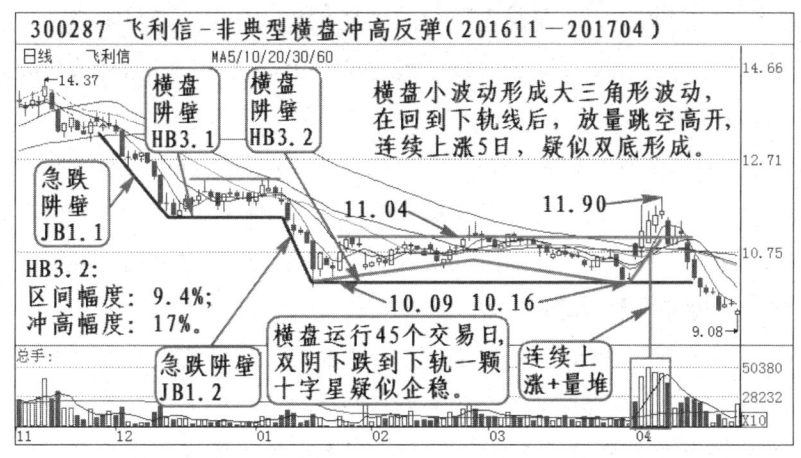

②蓝盾股份（300297）：2017年8月到2018年2月，有一次横盘冲高反弹走势。与创业板2017年11月到2018年1月29日横盘相呼应。2017年11月经过急跌下跌到12月6日的8.98元，然后开始横盘，股价在小幅度内横向运行，并形成底部逐步抬高的下轨和顶部逐步下降的上轨，2018年1月17日放量大幅冲高开启第三次反弹，超过60线，总涨幅11%。给人一种三重底形成、三角形整理突破的感觉。

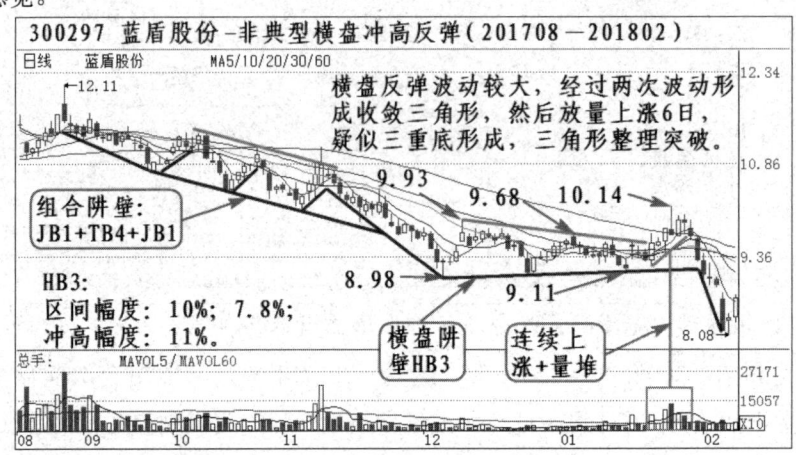

(3) 非典型横盘冲高反弹差异分析：非典型横盘冲高反弹整体与典型横盘冲高反弹近似。不同点有如下几方面。

①横盘走势前面的下跌差异：非通道式台阶式下跌，比如飞利信是大型台阶下跌；蓝盾股份是一波一波反弹和急跌，但是无论如何前面都是幅度比较大的下跌。

②横盘走势差异：横盘走势非近似矩形。比如蓝盾股份是三角形横盘整理走势，但是无论如何都是股价在横盘运行，而且大部分与指数横盘呼应。

③成交量差异：成交量非当日或2日巨量。上面飞利信和蓝盾股份是连续数日放量，形成量堆。

④形态差异：非典型横盘冲高反弹更具有大型底部形成的特征。由于当日或2日巨量，极易让人形成冲高出货的感受；但是缓慢放量逐步上涨并突破60线稳步上涨，极易让人感觉一轮上涨就要开始，更具有迷惑性从而引起追高。

3. 横盘通道冲高反弹概率分析：

（1）发生在下跌中后期：横盘说明市场很弱，像样的反弹都不能产生，维持一个小区间波动，说明其中主力在高抛低吸、处理筹码。

（2）分化严重与指数呼应性差：个股和大盘处于调整市，主力对行情把握不相同，个股自身基本面变化影响比较大，股票走势独立性加强。

（3）发生概率极低：数年行情中才有一两次，而且许多个股横盘过程中并没有冲高走势。极低概率表现在两个方面，一是对于股票来说，横盘的多，有冲高反弹的少；二是许多股票几年都没有发生一次。

4. 操作分析：

（1）横盘初期：横盘发生在什么价位区间，是走出来的，我们猜不出来，所以横盘初期具有不可预知性。我们只需要观测股价走势就可以了。

（2）横盘中期：横盘一旦发生会有一段时间，所以横盘一旦形成我们是会看明白的，具有可控性。这个时候我们一方面耐心等待，另一方面寻找有反弹动力的个股。

（3）反弹初期：股价什么时候反弹，是走出来的，具有难预知性。比如同时期横盘的个股，电科院冲高在2018年1月4日，而青海华鼎则在1月16日。

（4）反弹中期：对于典型性横盘冲高，如果你在低位已经介入，那么具有可控性，依据放量和幅度情况，及时出局即可；如果此前没有股票，在冲高初期没有介入的话，是不可控的，不能参与。对于非典型性横盘冲高，因为上涨有一定时间，所以是具有可控性的，但是也必须在放量上涨初期一两天介入。

第四节 线下超跌稳步反弹专论

无论在牛市还是调整市，除了顶部急跌和顶部通道下跌以外，余下的波动都是线下波动，即股价在均线下方运行。线下波动是下跌的延续，它主要有线下急跌和线下通道下跌及组合式下跌。线下下跌走势属于调整行情，个股分化比较严重，大盘和个股走势也是各有不同。

（一）大盘线下超跌反弹分析：

1. 沪综指线下超跌反弹：2016到2017年上证50走出了白马股行情，在许多股票连续下跌过程中沪指却有一波长期上行的走势。所以从2014年到2018年一共有4次线下反弹。第一次线下反弹，2015年7月28日最低3537点涨到8月18日最高4006点，然后下跌到8月26日的2850点，指数运行有数日紧靠30线上，整体在60线下，上涨幅度13%；第二次线下反弹，2016年1月27日最低2638点涨到2月22日最高2933点，然后下跌到2月29日的2638点，指数运行有数日紧靠30线上，整体在60线下，上涨幅度11%；第三次线下反弹，2017年5月11日最低3016点涨到5月17日最高3119点，然后下跌到5月24

日的3022点，指数运行反弹触碰20线后下跌，上涨幅度3%；第四次线下反弹，2018年3月26日最低3091点涨到4月11日最高3220点，然后下跌到4月18日的3041点，指数运行有数日紧靠20线，整体在30线下，上涨幅度6%。同时会发现沪指形成了阶段性底部。

2. **深成指线下超跌反弹**：同样2016到2017年走出了白马股行情，在许多股票连续下跌过程中深成指有一波长期上行的走势。所以从2014年到2018年一共有4次线下反弹。第一次线下反弹，2015年8月3日最低11909点涨到8月18日最高13652点，然后下跌到8月27日9713点，指数运行有数日在30线上，整体在60线下，上涨幅度15%；第二次线下反弹，2016年1月27日最低8986点涨到2月23日最高10397点，然后下跌到2月29日的9000点，指数运行有数日在30线上，整体在60线下，上涨幅度16%；第三次线下反弹，2017年5月11日最低9566点涨到5月17日最高10091点，然后下跌到5月24日的9609点，指数运行反弹触碰20线后下跌，上涨幅度5%；第四次线下反弹，2018年3月26日最低10217点涨到4月11日最高10950点，然后下跌到4月23日的10228点，指数运行有数日触碰30线，整体在30线下，上涨幅度7%。走势基本与沪指同步并且涨幅大于沪指，同样会发现深成指也形成了阶段性底部。

3. **创业板指线下超跌反弹**：从2014年到2018年创业板一共有4次线下反弹。第一次线下反弹，2015年8月3日最低2371点涨到8月11日最高2747点，然后下跌到9月2日1779点，指数运行有数日与30线相交，整体在60线下，上涨幅度16%；第二次线下反弹，2016年1月27日最低1888点涨到2月23日最高2249点，然后下跌到3月1日的1841点，指数运行有数日在30线上，整体在60线下，上涨幅度19%；第三次线下反弹，2017年1月16日最低1783点涨到3月17日最高1981点，然后下跌到6月2日的1711点，指数运行小幅超过60线横盘后下跌，上涨幅度11%；第四次线下反弹，2017年6月2日最低1711点涨到7月6日最高1844点，然后下跌到7月18日的1641点，指数运行有数日小幅超过60线后下跌，上涨幅度8%。前两次走势基本与沪指同步并且涨幅大于沪指，但是后面就与沪指不同了，第三次与第四次是连续的，反映了当时创业板股票的低迷，并且在2018年以后创业板没有线下反弹，反映了这个时候创业板强于沪指。

4. **大盘线下反弹综合分析**：

（1）一般情况下各板块大盘指数短期波动基本一致。

（2）第一轮下跌幅度较大，形成高位超跌急涨反弹后，后面出现一次线下反弹有可能是行情见底。并且第一轮下跌越大，反弹幅度也越大。

（3）行情低迷会连续出现两次以上线下反弹，其后行情见底的可能性较大。相对于大幅急跌来说，这样的反弹幅度要小。

（二）个股线下超跌反弹分析：

1. 例1：江苏舜天（600287）2016年11月到2018年10月，有7次连续的下跌波动，形成了长达两年的长期下跌。连续下跌波动情况如下。

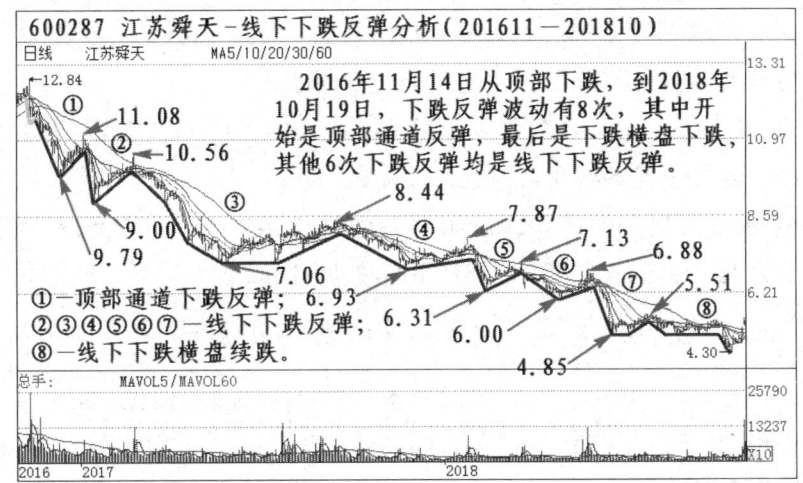

（1）下跌反弹①：2016年11月中旬股价连续破位，阱口形成，股价由12.84元一直跌到12月13日的最低9.79元，下跌幅度24%；然后开始反弹到2017年1月5日的11.08元，反弹幅度13%，走势顶部通道下跌反弹。

（2）下跌反弹②：2017年1月5日股价由11.08元一直跌到1月16日的最低9.00元，下跌幅度19%；然后反弹到3月1日的10.56元，反弹幅度17%，走势线下急跌反弹。

（3）下跌反弹③：2017年3月1日股价由10.56元一直跌到6月2日的最低7.06元，下跌幅度33%；然后反弹到9月14日的8.44元，反弹幅度19%，这里首先走了一个小的反弹，然后回调到低点附近的7.10元，又开始反弹，走势为组合阱壁TB4+JB1+TB4中期下跌反弹，反弹形态是一个变N形反弹。

（4）下跌反弹④：2017年9月14日股价由8.44元一直跌到11月23日的最低6.93元，下跌幅度18%；然后反弹到2018年1月23日的7.87元，反弹幅度14%，这里走势开始也是一个小反弹，回调后继续上涨反弹，走势为线下通道下跌反弹，反弹形态是一个变N形反弹。

(5)下跌反弹⑤：2018年1月23日股价由7.87元一直跌到2月9日的最低6.31元，下跌幅度20%；然后反弹到3月22日的7.13元，反弹幅度13%，这里走势为线下急跌反弹。

(6)下跌反弹⑥：2018年3月22日股价由7.13元一直跌到5月3日的最低6.00元，下跌幅度16%；然后反弹到5月29日的6.88元，反弹幅度15%，这里走势为组合阱壁JB1+HB3+JB1下跌反弹。

(7)下跌反弹⑦：2018年5月29日股价由6.88元一直跌到6月22日的最低4.85元，下跌幅度29%；然后反弹到7月27日的5.51元，反弹幅度14%，这里走势为线下急跌反弹，反弹形态是一个变N型形弹。

(8)下跌⑧：2018年7月27日以后，是一波短TB4+短HB3+JB1的下跌走势，股价由5.51元下跌到4.30元，幅度22%。

2. 例2：北信源（300352）2016年11月到2018年2月，有6次线下下跌反弹。形成了长达15个月的长期下跌。连续下跌波动情况如下。

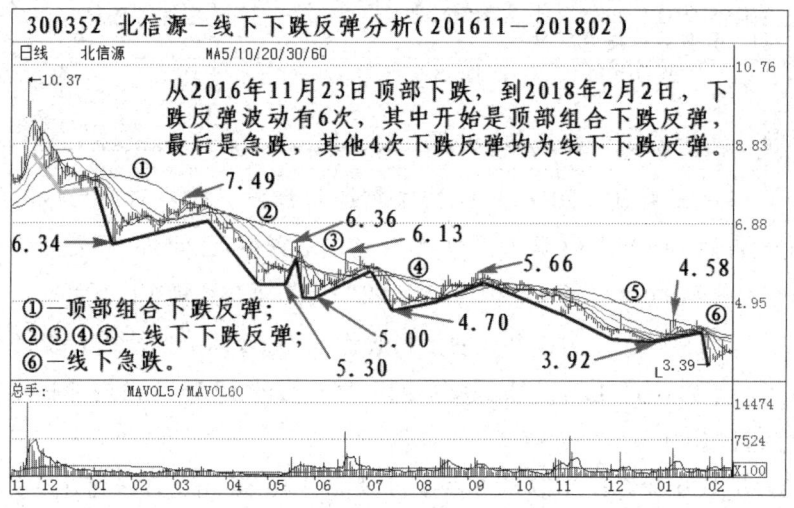

(1)下跌反弹①：2016年11月下旬股价急速上涨，于23日见顶，然后逐级破位形成渐落阱口，股价由10.37元一直跌到2017年1月16日的最低6.34元，下跌幅度39%；然后反弹到2017年3月8日的7.49元，反弹幅度18%，走势为顶部组合阱壁短TB4+短HB3+JB1下跌反弹，反弹形态是典型N形反弹。

(2)下跌反弹②：2017年3月8日股价由7.49元一直跌到4月24日的最低5.37元，横走在5月11日出现5.30元的低点，下跌幅度29%；然后反弹到5月18日的6.36元，反弹幅度20%，走势为线下急跌反弹，反弹形态是非典型横盘冲高反弹。

（3）下跌反弹③：2017 年 5 月 18 日股价由 6.36 元一直跌到 5 月 24 日的最低 5.04 元，横走在 6 月 1 日出现低点 5.00 元，下跌幅度 21%；然后反弹到 6 月 20 日的 6.13 元，反弹幅度 23%，走势为线下急跌反弹，反弹形态是带横盘多 N 形反弹。

（4）下跌反弹④：2017 年 6 月 20 日股价由 6.13 元一直跌到 7 月 18 日的最低 4.70 元，下跌幅度 23%；经过小幅横盘形成底部三角形整理，然后反弹到 9 月 7 日的 5.66 元，反弹幅度 20%，反弹为线下急跌反弹，反弹形态是带横盘多 N 形反弹。

（5）下跌反弹⑤：2017 年 9 月 7 日股价由 5.66 元一直跌到 12 月 27 日的最低 3.92 元，下跌幅度 31%；然后反弹到 2018 年 1 月 11 日的 4.58 元，反弹幅度 17%，反弹为组合阱壁 JB1+TB4+JB1 下跌反弹，这里走势开始是一段横盘，上涨后也是横盘，反弹形态为变 N 形反弹。

（6）下跌⑥：2018 年 1 月 30 日后是一波急跌阱壁，股价由 4.14 元下跌到 3.39 元，幅度 18%。

3. 个股线下超跌反弹综合分析：

①牛市回调中个股线下反弹与大盘有所呼应。依据个股的强弱程度，在基本一致的前提下，有一部分偏移。比如 600287 江苏舜天 2015 年前两次呼应大盘；但是 300352 北信源 2015 年只有一次呼应。

②调整市中个股走势与大盘分化严重。

③长期下跌的股票，多次连续出现线下反弹。

④线下反弹大部分不是标准的形态，而是起始处带有短期横盘，上涨过程中含有回调的变 N 形反弹。

⑤带有横盘的走势，股价疑似企稳，有资金在做盘。

4. 线下超跌稳步反弹形成条件：

（1）前面是已经走弱的线下走势：股价在不停下跌过程中，走势越来越弱，说明主力资金长期不看好股票，所以股价在 60 线下弱势下跌。

（2）接着一轮中等以上幅度急跌：弱不禁风的股票在主力资金处理筹码基本完成后，迅速下跌，短期跌幅很大。

（3）快速大幅远离上级均线：由于短期快速下跌，使股价大幅远离上一级均线，均线系统形成下开口形态。

(4) 反弹幅度预期加大：由于下跌较大较快，人们对于反弹的预期越来越大，从而为大幅度反弹创造了心理基础，并引起出局资金的关注，造就了资金动力。

5. **走势要点分析**：这样的走势有几个特点。

(1) 出现在下跌途中：走势很弱，其中的主力已经长期不看好股票，不停地把筹码转移出去，并且比较成功地完成了筹码转移。

(2) 数据特征：跌幅在 15% 以上并且 20% 以上居多，反弹幅度相对小于下跌幅度，有时候寻底之势强烈，跌速会超过 3%/ 日。

(3) 反弹特征：反弹有三种形式，60 线下横盘并下跌；60 线处横盘并下跌；短暂冲过 60 线，然后横盘下跌。形态是下跌中途三角形顶、圆弧顶、双重顶，反弹并下跌后可能是一轮上涨的底部，也可能继续大跌。

6. **线下超跌反弹概分析**：

(1) 必然性：只要股票有下跌波段，就会有线下超跌反弹发生。

(2) 多样性：线下超跌反弹发生次数各不相同，分化严重，而且下跌和反弹时间长短不一，幅度各不相同。

(3) 多发性：长期下跌会以连续的多次线下超跌反弹形成波动。

(4) 发生概率比较大。

7. **线下超跌反弹操作分析**：

(1) 超跌末期：股价已经在线下，而且跌了不少时间，但是究竟什么时候股价不再下跌是市场的事情，我们猜不出，具有不可预知性。操作是关注不动。

(2) 反弹初期：反弹初期有两种形式，一种是直接反弹，一种是横盘数日，具体是哪一种，具有不确定性。操作原则是少量参与试盘或不参与。

(3) 反弹中期：一旦发现股价企稳并横盘或反弹，对于我们来说就可以从容操作，所以具有可控性。需要大胆买入，跟随上涨。

(4) 反弹末期：股价已经上涨一定幅度，究竟涨到什么位置停止、以什么方式下跌，都具有不可知性。以预设止损止赢来应对。

第五节　反弹的把握

(一) **特别强调**："火中取栗防伤手"，所以必须强调如下几点。

1. **绝对短线**：这里再一次强调，我们操作之前就是依照短线来做的，无论涨跌绝不长期拿股。无论是基本面选的股还是技术面选的股，下跌途中绝对不能持股太久。

2. **微感瞬逃**：这个是要求你在操作的时候要多加磨炼，获得丰富的经验、熟练的手段、适当的预见性。因为反弹获利空间有大有小，遇到反弹比较大的我们当然非常从容了；但是如果遇到反弹比较小的，没有一定的敏感度，在犹豫之间，利润就会减少，亏损就会扩大。所以稍微感觉情况不明，立刻出局不留尾巴。另外许多老股民有这样的感觉，看到某一些状况后我们隐隐约约地想买入或者卖出，但是我们没有做，后面的走势却印证我们的想法是对的；而当我们坚决地做买入卖出时发现时机不是很好。这个就是经验的敏感度和思想的复杂性产生了矛盾。换一句话说，就是在股市过分理智有时候是违反经验的。所以需要达到经验和理智的磨合和契合，这才是股战高手应该达到的层次。

3. **不可控不妄动**：在各种形态的反弹中，都有不可控的阶段。这些阶段风险非常大，所以绝对不要操作。虽然在股市里面所谓有可控性也是很虚弱的，但是那个具有可控性的阶段暴跌的概率相对低了许多。

4. **不怕少赚**：永远要默念不怕少赚才能大赚。许多人涨了不出，就是怕继续上涨；这样的人做 t 都把握不好，所以许多操作手段对他是没有用的，到头来都是后悔；相对而言就是不怕少赔才能不赔，这个大家都很明白，但是真的在少赔的时候你想过出局吗？操作开始后要不停默念这两句"不怕少赚才能大赚；不怕少赔才能不赔"，提醒自己在波动中严格遵循止赢止损法度。

（二）**反弹操作程序**：下跌过程中做反弹有五个步骤。

1. **跟随**：在空仓以后，对选择好的基本面稳定的个股股价走势要随时观察，特别是下跌有一定时间幅度的情况下，一定要多看多记，对股价的走势与大势的状况了然于胸。

2. **察微**：在跟随过程中，对股票波动的细节如成交状况、波动幅度、均线状况进行仔细观测总结，并对同类股票的波动状况和涨跌状况进行对比分析。于细微处积累经验，观察多空能量的纠缠和盛衰。只有积累最充分的细节组合，才能提高对走势的可控度认知。

3. **预判**：就是转势预判和走势构想。

（1）**走势不可控的阶段**：这个阶段只能做出基本预想，对可能的继续下跌的幅度和时间依据经验做出两个预构的走势图像。由于经过了跟随和察微，所以预构会依照多空对决状况形成。由于行情并不一定按照预想运行，所以在这个阶段所做的一切只是为了可控性阶段出现做的准备。

(2) 走势可控的预判：走势在我们充分观测预想的同时，出现了转势，是否真的转了要认真分析。首先做出初步预判，就是说在此前我们的观测中，股价出现目前的状况，有可能就是企稳并有了反弹的可能性。

(3) 走势转向构想：预判具有转势可能性以后，要对未来反弹走势做一个构想图像，以便于分析风险度和可能性。另外也可以依据下一步微观走势与我们的预构图像相合度来确定是否已经进入可控阶段。

(4) 均线和指标的利用：在做预判的时候，除了对幅度的预判外，均线系统和指标系统是我们最重要的参照系。

4. 巧作：转势预判和确定以及操作要领。

(1) 预判转势操作要领：保守型投资者预判转势时可以不操作；激进型投资者为了精准买入，可以用小仓位试盘，有时候微观观察股价走势的时候，持有股票和没有持股票对风险的感受是不同的，所以这样做也有一定的好处。一般情况下预判转势第一次仓位不超过20%。

(2) 预判转势失败操作要领：保守型投资者这个时候是比较快乐的；激进型投资者因为入仓比较少，所以可以及时止损或者依据预判构想图像，等待下跌补仓。

(3) 转势确认操作要领：反弹具有持续性、稳定性，行情进入了可控阶段。这个时候当然是及时买入了，但是由于依然在下跌过程中，所以最好仓位不超过50%。这里激进型投资者可能会满仓，快进快出当然也是可取的方法。

5. 善止：就是恰如其分地止赢止损。

(1) 止损：整个做反弹过程中有两个地方需要止损。

①预判转势失败：走势不可控的情况下。如果当时股价距买入价很近，那么建议还是不要采用下跌补仓做 t 等方法，而是直接卖出止损。如果下跌过猛、股价距买入价比较远，这个时候就要非常小心、仔细分析了。对于估值高的股票还是割肉止损为好，对于估值合理的股票，可以采用下跌补仓做 t 等方法。

②冲高后急速下跌：就是在操作过程中遇到这样的股票走势，开始符合我们的预期，我们也及时进行了买入，而且持股也获得了利润，但是没有来得及止赢，或者在高位还没有来得及卖出，突然出现大幅下跌，吞掉了我们持股几日的利润并出现亏损。这里就非常难操作了，因为必须判断清楚究竟还有没有希望上涨。建议如果发生在上午还是及时卖出，发生在尾盘可以等一等。因为上午卖出还可以买入，而一旦继续大跌利润没有了，亏损也大了。

(2) **止赢**：下跌过程中止赢是必须的，是保证每一个阶段利润落袋为安的根本性操作。止赢当然是发生在我们成功操作反弹以后，这里的操作原则是：初期上涨加仓，越往上越减仓，减仓以后不加仓，到一定幅度无论以后是否上涨都要减到最小。

第六节 实例分析

这样的分析毕竟是针对以往发生的行情，所以其中的心理活动以及操作者的各种分析都很难全面把握，也就是说在实际的操作过程中，操作者的心理活动要复杂得多。我们这里只能给予最基本的程序性的分析，要想达到人之心与股之神合一还得在实战中多加磨炼。

（一）急跌阱壁反弹操作实例：如北京城建（600266）2018年1月到3月出现一次急跌阱壁反弹，其操作解析如下。

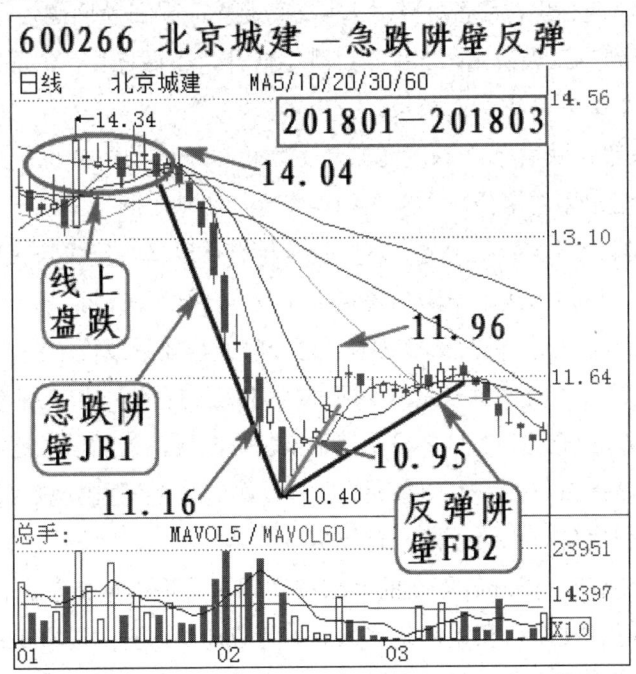

操作原则：不见横盘不用想，横盘出阳看深浅，大跌出阳四零仓，小跌出阳二零看，线下首阳减一半，续跌瞬间要空仓，企稳加仓做反弹，跟随趋势增减仓，获利快出要果断。

1. 下跌解析：急跌阱壁有顶部急跌阱壁和线下急跌阱壁两种，无论哪一种都是指股价在5日线下的连续下跌。一般来说股价从最高点下跌，不都是一开始

就沿着5日线急跌，也不都是在60线下开始下跌的，所以对于急跌阴壁初始下跌叫线上跌，有线上盘跌和线上急跌两种。在5日线上从最高位微幅盘整而下叫线上盘跌；从最高位直接落下并形成5日线下急跌叫线上急跌。我们研究的急跌阴壁是指落到5日线下并展开连续下跌的形态。所以急跌反弹中5日线是决策线。

北京城建在2018年1月16日达到一轮反弹高点，然后切60线横盘微跌，形成线上盘跌。于1月29日冲高到14.04元，回落当日跌到5日线下，然后连续阴线下跌，并于31日跌破所有均线，这个时候形成了中途顶，是需要及时空仓的。

2. **下跌跟踪**：形成破位并空仓后，股价继续在5日线下下跌，短期内是不考虑买入的，这里的原则是：不见横盘不用想。股价从1月29日开始连续阴线下跌并且越跌越大，由于在5日线下连续下跌所以不用想怎么做，到2月5日形成一个十字星，这里由于已经下跌5日，出现横盘苗头，我们需要仔细分析，适当想一想、动一动心思，准备好随时入场，但是由于当日就回落，成交量比较大，所以此机会留到第二天决定，2月6日跳空低开，不做操作，2月8日出现了横盘小阳线，我们需要考虑买入决策。

3. **买入决策**：随着下跌深度越来越大，可以操作的机会也越来越近。这里的原则是：横盘出阳看深浅，大跌出阳四零仓，小跌出阳二零浅。首先这里准备买入的前提是股价出现横盘走势，就是说股价有从远离5日线向5日线靠近的走势，并且出现了反弹阳线。出阳的含义是在股价连续下跌时，某一日出现开盘以后稳步走高，形成阳线，并且成交缩量。这个时候需要看股价下跌的幅度和时间，如果下跌幅度够大、时间够长就买入不大于40%的仓位；如果感觉把握不好就买入不大于20%的仓位。2月8日出现了横盘小阳线，这里已经连续下跌8个交易日，下跌幅度是20.5%。对于做反弹的人来说，这些条件出现是很容易动心的，初次买入在当日股价企稳的时候，仓位20%。

4. **买入后决策**：买入后需要的是依据实际走势进行增减仓。做反弹操作最高级的技术不是什么时候买入而是买入后如何应对。这里的原则是：线下首阳减一半，续跌瞬间要空仓，企稳加仓做反弹。再来看2月8日是横盘，是出阳，但是是首次出阳，仓位不能太大，感觉10%仓位太小，所以维持20%仓位的买入决策。考验我们的时候马上就来了，那就是2月9日，跳空低开下跌，怎么办？怎么办？股价已经下跌20%多了，而且连续下跌时间也不短了，不会下跌了，拿着吧？不！要是再跌怎么办？它既然敢跌跌多少做不出来？这个时候有这样的

第十章 阱壁增值第一策略——反弹的把握

思想斗争是必然的。我们的原则需要执行了，续跌瞬间要空仓，目前依然是在5日线下急跌过程中，虽然下跌不少，只能说明风险很小了，但是不能说明一定会上涨，所以不用斗争了，果断出局。原因是卖了还可以买回来，但是跌多了损失就大了。这里必须果断消除下跌一点就会上涨的思想。即使真的上涨，我们还可以买回来，就算没有买回来不就是少赚了一点点钱嘛！所以2月9日开盘后不久果断空仓，等待企稳反弹成立再买入。

5. **不舍不弃**：说句实在话，机会是跌出来的，我们是不会放弃做反弹的机会的，越是下跌离我们的希望越近。2月9日大跌，虽然我们亏了一点点钱，但是更加合适的机会就要来了，2月12日高开上涨，再一次出现阳线，此时下跌时间10个交易日，幅度26%。短期下跌较大，出阳反弹仓位40%，这是第二次出阳，当天可以缓慢加仓，上午20%，确认企稳下午再20%来进行。

6. **卖出决策**：做反弹就是为了波段性获利，股价上涨不会一帆风顺，也无法预测时间和幅度，所以这里的原则是：跟随趋势增减仓，获利快出要果断。我们来看北京城建的反弹行情，操作是踏踏实实的事情，不能用已经看到的走势笼统推理，需要实实在在在股价每一步的运行中进行分析。2月13日冲过5日线并冲高回落，可以肯定是一波反弹，但是在什么时间、什么地方停止是不可预测的，所以依据快进快出原则，13日获利减仓或空仓是必须的，大约可以获利1%～2%；14日开盘下跌，股价重新回到5日线下，此时虽然不能确认股价会上涨，但是可以确认横盘运行正在进行之中，直到股价反抽重新回到5日线上，那么加仓的机会就出现了，股价横走三阳是抄底反弹的确认形态，设置好止损，加仓买入，其后连续两天大涨，从14日的5日线处的10.95元到最高11.96元，一共有9%的幅度，在当日上影线形成回落时尽快减仓或空仓。

7. **操作回顾**：反弹操作有几方面特点。

（1）**买入不一定成功**：在下跌过程中进行买入操作，并不是一下子就买到最合适的位置，抄底出错是经常发生的。

（2）**买入后纠错很重要**：抄底做反弹，最重要的是风险控制，所以买入后发现与预想的不一样，必须快速纠正。

（3）**下跌幅度越深买入风险越小**：从后期的反弹来看，2月8日买入后2月9日不做减仓空仓，几天后也不会赔钱。

（4）**越下跌买入正确性越高**：虽然2月8日的买入需要纠错，但是2月12日的买入就完全正确。

（5）下跌幅度足够大可以做补仓操作：就是说下跌幅度足够大时，买入失败可以不出局，而是更低位置回补一定仓位，在反弹过程中解套并获利。

（6）下跌幅度和时间是操作基础：一旦确认股价破位展开新一轮下跌，那么短时间、小幅度的下跌是不能够操作的，所以要谋求在更长时间、更大跌幅的情况下进行反弹操作。

（二）通道陷壁反弹操作实例： 如数字政通（300075）2018年4月到8月出现一次通道陷壁反弹，其操作解析如下。

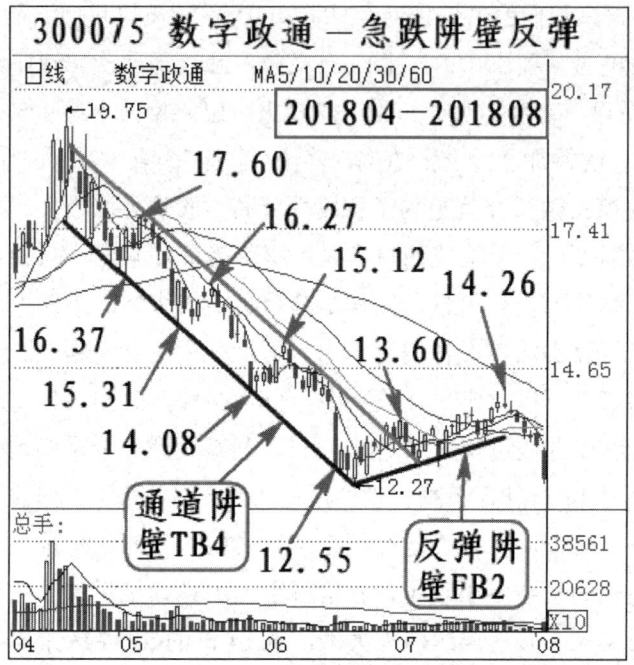

操作原则：五日线下看横盘，十日线上阻力强，浅跌横盘不必看，大跌出阳细思量，急跌反弹做榜样，再见线下跌势强，用心看住下轨线，企稳加仓做反弹，获利快出不拖延。

1. 下跌解析： 通道陷壁有顶部通道陷壁和线下通道陷壁两种，无论哪一种都是由股价在5日线下的下跌引导，在一定位置出现横盘或反弹然后再一次由5日线下的下跌引导并再一次横盘。通道陷壁初始下跌在均线之上叫线上通道，在均线之下叫线下通道。我们研究的通道陷壁是指落到30线下或60线下并展开连续下跌的形态。通道陷壁发生最多的是10线通道，股价在5日线和10线之间形成台阶式下跌。所以通道陷壁研究中5日线和10线是决策线。

数字政通在2018年4月18日达到一轮反弹高点，然后切5日线连续下跌，在 60 线反弹，遇 10 线又一次下跌形成线上通道。于 5 月 14 日后跌破 60 线，并在 60 线下承接线上通道走出两波 10 线下台阶，形成线下通道。连续跌破 30、60 线后形成了中途顶，需要及时空仓。

2. **下跌跟踪**：股价下跌开始后我们并不知道它是要怎么下跌，但是下跌一般就两种形态，一种是急跌，一种是通道下跌。当股价在 5 日线下下跌的时候，短期内是不考虑买入的，这里的原则是：五日线下看横盘，十日线上阻力强，浅跌横盘不必看。首先我们看股价在线上怎么走，从 4 月 19 日后一直到 5 月 2 日一共 8 个交易日，股价收在 5 日线下，同时股价运行在线上，还不是中途顶，需要观测均线支撑情况。到 5 月 3 日股价遇 60 线反弹，本次 5 日线下下跌幅度 17%，对于线上反弹已经下跌不少了，但是如果做下跌反弹显然幅度不够。这里不能依下跌反弹来做，可以以线上回调反弹来做，既然反弹发生了，急跌阱壁就停止了，这里只考虑两点，一点是是否重拾升势；一点是是否形成通道下跌。无论哪一种结果都得考察 10 线的反压力度。当股价反弹到 10 线时，在 20 线下切 10 线又一次下跌，这里通道下跌的雏形出现了，如果你在 60 线处做回调反弹，那么到这个时候就该获利出逃或止损出局了，这一个过程中不存在下跌反弹的可能性。这里依然有两种可能性，一种是再一次遇 60 线支撑重拾升势；一种是直接跌破 60 线形成中途顶并继续下跌。直到 5 月 14 日大阴线跌破 60 线，我们可以初步确认中途顶形成了，开始了又一次下跌运行。5 月 15 日探底反弹收阳线依然在 5 日线下，探底幅度 22%，幅度适中，这里出现了买入契机。

3. **初次买入决策**：这里的操作原则是：大跌出阳细思量。依照下跌幅度和探底反弹情况，我们准备买入，为此需要做一个全面分析。

（1）有利条件①：短期跌幅超过 20%，并且出现探底阳线。

（2）不利条件①：股价走出一个下跌反弹再下跌的走势，股价已经破位并形成中途顶。

（3）不利条件②：目前股价距离上一级均线非常近，均线压力很明显。

（4）不利条件③：微量阳线不能说明股价会反弹，依据原则"线下初阳必减仓"，这里不仅不能买入，如果有套牢盘还应该减仓。

依据上面分析，这里不做反弹操作。

4. **后势预构**：对于跌下 60 线的走势、我们预构后期走势有如下几种。

（1）横托向上：在这里横盘形成横托并上升到均线上面，行情反转或诱多。

（2）放量上线：从这里放量大涨站上 60 线，行情反转或诱多。

(3) 继续急跌：继续在5日线下下跌。

(4) 通道走势：小幅横盘到10线遇阻回落，然后迅速下跌到5日线下，形成通道下跌。

5. **通道形成**：实际走势是先连续在5日线下下跌2个交易日，没有跌破前低然后出现横盘，这里有可能的走势就是形成横托或10线遇阻形成通道式下跌。当5月18日出现小阳线时，激进投资者可能会买入，保守投资者则继续观测。实际走势是股价触碰10线后回落，正式形成通道下跌。激进投资者需要止损，这个时候空仓是最优选择。

6. **买入决策**：随着连续的5日线下急跌，我们做反弹的机会越来越近。这里的原则是：急跌反弹做榜样，再见线下跌势强，用心看住下轨线。已经下跌许多了，再跌就往30%甚至更多进展，这个时候我们的策略与做急跌反弹一样，并且由于前面形成通道下跌，我们有了一个新的参考——通道下轨线。我们把前两次下跌的低点相连，出现一条向下倾斜的直线，然后等待买入机会出现。5月30日一根跳空低开大阴线，收盘触碰下轨线，跌幅累积到29%，5月31日在下轨线处跳空出现小阳线，依据急跌反弹操作方法，20%仓位买入。股价横盘4个交易日于6月5日一举上穿5日线，加仓到40%，期望一波反弹来临。

7. **持仓跟随**：后期走势是股价微量上穿10线在上轨线处受压，然后回调，显然我们的反弹买入决策面临挑战，这里只有两种操作方法，就是站稳10线持股，或回落跌破10线减仓或空仓。依据急跌反弹操作原则"续跌瞬间要空仓"，我们在6月7日回落时减仓到20%以下，并于6月8日空仓。走势证明我们反弹操作预期的失败。

8. **再接再厉**：股价沿着10线、上轨线和5日线下跌，6月19日跳空大阴线，收盘触碰下轨线，跌幅累积到36%。无论如何要有一些胆量准备抄底。这里的原则是：企稳加仓做反弹，获利快出不拖延。6月20日大跌出阳，果断买入不超过40%仓位，保守者也可以20%或30%仓位，6月21日下跌，减仓一半，22日补仓。保守的人这里可以等26日或站稳5日线时买入40%仓位，第一波反弹幅度8%，总涨幅14%。第二波反弹起步于通道上轨线，可以稳定地完成5%以上的利润。

9. **操作回顾**：

(1) 急跌反弹操作是基础：在整个操作过程中主要还是围绕5日线下急跌来进行操作，通道阴壁只是增加了10线阻力分析。所以急跌反弹操作的规则都

第十章 阱壁增值第一策略——反弹的把握

适用于通道反弹操作。

（2）**通道反弹更容易买错**：通道阱壁的下跌波动多、时间长但是幅度却不小，在相当长时间内反弹特征出现后再一次下跌，所以买错的可能性增大，需要严格执行止损策略。

（3）**上下轨线有一定作用**：因为波动比较多，出现了上下轨线，为后面的走势提供了一个分析依据，而且具有比较大的准确性，一般来说下轨线对下跌的股价有支撑作用，上轨线在下跌过程中是阻力线，但是一旦突破就形成了支撑线。

（4）**做反弹突破均线是关键**：反弹能不能确认，第一步看5日线能不能有效突破，第二步看10线能否有效突破，然后各种短期均线形成支撑。

（三）**横盘冲高反弹操作实例**：如皇氏集团（002329）2017年11月到2018年2月出现一次横盘阱壁冲高反弹，其操作解析如下。

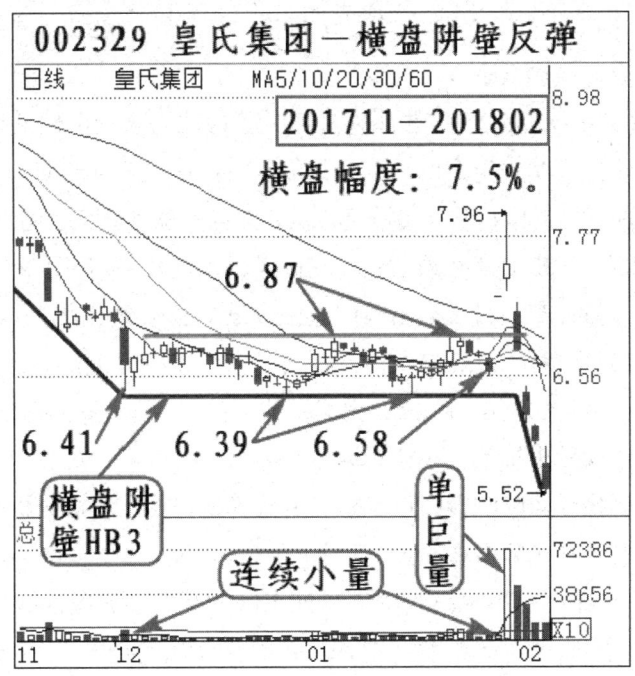

操作原则：微量横盘跌不了，下轨买入待冲高，横行低吸加高抛，横道之内留仓好，单量冲高出局跑，量堆慢涨高点逃，久盘不涨均线交，遇到破位空仓飚。

1. **横盘解析**：横盘阱壁出现在通道阱壁下跌后居多，但是急跌阱壁下跌后也有可能形成横盘阱壁。横盘阱壁形成之前股价的跌幅不一定很大，也就是说横盘阱壁可以出现在小于10%的小幅度下跌或小于30%的中等幅度下跌以及大于30%的大幅度下跌之后。横盘阱壁在横盘过程中可以有一次或多次冲高反弹，也可以没有冲高反弹。

2. 确认横盘：股价走出横盘趋势是一眼就可以看出来的，明显地股价沿着一个区间水平运行，这里是不考虑前面下跌了多少的。但是在我们确认横盘形成的时候股价已经有一段时间的横盘运行了。皇氏集团 2017 年 12 月 5 日下跌到 6.41 元，小幅反弹后回落到 12 月 28 日的 6.39 元，然后开始缓慢反弹，这个时候横盘阱壁的雏形出现了，其后反弹到 6.87 元开始回落，基本上确认这里出现了横盘走势。

3. 买入决策：横盘过程中进行买入，肯定是下轨线上进行。这里的原则是：微量横盘跌不了，下轨买入待冲高，横行低吸加高抛。横盘冲高反弹做起来比较容易，只要确定横盘阱壁初步形成或已经形成就可以了。这里的第一次买入在 12 月 28 日缓慢反弹站上 5 日线时进行，其后出现反弹，在前高附近回落，可以高抛低吸；第二次买入在 2018 年 1 月 7 日再一次下跌并碰触下轨线时进行，并在前高附近减仓，高抛低吸。

4. 卖出决策：横盘阱壁内进行高抛低吸等待冲高获利，但是横盘阱壁有没有冲高、有几次冲高是走出来的，我们只能等待。这里的操作原则是：横道之内留仓好，单量冲高出局跑，量堆慢涨高点逃，久盘不涨均线交，遇到破位空仓飚。要想等到冲高反弹，那么就必须留仓，在高抛低吸过程中始终不能空仓。如果出现冲高反弹，单量冲高当日必须出局；缓慢放量上涨有量堆的，在冲高后择机高位出局；如果横盘过程中没有出现冲高，而是在均线纠缠相交中破位下跌，那么必须坚决空仓。皇氏集团在 1 月 30 日突然微量涨停，31 日冲高回落出现单日巨量，这一天我们做空仓卖出决策。

（四）反弹操作风险综合：以上对三种反弹操作做了实例分析，在进行反弹操作的时候，有几种风险需要注意。

1. 下跌不反弹：有的时候股价中长期下跌，几个小波段连接但是没有反弹发生，一般地说组合阱壁下跌并带没有冲高反弹的横盘阱壁，巨大跌幅之中没有反弹发生，而且由于组合阱壁走势复杂、规律性不强，我们的操作风险就加大了。这个是由于股市自身运行形成的操作风险，需要我们特别重视长跌形态的认知。特别是横盘过程中或稳步缓慢下跌而久不反弹，一定要尽快出局。

2. 止损不果断：下跌幅度不是很大时我们依据特征原则进行买入操作，在发现失误后没有及时止损；下跌幅度较大时我们做出了买入决策，过分相信大跌必然会有反弹，而在发生新跌势时不愿意及时止损，这是人为造成的风险。下跌

第十章 阱壁增值第一策略——反弹的把握

过程中最要不得的思想就是坚忍和侥幸,就是小跌忍着,大跌期待反弹,正确的做法是严格执行止损。

3. 大涨大跌风险:股市对于突然发生的大涨大跌几乎没有应对策略。好比昨日还走在上升途中,今天突然跌停;当日股价开盘破位下跌,下午突然大涨甚至于涨停;几天中股价一直微幅波动,突然连续跌停。这些风险是我们在操作时必须考虑的,要通过仓位控制和精心选股以降低风险。尽量规避有风险的股票、比价高的股票,这些股票持仓一定要小,在关键位置及时空仓,即使是业绩不错的股票,也要多加警觉,预防小跌引大跌出现突然的股价崩塌。

第十一章 阱壁增值第二策略——波动的把握

无论在上涨过程中还是盘整和下跌过程中,都包含许多更加微小的次级波动,这些波动累积的幅度远大于一轮可以明显可视的日线级别的波动。把握这些波动不停地获取利益是股市最高的操作技术,是每一个参与股市交易的人的最高追求。次级波动的把握是以日利、周利进行计算的,已经超过了每一年赚百分之多少的利润。波动的操作是在大中小波段的背景下对价格波动更加精细地把握,成功率是由赢利次数及幅度和止损次数及幅度累计而出,需要操作者对买卖双方的交易有极深的体验并能够提前捕捉买卖的有利时机。

第一节 次级波动基础

(一) 单日线和分钟线: 单日线有纯阳、纯阴、上下影阳线、上下影阴线。

1. 纯阳上涨单日线与分钟线: 当升科技(300073)2019年2月1日走出一根上下影线极小近乎光头光脚的单边上涨大阳线。当日跳空高开上涨6.21%,换手率2.64%。从5分钟图中看出大部分股价沿着5单元线上方运动,第①次小波动向10单元线微幅横盘;第②次小波动,回调幅度0.33元,约1.17%。纯阳上涨日K线含有回调后再上涨或横盘后再上涨的内部波动,均线系统呈现上行形态,短期单元线在上行过程中有聚拢和波动,长期单元线以一定斜率上行。

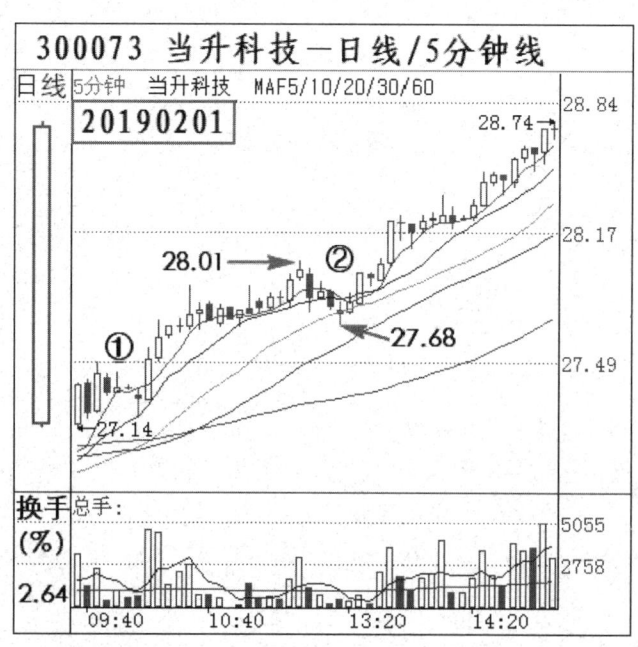

2. 纯阴下跌单日线与分钟线: 国泰集团(603977)2019年3月

8日走出一根光头光脚的近乎单边下跌大阴线。当日跳空低开下跌7.14%，换手率2.83%。在5分钟图中大部分股价在5单元线下运行，第①次小波动反弹0.22元，约2.74%，下跌0.28元，约3.39%；第②次小波动反弹0.15元，约1.88%，下跌0.15元，约1.84%；第③次小波动反弹0.11元，约1.38%，下跌0.28元，约3.46%。

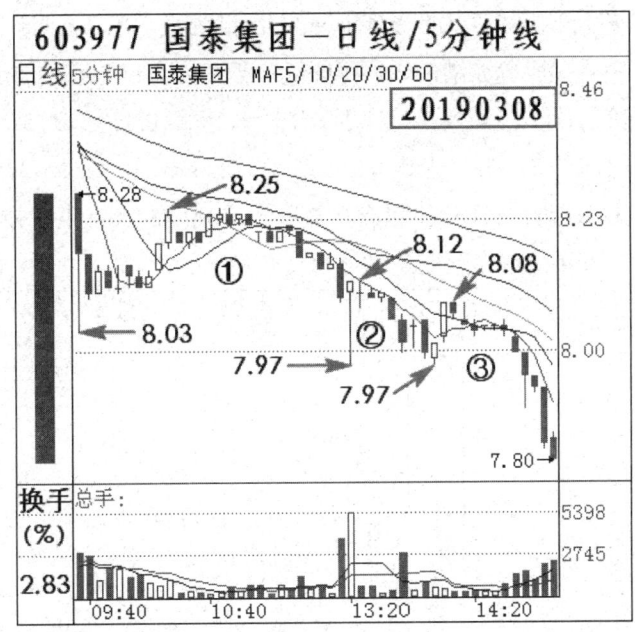

纯阴下跌日K线含有上涨后再下跌或横盘后再下跌的内部波动，均线系统呈现下行形态，长期单元线以一定斜率下行。

3. 上下影单日阳线与分钟线：诚邦股份（603316）2019年4月10日走出一根上下影线都比较长的阳线。当日平开上涨0.54%，换手率2.84%。从5分钟图中看出股价波动较大，第①次小波动上涨0.14元，约1.5%，下跌0.14元，约1.48%；第②次小波动上涨0.11元，约1.18%，下跌0.06元，约0.64%；第③次小波动上涨0.12元，约1.28%，下跌0.11元，约1.16%。上下影线阳线日K线包含多次有一定幅度的上涨下跌波动，短期单元线波动较大，长期单元线呈一定斜率上升。

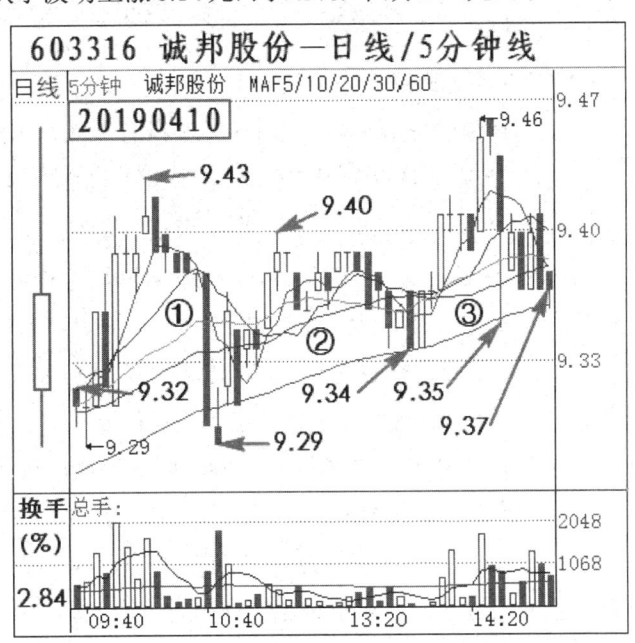

4. **上下影单日阴线与分钟线**：麦达数字（002137）2019年3月14日走出一

根上下影线都比较长的阴线。当日跳空下跌3.89%，换手率6.51%。从5分钟图中看出股价波动较大，第①次小波动反弹0.41元,约5.11%,下跌0.53元,约6.28%；第②次小波动反弹0.27元，约3.4%，下跌0.47元，约5.75%；第③次小波动反弹0.28元，约3.63%，下跌0.26元，约3.26%；第④次小波动反弹0.18元，约2.33%。上下影阴线日K线包含多次有一定幅度的上涨下跌波动，短期单元线波动较大，长期单元线呈一定斜率下降。

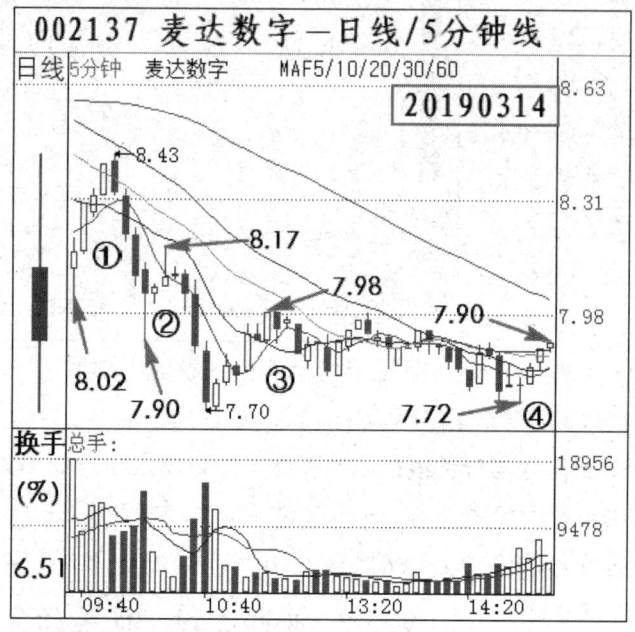

（二）5分钟线形态分析：

1.5分钟线形态种类：单日5分钟线有上涨、下跌、横盘三种基本形态。

（1）上涨走势：若干5分钟K线连续上涨。

（2）下跌走势：若干5分钟K线连续下跌。

（3）横盘走势：有小幅横盘和波动横盘两种，小幅横盘就是几个5分钟K线在几分钱的范围小幅波动；波动横盘就是股价由几个在几毛钱或几元钱范围内的波动连接形成的横盘运行，小幅横盘存在于上涨下跌波动的各个阶段是最重要的走势。5分钟线走势是一种次级小波动的表达，一般不做通道走势研究。

2. 单日5分钟线走势形态实例分析：如康旗股份（300061）2019年3月14日。当日平开下跌8.52%，换手率3.35%。其5分钟走势图形态是这样的：连续下跌+连续上涨+连续下跌+小幅横盘+连续下跌+连续上涨+小幅横盘+连续下跌+连续上涨+小幅横盘+连续下跌；其中后面的波动①和波动②构成一个比较大的波动横盘走势。

（三）双日线与分钟线：双日线有连接线、跳空线、并入线、反转线、休整线五种类型。

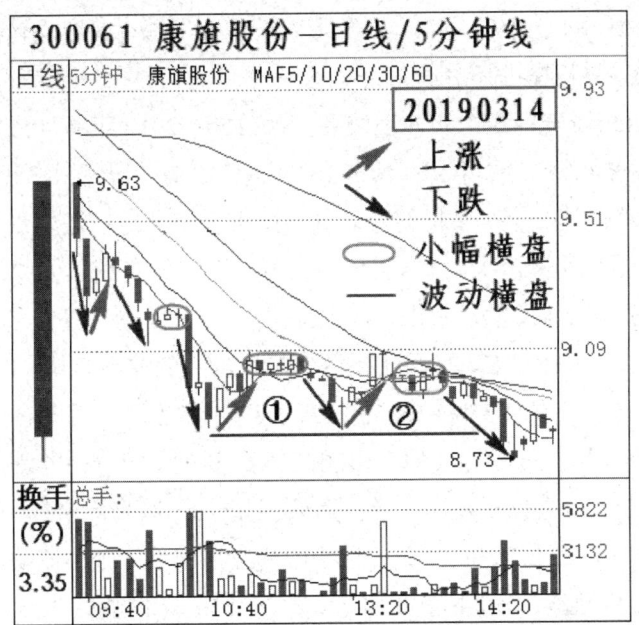

1. **连接阳线与分钟线**：如海鸥住工（002084）2019年3月5日和6日走势。5日开盘4.80元，收盘4.93元，上涨2.71%；6日开盘4.92元，收盘5.08元，上涨3.04%。第2个交易日的开盘价几乎与第1个交易日相等，并形成连续的上涨形态，成交量也小幅放大。5分钟线走势开初是一段各级单元线纠缠在一起的幅度5分钱的横盘走势，叫纠缠横盘。然后走出一波在20单元线上方的连续上涨，

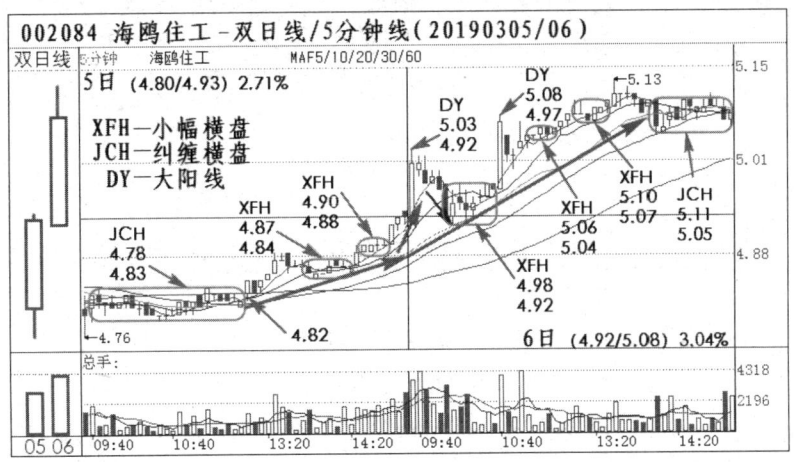

整体涨幅0.31元,约6.43%。6日出现两次幅度较大的冲高阳线,分别为幅度0.11元,约2.23%;幅度0.11元,约2.21%。而且每一次冲高后都出现幅度较大的回调,但是始终在单元均线上方运行。整个运行过程中,小幅度的横盘多次出现,上涨经常呈现小幅横盘+上涨的形态。这种形态发生在上涨行情和反弹行情中,表明一种连续上涨趋势正在进行中。

2. **连接阴线与分钟线**:如通润装备(002150)2019年4月25日和26日走势。25日开盘8.48元,收盘8.28元,下跌2.01%;26日开盘8.28元,收盘8.02元,下跌3.14%。第2个交易日的开盘价与第1个交易日相等,并形成连续的下跌形态,成交量也小幅放大。5分钟线走势开初是一段各级单元线纠缠在一起的幅度8分钱的纠缠横盘,然后走出一波大部分股价在20单元线下方的连续下跌,整体跌幅0.48元,约5.69%。25日出现两次幅度较大的冲高K线,带有大上影线,分别为幅度0.11元,约1.32%;幅度0.13元,约1.57%。而且每一次冲高后都大幅回调形成短暂冲过30单元线的大影线;26日开盘走出一根急跌大阴线,幅度0.22元,约2.64%,急跌后随即反弹;后面跟随一段由两个小波动形成的波动横盘,幅度0.18元,约2.22%;经过一段小幅横盘后出现一个小波动,一根大阳线冲过30单元线后回落,上涨幅度0.14元,约1.73%;下跌幅度0.25元,约3.04%。整个运行过程中,小幅度的横盘多次出现,下跌经常呈现小幅横盘+下跌的形态。这种形态发生在下跌行情和上涨回调行情中,表明一种连续下跌趋势正在进行中。

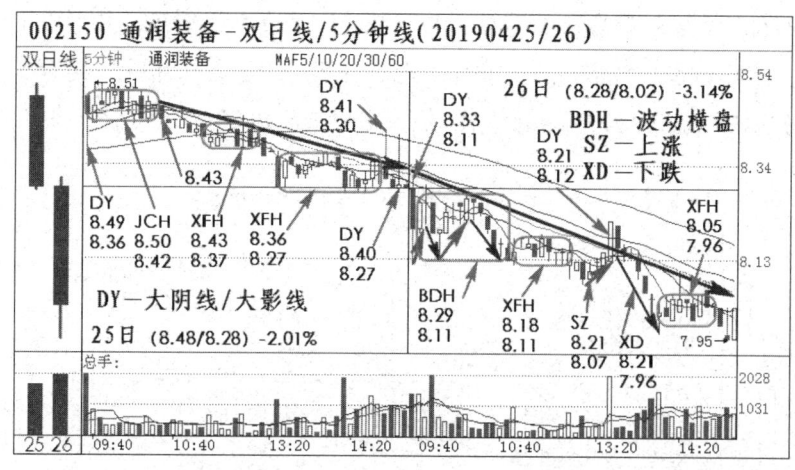

3. **跳空阳线与分钟线**:如广电运通(002152)2019年3月29日和4月1日走势。29日开盘7.00元,收盘7.30元,上涨4.29%;1日开盘7.50元,收盘7.75元,上涨6.16%。第2个交易日的开盘价与第1个交易日收盘价相差0.20元,形成跳空高开形态，成交量大幅放大。5分钟线走势是一段又一段小幅横盘+上涨的形态，形成一波大部分股价在20单元线上方的上涨走势，整体涨幅0.85元，约12.1%。整个运行过程中，大幅波动较少，小幅度的横盘较多，30单元线和60单元线呈一定斜率的上行态势。这种形态一般出现在较强的上涨趋势中，在行情主升浪中发生较多，表明一次强烈上涨发生了。这种形态可以出现在行情的初期、中期或末期，依据此前走势和成交量状态进行分析。

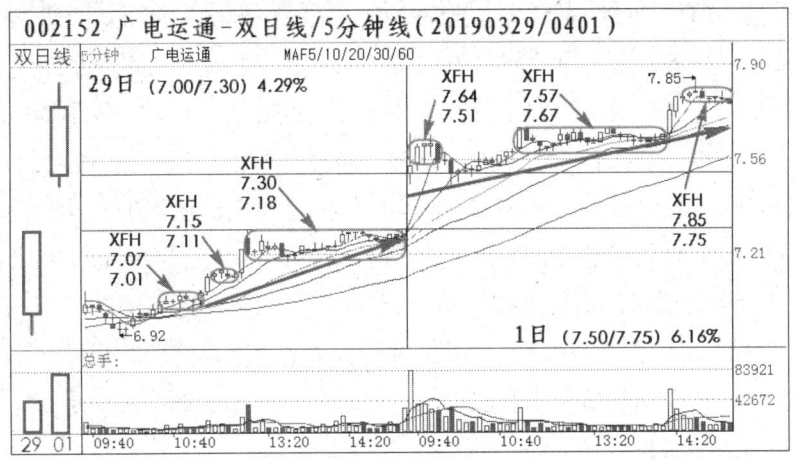

4. 跳空阴线与分钟线： 如力星股份（300421）2019年4月26日和29日走势。26日开盘10.66元，收盘9.95元，下跌8.55%；29日开盘9.56元，收盘9.28元，下跌6.73%。第2个交易日的开盘价与第1个交易日收盘价相差－0.35元，形成跳空低开形态，成交量微幅放大。5分钟线走势是一段又一段小幅横盘+下跌的形态，形成一波大部分股价在20单元线下方的下跌走势，最大跌幅1.70元，约

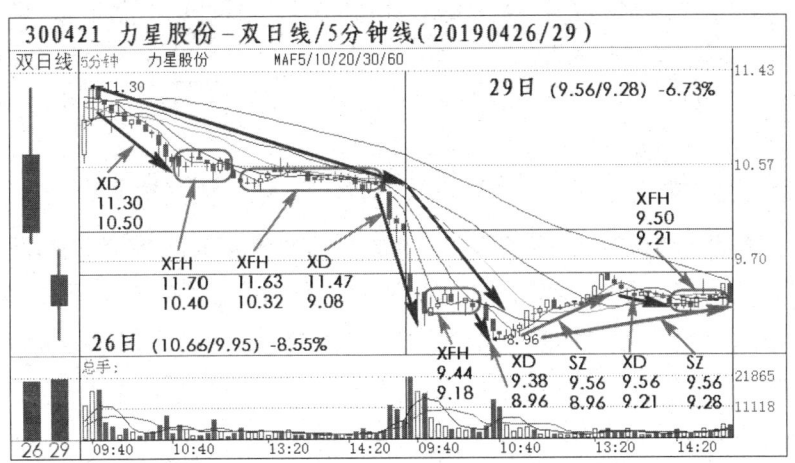

15.9%。整个运行过程中,有两波大幅波动,小幅度横盘较多,60 单元线呈一定斜率的下行态势。第 2 个交易日后半部短期单元线出现上涨并横盘走势。这种形态一般出现在较强的下跌趋势中,在行情深幅回调和主跌浪中较多,表明一次强烈下跌正在进行。这种形态可以出现在行情的初期、中期或末期,依据此前走势和成交量状态进行分析。

5. **并入阳线与分钟线**:如浩云科技(300448)2019 年 4 月 2 日和 3 日走势。2 日开盘 13.30 元,收盘 14.23 元,上涨 7.64%;3 日开盘 13.97 元,收盘 14.78 元,上涨 3.87%。第 2 个交易日的开盘价与第 1 个交易日收盘价相差－0.26 元,形成跳空低开然后上涨的形态,成交缩量。5 分钟线走势是一段又一段小幅横盘＋上涨的形态,形成一波比较复杂的上涨走势,整体涨幅 1.48 元,约 11.1%。同样是连续上涨,但是第 2 个交易日跳空低开约 2%,说明上涨遇到阶段性阻力,对第 1 个交易日的上涨做了整理,整个运行过程中,在 14.17 元到 14.49 元之间进行了长时间的横盘整理,均线系统里面只有 60 单元线呈一定斜率的上行态势,其他呈现横盘纠缠运行。这种形态一般出现在较强的上涨趋势中,出现在消化阻力盘的情况下,在反弹行情和主升浪中较多,表明一次上涨在犹豫中进行,阻力是否消化完毕尚不清楚。

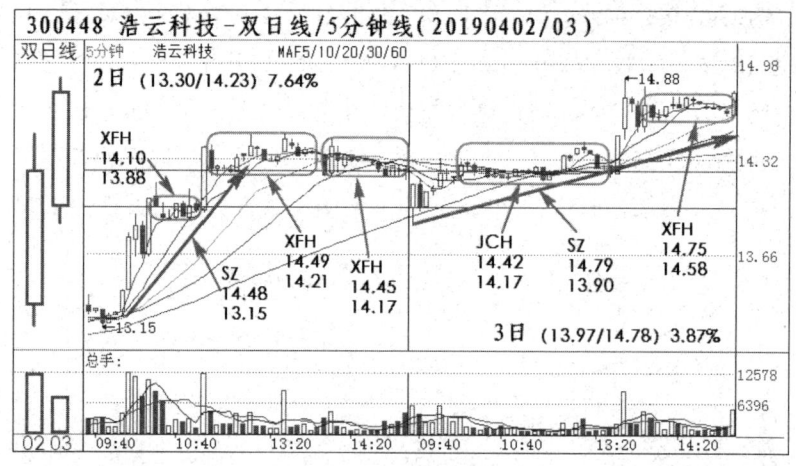

6. **并入阴线与分钟线**:如美盈森(002303)2019 年 4 月 25 日和 26 日走势。25 日开盘 7.31 元,收盘 6.87 元,下跌 7.91%;26 日开盘 7.02 元,收盘 6.68 元,下跌 2.77%。第 2 个交易日的开盘价与第 1 个交易日收盘价相差 0.15 元,形成跳空高开然后下跌的形态,成交缩量。5 分钟线大部分走势是一段又一段小幅横盘＋下跌的形态,形成一波比较复杂的波动走势,整体跌幅 0.69 元,约 9.43%。同

第十一章 阱壁增值第二策略——波动的把握

样是连续下跌，但是第 2 个交易日跳空高开约 2.24%，说明下跌遇到有限支撑，对第 1 个交易日的下跌做了调整，整个运行过程中在 6.71 元到 7.12 元之间进行了长时间的波动整理，均线系统里面只有 60 单元线呈一定斜率的下行态势，其他呈现下行及横盘纠缠运行。这种形态一般出现在较强的下跌趋势开始位置或下跌过程中有相对支撑的位置，在回调行情和主跌浪中出现，表明一次下跌在犹豫中开始并延续，这样的走势一般情况下还是要继续下跌。

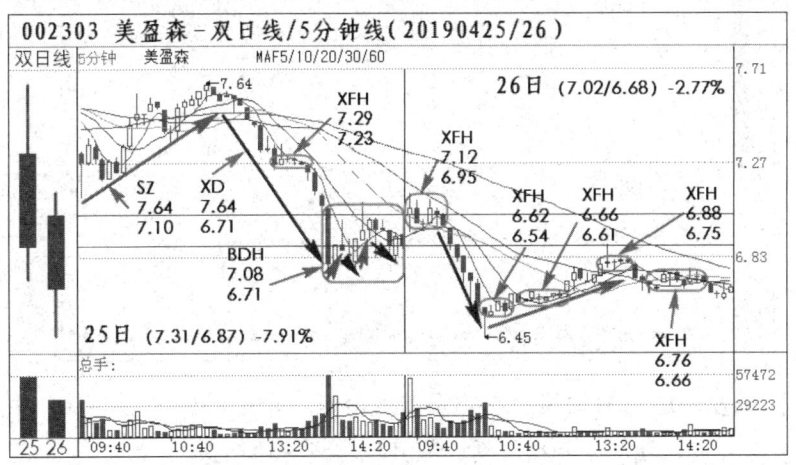

7. 阳阴反转线与分钟线：阳阴反转线就是一个上涨阳线后连接一个下跌阴线，有高开反转线、平开反转线、低开反转线三种形态。

（1）高开反转线：第 2 个交易日跳空高开然后大幅收阴。

（2）平开反转线：第 2 个交易日平开然后大幅收阴。

（3）低开反转线：第 2 个交易日跳空低开然后大幅收阴。

（4）实例观察：这里以平开为例。如智慧能源（600869）2019 年 4 月 19 日和 22 日走势。19 日开盘 5.61 元，收盘 5.92 元，上涨 4.59%；22 日开盘 5.92 元，收盘 5.69 元，下跌 3.89%。第 2 个交易日的开盘价与第 1 个交易日收盘价相同，形成平开然后下跌的形态，成交缩量。第 1 个交易日 5 分钟线是一段又一段小幅横盘＋上涨的形态，整体涨幅 0.32 元，约 5.71%；第 2 个交易日 5 分钟线是一段又一段小幅横盘＋下跌的形态，整体跌幅 0.30 元，约 5.05%。第 1 个交易日 20、30、60 单元线以一定斜率上升，整体保持了上升形态，后期是一个波动横盘的走势，说明这里有一定阻力做了整理；第 2 个交易日开盘即大阴下跌，随后一直保持下跌，20、30、60 单元线逐步形成一定斜率的下行，而且下行幅度较大。很明显 19 日后期的波动形成了短期头部，说明行情由上涨转为下跌。这种形态在上涨行情或反弹行情的初期、中期和末期都有出现，一般后面会继续下跌，但是在遇到均线支撑后，会有反弹，反弹后反转继续上升或继续下跌。如果发生在上涨初期，由于上涨幅度较小、上升阻力不大，遇到均线支撑会反转继续上涨，随着行情上涨的幅度加大，反弹后继续下跌的概率越来越大。

8. 阴阳反转线与分钟线：阴阳反转线就是一个下跌阴线后连接一个上涨阳线，也有高开反转线、平开反转线、低开反转线三种形态。

（1）高开反转线：第 2 个交易日跳空高开然后大幅收阳。

（2）平开反转线：第 2 个交易日平开然后大幅收阳。

（3）低开反转线：第 2 个交易日跳空低开然后大幅收阳。

（4）实例观察：这里以平开为例。如亚泰集团（600881）2019 年 3 月 28 日和 29 日走势。28 日开盘 3.90 元，收盘 3.71 元，下跌 6.78%；29 日开盘 3.71 元，收盘 3.87 元，上涨 4.31%。第 2 个交易日的开盘价与第 1 个交易日收盘价相同，形成平开然后上涨的形态，成交缩量。第 1 个交易日 5 分钟线大部分是一段又一段小幅横盘 + 下跌的形态，整体跌幅 0.19 元，约 4.87%；第 2 个交易日 5 分钟线是一段又一段小幅横盘 + 上涨的形态，整体涨幅 0.22 元，约 6.02%。第 1 个交易日 20、30、60 单元线以一定斜率下降，整体保持了下跌形态；第 2 个交易日开盘继续下跌，随后反转开始上涨，20、30、60 单元线逐步形成一定斜率的上行，而且上行幅度较大。很明显 28 日后期和 29 日开初的走势形成了短期底部，说明行情由下跌转为上涨。这种形态在下跌行情或回调行情的初期、中期和末期都有出现，一般后面会继续上涨，但是在遇到阻力后，会有回调，回调后再反转继续上涨或继续下跌。如果发生在下跌初期，由于下跌幅度较小、上升阻力较大，遇到均线压制会反转继续下跌,随着行情下跌的幅度加大,回调后继续上涨的概率越来越大。

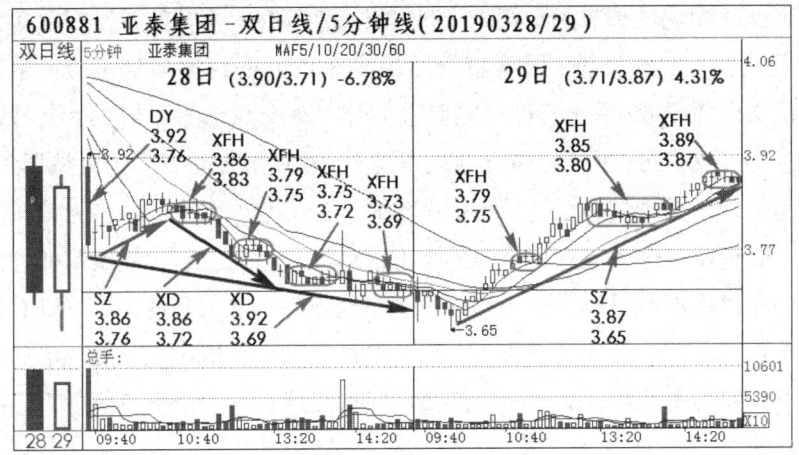

9. 阳休整线与分钟线:阳休整线就是一个上涨阳线后连接一个在收盘价附近不大范围内的小 K 线,有小十字线、小阴线和小阳线三种形态。

(1)小十字线:第 2 个交易日是一个在第 1 个交易日收盘价附近的小十字线。

(2)小阴线:第 2 个交易日是一个在第 1 个交易日收盘价附近的小阴线。

(3)小阳线:第 2 个交易日是一个在第 1 个交易日收盘价附近的小阳线。

(4)实例观察:这里以小阳线为例。如江苏银行(600919)2019 年 4 月 16 日和 17 日走势。16 日开盘 7.24 元,收盘 7.49 元,上涨 3.17%;17 日开盘 7.46 元,收盘 7.49 元,上涨 0.00%。第 2 个交易日的开盘价比第 1 个交易日收盘价低 0.03 元,虽然是阳线但是收盘价与第 1 个交易日相同,整个 K 线在第 1 个交易

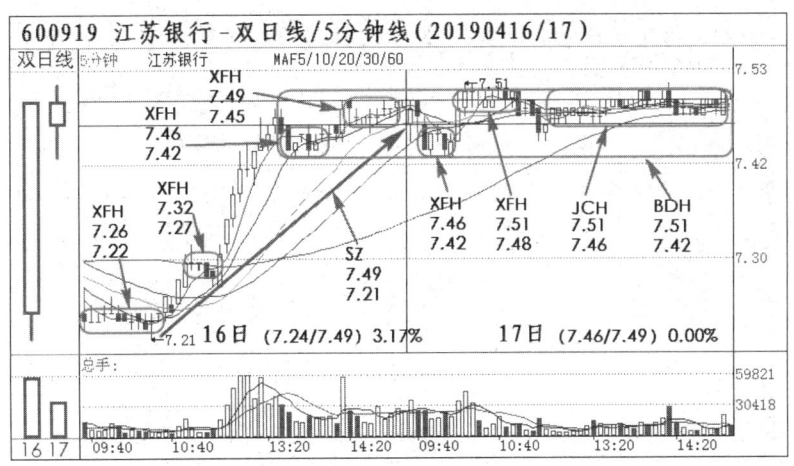

209

日收盘价附近，成交缩量。第1个交易日5分钟线是一段又一段小幅横盘+上涨的形态，整体涨幅0.28元，约3.88%；第2个交易日5分钟线是一段又一段小幅横盘+上涨+回调的形态，与第1个交易日后期连接，形成了波动横盘走势，幅度0.09元，约1.21%，其中更有较长的幅度0.05元的纠缠横盘走势。第1个交易日10、20、30、60单元线以一定斜率上升，是上涨形态；第2个交易日则是横盘形态，5、10、20、30、60单元线逐步走平。很明显股价在一个区域遇到阻力，进行横盘整理，无论第2个交易日是小阳线、小阴线或十字线，也无论在这里波动多大，都说明这个区域有相当大的阻力。这种形态在上涨行情或反弹行情的初期、中期和末期都有出现，在上涨行情初期或强势上涨主升浪中，可以看作是上涨中继整理形态，一般后面会继续上涨，但是在调整行情中或上涨行情后期，是一种上涨遇阻的滞压线，其后会有回调，回调后遇到下一级支撑线是否会反转上涨不能确定。

10. **阴休整线与分钟线**：阴休整线就是一个下跌阴线后连接一个在收盘价附近不大范围内的小K线，有小十字线、小阴线和小阳线三种形态。

（1）小十字线：第2个交易日是一个在收盘价附近的小十字线。

（2）小阴线：第2个交易日是一个在收盘价附近的小阴线。

（3）小阳线：第2个交易日是一个在收盘价附近的小阳线。

（4）实例观察：这里以小阳线为例。如南京证券（601990）2019年4月29日和30日走势。29日开盘13.35元，收盘12.05元，下跌9.67%；30日开盘11.98元，收盘12.19元，上涨1.16%。第2个交易日的开盘价比第1个交易日收盘价低0.07元，收盘价比第1个交易日高0.14元，整个K线在第1个交易日收盘价附近，

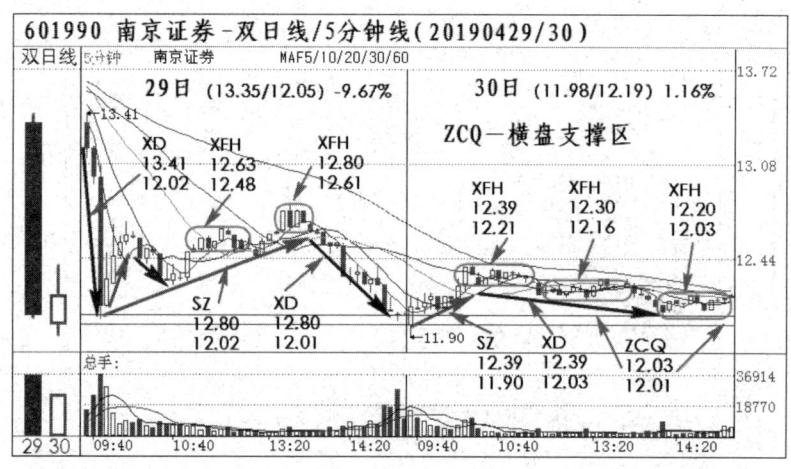

成交缩量。第 1 个交易日 5 分钟线急速下跌接着以小幅横盘＋上涨的形态进行波动反弹，最后再下跌的走势。第 2 个交易日 5 分钟线是一段又一段小幅横盘＋微幅上涨＋微幅回调的形态，波动幅度很小。与第 1 个交易日连接起来看，是一个急速下跌到支撑区域 12.01～12.03 元处，然后形成波动越来越小的三角形横盘走势。短期单元线逐步走平纠缠，60 单元线斜向下。很明显看出股价在一个区域遇到支撑，进行横盘整理，无论第 2 个交易日是小阳线、小阴线或十字线，也无论在这里波动多大，都说明这个区域有相当大的支撑力，同时由于反弹高度逐步走低，也表明上方压力逐步增大。这种形态在下跌行情或回调行情的初期、中期和末期都有出现，在下跌行情初期或强势下跌中，可以看作是下跌中继整理形态，一般后面会继续下跌，但是在回调行情中或下跌行情后期，表明回调整理遇到支撑，在支撑线附近或超跌位置会形成价托，从而反转上涨。在一定幅度的下跌中途，其后是否反转上涨或继续下跌不确定。

分钟线配合单日及双日线的形态认知，是波动操作的基础，单日和双日的形态种类比较单纯，各类指数和大部分的股票单日和双日走势，具有特定的意义。尽管个别股票的单日或双日形态可以被操纵，但是大部分情况下指数和股票的形态能够表达股价趋势的真实状态。如果单日和双日形态与均线系统和中长期波动结合，可以增加各种形态对未来趋向表达的确定性和可操作性。

第二节 次级波动操作分析

（一）次级波动买卖分析：

1. **理想的买卖方式**：在以日线进行中短期波动操作时，一般只要做到买在低位的一个区域、卖在高位的一个区域就可以了。次级波动操作是以分钟线进行的操作，它要求买的位置尽量靠近波动最低点，卖的位置尽量靠近最高点。所以理想的次级波动买卖就是"买在最低点，卖在最高点"的精确操作。如诚邦股份（603316）2019 年 4 月 15 日到 22 日，这是该股当年一波中级行情末端的一段上涨，22 日是中级行情最高位。

（1）从日线看：这是一波经过回调后的连续上涨，以日线来说理想的买卖方式就是从 15 日开盘后回落并反转的区间，即 9.16—9.03—9.16 范围内买入，然后在 22 日开盘到冲高再回落的区间，即 10.15—10.36—10.15 范围内卖出。最大涨幅（10.36－9.03）/9.03=14.7%，最小涨幅（10.15－9.16）/9.16=10.8%。

（2）从分钟线看：以分钟线来看，最佳的买卖比较直观。分别在 9.03 元、9.26

元、9.46元、9.56元、9.91元附近买入，在9.53元、9.90元、9.89元、10.19元、10.36元附近卖出。不算复利，单纯看分别获利0.50元、0.64元、0.43元、0.63元、0.45元，合计2.65元，约29.3%。由于不一定能够准确买卖在最高、最低点，进行范围修正缩小30%计算，约20.5%。

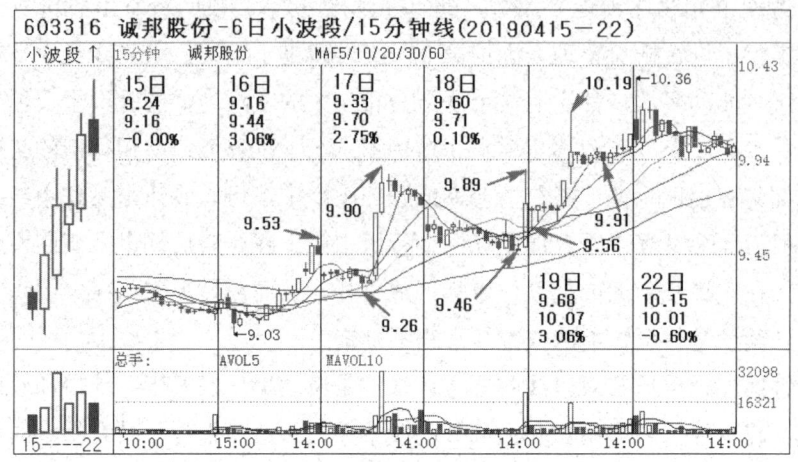

2. 现实可能的买卖：几乎没有人能够实现理想的买卖，这里有两方面原因。

（1）**交易制度**：目前的股票市场交易制度有两种，一种是$t+0$；一种是$t+1$。很显然对于日线而言，两种交易制度都可以实现理想的买卖方式；但是分钟线的理想买卖$t+0$大部分能够实现，$t+1$大部分不能实现，因为当日买入当日不能卖出。看到这里大家会发现，$t+1$确实能够起到减少交易频率、增加持股时间的作用。在股市流行的一种变通的$t+1$制度下的$t+0$操作，就是以日线为基础的底仓＋分钟线的增减仓实现当日买进卖出。比如诚邦股份在4月16日9.10元买入2000股，17日在9.30元补仓2000股，当日冲高回落时在9.90元附近卖出2000股，这样在保持2000股持仓不动的情况下，增加获利。也就是说我们确认某一个波段成立的时候，保持以日线理想买卖为主的一定仓位，用另一些资金做分钟线的理想买卖。

（2）**交易心理**：以人类交易心理来看，几乎不可能实现理想的买卖操作。主要是由于两方面原因：一方面就是未来趋势具有难测性，我们看一个已经走完的波动会清清楚楚看出它的轨迹，但是没有走出来的波动我们不能够准确预知，经验丰富的人也只能把握一个范围的趋势，所以无论行情怎么走，任何人都不敢轻易做出买卖决定；另一方面就是一种趋势正在进行过程中，小幅的反向波动常有发生，高点和低点随时都有可能出现，但是哪一次小幅反向波动会成为一波上

第十一章 阱壁增值第二策略——波动的把握

涨的高点或一波下跌的低点，在当时不能够确定，更重要的是当时我们还抱着行情有可能更进一步上涨或下跌的思想，甚至有人还梦想着涨停板和跌停板，而当一波上涨或下跌让我们明明白白感受到时，已经距离低点或高点有一段距离了，说明我们买卖晚了；或者我们以为看明白了的高点和低点被更高或更低取代，说明我们买卖早了，被诱多或诱空了。比如诚邦股份在 4 月 16 日，当行情走到第 3 根 K 线时，股价正在快速下跌，即使出现 5 分钟线小幅反转即下影线，无论如何激发不起买的欲望，激进的操作者可能在第 4 根和第 5 根阳线时小仓位买入已经算是不错的操作了；而保守的操作者可能就得等到第 8 根阳线以后才出手。再看 4 月 17 日的回落，当日下午连续 2 根大阳线上涨，当十字星出现时，并不能刺激持股者做出短线卖出策略，因为股价已经步入上涨趋势，周围同样的股票都有不少涨停的，所以有许多人抱有还要上涨的预期，一直会延伸到尾盘，实际上 18 日最高都没有超过 17 日的 9.90 元。当然有一部分经验丰富的人，会做出减仓或空仓策略。

（二）次级波动操作基础分析：从波段和分钟线里面寻找合适的操作方式。

1. **线上回调波段分析**：如仟源医药（300254）2019 年 4 月 10 日到 16 日在上涨过程中的回调波段，4 月 10 日达到小波段顶部并开始回调，形成大上影阳线，经过连续回调后在 16 日破 20 线达到 30 线附近受到支撑开始反弹，形成带中等下影线的阳线，新一轮上涨开始。

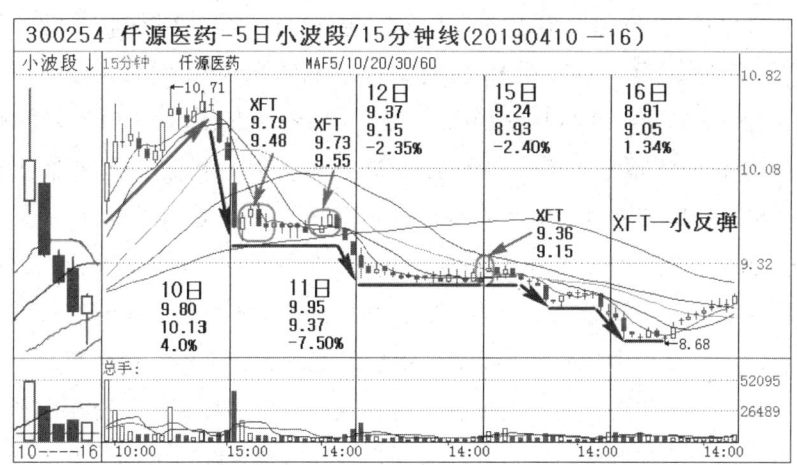

（1）**日线分析**：此前经过一轮上涨，在 10 日形成放量大上影阳线，连续缩量回调，4 交易日到 30 线处反弹形成下影线阳线。一个运行在 30 线上方的短线下跌波段完成。从双日线情况看，依次是反转线＋连接线＋并入线＋反转线。由于其中有一根并入线，所以有一次波动操作获利机会。

（2）日线操作：理想的日线操作方法是高位在大上影线处，即10.71～10.13元范围内卖出空仓，然后在接近30线下影线处，即8.68～8.91元范围内买入。规避的风险最大值（10.71－8.68）/10.71=18.9%，最小值（10.13－8.91）/10.13=12%。理想的日线波动操作获利方法，是12日尾盘9.15元买入，15日开盘15分钟冲高回落时，即9.30～9.36元范围内卖出，获利值在（9.33－9.15）/9.15=1.96%。与持股不动者相比相差最大20.8%，最小13.96%。

（3）分钟线分析：这里只看从10.71元跌到8.68元的下跌过程。整个走势就是一种横盘+下跌的形态。有价值的操作机会也就3次，11日的小幅反弹两次，12日到15小幅反弹一次。

（4）分钟线操作：分$t+0$模式下理想操作和$t+1$模式下理想操作。

①$t+0$理想操作：$t+0$比较灵活，所以分钟线操作和日线反弹操作一样。理想操作是这样的，10日尾盘大阴空仓，11日60单元线反弹买入，冲高回落卖出，横盘买入，冲高卖出；12日横盘买入，15日冲高卖出。三次反弹分别获利最大3.27%、1.88%、2.29%。

②$t+1$理想操作：由于$t+1$比较死板，所以分钟线操作必须和日线配合进行操作，而且要想实现$t+1$模式下的$t+0$理想操作，就得留有底仓。以预留20%仓位并以补仓20%做t来看，完美操作下的情况是，10日留仓20%，11日虽然有两次小反弹，但是补仓做t机会只有一次，12日到15小反弹是一次机会，这样来算，一直到16日的8.68元我们看看什么情况。20%（8.68－10.71）+20%（9.79－9.48）+20%（9.36－9.15）=20%（－1.51），就是说我们这20%仓位的股票平均每一股亏1.51元，约亏14.1%。这不是我们想要的波动操作结果，所以下跌过程中在$t+1$模式下，做$t+0$显然不成立。

（5）综合：以上分析是在无失误并正好买在最低点、卖在最高点来分析的，实际操作过程中，即使你波动趋势分析准确，也根本不可能正好买在最低点、卖在最高点，下跌过程中在$t+1$模式下由于预留的底仓不停亏损，想从分钟线做出赢利基本上是无法实现的；而依据日线超跌反弹做出赢利，只有在出现并入线的情况下。由于下跌过程中究竟跌一天出现并入线还是跌两天出现并入线预先并不清楚，所以有可行性的同时也有随时失败的可能性。再看$t+0$模式下，依据图中分钟线看，一共80根K线，只有5根具有一定幅度的反弹存在，所以波动操作越频繁，失误率会越高，这里看并不是说在$t+0$模式下就可以随意买卖。

第十一章 阱壁增值第二策略——波动的把握

由此得出,如果真的下跌了,及时空仓不动才是最佳操作。

2. **线下下跌波段分析**:如华瑞股份(300626)2019年4月18日到5月9日的连续下跌波段,该股从3月初到4月25日在60线上方运行并逐步形成头部,4月25日跌破60线开始线下下跌。5月6日后开始线下横向运行,形成短线底部。

(1)日线分析:由于股价一直运行在线上,在4月18日并不能预知一轮大幅下跌就要来临,18日、19日、22日连续出现三根阴线的聚压线组,说明上涨乏力,有明显出货行为。23日大阴下跌,5、10、20、30线死叉向下,短线下跌形成,24日60线支撑反弹,25日大阴破60线,5月7日、8日、9日阳线横盘,股价企稳吸纳迹象明显,其后出现大幅反弹。从双日线情况看,依次是聚压线组+连接线+反转线+反转线+休整线+连接线+休整线+反转连接线+横托线组。60线处反弹和休整线处均有波动操作获利机会。

(2)日线操作:理想的日线操作方法是在4月18日、19日、22日的聚压线处执行空仓,即9.67~9.30元范围内卖出空仓,然后在5月7日、8日、9日的横托处,即7.51~7.65元范围内买入。规避的风险最小值(9.30-7.65)/9.30=17.7%。理想的分钟线+日线波动操作获利方法,第一次是23日尾盘临近60线处8.93元附近买入,25日开盘30分钟冲高回落时,即9.19元附近卖出,获利(9.19-8.93)/8.93=2.91%;第二次是25日超跌时8.29元附近买入,26日上午冲高时8.63元附近卖出,获利(8.63-8.29)/8.29=4.1%;第三次是29日7.98元附近买入,30日上午冲高回落时,即8.36元附近卖出,获利(8.36-7.98)/7.98=4.76%;横托线形成期间依然有3次机会。

(3)分钟线分析:这里只看从9.67元跌到7.51元的下跌过程。整个走势就是一种横盘或小幅反弹+下跌的形态。有价值的操作机会比较多。

（4）分钟线操作：分 $t+0$ 模式下理想操作和 $t+1$ 模式下理想操作。

① $t+0$ 理想操作：$t+0$ 比较灵活，所以分钟线操作和日线反弹操作一样。

② $t+1$ 理想操作：由于 $t+1$ 比较死板，分钟线操作和日线配合进行操作。最佳策略是空仓为主不做当日波动，超跌分仓买入不做当日追高。

（5）综合：线下下跌跌幅大、时间长，坚决不留底仓，在 $t+0$ 模式下可以试探超跌反弹的把握，在 $t+1$ 模式下，以日线为主进行极少的操作，切记绝不追高。以上例子中 3 次波动反弹幅度分别为 2.91%、4.1%、4.76%，每一次都比较可观，但是考虑到我们不可能买在最低、卖在最高，所以一般地反弹超过 1% 而我们没有做出操作决策的话就不再追高，冲高回落过程中及时卖出而跌幅超过 1.5%，无论有没有利润必须卖出。

3. **上涨波段分析**：如韶钢松山（000717）2019 年 3 月 28 日到 4 月 9 日的上涨小波段，是启动于 1 月 4 日的一波中线上涨经过回调后走出的一波上涨。

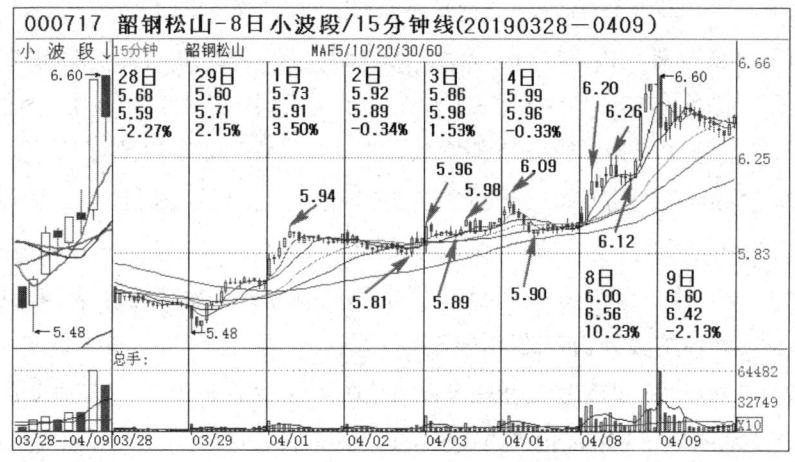

（1）日线分析：此前经过一轮回调，放交量连续缩量，然后股价在 60 线上出现反转开启一轮上涨。从双日线情况看，依次是反转线+跳空连接线+休整线+并入线+休整线+跳空线+反转线。由于股价波动上涨，所以操作获利机会较多。

（2）日线操作：理想的日线操作方法是 29 日在下影线处，即 5.48～5.68 元范围内买入，然后在 4 月 9 日阴线形成过程中，即 6.60～6.42 元范围内卖出。利润最大（6.60－5.48）/5.48=20.4%，最小（6.42－5.68）/5.68=13%。理想的日线波动操作获利方法，是 29 日 5.48 元附近买入，4 月 1 日 5.94 元附近卖出；2 日 5.81 元附近买入，4 日 6.09 元附近卖出；4 日 5.90 元附近买入，8 日 6.26 元附近卖出；

8日6.12元附近买入，9日6.60元附近卖出。这里不做计算了。

（3）分钟线分析：分钟线看整个上涨过程就是一种横盘＋上涨或回调＋上涨的形态。有价值的操作机会比较多。

（4）分钟线操作：分$t+0$模式下理想操作和$t+1$模式下理想操作。

① $t+0$理想操作：$t+0$比较灵活，上涨过程中，除非直接遇到像4日上午的连续回调，几乎进多少次都会有利润，并且遇到回调可以及时止损，然后再进入还是有利润。这里不做计算。

② $t+1$理想操作：即使是上涨过程中，在$t+1$模式下，分钟线操作依然必须和日线配合进行，但是由于处于上涨过程中，所以成功率是较高的，上涨过程中有没有底仓都可以做波动操作。如果不留底仓有4次机会，与日线理想操作一致；但是如果留有底仓，则每一天都有一两次波动操作机会，比如3日5.89元附近买入，5.98元附近卖出，回到5.90元附近再买入；4日6.09元附近卖出，回到5.90元附近再买入，随时可以获利卖出。而且由于底仓在股价上涨过程中连续获利，所以更加增强了当日波动操作的信心。

（5）综合：以上分析是按无失误且正好买在最低点卖在最高点来分析的，实际操作过程中，这样的买卖根本无法实现。现实中的操作是这样的，比如4日5.90元附近买入了，极有可能在8日的6.20元处或6.26元处，冲高回落时卖出，而在6.12处有可能买回来也有可能没有买，这样后面的利润就没有了；还有可能出现一种反向操作，比如3日横盘时没有及时买入，犹犹豫豫，直到尾盘5.98元附近买入了，4日冲高6.09元获利0.11元，由于涨势很好一时没有卖出，又一次犹犹豫豫，遇到后面连续回调，坚持不住可能在5.90元附近亏了几分钱卖出了，当时可能还有很解脱的心情，8日一上涨就后悔了，直到涨停板的时候心情会很不好；更有可能会在卖出后由于越是上涨越不敢买，导致错过一段强势行情，比如8日当你在6.26元附近卖出，后面回调时还感觉自己做得不错呢，可是一转眼股价连续上升，强烈地想追又怕回调卖不出去，导致到手的利润飞走，结果错过了涨停板，如果是强势股连续涨停你只能留下一片无奈和惆怅。

由此得出，如果真的上涨了，保持足够的仓位一直到高位，并适时做波动操作才是最佳操作。

第三节　次级波动操作策略总结

依据前面的分析，波动操作决策总结如下。

（一）日线定势第一： 次级波动能不能做、怎么做取决于股价是处于上涨中还是回调下跌中，所以准确地确认当时所处的趋势状态是波动操作的基础。

1. **日线确认大趋势**：日线结合周期理论、波浪理论、江恩理论等，并结合趋势延续的时间幅度，确认股价走势处于牛市上涨或熊市下跌或调整市中。

2. **日线确认短期趋势**：日线结合 BOLL 指标、KDJ 指标、MACD 指标，配合均线系统和短期趋势延续的时间幅度，确认股价走势处于短期上涨或短期下跌或横盘调整中。

3. **日线确认趋势起点终点**：尽管依据分钟线做出的起涨点和起跌位比较准确，但是出现的错误也是很有打击力的，比如休整线当日分钟线看似有支撑，但是第 2 日有可能跳空低开，所以依据日线和均线系统以及各种价托形态来确认趋势起点和终点的大致范围，可靠度要大一些。

4. **日线预判后期走势**：一般来说日线组合结合成交量组合，判断近期的趋势准确度是比较高的。应用时要初步对未来趋势可能延续的时间和涨跌形态进行预判，比如预判连续上涨三天、连续下跌三天等。

（二）分钟线定点第二： 分钟线是我们波段操作的依据，我们试图利用分钟线做到尽可能地低买高卖。

1. **分钟线观测成交状况**：首先要从分钟线结合每一笔交易观测成交状况，仔细体验感觉和分析对比成交状态，形成资金状态的初步认识。

2. **分钟线确认日线趋势**：虽然从日线已经认定了股价趋势，但是由于股市变化莫测，所以从分钟线里面再一次分析趋势状态并对日线分析结果进行确认是必要的。

3. **分钟线引导日线趋势**：日线是由分钟线组合而来，分钟线是形成以时间为参照的股价趋势的最小单元，分钟线的均线系统以及成交量组合能够反映一定时间内的股价趋势，其中一些关键的分钟线形成了日线趋势变化的最初形态，引导日线形成短期趋势。

4. **分钟线寻找低点和高点**：利用分钟线结合分钟线均线系统和涨跌幅度时间及成交量，并以日线确认的趋势起点和终点的范围，逐步寻找到可能的起点和终点比较精确的位置，并作出波动操作。

5. **横盘走势的把握**：分钟线中大部分是横盘走势，能否把握好横盘走势决定能否把握好分钟线。一般情况下股价走势是横盘＋上涨和横盘＋下跌，所以横盘的时候是我们做出止损和补仓的最佳时刻。一旦等到横盘后大跌再止损，或等到横盘后大涨再补仓,都显得晚了一点点。特别是止损,尽可能地在横盘时做出决策。当我们确定持股或空仓的时候,痛痛快快的上涨和下跌,感觉非常好做决策,可是遇到横盘走势时是非常熬人的,空仓的害怕突然大涨,持股的害怕突然大跌,所以横盘走势是对人最有影响力的走势。对分钟线横盘走势认真分析和把握并进行实战总结是非常重要的。

(三) 仓位控制第三: 仓位控制是基于分析结果可能失败时的风险规避,也是为了更好的股票出现或更合适的价位出现时,能够有仓位买入而进行的资金控制,是波动操作的手段。

1. **中短期留仓策略:** 要想做波动就不能满仓,必须留仓和留资金,有一定仓位和一定资金才能灵活进行增减仓,才能做好波动。确认在上涨波段中必须一直持股留仓并一直坚持到反转,确认下跌波段中则必须随时空仓并坚持到反转。这个上涨波段和下跌波段一般地以中短期为周期。中期上涨时留 50% 的底仓,短期上涨时留 30% 以下的底仓;中期下跌时及时空仓,短期下跌时以空仓为主酌情留仓。

2. **次级增减仓策略:** 增减仓是做好波动的手段,也是随时规避风险必然采取的方式。确认在上涨波段中并且当时正在横盘或调整,则一定要加仓,并等待冲高回落时减仓;确认下跌波段中则必须空仓,然后等待跌幅和下跌时间较大并有利好因素时,酌情补仓,等待上涨冲高回落时空仓或继续下跌时止损出局。中期上涨时留 30% 的底仓,遇到回调或横盘后启动上涨时补仓到 80% 以上仓位,遇到短期下跌启动则减仓到 30% 底仓;短期上涨时留 50% 以下的底仓,补仓到 80% 以上,遇到冲高回落时减仓到 30% 以下;中期下跌时及时空仓,跌幅巨大、时间较长时加仓不超过 30%,并准备随时空仓;短期下跌时以空仓为主,回调到位及时加仓 30% 以上,并准备随时增减仓。

(四) 纠偏策略第四: 纠偏是股票操作不可缺少的步骤,我们的每一种预期预判随时会出现偏差甚至走向反面,所以对每一次操作进行重审也得随时进行,并调整操作计划,及时避免损失。

1. **趋势预判重审:** 当依据日线做出趋势预判后,经过分钟线分析,并做出了操作,但是后来证明股价实际走势与预判相反。这里对于空仓来说会损失利润,对于加仓来说会损失本金。

(1) 上涨趋势重审:上涨趋势中,我们操作的位置是回调到位后启动上涨;已经上涨后的延续上涨;上涨许久进一步上涨。这三方面的风险是不同的,当我们买入并出现下跌的时候，如果是回调到位后启动上涨失败，减仓到 20% 以下；如果是已经上涨后的延续走势失败，及时空仓；如果是上涨许久进一步上涨失败，及时空仓。

（2）下跌趋势重审：下跌趋势中我们操作的位置是上涨到位后启动下跌；已经下跌后的延续下跌；下跌许久进一步下跌。这三方面的风险也是不同的，当我们卖出并出现上涨的时候，如果是上涨到位后启动下跌失败，不做加仓；如果是已经下跌后的延续走势失败，加仓不高于 30%；如果是下跌许久进一步下跌失败，及时加仓到 30% 以上。

2. **操作策略重审**：主要是审核我们的增减仓、空仓策略是否正确。

（1）空仓策略是否执行：趋势下跌过程中，审核是否由于种种心理原因没有空仓，或者没有坚持住空仓又买入了。随后及时空仓进行纠正。

（2）持仓策略是否执行：趋势上涨过程中，审核是否由于种种心理原因没有买入底仓，或者没有留得住。择机加仓或换股加仓。

（3）止损分析是否进行：买入后在股价横盘期间或微幅下跌期间，审核是否思考过止损，或下跌已经形成破位的时候是否考虑过止损。提高止损分析意识，对止损随时进行分析，在最可能少的损失下清仓。

第四节　次级波动操作实例分析

在这里我们是用已经走出来的行情进行分析，但是在分析过程中，尽量使操作决策能够兼顾各种可能性。

（一）上涨波段操作分析： 如金诚信（603979）2019 年 3 月 28 日到 4 月 4 日的上涨小波段。

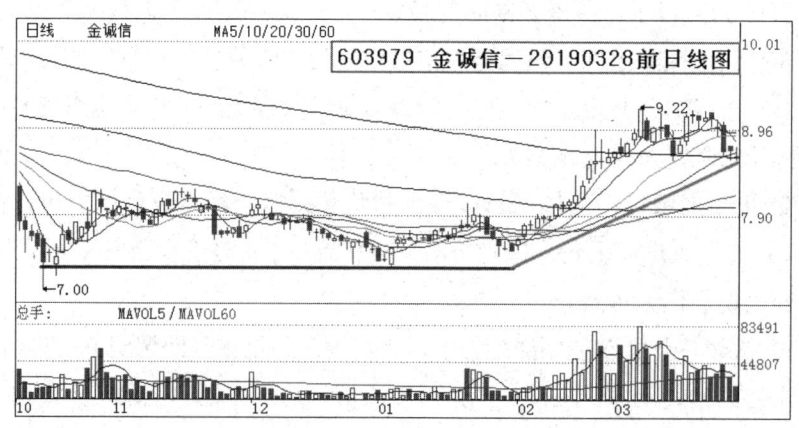

第十一章 阱壁增值第二策略——波动的把握

1. **日线定势**：以月线和周线看，从 2015 年 8 月见最高点 28.71 元以后一直处于下降趋势中，一直到 2018 年 10 月见到 7.00 元低点，然后在一定幅度内波动横盘，到 2019 年 2 月开始上涨；其时股市正在进行一场快速的上涨行情，指数突破均线压力形成反转趋势。3 月 24 日该股出现回调，形成连续 5 日的回落，28 日出现缩量十字星。这里从长期走势看，由于长期下跌股价已经很低，进入阶段性上涨可能性很大，不能轻易认为上涨行情结束；中期趋势看日线在这里似乎形成双顶，但是由于股价距离横盘区域很近，所以进一步上涨和进一步回调可能性都有；短期趋势看已经连续 5 日的下跌缩量，其后反弹的可能性极大。这样我们初步确认一次波动操作机会来临。

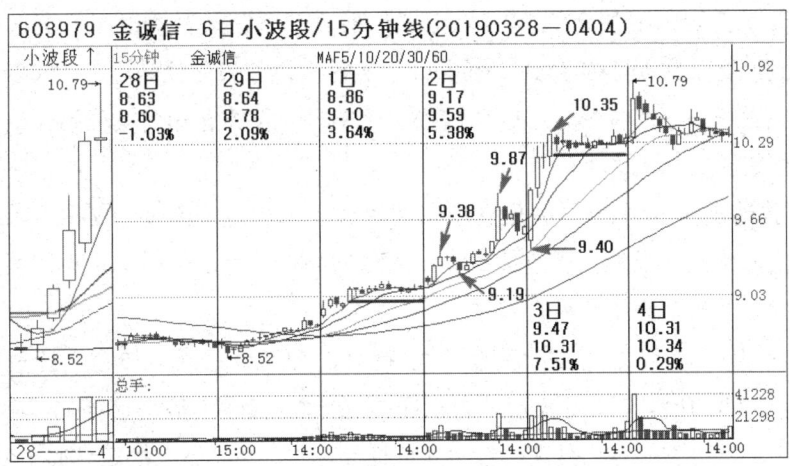

2. **分钟线定点**：确定波动操作机会以后，我们仔细观察分钟线走势。关注每一笔成交和总成交量状态。28 日股价在 30 线附近形成一个缩量十字星，尾盘是我们操作的建仓点位，显然我们这时候建仓的思想基础是顺应上涨，短线操作，兼带小波动。

3. **仓位控制**：初步建仓以计划仓位的 20% 为基准，因为这个时候并不能完全确认会反转，所以小仓位进入，采取上涨加仓下跌空仓的方式；一旦开始操作就是日线和分钟线结合进行。29 日开盘股价小幅下跌，这个时候有两种思考，一种就是我们的分析失败，新的下跌开始，另一种就是小幅震荡不足恐惧。这里由于仓位较小所以压力比较小，触发卖出行为的可能性也小；当然遇到过分敏感的人也可能卖出。无论此时持有或卖出，下一步都要面临加仓还是空仓的选择。半小时后股价稳步上涨，日线回到 30 线上方，分钟线均线系统逐步形成金叉，加仓操作机会出现。无论开盘如何，此时需要加仓到计划仓位的 50%，并做好上涨启动留住底仓的准备。第二次加仓机会是确认上涨并股价涨幅不大，而且一旦失败能够及时处理，这个机会就在 29 日尾盘，股价稳步上涨，均线运行良好，日线形成放量上升，而且尾盘买入第二天可以及时处理。此时可以加仓到计划仓位的 75%～100% 之间。4 月 1 日股价一直上涨，均线系统也一直向上，这里确认回调结束，新一轮上涨开始。

4. **纠偏策略**：纠偏是一个伴随股价运行始终进行的事情，对于上涨行情主要纠偏对象是持仓和止损。28 日尾盘要想是否需要建仓并持有，如果下跌什么情况下执行止损。一般情况下我们在这里需要问自己是否建仓 20%，如果 29 日下跌在 1% 以内是否止损，止损后如果反转是否加仓；29 日股价上涨均线形成金叉后，要想是否需要加仓到 40% 以上，如果突然下跌是否卖出此前买入的 20% 止损，到尾盘要想是否加仓到 75% 以上，4 月 1 日如果失败是否在 1% 以内减仓到 20%，在下跌 3% 时空仓；这个过程中一定要审核建仓加仓策略为什么没有执行，止损有没有计划。

5. **波动操作**：到 29 日我们仓位已经很大了，需要考虑波动操作了，就是冲高减仓回落加仓，显然由于仓位很大，所以冲高不减仓那么回落是无钱买股的，当然如果仓位小留有资金另当别论。

（1）4 月 1 日：我们的策略是上涨持仓，冲高减仓回落加仓，计划固定持仓不小于 40% 仓位，冲高减仓不大于 40% 仓位。实际走势是这样的，4 月 1 日跳空上涨当然无须减仓，而且随着止损位提高，下午开盘后继续走高并小幅横盘，这个时候是考验我们操作水平的时候，从 28 日买入获利已经 5% 以上了，29 日加仓股也已经获利 3% 以上，当下午 1：30 以后出现 15 分钟阴线并接着小幅下跌时怎么处理？如果继续下跌怎么办？已经获利这么多了要不要卖出？此时日线均线系统向上金叉预示新一轮上涨出现，所以这里有两种正确的处理方法，一种持股不动，下跌不超过 1.5% 不卖；一种就是下午先以保留 40% 仓位减仓，落袋一部分利润，然后待机而动，尾盘股价企稳则买回。由于上涨过程中许多股票都随时有可能拉出涨停板，所以固定的持仓一定不能出掉。

（2）4 月 2 日：我们的策略与 1 日相同，实际走势是这样的，4 月 2 日小幅跳空上涨，1:15 后走出小幅回落，这里需要分析的是算不算冲高回落，怎么处理。对于波动把握而言，上涨 1% 以上就可以出局，所以此时重要的考虑依据是当时仓位多少，如果小于 40% 那么不需要减仓，这里此前我们的仓位是 75% 以上，可以减仓一部分并保留 40% 以上仓位，当股价在 10 单元线企稳上涨时可以加仓

第十一章 阱壁增值第二策略——波动的把握

追回来，一直到下午 2：00 时股价大幅上涨，这个时候我们隐隐约约有要涨停的想法，并且当时股市涨停板非常多，所以冲高时许多人不想减仓，我们也是这样，但是这里却真的出现了冲高回落，对于仓位加到 75% 以上的人来说，获利已经不少，在冲高 9.87 元并出现第 1 根阴线时减仓到 40% 仓位是一个不错的选择，如果涨停可以用余留的 40% 仓位获取，但是一般情况下大部分股票跟随大势上涨的时候，还是冲高回落的居多，实际走势也是这样，一直回落一个小时到尾盘，尾盘股价在 10 单元线加仓到 75% 以上，止损设置在下跌 2% 以内，保守的投资者也可以不加仓，并待机而动。由于处于放量上涨过程中，不做空仓小仓位操作。

（3）4 月 3 日：由于处于逐步放量连续上涨过程中，所以都是一样的策略，开盘小幅跳空低开到 20 单元线，下跌（9.59－9.40）/9.59=1.98%，这里的操作方式比较多，一种是仓位 75% 以上者，跳空低开减仓到 40%，股价在 20 单元线企稳上涨加仓到 75% 以上；一种是仓位 75% 以上者，由于未到止损位，采取持股等待策略；一种是持仓 40% 者，股价在 20 单元线企稳上涨加仓到 75% 以上。当时间到 10:30 后股价横盘运行，这个时候是考验我们的时候，股价连续 3 日逐步放量上涨，今天是第 4 天了，总涨幅到（10.35－8.60）/8.60=20.3%。为了防止深幅回调，在横盘过程中减仓到 40% 以内是妥当的，而且尾盘不再加仓。由于股价处于放量上涨过程中，所以不考虑空仓，其时股价日线在 5 日线上方运行，所以要执行 5 日线策略，底仓 40% 不动，止损设置为下跌 3%。

（4）4 月 4 日：由于股价远离 5 日线，所以在执行与前几日相同的策略的同时，随时做好股价向 5 日线回落的准备，就是说开始考虑空仓，并在股价回落到 5 日线时做出 5 日线策略。实际走势是开盘后冲高然后逐级回落，形成一个微缩量十字星，由于股价已经陆续上涨 5 日，所以有两种操作方法，一种是在逐级回落时空仓实行止赢；一种是尾盘长上影线形成空仓。激进的投资者依据主升浪实行 5 日线策略，建议仓位不大于 30%，并设置止损在回落 3%。

6. **纠偏策略**：在 4 天的上涨过程中随时重审上涨趋势是否成立，相应的就是核查自己底仓是否坚持住了，冲高时是否执行了减仓，企稳时是否执行了加仓，止损位是否设置了。我们在上面的 4 天操作过程中都做了各方面工作，并且底仓 40% 一直坚持到了最后，每一天的止损都进行了设置，因为一直放量上涨，所以行情的把握也做到了。

（二）下跌波段操作分析：如美力科技（300611）2019 年 4 月 17 日到 5 月 7 日的下跌小波段。

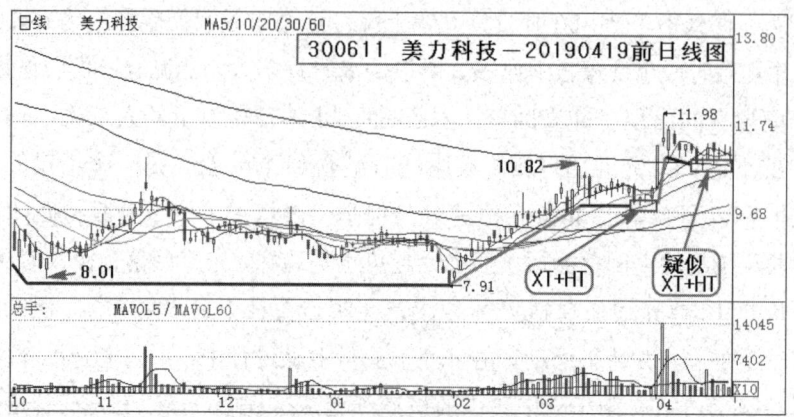

1. **日线定势**：以月线和周线看，从 2017 年 3 月见最高点 38.13 元以后一直处于下降趋势中，中途有数次中级反弹行情，一直到 2018 年 10 月见到 8.01 元低点，然后在一定幅度内横盘，并于 2019 年 1 月 31 日出新低 7.91 元，从此跟随大盘走出一轮中级上涨行情。从日线看股价从 7.91 元启动沿着 5 日线运行，经过一次回调到 10 线的波动后，于 3 月中旬上冲到 10.82 元后开始回调并横盘整理，上涨幅度 37%。股价运行到 30 线附近企稳做小幅横盘，3 月 29 日一根阳线上穿 20 线、10 线、5 日线，此处形成线托和横托开启新一轮上涨，4 月 2 日最高到 11.98 元，总涨幅 51%。4 月初回调股价在 20 线上企稳，并横盘到 19 日，已经横盘 6 日，有形成横托和线托的可能性。现在来看大盘的情况，此时沪指在 3153～3288 点之间横盘 12 个交易日，依据上涨时间幅度来看，上涨时长 101 天，幅度（3288－2440）/2440=35%。这里既有上涨的期望又有深幅回调的可能性。这样看来，此处能否像 3 月 29 日一样形成价托，得等待一根上涨突破阳线来确认。

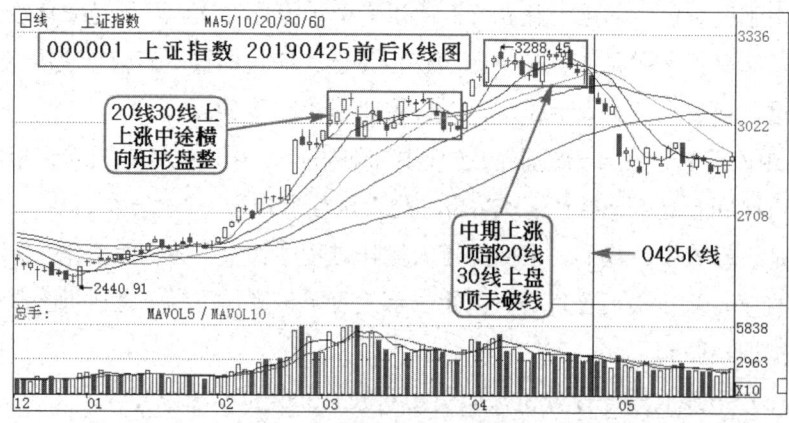

2. **分钟线定点**：日线分析结果就是有上涨希望但是深幅回调也有可能，很

第十一章 阴壁增值第二策略——波动的把握

矛盾，确实是这样，在这种情况下趋势还需要更多的信息来确认。对于强势股，经过一段时间盘整确实会展开新一轮上涨，但是美力科技是不是强势股我们看不出来，这样就需要进行常规趋势分析。30分钟线来看4月17日、18日、19日的走势，17日、18日可以认为是均线纠缠的微幅横盘走势，趋势不明，19日一根破位下跌阴线跌破纠缠的均线系统，然后又缓慢小幅向均线反弹，显然从分钟线看正在缓慢走向弱势。但是这里并不能说明行情一定会下跌。到20日股价再一次下跌，均线系统开口向下，同时大盘也在下跌，我们期待的阳线突破没有出现，而是出现了回落走势，那么深幅回调的概率加大，而上涨可能性降低，显然减仓的机会出现。具体位置就是19日反弹遇到上级均线后横盘到22日又一次下跌并导致均线向下开口加大的时候。

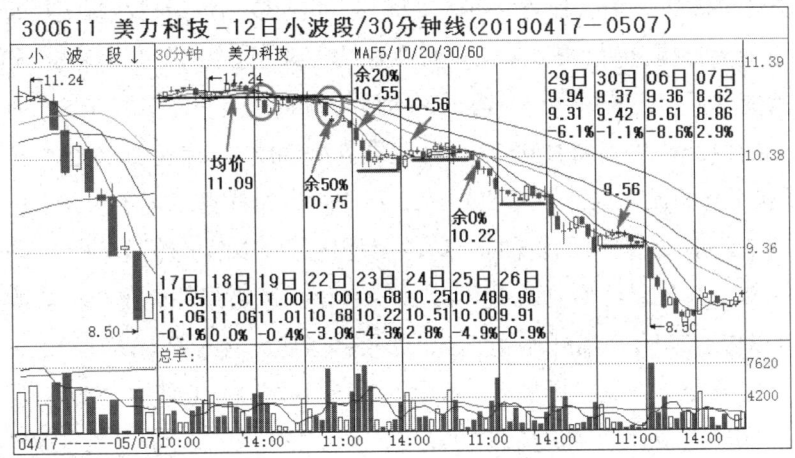

3. **仓位控制**：依据分钟线看，初步减仓位置在22日大盘下跌股价跟随，并出现下跌中阴线处，以减掉现有仓位的50%为基准。因为这个时候并不能完全确认会反转下跌，而且我们还有等待继续上涨的期望。期望就是大盘拉升展开新一轮上涨，或股票是一个强势股，在已经盘整数日后突然拉升。但是到收盘的时候我们发现，大盘和股价都出现下跌中阴线，沪指放量跌1.7%，个股放量跌3%。依据后来走势，这个时候空仓是最佳选择，但是在当时沪指股价依然在10线上，而且20线、30线向上运行，我们不一定能够预见到后面会长时间下跌，所以在这里只能是在做好随时空仓的前提下，等待趋势进一步明朗。

4. **纠偏策略**：这里我们需要再一次审核日线大趋势。由于行情走到这里既有深幅回调可能性也有遇到20线、30线反弹并走高的可能性，所以究竟是持仓还是空仓得多方面审核。特别是4月22日、23日两天尤其重要。此前在3月有

一个三重顶的形态出现，但是在遇到 30 线以后反转向上开启了 4 月初的涨升，形成中途盘整。现在到 4 月 22 日又出现了相似的双顶形态，而且横盘时间比 3 月份的短，由于这一次出现的位置比上一次高，所以风险度要更高一些。指数突然拉升的期望值相对低，所以目前最重要的不是再涨一段，而是是不是会继续下跌，并需要考察 20 线和 30 线的支撑力度，以偏空的思维进行操作，但是如果能够确认支撑并大阳反转还可以继续看多。

5. **仓位控制**：到 23 日开盘我们的仓位已经是 50% 了，继续观测行情走势以便确定持仓比例。开盘延续了下跌需要进一步减仓，策略是这样的：当日下跌即减仓 30%，如果出现反转加仓 20%，这样能够以 20% 仓位的风险，做出 40% 仓位的效果，当然也不排除直接空仓。依据后面的走势，这里空仓是最好的选择，这个地方能够空仓说明大趋势分析水平极高。我们依据沪指日线状况，暂时以保留 20% 仓位为前提分析。显然美力科技在继续下跌，这个时候我们感觉不是很好，一方面承受亏损扩大的后果，一方面又对股指抱有期望，许多人在这个时候很难做出完美的决断，美力科技在 23 日开盘即跌破 30 线，保留 20% 仓位与在刚跌破 30 线就空仓相比，显然空仓更好。23 日中盘开始横盘，尾盘大跌，由于短短两天大跌 7.3%，这里有两种操作方法，一种是保持 20% 仓位不动，一种是加仓 10%～30%，如果已经空仓此处买入 20% 仓位。策略是冲高出局，失败止损，止损 1% 以内。24 日小幅高开并上涨，如果将尾盘加仓的筹码及时卖出，依然能够保持 20% 仓位。尾盘当日最高点收盘，沪指日线探底 30 线并强势回到 20 线，继续保留 20% 仓位，期待沪指在 20 线处反弹。25 日开盘股价在 5 日线横盘，而沪指低开向下运行，分钟线上当日上午收盘和下午开盘时股价再一次出现双阴下跌时，空仓信号非常明显了，股价已经在 5 日线下连续运行并伴随指数下跌，这里不能有任何幻想，当即空仓。

6. **波动操作**：空仓之后我们所做的就是下跌过程中的波动操作，操作原则是以空仓为主，重要支撑位以小仓位参与超跌反弹。

（1）4 月 26 日：由于大盘指数在 25 日已经破位 30 线，26 日跳空低开并且指数已经连续第 4 天在 5 日线下运行，所以不能买入；依据个股看股价在 60 线处形成一个休整线。这里激进投资者可以 20% 仓位买入并设置 1% 的止损位参与可能的 60 线支撑反弹，保守的投资者继续空仓。

（2）4 月 29 日：开盘冲高回落继续下跌，这里不做任何操作。激进投资者在早晨冲高回落时赚一点就卖出或赔一点的时候止损，保持空仓状态。

(3) 4月30日：沪指低开反弹，股价又一次形成休整线，所有K线依然在5日线下，依然不做任何操作。沪指看似在60线上形成小幅反弹，但是成交量缩量，反弹力度不够，并且形成上冲5日线回落。

(4) 5月6日：低开一路下跌，此时下跌幅度已经不小，有一定的波动操作机会。由于指数和股价双双大跌，所以激进投资者可以在尾盘以30%仓位参与超跌反弹，设置1.5%的止损位，保守投资者依然空仓。

(5) 5月7日：指数与股价出现小幅反弹，激进投资者可以高抛低吸，保守投资者静待股价企稳。其后几个交易日，美力科技股价企稳形成横托，指数由于连续下跌形成了反弹基础，以适时建仓加仓为主。

7. **纠偏策略**：在5天的下跌过程中随时重审下跌趋势是否成立，相应的就是核查自己空仓是否坚持住了，股价横盘出现休整时，是不是忍得住诱惑而坚持空仓或小仓位操作，操作时止损位是否设置了。我们在上面的5天操作过程中都做了各方面工作，并且一直强调空仓，强调小仓位操作，并在每一次操作时都设置了止损位。

（三）波段捕捉失败分析：波段捕捉失败，就是说我们依据日线定势时预判会有上涨或下跌小波段，但是该判断在第2个交易日下午或第3个交易日被

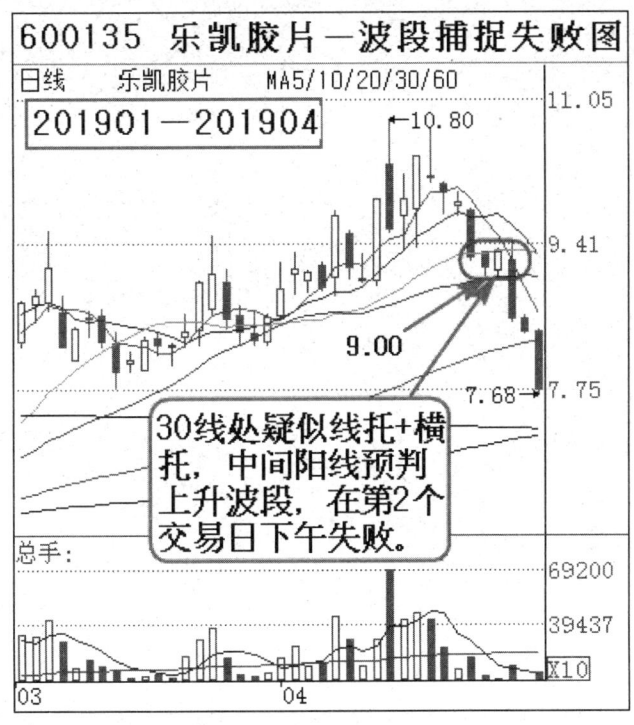

大幅反向运行破坏或被横盘运行破坏，实际走势证明我们的波段转折点只是原有趋势的一个修正走势，并不是反转走势。如乐凯胶片（600135）4月下旬股价在30线处受到支撑连续两天横盘，小阳线出现，我们预判上涨波段启动，并买入20%仓位，第2日开盘上冲并一度超过5日线，疑似判断正确，正在我们准备持股待涨时，下午一路下跌。这里只能严格实行破位止损操作进行规避，并修正预判结果。

第十二章　陷阱研究之阱底

一般来说，陷阱之阱底指中期调整和长期调整底部，其后会有不小的涨幅，较好地把握阱底会有不菲的收益。最完美的阱底是牛熊转换时的底部，是我们阱底研究的重要内容，但是牛熊转换之阱底多年才能遇到，如果只是想把握这个特别的阱底，会使此前的所有波段底部形成的机会被错过，所以股市胜战技术主要研究的是阶段性阱底。

第一节　阱底研究理念

（一）抄底之殇： 有一句名言"新股民死于追高，老股民死于抄底"。抄底是股票人生梦寐以求的境界，是多少人试图完胜股市的理想，但是任你经验丰富、身经百战，最后依然死于抄底，可见抄底对人的伤害真是很大。

1. **底部难测：** 精准地在牛熊转换的阱底买入，是比较困难的。几年才能遇到一次这并不是问题，问题是哪一次是真的底部。熊市股票一再下跌，几经反弹上升，但是每一次都重新下跌并出现更低的股价。真的底部会因为当时的国际国内经济形势而发生提前或延后，究竟什么点位、什么时间出现大底，是比较难以提前预见的。即使利用各种理论和指标也只能是划定一个幅度和时间区间，而你在这个区间买入有时候与真正的底部就差几天，套你20%都有可能。

2. **抄底易执：** 因为我们认为某一个时间点位是底部，在心理上就容易产生中期长期持股并获取大幅度利益的观念，所以抄底容易使人产生幻想和偏执的念头。而大资金主力机构却非常希望在这个位置有人产生上涨预期，而引导股价上升，并减仓给追高的人，同时在下跌时产生更低价把这些人套住。也就是说在自己产生抄底思想的同时，有人利用这个思想进行高抛低吸。

3. **纠错困难：** 由于一个底部形态与操作者心理产生共鸣并认为是底部出现了，肯定是下跌时间和幅度已经不小了。当股价没有上升反而继续下跌时，会产生跌不了多少、随时可能会反转上涨的念头。但是股价却在犹豫之间突然下跌很多，使止损失去效果，纠错的最佳时机消失。

（二）阱底理念： 胜战技术要求做到最小损失和最适当操作，所以对于阱底有两方面要求，一是阴底预判尽量准确，二是任何时候都不以抄底心态持股。

1. 寻底而动： 底部难测，那我们每一次依据什么买入？最好的买入就是短线、中线、长线底部和短线、中线、长线反转确认两个位置。虽然做中线和长线上涨，在反转时买入最好，但是做短线时等看明白趋势，反转已经快到顶了，所以底部不能找到，我们就失去了操作依据。这样我们就得要求自己一次比一次更加准确地感知一个潜在反转以及形成过程，就是说底部难测但是我们还得仔细寻底。

2. 无底操作： 底部无论找得是否准确，胜战技术中从来不会认为是长线底形成了，更进一步不会认为中线底形成了，始终认为可能会有更低的价位会产生，需要时时告诫自己，我们有可能抄底抄到半山腰。由于我们不可能几年不做股票，真真正正地去寻找牛熊转换底去做是想做做不到的，所以我们每一次预判的一个底部就会有两种可能性的失败，一种是时间早了几天，后面接着下跌；一种就是上涨不久后大跌并出现新低。事实上我们屡屡遇到这样的状况，并遭受损失。而且深深感到当我们越是认为能够涨得更多的时候，越是拿住不动，越是受到伤害，并且往往失去了最初的止损位而深陷亏损，当我们忍不住卖出时大概率是一个短期低点。胜战技术中对底部的认识只是当作一个操作的依据，并不会因此认为短期、中期、长期不会跌破某一个点位或价格，完完全全体现胜战技术对风险规避的理念。这种理念不仅针对指数，也必须涵盖个股。

3. 快速反应： 对于底部的把握实际上还是那一个根本的东西——快速反应和仓位控制。股市胜战技术精髓里面这一条好像就是专门针对底部的把握制定的，在寻底之后要求快速买入，接着要求快速止损，然后再要求快速买入。我们判底后，快速以20%仓位买入，假设判底正确，则要求再一次快速买入加仓到40%以上；假设判底失败触发止损位，则要求快速卖出，这个时候不计较后面是否上涨；假设回调触发止损位卖出后，行情反转，由于我们判底时是有底部形态支持的，所以其后行情反转时表明探底成功的可能性大，就要求我们再一次快速买入并酌情加仓。这样的操作专门应对判底提前几天的情况，是以小的损失获得比较准确的把握底部区域的方法。

第二节　阴底形态

短期波段有两种底部，一种是线上的底部，叫熊坑，熊坑是牛坡上的浅坑，由线托、横托等价托支撑而反转上涨；一种是在线下的底部，对于中期、长期波段，底部一定发生在线下，线下底部是没有支撑的，是由股价下跌力度衰竭逐步

第十二章 陷阱研究之阱底

企稳，或有资金强势流入股价止跌而形成的。这些线下的底部都叫阱底。

（一）阱底基础：有许多专门研究底部的书籍，对底部形态有非常细致的论述。这里做一些归纳和整理。

1. **底部的基本概念**：什么是底部，必须有比较确定的清晰的内容，才能进行分析和预判。由每一次交易形成的价格波动，必然形成交易价格一步步走低，在出现一个比前一段时间的所有价格低的价格后，又开始一步步走高，然后在出现一个比前一段时间的所有价格高的价格后，再一次一步步走低。围绕那个阶段性最低交易价的一个区域就是底部；围绕那个阶段性最高价的一个区域就是顶部。

（1）阶段性最低价：只要有交易就会有波动，有波动就会有一个唯一的阶段性的最低价，这个最低价在价格一步步回落的过程中形成，但是必须在价格一步步上涨后才能被确认，所以最低价可以预判但不能被预定。

（2）底部是一个区域：它有两方面含义，一方面是由于最低价不能预定，只有其后价格上涨了才能确认，所以形成一个底部的认知时当下的价格已经高于最低价了；另一方面是说一个最低价发生反转，不是偶然的，而是由许多因素共同导致的，这些因素从产生到起作用有一个过程。

（3）底部是K线组合：狭义说底部是由包含最低价的几根K线组合而成的；广义说底部是一系列下跌趋势的K线与反转趋势的K线组合而成的。

（4）底部交易低迷：股价下跌趋势中，买入的人会越来越少，获利的人或者止损割肉的人越来越多，初期会有一个不停下跌的过程，直到实在没有人再卖出，而买的人又很少，于是交易非常低迷。底部成交量一定会小，即使有一两天突然放量但是整体平均成交量还是极低的。成交量小不一定是底部，但是底部一定成交量小。

2. **底部形态简介**：底部形态分转折底和波动底。

（1）转折底：也叫起涨底，就是一段下跌后，最末端接着上涨的那个地方由几个K线组合而成的一个短期底部。也就是说这个底部无论简单还是复杂，我们把最后面、股价起涨的那个地方的K线组合叫起涨底。转折底有五种：平底、尖底、星底、针底、桩底。

（2）波动底：也叫企稳底，就是一段较大的下跌后，股价在一个区间波动，不再下跌，经过一段时间以后价格开始上涨。这样的底部有明显的企稳迹象和吸纳建仓迹象，出现在大行情之前是一个时间较长的底部。波动底有七种：弧底、窄底、单底、双底、三底、角底、多底。

所有阴底都有转折底，波动底包含一个中长期转折底和数个短期转折底。

（二）转折底形态： 一段行情起涨位置的短期 K 线组合。

1. 平底： 信息发展（300469）2018 年 1 月到 4 月有一个平底型转折底。

（1）平底形态：一轮线下下跌进行到一个价格区间时，不再以以前的跌速下跌，出现小幅微量横盘运行，一般运行幅度不超过 10%，当日成交量不超过 3%，运行数日后，股价逐步向上运行高出横盘区域，同时 5 日线拐头向上，并上穿 10 线，新一轮上涨开始形成。

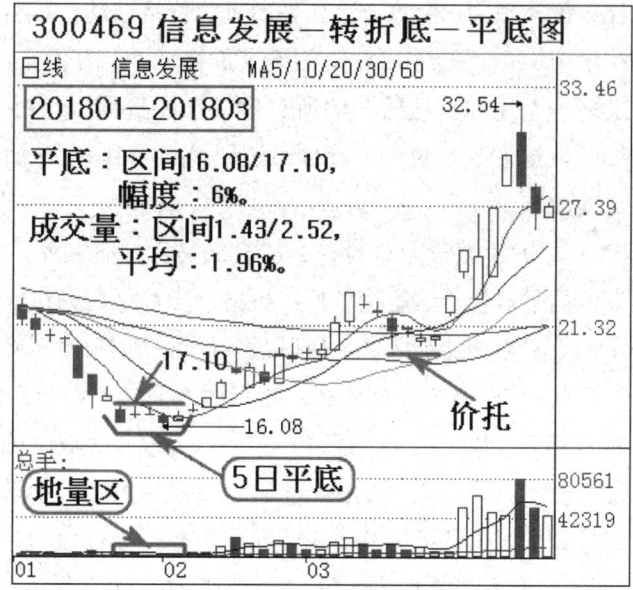

（2）个股平底分析：信息发展（300469）总股本 1.22 亿，流通股 9782 万，净资产值 3.98 元。该股于 2015 年 11 月出 93.03 元的高价后，一直处于下跌途中，期间有多次反弹，但是一次次新低出现，一直到 2018 年 2 月跌到 16 元附近。现在看 5 个交易日实际情况，2 月 9 日（开 16.94，高 17.11，低 16.22，收 16.28）换手 2.52%；12 日（开 16.61，高 17.10，低 16.50，收 16.77）换手 1.93%；13 日（开 16.72，高 17.08，低 16.61，收 16.6）换手 1.43%；14 日（开 16.61，高 16.77，低 16.08，收 16.26）换手 1.87%；22 日（开 16.35，高 16.83，低 16.34，收 16.64）换手 2.07%。价格波动区间 17.10～16.08 约 6%；平均换手率 1.96%。

（3）成交量：成交量越小可靠度越大，一般单日成交量不超过 3%，平均不超过 2%。实际成交量与总股本或流通股有反比例关系，就是说股本越大，底部成交量越小，股本越小，成交量越大。对于超大盘股来说，底部成交量一般不超过 0.5%，大盘股一般不超过 1%，中盘股一般不超过 2%，小盘股则是 3%，平均成交量则更低一些，当然小盘股不超过 1% 更好，需要灵活运用。

2. 尖底： 尖底由一个阴线和一个阳线构成，前阴后阳，成交量依据上涨下跌力度有前大后小、前小后大、均衡量三种，两根K线大部分或全部实体低于前后其他K线。形态有两类，即并式尖底与差式尖底，其中差式尖底又分阴底阳差与阴差阳底两种。尖底在分钟线上更接近一个尖式反转。

（1）尖底1：博汇纸业（600966）2019年1月到3月有一个并式尖底型转折底。

①并式尖底形态：一轮线下下跌先慢速下跌，然后连续快跌，以致后面的阴线大部分或全部在前面K线下方，下跌到一个价格区间时一根大阴线伴随一定的放量，其后一个交易日在接近前日收盘价处起涨，形成并立阳线，成交量缩量，阳线后的K线在该阳线上部或上方，成交量逐步放大，新一轮上涨形成。

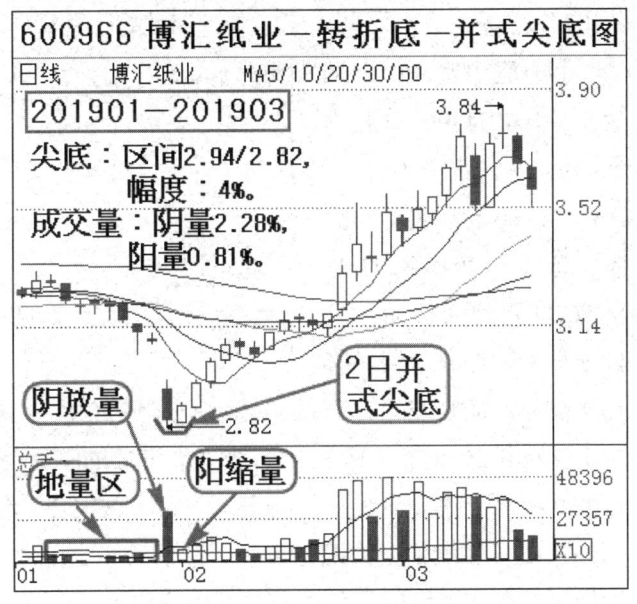

②个股尖底分析：博汇纸业（600966）总股本13.37亿，流通股13.37亿，净资产3.96元，属于大盘股。该股于2017年10月出7.29元的高价后，一直处于下跌途中，期间有几次反弹，但是一次次新低出现，一直到2019年1月跌到2.8元附近。现在看最后的实际走势，1月中旬开始短期均线纠缠并缓慢下跌，均线开口向下，下旬下跌加速，到31日跳空放量大跌，2月1日在接近31日收盘价处缩量反弹，其后逐步放量上涨。底部呈并立K线形态，并且前面和后面的K线都在底部两K线上方。具体情况，31日（开2.94，高2.96，低2.82，收2.84）换手2.28%；1日（开2.83，高2.90，低2.83，收2.89）换手0.81%，价格波动区间2.94～2.82约4%；阴放量阳缩量。

（2）尖底2：网达软件（603189）2019年1月到3月有一个阴底阳差式尖底型转折底。

①阴底阳差尖底形态：一轮线下下跌先慢速下跌，然后连续快跌，以致后面的阴线大部分或全部在前面K线下方，下跌到一个价格区间时一个大阴线伴随

233

一定的放量，其后一个交易日在前日收盘价上方起涨形成阳线，成交量略有缩量，阳线后的K线在该阳线上部或上方，新一轮上涨形成。

②个股尖底分析：网达软件（603189）总股本2.21亿，流通股1.10亿，净资产3.60元，属于小盘股。该股于2016年11月出56.79元的高价后，一直处于下跌途中，期间有

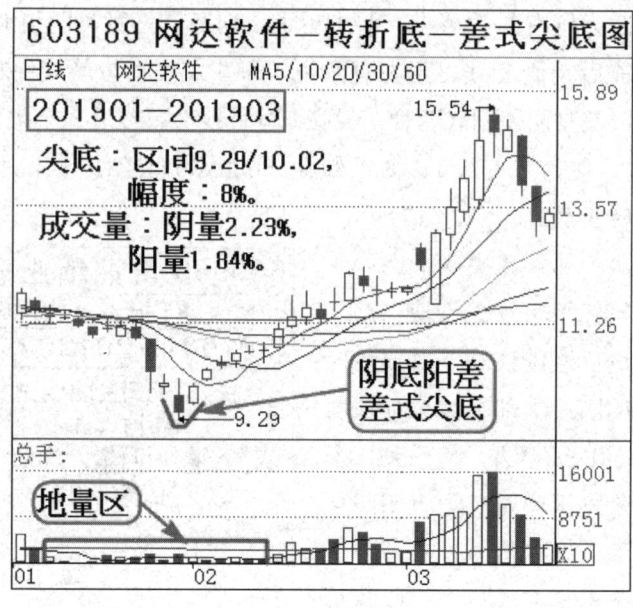

几次反弹，但是一次次新低出现，一直到2018年10月跌到9元附近，反弹后二次探底到2019年1月31日。现在看最后的实际走势，1月中旬开始短期均线纠缠并缓慢下跌，均线开口向下，下旬下跌加速，到31日跳空放量下跌，2月1日在31日收盘价上方缩量反弹，其后逐步上涨。底部在阴线，阳线在阴线收盘价上方有一定幅度，所以是一个阴底阳差式尖底，并且前面和后面的K线都在底部两K线上方。具体情况，31日（开9.79，高10.11，低9.29，收9.41）换手2.23%；1日（开9.60，高10.02，低9.58，收9.97）换手1.84%，价格波动区间10.02～9.29约8%；阴放量阳缩量。

（3）尖底3：百洋股份（002696）2018年9月到11月有一个阴差阳底式尖底型转折底。

①阴差阳底尖底形

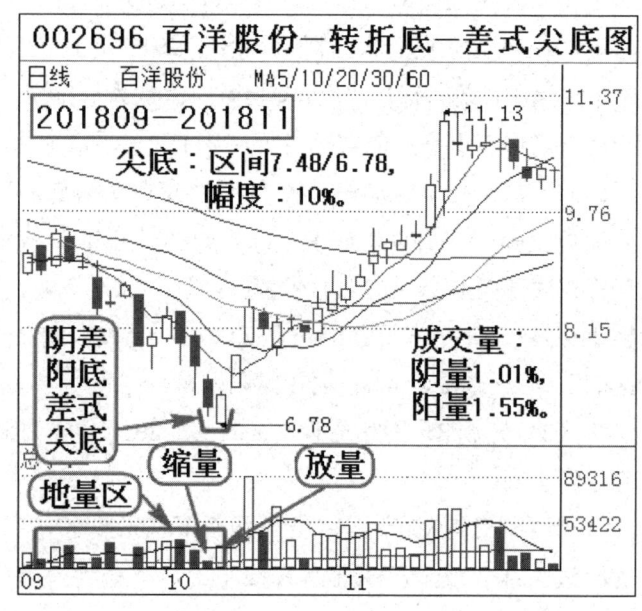

态：一轮线下下跌先慢速下跌，然后连续快跌，以致后面的阴线大部分或全部在前面 K 线下方，下跌到一个价格区间时一个阴线伴随一定的缩量，其后一个交易日在前日收盘价下方起涨形成阳线，成交量略有放大，阳线后的 K 线在该阳线上部或上方，新一轮上涨形成。

②个股尖底分析：百洋股份（002696）总股本 3.95 亿，流通股 2.13 亿，净资产 5.53 元，属于小盘股。该股于 2018 年 6 月出 14.85 元的高价后，一直处于下跌途中，期间有一次反弹，但是一直在 30 线下运行，直到 2018 年 10 月跌到 7 元附近，最低点在 2018 年 10 月 19 日。现在看最后的实际走势，9 月底加速下跌，到 10 月 18 日跳空缩量下跌，19 日在 18 日收盘价下方放量反弹，其后逐步上涨。阴线收盘价在阳线开盘价上方，底部在阳线，所以是一个阴差阳底式尖底，并且前面和后面的 K 线都在底部两 K 线上方。具体情况，18 日（开 7.41，高 7.48，低 6.90，收 7.02）换手 1.01%；19 日（开 6.78，高 7.24，低 6.78，收 7.20）换手 1.55%，价格波动区间 7.48～6.78 约 8%；阴缩量阳放量。显然由于阳线在阴线下面，所以波动幅度比较大。

（4）成交量解析：首先由于尖底是底部，所以无论某一天成交量放大还是不放大，在一个区间内平均成交量都处于比较低的水平。前面阴线下跌较大时成交量会大，后面阳线反弹较小时成交量小，表明放量下跌筹码松动后，买入比较谨慎；前面阴线下跌适中，后面阳线反弹较大时，阴量会小于阳量，表明卖出衰竭，人们买入比较积极；阴线和阳线幅度都比较小的时候，成交量可能处于均衡的小量状态，也表明买卖不太活跃，底部正在形成中。

3. **星底**：一般由三根 K 线组成，前面一个阴线，后面一个阳线，中间一个十字星或近似十字星的小阴或小阳线。有两种形态：下星底和平星底。成交量一般形态是下星底星线成交量相比于前后 K 线放量，平星底星线成交量相对缩量，但是影线较长时成交量较大，所以星底放量居多。

（1）星底 1：信邦制药（002390）2019 年 1 月到 3 月有一个跳空低开星线之下星底型转折底。

①下星底形态：一轮线下下跌先慢速下跌，然后连续快跌，以致后面的阴线大部分或全部在前面 K 线下方，下跌到一个价格区间时一个跳空下跌的星线出现，其后一个交易日在前日星线上方起涨形成阳线，新一轮上涨形成。

②个股星底分析：信邦制药（002390）总股本 16.67 亿，流通股 15.96 亿，净资产 2.86 元，属于大盘股。该股于 2015 年 6 月出 26.56 元的高价后，一直处

于下跌途中，期间有多次反弹，但是不停出现新低，一直到 2019 年 1 月跌到 3.5 元附近，最低点在 1 月 31 日。现在看最后的实际走势，1 月底加速下跌，连续放量，到 30 日缩量下跌，31 日跳空放量下跌并收十字星，2 月 1 日放量上涨。十字星中价在阴线收盘价和阳线开盘价下方有一定的幅度，所以是一个下星底。具体情

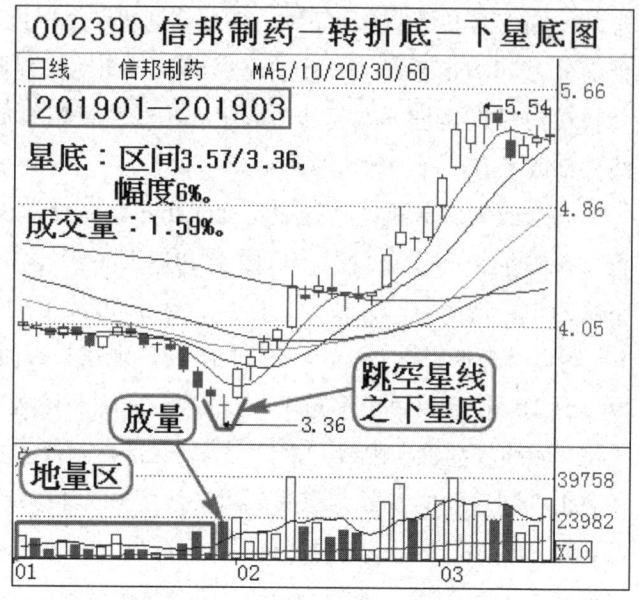

况，30 日（开 3.60，高 3.62，低 3.49，收 3.55）换手 0.7%；31 日（开 3.50，高 3.57，低 3.36，收 3.50）换手 1.59%；1 日（开 3.54，高 3.75，低 3.53，收 3.74）换手 1.70%，价格波动区间 3.57～3.36 约 6%；星线小幅放量。

（2）星底 2：恒泰艾普（300157）2019 年 1 月到 3 月有一个平开星线之平星底型转折底。

①平星底形态：一轮线下下跌先慢速下跌，然后连续快跌，以致后面的阴线大部分或全部在前面 K 线下方，下跌到一个价格区间时一个平开的星线出现，其后一个交易日在前日星线上方起涨形成阳线，新一轮上涨形成。

②个股星底分析：恒泰艾普（300157）总股本 7.12 亿，流通股 5.95 亿，净资产 4.62 元，属于中盘

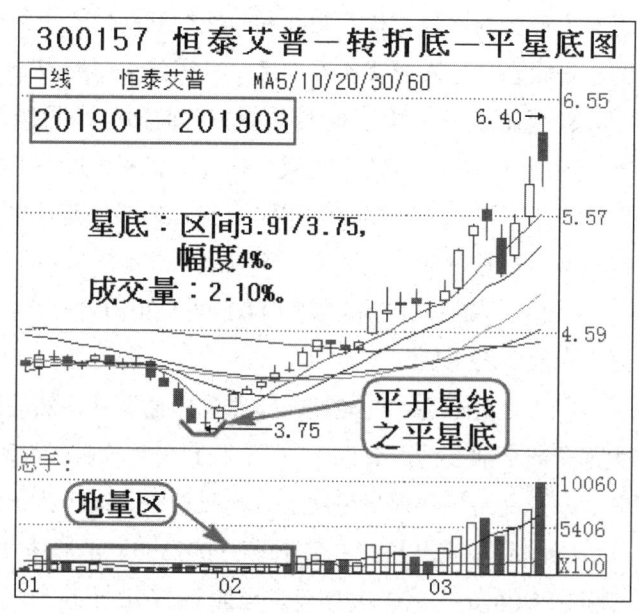

股。该股于 2015 年 6 月出 21.06 元的高价后，一直处于下跌途中，期间有多次反弹，但是一次次出现新低，一直到 2019 年 1 月跌到 3.7 元附近，最低点在 1 月 31 日。现在看最后的实际走势，1 月底加速下跌，地量运行，到 30 日缩量下跌，31 日平开小幅放量并收十字星，2 月 1 日收阳线上涨。十字星中价在阴线收盘价附近上方，所以是一个平星底。具体情况，30 日（开 3.92，高 3.94，低 3.79，收 3.79）换手 1.68%；31 日（开 3.81，高 3.91，低 3.75，收 3.81）换手 2.10%；1 日（开 3.83，高 3.94，低 3.81，收 3.93）换手 1.54%，价格波动区间 3.91～3.75 约 4%；星线小幅放量。

（3）成交量解析：首先由于星底是底部，所以无论某一天成交量放大还是不放大，在一个区间内平均成交量都处于比较低的水平。前面阴线下跌较大时成交量会大，接近底部时会小幅缩量，星线波动幅度大时成交量会小幅放大，后面阳线反弹较小时成交量小，表明放量下跌筹码松动后，买入比较谨慎；前面阴线下跌适中，后面阳线反弹较大时，成交量会放大，表明人们买入比较积极；阴线、星线和阳线幅度都比较小的时候，成交量可能处于均衡的小量状态，也表明买卖不太活跃，底部正在形成中。

4. 针底：一般由一根带长下影线的 K 线形成，前面和后面可以是平台或尖角形式，所以针底有两种：平式针底和尖式针底。依据针底出现的位置又有先导针底和后探针底，先导针底有导出尖底和导出平底两种。一般以下影线大于 5% 为针底，3%～5% 为过渡，3% 以下不计。

（1）针底 1：南方汇通（000920）2018 年 12 月到 2019 年 1 月有一个平式针底型转折底。

①平式针底形态：一轮线下连续下跌后，出现微量交易状态，并在一个小幅价格区间横盘，疑似地量平台底部形成，突然某一日股价大幅下跌探底，然后又大回抽到平台区间。

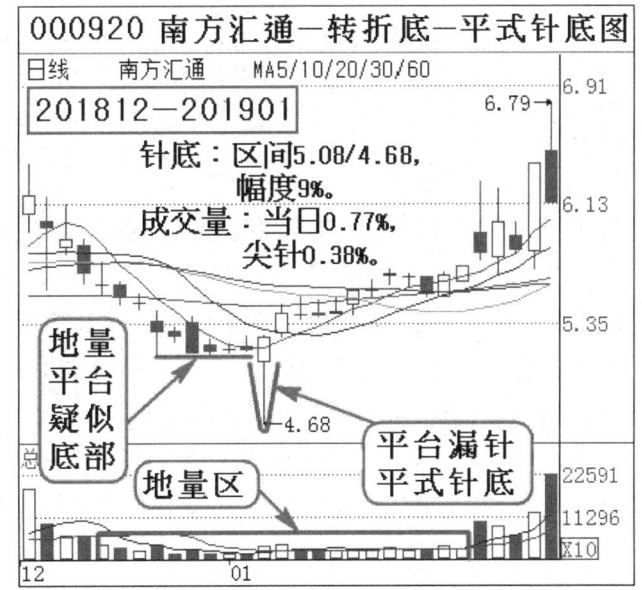

如平台漏针，其后底部形成展开一轮上涨。

②个股针底分析：南方汇通（000920）总股本4.22亿，流通股4.22亿，净资产2.39元，属于中盘股。该股于2015年6月出38.96元的高价后，一直处于下跌途中，期间有多次反弹，但是一次次出现新低，一直到2018年10月跌到4.8元附近，反弹后继续探底，最低点在2019年1月4日。现在看最后的实际走势，12月14日后加速下跌，连续缩量，25日开始在5.14元附近企稳，连续5个交易日地量横盘运行，疑似平台底形成，但是到1月4日放量下跌，收出大下影线的反转阳线，形成平式针底。具体情况，4日（开5.08，高5.26，低4.68，收5.25）换手0.77%；分钟线看下影线即尖针部位换手0.38%，下影线区间5.08～4.68约9%；小幅放量。

(2) 针底2：海波重科（300517）2019年1月到3月有一个尖式针底型转折底。

①尖式针底形态：一轮线下下跌先慢速下跌，然后连续快跌，以致后面的阴线大部分或全部在前面K线下方，下跌到一个价格区间时一个带长下影线的K线出现，其后一个交易日在前日收盘价上方起涨形成阳线，新一轮上涨形成。

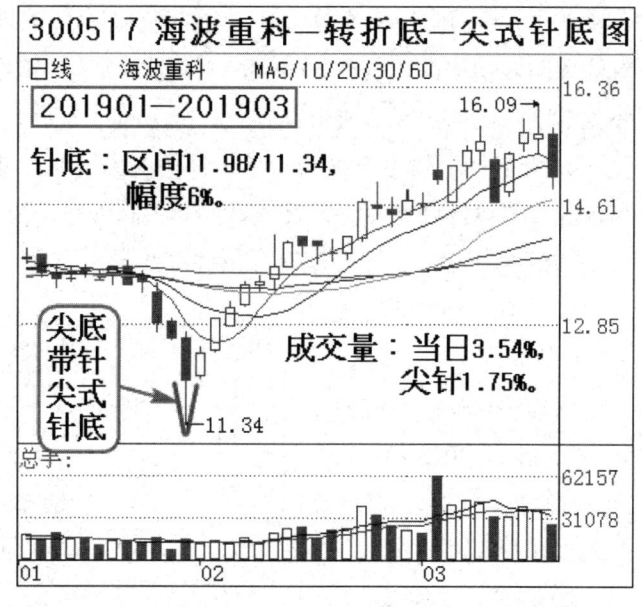

②个股针底分析：海波重科（300517）总股本1.07亿，流通股4272万，净资产6.3元，属于小盘股。该股于2016年8月出79.21元的高价后，一直处于下跌途中，期间有多次有规模的反弹，但是不停出现新低，一直到2018年10月跌到11.6元附近，反弹后回落最低点在1月31日。现在看最后的实际走势，1月底加速下跌，到30日缩量下跌，31日放量下跌现长下影阴线，2月1日在31日收盘价上方上涨形成阳线。形态就像一个带大下影线的尖底，所以是尖式针底。具体情况，31日（开12.62，高12.7，低11.34，收11.98）换手3.54%；分

钟线尖针部位换手1.75%，下影线区间11.98～11.34约6%；小幅放量。

（3）针底3：诚邦股份（603316）2019年1月到3月有一个引导出平台底的先导针底型转折底。

①先导针底形态：一轮线下连续下跌后，出现缩量交易状态，并在一定下跌幅度时出现一个大下影线K线，其后不是在收盘价上方上涨而是小幅区

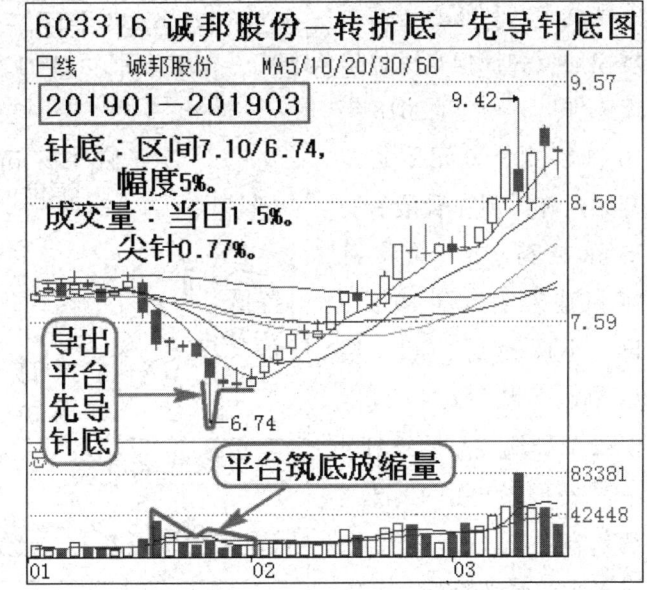

间横盘，形成地量平台底部，然后展开一轮上涨。这里针底只是底部的一部分，这个底部由针底和引导出的平台底组成，所以叫平台先导针底。

②个股针底分析：诚邦股份（603316）总股本2.03亿，流通股1.05亿，净资产4.12元，属于小盘股。该股于2017年6月出22.08元的高价后，一直处于下跌途中，期间有多次反弹，但是一次次出现新低，一直到2018年10月跌到7.10元附近，反弹后继续探底，最低点在2019年1月29日。现在看最后的实际走势，1月22日、23日放量下跌，然后缩量下跌，29日形成带长下影线的大阴线，其后在29日收盘价附近连续横盘3个交易日，于2月11日启动上涨。具体情况，29日（开7.27，高7.27，低6.74，收7.10）换手1.50%；分钟线尖针部位换手0.77%，下影线区间7.10～6.74约5%。

（4）针底4：金路集团（000510）2018年9月到11月有一个引导出尖底的先导针底型转折底。

①先导针底形态：一轮线下快速下跌，在一个价格区间，出现带长下影线的K线，股价并未在收盘价附近企稳上涨，而是展开了再一次探底，并在数日后形成尖底，并启动新一轮上涨。后面的尖底并未跌破前面的针底，整个底部由针底和引导出的尖底组成，所以叫尖式先导针底。

②个股针底分析：金路集团（000510）总股本6.09亿，流通股5.49亿，净资产1.57元，属于中盘股。该股于2016年11月出15.78元的高价后，一直处于

下跌途中，期间有多次有规模的反弹，但是不停出现新低，一直到 2018 年 10 月跌到 3.80 元附近，开始反弹。现在看最后的实际走势，2018 年 8 月 28 日连续阴跌到 10 月 8 日，小反弹到 10 日，然后加速下跌，到 12 日出现长下影线，后面连续 4 个交易日股价由 12 日收盘价附近缩量下跌到 12 日下影线底部附近。具体

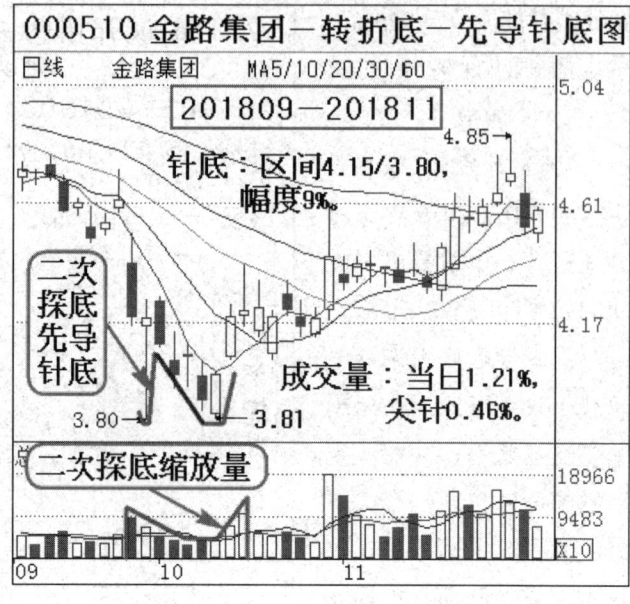

情况，12 日（开 4.15，高 4.25，低 3.80，收 4.18）换手 1.21%；分钟线尖针部位换手 0.46%，下影线区间 4.15～3.80 约 9%。

（5）针底 5：海印股份（000861）2018 年 10 月到 11 月有一个后探底的针底型转折底。

①后探针底形态：一轮线下下跌由慢到快，在一个价格区间，企稳反弹，在反弹过程中，出现带长下影线的二次探底 K 线，并且股价跌破前低，其后股价在收盘价上方上涨，并启动新一轮上涨。后面的针底是在前面尖底形成反弹后进行的二次探底，整个底部由尖底和针底组成，所以叫后探针底。

②个股针底分析：海印股份（000861）总股本 21.8 亿，流通股 19.76 亿，净资产 1.49 元，属于大盘

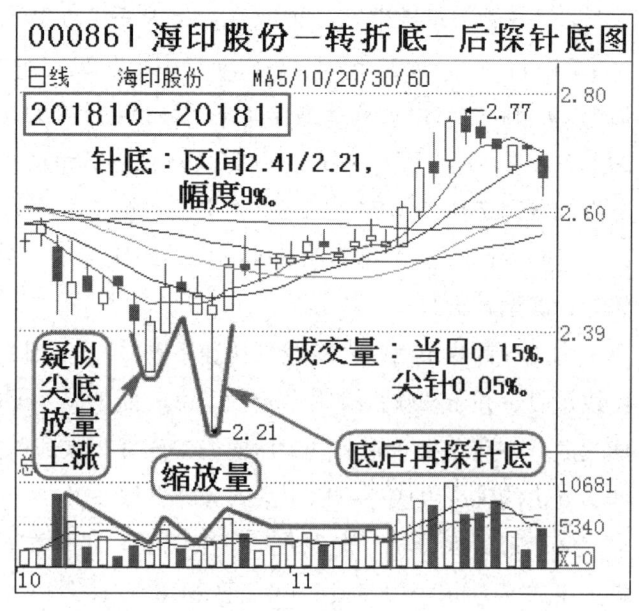

股。该股于 2015 年 6 月出 14.52 元的高价后，一直处于下跌途中，期间有多次有规模的反弹，但是一直出现新低，一直到 2018 年 6 月跌到 2.20 元附近，开始反弹，然后在 10 月二次探底。现在看最后的实际走势，2018 年 9 月 12 日连续阴跌，到 10 月 19 日出现跳空下跌大阳线，并反弹形成疑似尖底反转，横盘过程中于 25 日出现二次针形探底。具体情况，25 日（开 2.41，高 2.45，低 2.21，收 2.43）换手 0.15%；分钟线尖针部位换手 0.05%，下影线区间 2.41～2.21 约 9%。

（6）成交量解析：首先由于针底是底部，所以无论某一天成交量放大还是不放大，在一个区间内平均成交量都处于比较低的水平。由于针底股价波动比较大，所以成交量随尖针形成的时间不同而波动，一般情况下在分钟线上尖针形成的时间越长成交量越大，一般地说针底相对于底部平均量要大一些，说明对底部确认分歧较大，或有主力借机试盘。

5. **桩底**：一般由一根大幅低开并大幅上涨底部阳线形成，形态如将一根坚实的桩打入地下形成有力的支撑，所以叫桩底。前面是一轮连续下跌或下跌后的横盘，所以桩底有两种，即尖式桩底和平式桩底。一般以下沉幅度 5% 以上为桩，3%～5% 过渡，3% 以下只作为阳线看。

（1）桩底 1：人福医药（600079）2019 年 1 月到 3 月有一个尖底下沉大阳线形成的尖式桩底型转折底。

①尖式桩底形态：一轮线下连续下跌，在一个价格区间，出现大幅跳空低开并单边上涨的 K 线，其后股价上涨，启动新一轮上涨。整体形态与阴差阳底型尖底相似，但是这里的阳线跳空低开幅度较大，其后单边上涨，将下跌大部分或全部收回，并且成交量大幅放量，对股价形成强有力支撑，所以叫尖式桩底。

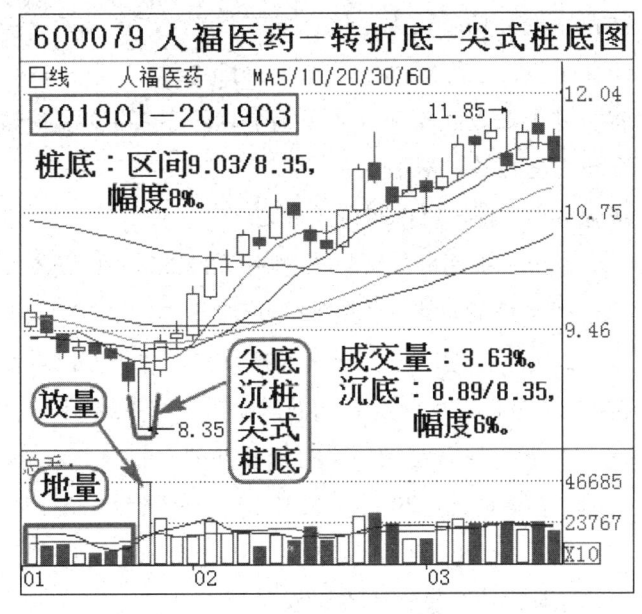

②个股桩底分析：人福医药（600079）总股本 13.54 亿，流通股 12.86 亿，

净资产 6.84 元，属于大盘股。该股于 2016 年 8 月出 21.78 元的高价后，一直处于下跌途中，期间有多次反弹，但是不停出现新低，一直到 2019 年 1 月跌到 8.35 元，开始反弹。现在看最后的实际走势，2019 年 1 月 21 日后连续阴跌，到 1 月 30 日跳空下跌，并放量上涨形成实体较大的阳线。具体情况，30 日（开 8.35，高 9.30，低 8.35，收 9.03）换手 3.63%；实体区间 9.03～8.35，幅度 8%；与前一日收盘价 8.89 相比下沉幅度 6%；与前期成交量相比大幅放量。

（2）桩底 2：巨人网络（002558）2019 年 1 月到 3 月有一个横盘下沉大阳线形成的平式桩底型转折底。

①平式桩底形态：一轮线下连续下跌，在一个价格区间，出现横盘整理，横盘过程中，出现一根大幅跳空低开并大幅上涨的 K 线，其后股价回到横盘区域，然后启动新一轮上涨。整体形态就是一个平台打桩的样子，这里的阳线跳空低开幅度较大，后一路上涨，上涨幅度几乎将下跌全部收回，并且成交量大幅放量，对股价形成强有力支撑，所以叫平式桩底。

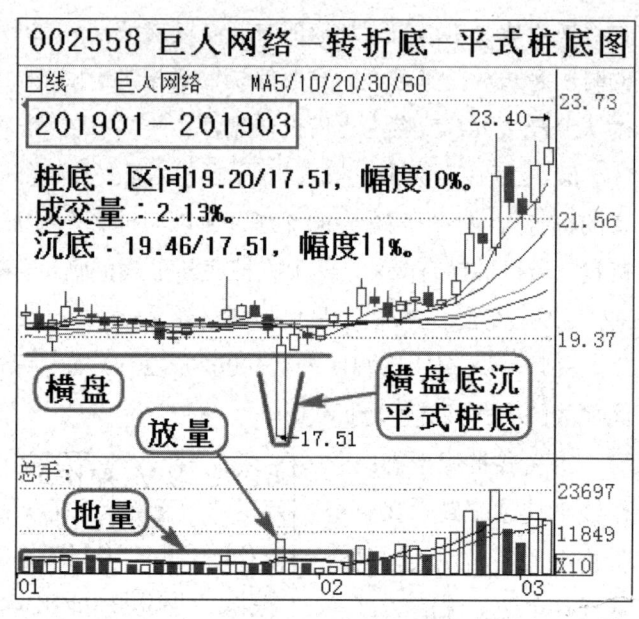

②个股桩底分析：巨人网络（002558）总股本 20.24 亿，流通股 20.24 亿，净资产 4.52 元，属于大盘股。该股于 2017 年 3 月出 77.87 元的高价后，一直处于下跌途中，期间没有一次像样反弹，并不停出现新低，一直到 2018 年 7 月股价在 18 元企稳反弹，几次波动后从 11 月 30 日开始横盘运行，在 2019 年 1 月 29 日突然出现平台大幅跳空低开并放量收回的走势，其后股价回到平台并稳步上涨。具体情况，29 日（开 17.51，高 19.52，低 17.51，收 19.20）换手 2.13%；实体区间 19.20～17.51，幅度 10%；与前一日收盘价 19.46 相比下沉幅度 10%；与横盘期间成交量相比大幅放量。

（3）成交量解析：首先由于桩底是底部，所以无论某一天成交量放大还是不放大，在一个区间内平均成交量都处于比较低的水平。由于桩底股价波动比较大，所以成交量相对两边的其他K线要大，一般情况下下沉幅度越大成交量越大，回收幅度即实体幅度越大成交量越大，桩底是主力有计划地试盘、洗盘和吸纳的同时进行的过激行为，利用股票的特殊基本面大幅吸纳，也说明行情即将启动，对底部支撑更加强劲。

6. **转折底总结**：经过观测发现，尖底是最普遍的一种，约占70%；其次是平底，约占15%；星底和针底居第三，约占5%；桩底很少。越少的形态准确度越高，相对来说桩底成功率最高，星底和针底相对准确，平底有演化成横盘阱壁的可能性，尖底有可能是中途反抽而非反转。

（三）**波动底形态基础**：胜战理论认为波动底是那些存在于前后两个相对更大的波动之间，连接两个更大一级波动并相对来说波动时间和幅度小得多的波动，是操作者谋求对更大一级波动进行预测和把握的一种先导分析目标。

1. **最低价为根本**：波动底是包含最低价并由在最低价之上运行的一组波动组成的区间波动。所有波动无论大小，每一次下跌后必然有一个最低价，那些大型波动都是由小型波动组成的，形成一个大波动的小波动在最低价附近的波动组成波动底。所以是不是波动底，必然要看是不是出现一个比前面波动低的价格，并且相当时间内没有再跌破这个最低价。

2. **相对性为基础**：无论多大的波动，在下跌转上涨过程中都会有最低价，围绕最低价的底部波动具有相对性，包含最低价的分钟线波动构成以日线为基础的短线波动的波动底；包含最低价的日线波动构成以周线为基础的中线波动的波动底，进而构成以月计数的长线波动底。观察由几个短期波动构成长期波动的波动底时，短期波动由于其幅度太小，相对于长期波动显得微不足道。所以短线形态在组成中长线底部时会有不同感觉，比如长线看是圆弧底，放大以后看却是多种波动组合；中长线看是矩形底，放大以后看可能是复杂多重波动。

3. **先大后小见形态**：尽管我们把波动底归纳总结为几类形态便于分析，但是实际的底部走势更加复杂，有时候看着什么都像又什么都不规范，这个时候形态分析需要采取取大弃小的方式，勾勒出轮廓，然后再仔细分析每一个细节，对波动底进行量化分析，以预见大波动的来临。

（四）**波动底形态**：与前后更大一级下跌和上涨相配合的区间K线组合。

1. **弧底**：国恩股份（002768）在2018年12月到2019年4月形成一个长达2.5个月的中期弧底。

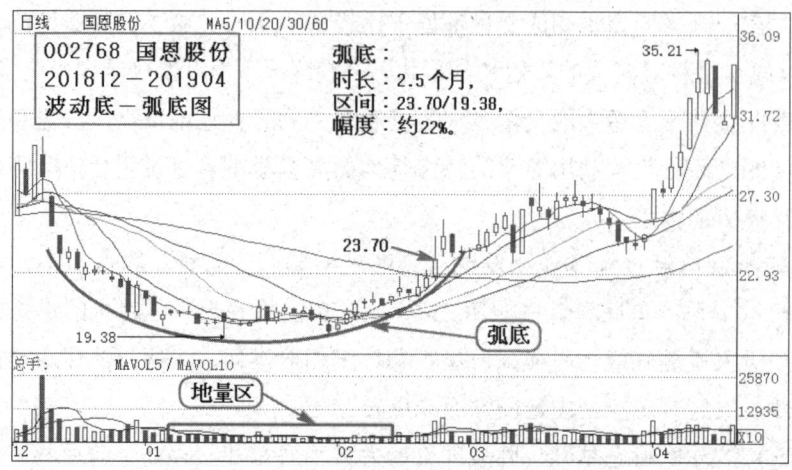

（1）弧底形态特征：前面波段下跌后期与底部盘整区及后面波段的起涨期构成一个大结构为弧形的走势，其中小结构可以有一定幅度的波动，但是波动幅度不大，基本不破坏大结构的圆弧形态，波动较小时 5 日线和 10 线都是弧形，波动较大时 5 日线有一般不超过 10 线的比较大的波动，但是 10 线是弧形。成交量表现为前面下跌段逐步缩量，中间盘整区地量运行，后面上涨段逐步放量。在上涨段有的有一次回抽对底部支撑的确认，有的没有明显的回抽发生。

（2）个股弧底分析：国恩股份（002768）总股本 2.71 亿，流通股 1.77 亿，净资产 7.75 元，属于小盘股。该股于 2018 年 12 月 18 日出 30.36 元的高价后，一直处于下跌途中，一直到 2019 年 1 月 15 日股价在 19.38 元企稳，小幅波动后开始缓慢上涨，在 2019 年 2 月 13 日短期均线上穿 20、30 线开始加速上涨，2 月 25 日突破 60 线，底部完成。弧底从跌破 60 线到上穿 60 线历时 2.5 个月；区间幅度约 22%；成交量呈现缩量＋地量＋放量形态。

2. **窄底**：柳工（000528）在 2018 年 10 月到 2019 年 4 月形成一个长达 1.6 个月的中期窄底。

（1）窄底形态特征：前面波段下跌后股价在一定价位企稳，然后横向运行，股价在一个相对狭小的区间波动，其中微小结构可以有一定形态，形成一字横盘，或弧形、拱形、横盘下探形等走势，其中弧形有弧底的影子，拱形有双底的影子，横盘探底有头肩底的影子，但是由于波动区间幅度不大，而且 K 线组合形态呈现横向运行状态，使波动有被压缩变窄的感觉，所以有人也把它叫潜伏底。横向运行过程中，如果后期略高于前期叫上飘窄底；如果后期略低于前期叫下延窄底，但是整体幅度很小。10 线大部分呈现碗底形态，后期 5 日线和 10 线、20 线出现纠缠，并转头向上。成交量表现为前面下跌段逐步缩量，中间盘整区地量运行，后面上涨段逐步放量。其后上涨幅度都比较大。

（2）个股窄底分析：柳工（000528）总股本14.76亿，流通股14.63亿，净资产6.62元，属于大盘股。该股于2018年8月出9.69元的高价后，一直处于下跌途中，一直到2019年1月4日股价在5.77元企稳，小幅波动后开始缓慢上涨，在2019年2月1日短期均线上穿30线开始加速上涨，2月13日突破60线，底部完成。窄底到上穿60线历时1.6个月；大底区间幅度约10.7%；主要盘整区幅度8.8%；成交量呈现缩量＋地量＋放量形态。

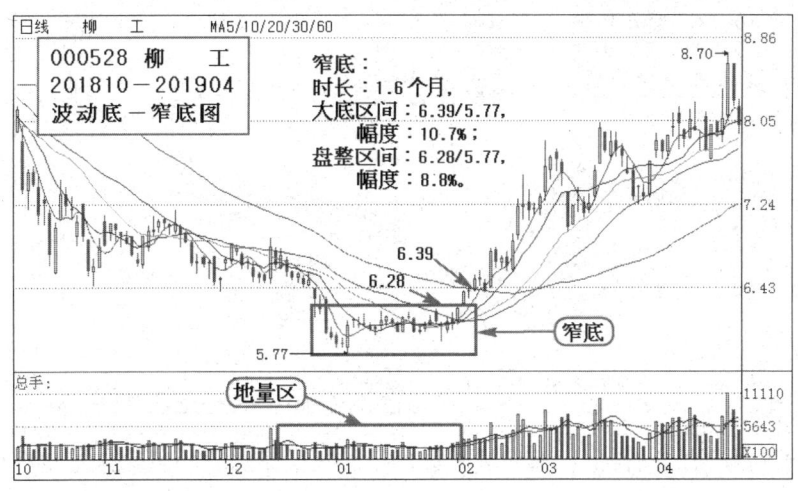

3. 单底：要想准确地分析波动底，就必须对底部做一些规范。

（1）底部波动相对参数初步确定：由于中长线行情时长和幅度都不相同，所以相对应的波动频率和位置也各有不同。一个大波动中的小波动究竟是底部波动还是下跌过程中的波动或是上涨过程中的波动，如果不能有一个分类标准，就会无的放矢，无法进行底部分析。

①单底：以日线为分析基础，前面必须是5日线在10线下方，出现一个新低价后，股价以横盘或反弹方式运行，以5日线上穿10线为短期底部成立；5日线进而上穿20线、30线，则一个单底形成。

②单底延续：股价上行到20线或30线上方，无论在上面做横盘或回调，如果不跌破20线，则前底依然是有效底，此时是单底上涨延续。

③新单底：股价在60线下，从20线或30线上回落，并跌破20线，距离前底在10%范围内，或跌破原底部，出现新低，则新的单底出现。

④前底失效：对于未来的中级行情，新单底在前单底±10%以内，则前单

底有效，后单底为二次探底；如果在 -10% 以下，则前单底为下跌过程中底部，非底部单底，后底为唯一单底。对于未来的大级别行情由于时间长、幅度大，新单底在前单底 ±20% 以内，则前单底有效，后单底为二次探底；如果在 -20% 以下，则前单底为下跌过程中底部，后底为唯一单底。

（2）单底行情：只包含一个单底，股价大幅超过 60 线的行情叫单底行情。金雷股份（300443）在 2018 年 7 月到 2019 年 3 月形成一个具有长达 1.5 个月的中期单底的单底行情。

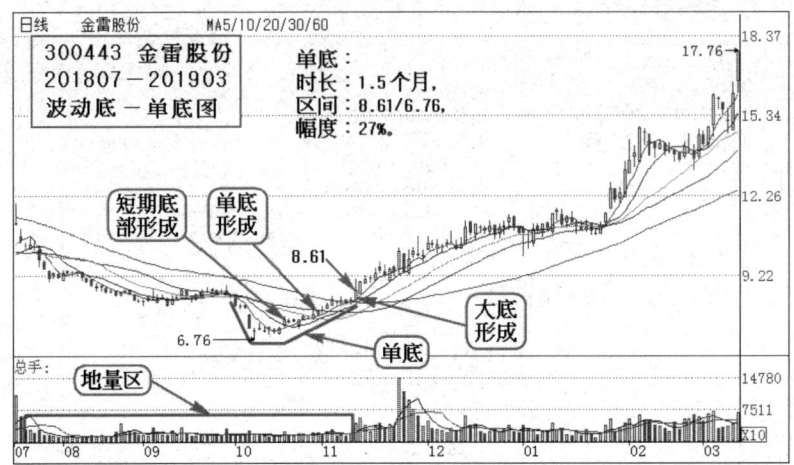

①单底行情形态特征：前面波段经历了较长的下跌，下跌段末端接一个短期的转折底，与后面波段的起涨段构成一个大结构单底走势，各均线都是单底反转形态，其后股价出现大幅长时间的上涨。成交量表现为前面下跌段逐步缩量，中间盘整区地量运行，后面上涨段逐步放量。在上涨段有的有一次小幅回抽对底部支撑的确认，有的没有明显的回抽一直稳步上涨。

②个股单底行情分析：金雷股份（300443）总股本 2.38 亿，流通股 1.59 亿，净资产 7.44 元，属于小盘股。该股于 2015 年 12 月出 64.56 元的高价后，一直处于下跌途中，期间数次有规模的反弹，但是一直出现新低，一直到 2018 年 10 月 12 日股价在 6.76 元企稳，横盘数日后稳步反弹，形成平底型转折底，并于 10 月 31 日股价上穿 20 线形成单底，于 11 月 12 日上穿 60 线开始加速上涨，形成单底行情，连续上涨到 2019 年 3 月 20 日。单底从下跌末端到上穿 60 线历时 1.5 个月；区间幅度约 27%；成交量呈现缩量＋地量＋放量形态。

4. **双底**：罗莱生活（002293）在 2018 年 8 月到 2019 年 4 月形成一个长达 4 个月的中期双底。

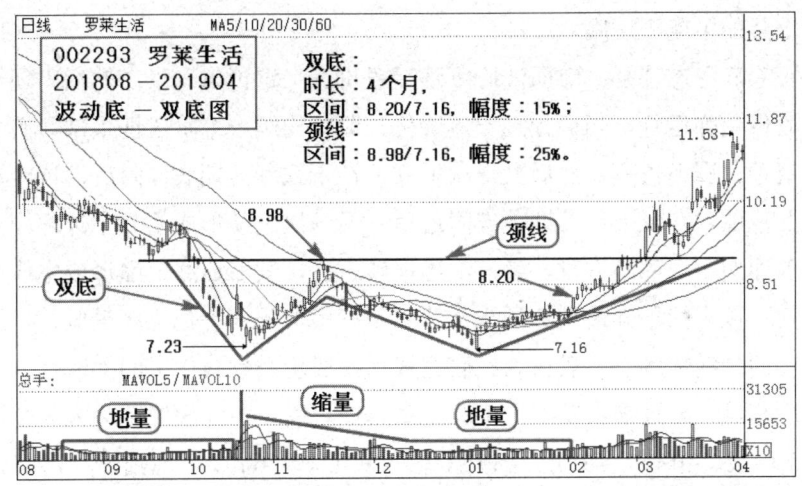

（1）双底形态特征：前面波段下跌后股价在一定价位企稳，然后出现一个转折底，股价反弹运行，当运行到一定价位，股价构筑一个阶段性顶部，有尖顶、平顶、双顶、圆弧顶等，然后又一次下跌，在下跌到前期底部附近，再一次形成转折底并反弹，其后连续上涨形成中线或长线上涨。以中间顶部最高价画水平线叫双底的颈线，把双底最低价到颈线的上涨幅度叫颈线幅度，一般认为双底完成后，股价在颈线以上的上涨幅度最少与颈线幅度相等，经过观察发现，个股双底形成以后，上涨幅度都会大大超过颈线幅度，有的双底范围很小但是涨幅却很大。5日线、10线、20线大部分呈现双底形态，60线呈现圆弧底形态，中间顶部价位以低于60线和在60线附近居多，有一部分会超过60线。双底中后面的底有高于前底和低于前底两种，但是双底均在均线系统之下。成交量表现为前面下跌段缩量运行，第一底反弹时放量，其后缩量运行，一般来说第二底处于地量运行，后面上涨段逐步放量。其后上涨幅度都比较大。

（2）个股双底分析：罗莱生活（002293）总股本8.30亿，流通股7.71亿，净资产4.72元，属于中盘股。该股于2018年6月出15.96元的高价后，一直处于下跌途中，一直到10月24日股价在7.23元企稳，反弹运行到60线处，又一次下跌，进行二次探底，直到2019年1月4日股价在7.16元企稳，开始缓慢上涨，在2019年2月11日股价站上60线并开始加速上涨，底部完成。双底到上穿60线历时4个月；大底区间幅度约15%；颈线幅度25%；成交量呈现地量＋放量＋缩量＋地量形态。

5. **三底**：三重底有三种，即正三底、头肩底、旗形底。

（1）正三底：白银有色（601212）在2018年8月到2019年4月形成一个

长达5个月的中期正三底。

①正三底形态特征：前面波段下跌后股价在一定价位企稳，然后出现一个转折底，股价反弹运行，当运行到一定价位，股价构筑一个阶段性顶部，有尖顶、平顶、双顶、圆弧顶等，然后又一次下跌，在下跌到前期底部附近，再一次形成转折底并反弹，在反弹到前期顶部附近后，又一次下跌形成第二个顶部，然后在下跌到前面两个底部附近时，第三次出现转折底，其后连续上涨形成中线或长线上涨行情。以中间顶部最高价画水平线叫正三底的颈线，把三底最低价到颈线的上涨幅度叫颈线幅度，一般认为三底完成后，股价在颈线以上的上涨幅度最少与颈线幅度相等，经过观察发现，个股三底形成以后，上涨幅度都会大大超过颈线幅度。5日线、10线、20线大部分呈现三底形态，60线呈现圆弧底形态，并且这个筑底过程中60线处于下降状态。一般情况下第一个顶部价位以低于60线居多，第二个顶部价位在60线附近居多，有一部分会超过60线。三底均在均线系统之下。整体成交量表现为地量运行，一般情况下从底部反弹时放量，其后缩量运行，后面上涨段逐步放量，上涨幅度都比较大。

②个股正三底分析：白银有色（601212）总股本74.05亿，流通股19.65亿，净资产1.73元，属于大盘股。该股于2017年3月出17.18元的高价后，一直处于下跌途中，一直到2018年10月19日股价在2.93元企稳，反弹运行到接近60线处，又一次下跌，进行二次探底，直到12月28日股价在2.92元企稳，开始较快上涨，成交量略有放大，在2019年1月14日股价站上60线，运行11个交易日后第三次下跌探底，在接近前面底部的2.88元企稳，并开始加速放量上涨，底部完成。三底到上穿60线历时5个月；大底区间幅度约14%；颈线幅度

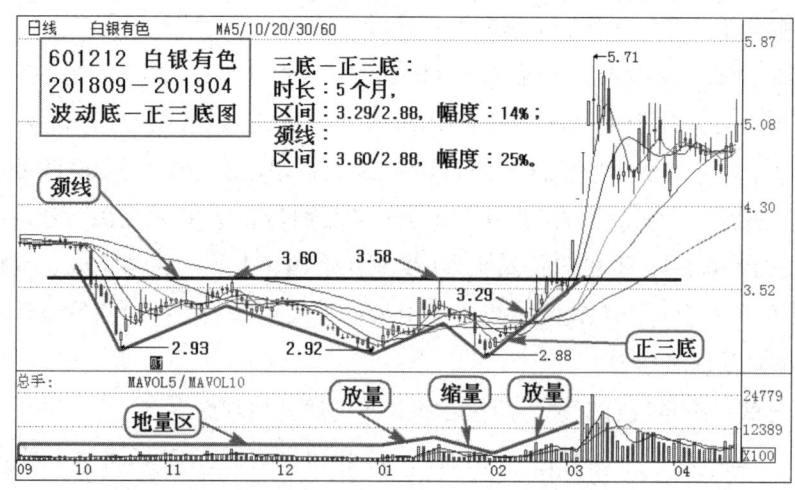

25%；成交量呈现地量＋放量＋缩量＋放量形态。

（2）头肩底：新城控股（601155）在 2018 年 7 月到 2019 年 3 月形成一个长达 6 个月的中期头肩底。

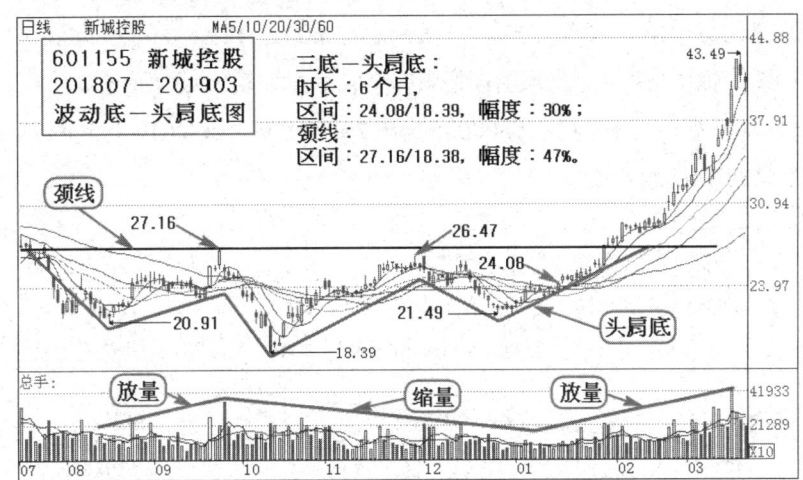

①头肩底形态特征：前面波段下跌后股价在一定价位企稳，然后出现一个转折底，股价反弹运行，当运行到一定价位，股价构筑一个阶段性顶部，有尖顶、平顶、双顶、圆弧顶等，然后又一次下跌，在下跌到前期底部以下一定幅度后，再一次形成转折底并反弹，在反弹到前期顶部附近后，又一次下跌形成第二个顶部，然后在下跌到接近第一个底部而高于第二个底部处，第三次出现转折底，其后连续上涨形成中线或长线上涨行情。以中间顶部最高价画水平线叫头肩底的颈线，把中间底最低价到颈线的上涨幅度叫颈线幅度，一般认为头肩底完成后，股价在颈线以上的上涨幅度最少与颈线幅度相等，经过观察发现，个股头肩底形成以后，上涨幅度都会大大超过颈线幅度。5 日线、10 线、20 线大部分呈现头肩底形态，60 线呈现圆弧底形态，并且这个筑底过程中 60 线处于下降状态。一般情况下第一个顶部价位以低于 60 线为主，个别会高于 60 线，第二个顶部价位在 60 线附近或以上居多。三底均在均线系统之下。整体成交量表现为地量运行，一般情况下从底部反弹时放量，其后缩量运行，后面上涨段逐步放量，上涨幅度都比较大。

②个股头肩底分析：新城控股（601155）总股本 22.57 亿，流通股 22.46 亿，净资产 13.16 元，属于大盘股。该股于 2018 年 1 月出 43.46 元的高价后，一直处于下跌途中，一直到 2018 年 8 月 20 日股价在 20.91 元企稳，反弹运行到接近 60 线上方，在 27.16 元见顶后又一次下跌，进行二次探底，直到 10 月 16 日股价在

18.39 元企稳，开始较快上涨，成交量略有放大，这里 18.39 元与 20.91 元相差约 14%，在 2018 年 11 月 24 日股价在 60 线上方运行多个交易日并在接近前面顶部附近的 26.47 元处见顶，然后第三次下跌探底，在接近第一次底部的 21.49 元企稳，并开始加速放量上涨，底部完成。三底到上穿 60 线历时 6 个月；大底区间幅度约 30%；颈线幅度 47%；成交量呈现地量＋放量＋缩量＋放量形态。

（3）旗形底：中科电气（300035）在 2018 年 9 月到 2019 年 4 月形成一个长达 5 个月的中期旗形底。

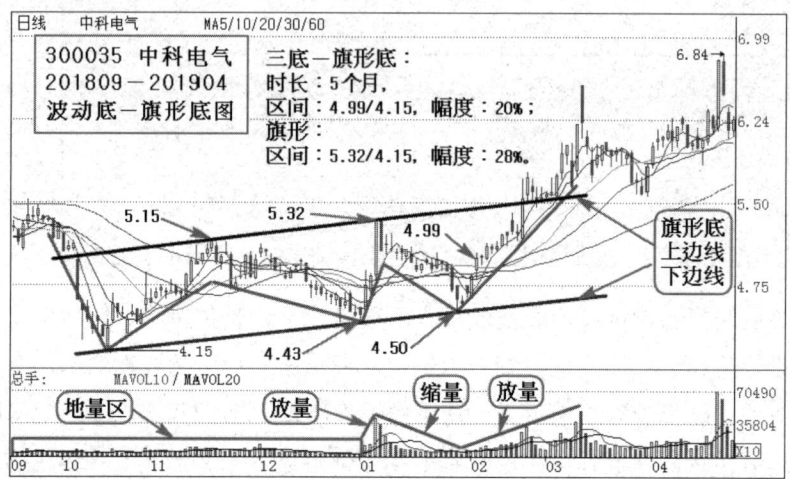

①旗形底形态特征：旗形底有上旗形和下旗形两种。前面波段下跌后股价在一定价位企稳，然后出现一个转折底，股价反弹运行，当运行到一定价位，股价构筑一个阶段性顶部，有尖顶、平顶、双顶、圆弧顶等，然后又一次下跌，在下跌到前期底部以上一定幅度后，再一次形成转折底并反弹，在反弹到前期顶部以上后，又一次下跌形成第二个顶部，然后在下跌到第二个底部以上后，第三次出现转折底，其后连续上涨形成中线或长线上涨行情。把两次顶两次底连接，形成两条几乎平行的边线，一个底比一个底高、一个顶比一个顶高的是上旗形形态。下旗形形态是两条边线之间一个底比一个底低、一个顶比一个顶低的形态。5 日线、10 线、20 线大部分呈现三底形态，60 线呈现圆弧底形态，并且这个筑底过程中 60 线处于下降状态。一般情况下第一个顶部价位以低于 60 线为主，个别会高于 60 线，第二个顶部价位在 60 线附近或以上居多，三底均在均线系统之下。整体成交量表现为地量运行，一般情况下从底部反弹时放量，其后缩量运行，后面上涨段逐步放量，上涨幅度都比较大。

②个股旗形底分析：中科电气（300035）总股本 5.36 亿，流通股 4.07 亿，

净资产 2.42 元，属于中盘股。该股于 2017 年 9 月出 11.64 元的高价后，一直处于下跌途中，一直到 2018 年 10 月 19 日股价在 4.15 元企稳，反弹运行到 60 线上方，在 5.15 元见顶后又一次下跌，进行二次探底，直到 2019 年 1 月 2 日股价在高于前底的 4.43 元企稳，开始较快上涨，成交量略有放大，在 2019 年 1 月 7 日股价在 60 线上方运行并在高于前面顶部的 5.32 元处见顶，然后第三次下跌探底，在高于第二次底部的 4.50 元企稳，并开始加速放量上涨，旗形底部完成。三底到上穿 60 线历时 5 个月；大底区间幅度约 20%；旗形幅度 28%；成交量呈现地量＋放量＋缩量＋放量形态。

6. 角底： 角底由三重底的变异而形成，有上角底、下角底、中角底、前角底四种。

（1）上角底：三雄极光（300625）在 2018 年 9 月到 2019 年 3 月形成一个长达 4.5 个月的中期上角底。

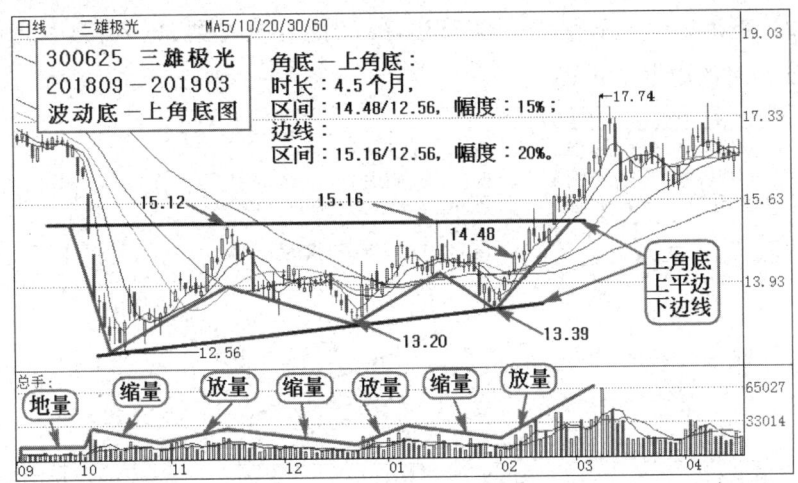

①上角底形态特征：前面波段下跌后股价在一定价位企稳，然后出现一个转折底，股价反弹运行，当运行到一定价位，股价构筑一个阶段性顶部，有尖顶、平顶、双顶、圆弧顶等，然后又一次下跌，在下跌到前期底部以上一定幅度后，再一次形成转折底并反弹，在反弹到前期顶部附近后，又一次下跌形成第二个顶部，然后在下跌到第二个底部以上后，第三次出现转折底，其后连续上涨形成中线或长线上涨行情。两次顶几乎在一个水平线上，三个底形成倾斜向上的直线，连接两个顶部的线与连接三个底部的线形成三角形形态。5 日线、10 线、20 线大部分呈现三底形态，60 线呈现圆弧底形态，并且这个筑底过程中 60 线处于下降状态。一般情况下第一个顶部价位以低于 60 线为主，个别会高于 60 线，第二

个顶部价位在60线附近或以上居多，三底均在均线系统之下。整体成交量表现为地量运行，一般情况下从底部反弹时放量，其后缩量运行，后面上涨段逐步放量，上涨幅度都比较大。

②个股上角底分析：三雄极光（300625）总股本2.80亿，流通股9233万，净资产7.38元，属于小盘股。该股于2017年4月出63.63元的高价后，一直处于下跌途中，一直到2018年10月19日股价在12.56元企稳，反弹运行到30线上方、60线下方，在15.12元见顶后又一次下跌，进行二次探底，直到2018年12月21日股价在高于前底的13.20元企稳，再一次上涨，成交量略有放大，在2019年1月16日股价在60线上方运行并在接近前面顶部的15.16元处见顶，然后第三次下跌探底，在高于第二次底部的13.39元企稳，并开始加速放量上涨，角底完成。三底到上穿60线历时4.5个月；大底区间幅度约15%；边线幅度20%；成交量呈现地量＋放量＋缩量＋放量形态。

（2）下角底：永东股份（002753）在2018年9月到2019年4月形成一个长达5.5个月的中期下角底。

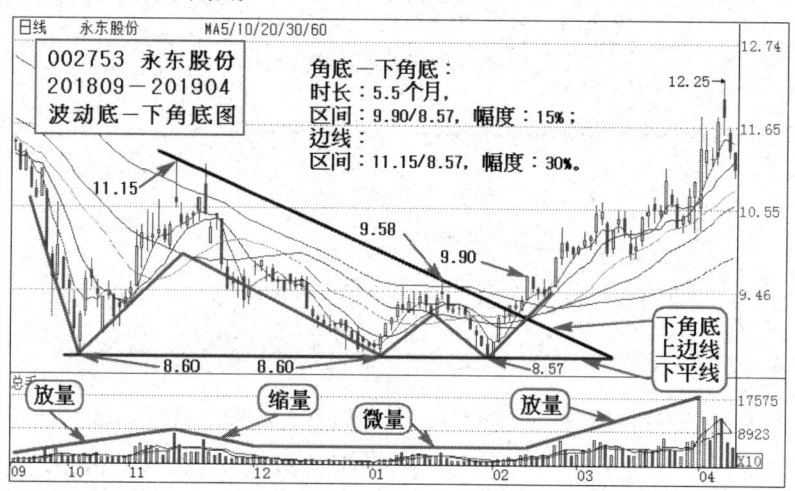

①下角底形态特征：前面波段下跌后股价在一定价位企稳，然后出现一个转折底，股价反弹运行，当运行到一定价位，股价构筑一个阶段性顶部，有尖顶、平顶、双顶、圆弧顶等，然后又一次下跌，在下跌到前期底部附近时，再一次形成转折底并反弹，在反弹到前期顶部以下后，又一次下跌形成第二个顶部，然后在下跌到前两个底部附近后，第三次出现转折底，其后连续上涨形成中线或长线上涨行情。两次顶相连是一条向下倾斜的直线，三个底几乎在一个水平线上，连接两个顶部的线与连接三个底部的线形成三角形形态。5日线、10线、20线大

部分呈现三底形态，60 线呈现圆弧底形态，并且这个筑底过程中 60 线处于下降状态。一般情况下第一个顶部价位以低于 60 线为主，个别会高于 60 线，第二个顶部价位在 60 线附近或以上居多，三底均在均线系统之下。整体成交量表现为地量运行，一般情况下从底部反弹时放量，其后缩量运行，后面上涨段逐步放量，上涨幅度都比较大。

②个股下角底分析：永东股份（002753）总股本 3.30 亿，流通股 2.0 亿，净资产 4.24 元，属于小盘股。该股于 2017 年 8 月出 19.51 元的高价后，一直处于下跌途中，一直到 2018 年 10 月 19 日股价在 8.60 元企稳，反弹运行到 60 线区间，在 11.15 元见顶后又一次下跌，进行二次探底，直到 2019 年 1 月 4 日股价在等于前底的 8.60 元企稳，再一次上涨，成交量略有放大，在 2019 年 1 月 21 日股价在 60 线附近运行并在低于前面顶部的 9.58 元处见顶，然后第三次下跌探底，在接近前两次底部的 8.57 元企稳，并开始加速放量上涨，角底完成。三底到上穿 60 线历时 5.5 个月；大底区间幅度约 15%；边线幅度 30%；成交量呈现地量＋放量＋缩量＋放量形态。

（3）中角底：长江润发（002435）在 2018 年 9 月到 2019 年 4 月形成一个长达 4.5 个月的中期中角底。

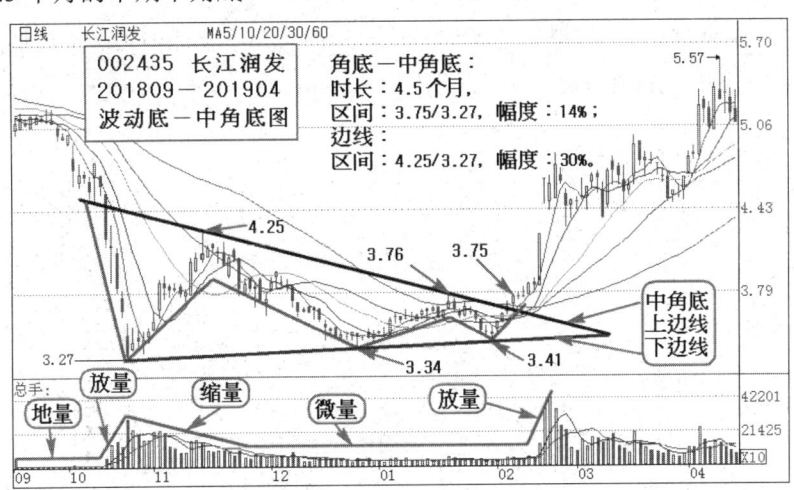

①中角底形态特征：前面波段下跌后股价在一定价位企稳，然后出现一个转折底，股价反弹运行，当运行到一定价位，股价构筑一个阶段性顶部，有尖顶、平顶、双顶、圆弧顶等，然后又一次下跌，在下跌到前期底部以上时，再一次形成转折底并反弹，在反弹到前期顶部以下后，又一次下跌形成第二个顶部，然后在下跌到前两个底部以上后，第三次出现转折底，其后连续上涨形成中线或长线

上涨行情。两次顶相连是一条向下倾斜的直线,三个底相连是一个向上倾斜的直线,连接两个顶部的线与连接三个底部的线形成三角形形态。5日线、10线、20线大部分呈现三底形态,60线呈现圆弧底形态,并且这个筑底过程中60线处于下降状态。一般情况下第一个顶部价位以低于60线为主,个别会高于60线,第二个顶部价位在60线附近或以上居多,三底均在均线系统之下。整体成交量表现为地量运行,一般情况下从底部反弹时放量,其后缩量运行,后面上涨段逐步放量,上涨幅度都比较大。

②个股中角底分析:长江润发(002435)总股本12.36亿,流通股4.53亿,净资产4.41元,属于中盘股。该股于2016年11月出9.33元的高价后,一直处于下跌途中,一直到2018年10月25日股价在3.27元企稳,反弹运行到30线区间、60线下方,在4.25元见顶后又一次下跌,进行二次探底,直到2018年12月25日股价在高于前底的3.34元企稳,再一次上涨,成交量比较均衡,在2019年1月21日股价在60线附近运行并在低于前面顶部的3.76元处见顶,然后第三次下跌探底,在高于前两次底部的3.41元企稳,并开始加速放量上涨,角底完成。三底到上穿60线历时4.5个月;大底区间幅度约14%;边线幅度30%;成交量呈现地量+放量+缩量+放量形态。

(4)前角底:广信材料(300537)在2018年8月到2019年4月形成一个长达4.5个月的中期前角底。

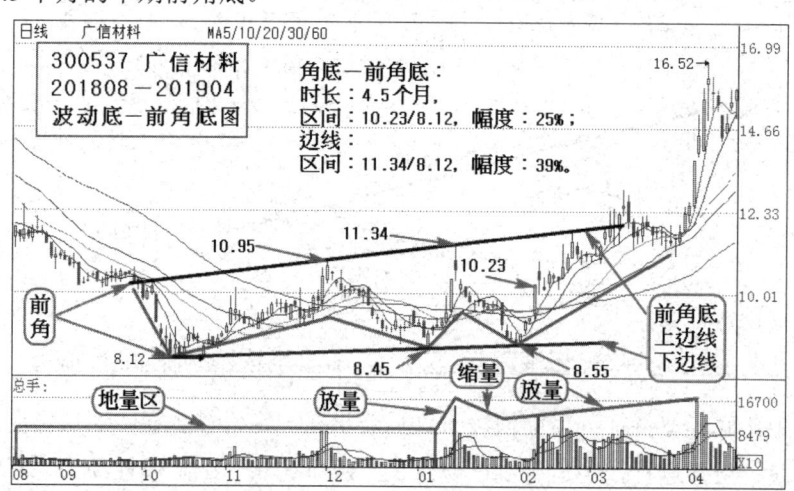

①前角底形态特征:前面波段下跌后股价在一定价位企稳,然后出现一个转折底,股价反弹运行,当运行到一定价位,股价构筑一个阶段性顶部,有尖顶、平顶、双顶、圆弧顶等,然后又一次下跌,在下跌到前期底部附近或以上时,再

一次形成转折底并反弹，在反弹到前期顶部以上后，又一次下跌形成第二个顶部，然后在下跌到前两个底部附近或以上后，第三次出现转折底，其后连续上涨形成中线或长线上涨行情。两次顶相连是一条向上倾斜的直线，三个底相连是一个水平或向上倾斜的直线，连接两个顶部的线与连接三个底部的线形成向前三角形形态。5日线、10线、20线大部分呈现三底形态，60线呈现圆弧底形态，并且这个筑底过程中60线处于下降状态。一般情况下第一个顶部价位以低于60线为主，个别会高于60线，第二个顶部价位肯定在60线以上，三底均在均线系统之下。整体成交量表现为地量运行，一般情况下从底部反弹时放量，其后缩量运行，后面上涨段逐步放量，上涨幅度都比较大。

②个股前角底分析：广信材料（300537）总股本1.93亿，流通股9622万，净资产6.74元，属于小盘股。该股于2016年9月出34.29元的高价后，一直处于下跌途中，一直到2018年10月25日股价在8.12元企稳，反弹运行到60线上方，在10.95元见顶后又一次下跌，进行二次探底，直到2019年1月4日股价在高于前底的8.45元企稳，再一次上涨，成交量略有放大，在2019年1月14日股价在60线上方运行并在高于前面顶部的11.34元处见顶，然后第三次下跌探底，在高于前两次底部的8.55元企稳，并开始加速放量上涨，角底完成。三底到上穿60线历时4.5个月；大底区间幅度约25%；边线幅度39%；成交量呈现地量＋放量＋缩量＋放量形态。

7. **多底**：实际的波动底，有一部分比较复杂，超过三重的底部也有不少。多底就是四重以上底部，或两个以上波动底组合成的底部。这里简要介绍几个。

（1）四重底：也叫三底＋单底。索通发展（603612）在2018年10月到2019年3月形成了三底＋单底的四重底。索通发展（603612）总股本3.37亿，流通股1.79亿，净资产7.24元，属于小盘股。从2017年9月出现55.77元的高价后一直下跌，到2018年10月30日在11.01元企稳，然后连续出现四次探底，时长4.5个月，波动区间幅度13%，大底幅度11%，成交量呈现微量＋放量＋缩量＋放量的形态，5日线、10线、20线呈现四重底形态，60线呈现圆弧底形态。四重底一旦反转比三重底更加可靠，但是也给预判底部带来了麻烦，就是三重底完成，股价站上60线以后，容易形成底部已经完成的感觉，而忽视后面还有一次探底，而且再一次探底使得已经走平的60线出现一个波折，非常具有破位下跌上有压力的暗示作用，仓位太重会在单底回抽时有所损失，所以四重底一般叫三底＋单底，提醒操作者关注三底后可能的回调走势。

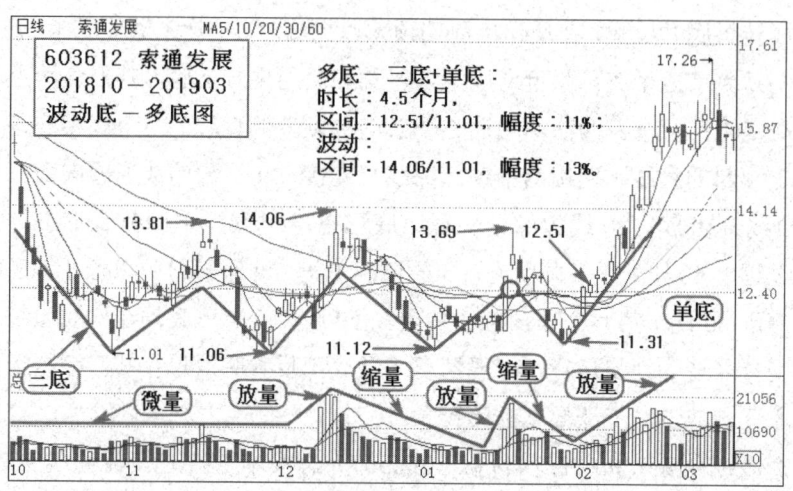

（2）头肩底＋单底：顾家家居（603816）在2018年8月到2019年4月出现一个头肩底＋单底的多底。顾家家居（603816）总股本6.02亿，流通股1.31亿，净资产7.82元，暂时属于小盘股。2018年6月出现54.39元的高价后一直下跌，到2018年9月17日在30.79元企稳，然后走出一个头肩底，最低探底至27.14元，但是当右底在30.73元企稳反弹后在60线上方并没有连续上涨，而是再一次出现探底，并且底部低于左右肩，高于头部，然后才发生连续上涨，时长5个月，波动区间幅度36%，大底幅度33%，成交量呈现微量＋放量形态，5日线、10线、20线呈现四重底形态，60线呈现圆弧底形态。同样这样的走势也给预判底部带来了麻烦，就是头肩底完成，股价站上60线以后，容易形成底部已经完成的感觉，而忽视后面还有一次探底，仓位太重会在单底回抽时有所损失，操作者应该关注头肩底后可能的回调走势。

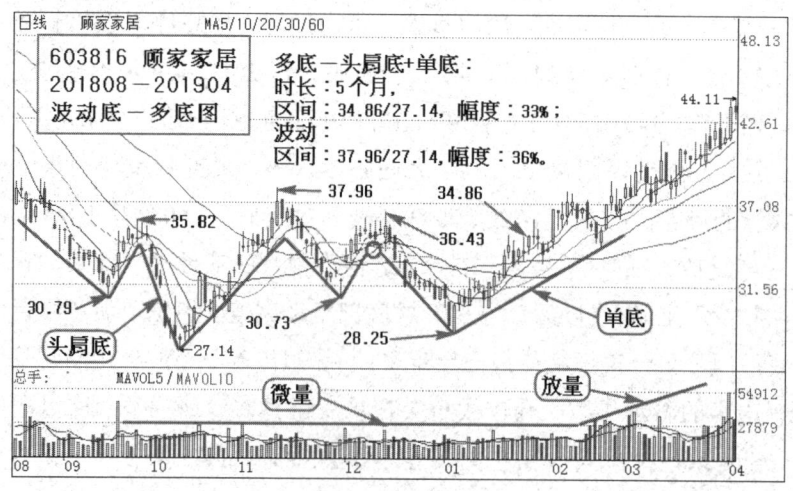

（3）双底＋窄底：中工国际（002051）在2018年9月到2019年3月出现一个双底＋窄底的多底。中工国际（002051）总股本12.37亿，流通股11.11亿，净资产8.53元，属于大盘股。2017年4月出现25.38元的高价后一直下跌，到2018年10月25日在9.91元企稳，然后走出一个后底高于前底的上飘双底，双底反弹并未超过60线，所以底部没有形成，其后回调并形成长约2个月的横盘窄底，所有均线纠缠月余然后放量上涨，大底形成。总时长5个月，波动区间幅度22%，大底幅度23%，成交量呈现微量＋地量＋放量形态，5日线、10线、20线呈现双底后横行形态，60线呈现圆弧底形态。这样的走势与前面的略有不同，由于开始的双底波动一直在60线下方，并未形成有效突破，当我们等待大幅回调时它没有出现，而当我们认为股价企稳回到60线上方大底已经完成并会出现大幅上涨时，它却是纠结横盘运行。操作者在遇到横盘运行时比较难以做出决策，只能等待向上或向下突破。

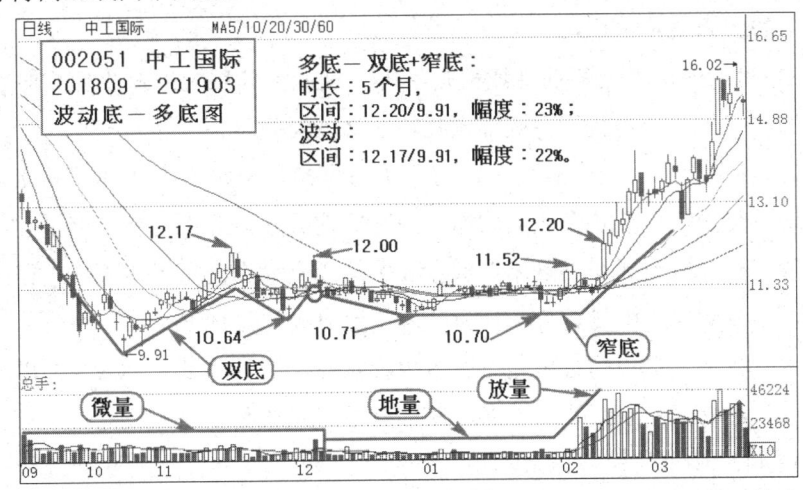

（4）多底纵论：底部是多样化的，有非常复杂的结构，超过四重底的波动也时有出现，多底在整个股票里面约占1/3。如果我们看好的股票走出一个多底形态，对于操作者来说就需要更加仔细分析底部特征才能予以把握。

第三节　阱底的确认

由于风险度不一样，对于阱口我们采取的是步步警觉的提前预判分析方式和能早减仓就早减仓、能早空仓就早空仓的操作方式；对于阱底提前预判一般只是为了更加精确地把握底部，需要采取的分析方式是能够决定底部形成的特征越完善越好，操作方法是初次仓位越精致越好，加仓补仓以风险可控为依据。在高位

的几次回落,熊坑预示着风险的来临,但是在低位的几次反弹却不一定说明趋势就会反转,也可能是下跌中途,所以阱底操作务求稳妥。另外阱底所处位置是长期下跌之后,一旦确认反转会上涨许久,所以赢利不在一天两天,无须和下跌较劲。阱口操作需要果断快速,而阱底操作则需要仔细耐心。

(一)阱底预判:一种可能的形态出现后,用大势、时间、幅度进行审核并预判底部的出现概率。

1. **大势:**绝大多数情况下,大部分个股的短线或中线波动的底部和顶部与大盘走势同步,所以首先用大盘来预判底部是关键的一步。

(1)波浪理论:在阱口预判时我们讲到了波浪理论,底部预判也是一样的,首先用基本数浪法则进行估算,得出一个初步的底部范围。虽然在调整市波浪理论的数浪规则总是难以涵盖所有波段,但是一轮牛熊市的大致走势还是比较准确的。就是说一轮牛市后走到一个比较可靠的底部,一般情况下经过下跌反弹再下跌的三浪的大幅调整结构。

(2)周期理论:大势的周期性是不容置疑的,利用上一次牛熊市时长推导本次市场的底部,作为我们对底部预判的一个重要手段。

(3)成交量:对于个股而言,由于主力机构和个股基本面的差异比较大,尽管平均成交量能够反映个股的状态,但是短期成交量并不总是能够说明一个底部的出现,有许多个股在下跌末期或盘底区间成交量都会有异常表现,但是对于大盘来说,成交量的缩量运行和地量,总是能够表明底部的来临。也就是说市场的活跃度单凭几个主力的进出是没有多少影响的,当成交量一再减少并出现区间连续地量时,说明市场活跃度枯竭,预示着底部的来临。

2. **时间:**时间是最考验人的耐力的东西,对于多空双方紧盯着市场波动的各路主力资金,总是会有按捺不住的时候,这个时候底部就要出现了。一个长时间的下跌耗掉了空头的力量,也激发了多头的冲动,削弱了场内资金却也积累了场外资金。长期下跌时长超过半年以上时是我们预判底部来临的时候。

3. **幅度:**大幅下跌会使资金远离市场,而同时让股票价格低于实际的社会价值,具有了投资价值,这个时候底部就来临了。许多股票从高位下跌,到接近或低于净资产值的时候,预期的回报率会适合于长期投资,所以当发现股价跌幅大于60%以上,股价低于净资产值的比例超过20%以上的时候,我们就要准备迎接一个适合长期投资的底部。

4. **指标:**一般情况下我们用指标判断一个短期底部会有失误,但是判断中长期底部，指标会有比较好的表现。重要的参考指标有 MACD 日线和周线底背驰金叉、TRIX 指标周线金叉、新 DMA 周线金叉等。

5. 均线： 在形态分析时我们知道，一轮中长期底部共有的特征是 60 线形成大圆弧底，同时股价一次或数次站上 60 线，所以当这样的特征出现的时候，预判底部形成了。

（二）阴底可靠性分析： 底部的可靠性分析实际上就是对预判阴底的各种条件的重新审核和确认。阴底可靠性分析就是对几个问题的回答。以上证指数 2019 年 2 月 11 日股价站上 60 线时为例进行分析。

1. 波浪形态完整吗？ 上证指数从 2005 年开始走出两波牛熊市，其熊市调整走势有相似之处，都完整地出现了三浪调整格局。从形态看第一波由于 B 浪时长太短，C 浪相对延长，而第二波由于 B 浪时长较长，C 浪相对较短。

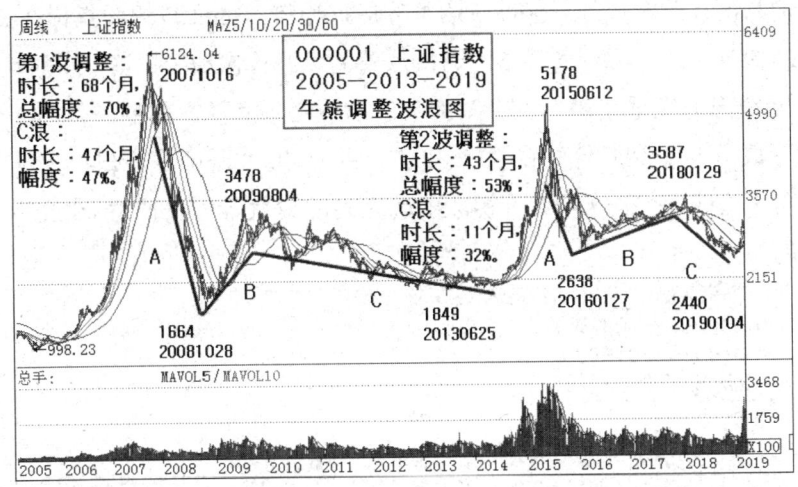

2. 下跌时间足够长吗？ 第一波调整从 2007 年的 6124 点调整到 2013 年的 1849 点，时长 68 个月，最后的 C 浪调整时间最长为 47 个月；第二波调整从 2015 年的 5178 点调整到 2019 年的 2440 点，时长 43 个月，最后的 C 浪调整时间为 11 个月。显然调整时间都足够长，特别是最后的 C 浪，都有长时间的杀跌效果，给持仓者或持币者以长久的煎熬。

3. 下跌幅度足够大吗？ 第一波调整从 2007 年的 6124 点调整到 2013 年的 1849 点，调整幅度 70%，最后的 C 浪调整幅度 47%；第二波调整从 2015 年的 5178 点调整到 2019 年的 2440 点，调整幅度 53%，最后的 C 浪调整幅度 32%。相对来说第一波上涨幅度大，调整幅度也大；第二波上涨幅度小，调整幅度也小，但是调整幅度都很大。

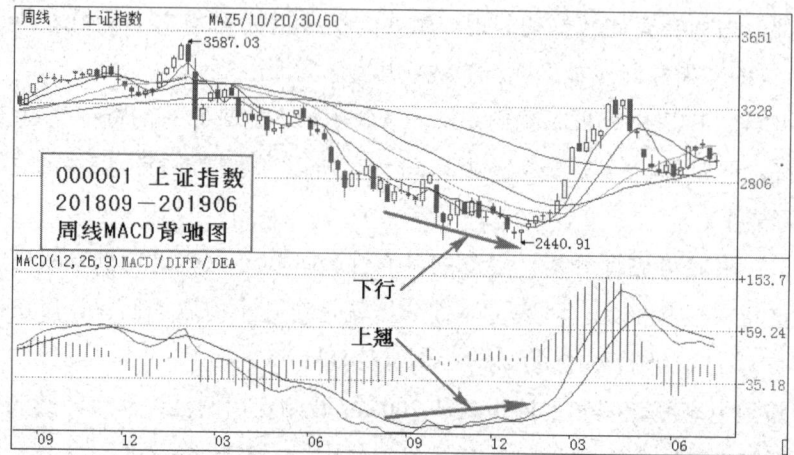

4. 底背驰有出现吗？对于长期运行的牛熊市来说，各种日线指标难以看出大趋势的状况，此时周线最能够表达整体运行趋势。MACD 周线指标在 2018 年 8 月到 2019 年 1 月出现了长达 5 个月的底背驰，股价出现了抵抗下跌的状况。

5. 均线形态完成了吗？一个大底部的出现必须有两个主要条件，一个是底部形态完成，一个是股价站在 60 线上方，并且 60 线圆弧底完成。上证指数在 2018 年 9 月中旬到 2019 年 2 月初，出现完整的双底形态；同时 60 线走平，形成多头趋势。

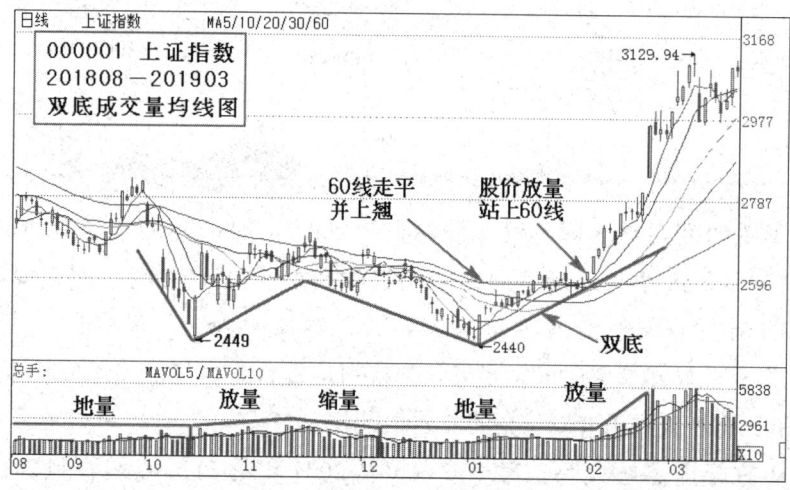

6. 成交量足够小吗？上证指数在 2018 年整体处于地量水平，双底形成过程中，上涨有小幅放量，回落时均缩到地量，说明股市长期处于低迷状态。

7. 股价横行时间足够吗？上证指数双底横向震荡共运行 4.5 个月，有足够的时间整理筹码并验证了股市创新低的难度。

这些问题一旦形成肯定的答案，阱底形成的可靠性很大。

第四节　阱底的操作

阱底操作一般指波动底的操作，但是波动底运行区间幅度都比较大，所以更精确的抄底是转折底的操作。

（一）波动底操作： 波动底一旦确认，操作是非常简单的，那就是满仓持股坚持到波段顶部完成。原则如下。

1. 要敢于满仓： 股市只有阱底确认以后才是满仓赢利的机会，这个时候风险度极小，所以敢于满仓才能正确把握熊去牛来的行情。

2. 要敢于追龙头： 涨得快的股票、有题材的股票，在牛市涨幅惊人，所以阱底确认后，应该以半仓追击龙头板块龙头股，而且最好在两个板块中追击。为什么不能满仓追击呢？因为一般情况下龙头股已经有一定的涨幅了，而没有大涨的股票有可能会是下一个龙头，所以最稳妥的做法还是半仓沉底股票＋半仓龙头股票为好。许多人在牛市不敢追高，错失大涨机会，而且一看到有了较大涨幅就害怕了，其实整个股市只有牛市才能追高，其他情况下是不能追高的，所以阱底确认后一定要有一部分仓位去买入龙头板块龙头股。

3. 要坚定持股： 一波强势行情有几次主升浪，在主升浪时股价不会因为指标超买和 BOLL 上轨以及某一天的高位回调而掉头向下的，一定会有不菲的涨幅以后才能出现像样的回调，所以耐心持股是最重要的手段，即使你没有买上龙头股，即使你的股票涨得慢，最终你会发现在牛市你也会有不少的收益。

4. 要敢于高抛低吸： 高抛低吸是把握波动的最优操作，连续的下跌由于风险极大，即使有机会也只能小仓位操作，而牛市可以放心地大仓位运动，其中即使有局部失误，其后股价的连续上涨也会给予回补，所以各种高抛低吸的技术手段可以放心使用，以便获取更好的利润。

（二）转折底操作： 转折底发生在波动底波动过程中，股价在最低价的小范围内运行，在这个位置操作是有非常大的优势的，并且波动底形成过程中会有数次转折底出现，把握得好利润可观，是真正意义上的精准抄底。胜战技术主要研究转折底的操作。由于所有的线下反转都属于底部，所以转折底的操作涵盖阱壁反弹和阱底波动两方面。转折底的操作与阱壁反弹操作和阱壁波动操作原则是一样的，就是每一次都不以底部来临操作，而是依照可能是下跌中途的思路规避风险。不管怎么样，转折底发生的时候股价已经大幅下跌了，风险度实际上已经很小了。这里对转折底操作在阱壁操作的前提下,再做一个补充。

1. 风险区:转折底的形态不复杂,但是由于筑底时间较短,所以在股价没有反转的时候,始终不能确认行情已经反转,都具有一定风险。

(1) 风险区概念:当股价下跌过程中 5 日线下的区域就是风险区。当股价在 5 日线下急速下跌的时候,是否出现反转是一个未知数,所以是风险区。

(2) 风险区分类:风险区有高风险区、一般风险区和低风险区三类。风险区中 5 日线下前底部之上和横盘运行之下 20% 区域是高风险区;5 日线下前底部之下或横盘运行下跌 20% 以下区域是一般风险区;一般风险区运行初期 BOLL 下轨线以下区域为低风险区,而且越远风险越低,一般风险区末端出现股价向 10 线运行时,BOLL 线下轨附近为低风险区。转折底操作在低风险区时进行。

(3) 风险区实例1:横盘阱壁破位下跌风险区。山西证券(002500)2018 年 8 月到 10 月走出比较长时间的横盘阱壁,横盘阱壁破位犹如悬空阱口,风险较大。以均线纠缠末端价位 6.22 元起算,20% 线在 4.98 元,从 6.22 元到 4.98 元是高风险区,4.98 元以下为一般风险区,一般风险区股价在 BOLL 下轨以下即为低风险区,并且走出横盘 K 线时下轨附近为低风险区。

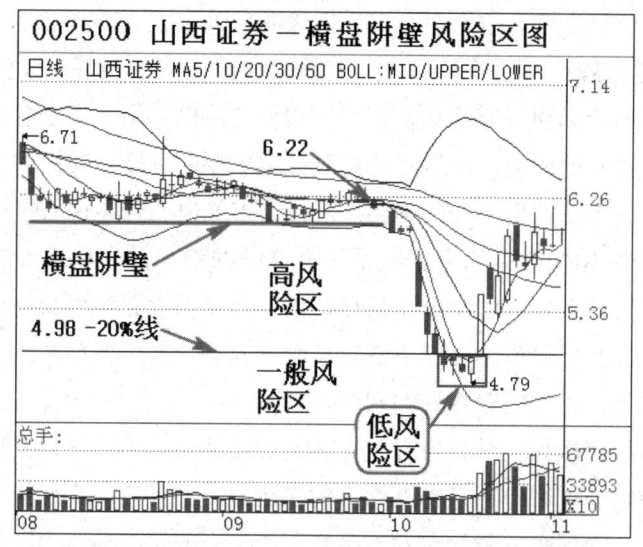

(4) 风险区实例2:连续下跌短线风险区。中国联通(600050)2018 年 4 月到 5 月走出反弹阱壁,然后连续下跌。反弹起始位 4.99 元,最高位 6.01 元,从顶部连续下跌到 4.99 元为高风险区,跌破 4.99 元为一般风险区,一般风险区股价在 BOLL 下轨以下即为低风险区,并且走出横盘 K 线时下轨附近为低风险区。

第十二章 陷阱研究之阱底

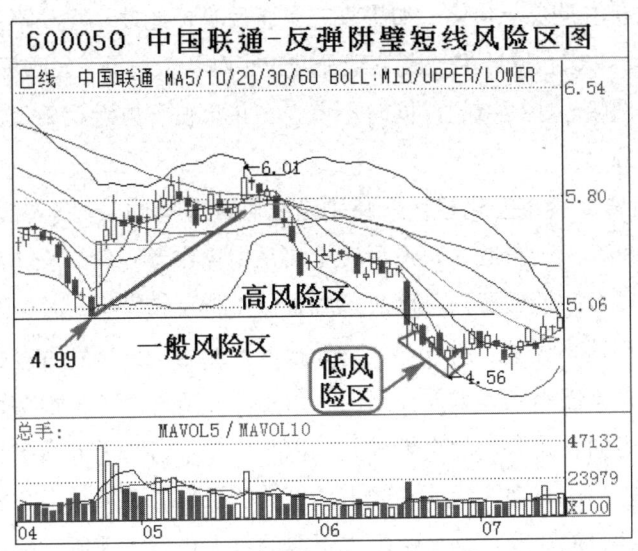

股票究竟在高风险区上涨还是在一般风险区上涨,这个是不确定的,有的股票在没有到前次底部位置就发生大幅反弹,有的在前次低点以下还不停地下跌,但是一般情况下在低风险区操作,失误率要小得多。风险区分析要在临近阱底处进行,当出现二次探底时,一般要结合大盘走势进行底部分析,这个二次探底不一定低于初次低位,但是一旦到二次探底的情况下,风险已经很小了。

2. **安全仓位**:安全仓位就是保证赢利和最小化亏损的仓位。对于新股民、还没有赢利的人,安全仓位是20%以下直到空仓;对于已经赢利的股民来说有两种持仓方式,一种是20%以下直到空仓,一种是依据已经有的赢利决定持仓。假如赢利30%,那么在股价盘整还不能确定要下跌时持仓20%,赢利100%则持仓50%。这样做主要是防止个股闪崩带来巨幅亏损。一般情况下在初次抄底时也执行安全仓位,稍后进行补仓。

3. **止损**:当抄底后发现股价重新下跌就应该止损。抄底时止损位的设置,依据即时价位在波段中所处位置确定,从一个阶段性顶部下跌10%以内抄底,止损位设置为0.5%以内,下跌20%以内设置为1%以内,下跌30%以内设置为2%以内。之所以这样设置是因为下跌幅度越大反弹发生可能性越大,而连续下跌可能性减弱。有时候我们买入后不久股价下跌,我们刚卖出股价却大幅反弹,下跌幅度越大这样的情况发生的可能性越大,所以为了避免误卖,制定止损位将随下跌幅度逐步放大,也就是一句话:"你都跌了这么多了,你再跌多少我都不怕。"实际上就是因为越跌安全度越高,发生反弹可能性越大,该忍一忍就得忍一忍,另外我们抄底仓位是安全仓位，如果真的具备反弹可能性，下跌不是考虑止损而是加一定仓位，博取反弹收益。当下跌幅度较小时买入股票，发现即将重新下跌，就需要果断在跌幅较小时减仓，同时不考虑在止损位下方近距离处加仓，除非大盘反转信号明确。

4. **快速反转**：股市变化极快，特别是在临界盘整的时候，快速反转才能跟随波动做到精准介入转折底。快速反转主要是指操作者心理的反转，大部分人在卖出股票后不能及时反转买入，而买入股票后不能反转卖出，有一个心理徘徊滞留时间。这个心理徘徊期之所以存在，最根本的原因是操作者资金有限，多空操作手段不完整，不能做到各方面技巧的有效对冲，所以卖了害怕买错，买了害怕卖错；还有一方面就是人类的思维因素，由于所有事情对于人类来说都有可把握的方面和不可把握的方面，而博弈的市场无数的操作者和大小资金进出随机性更强，不可把握的方面更大，甚至由于大资金的对立作用，使所有趋势都具有易变性，这样就让人无所适从，一时之间失去了方向，产生思维徘徊。而等我们再一次开动思维的时候，股价已经上涨或下跌了一段，思考的条件发生变化，一时之间再一次陷入难以拿定主意的徘徊中。还有人爱用"以不变应万变"来说事，这样的方法在上涨和下跌连续进行过程中有一定优势作用，但是在临界盘整时期，会失去作用，导致下跌不能及时止损，上涨不能及时跟进。一个短期的小小的转折点，需要的是果断的思维转向和及时的安全仓位的跟进。当我们在某一个价位试图抄底时，实际上证明我们思维已经进入了对盘整转折的确认之中，此时现实是不是正在发生转折还不一定，这样就需要我们确认，我们错了的时候要及时纠正。这里容易犯两种错误，一种就是我们开初认为股价还要下跌，不敢买入，并且预设股价大跌许多，而此时股价也一直下跌，当下跌到一定位置时，感觉到可能要上涨，而此时大盘也出现了企稳信号，隐隐约约地感觉要反转，我们却以与预设不符拒绝改变思路，而看到股价真的反转并越等越高的时候，才开始后悔当初不能改变操作；另一种就是买入后股价下跌我们及时止损了，而在止损后突然发现大盘企稳股价也要反转，却不能再一次买入，特别是股价高于前次卖出价时，心里不服气，想着必须等到回落再买，结果却看见股价大涨，越涨越高反而不敢买入了。我们每一次快速反转并不都会是正确的，所以快速反转必须以安全仓位配合，以便再一次发现错误时减少损失。由于转折底最佳机会稍纵即逝，所以需要多加磨炼，形成自己的操作手法。

（三）阴底操作实例分析：对于波动底我们只以形态确认为主，这里不做操作分析，因为一个大底部一旦形态确认，除了满仓跟进以外没有什么多余的技巧，反而是越做多余的事情，收益越低，除非你是一流短线高手。这里只做转折底操作分析。

1. **大盘参考图**：在进行个股分析时一定要结合大盘走势分析进行，对个股阴底进行分析，就需要亦步亦趋地跟随大盘走势。上证指数筑底过程在前面有比较完整的分析，这里是上证指数底部形成之前的日线波动和双底日线波动形成过程图。分析参考的一般性原则如下。

（1）大盘走势能够对个股走势起到牵引作用。

（2）大盘指数波动幅度大幅小于个股同时期波动幅度。

（3）调整市大盘 BOLL 上轨线对趋势压力非常明显，有聚压作用。

（4）连续下跌时股价会多次跌到 BOLL 下轨线以下，距离较大时会出现反抽。

（5）大盘指数横盘下跌高风险分界线是下跌 10% 线。

（6）大盘地量会引发反弹。

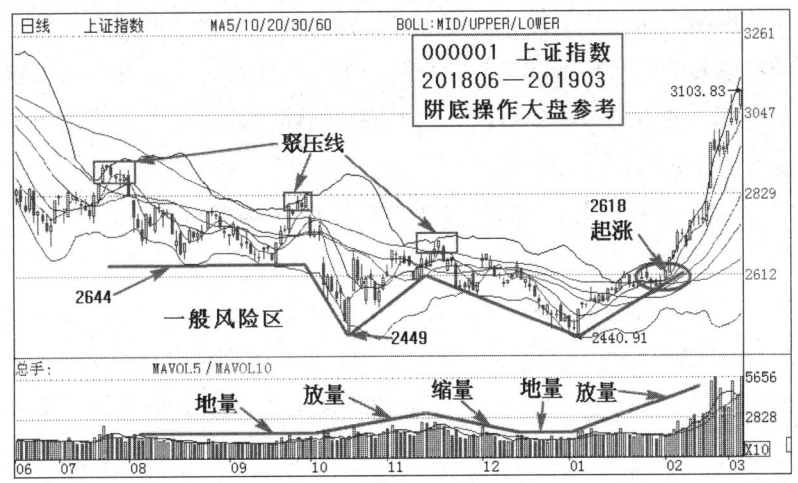

2. **实例 1**：皖维高新（600063）2018 年 6 月到 2019 年 2 月两次转折底操作分析。假设我们持股到了 2018 年 9 月下旬。

（1）**空仓操作**：皖维高新从 7 月开始反弹，但是从 8 月中旬后走出了横盘运行。与大盘走势对比发现，9 月下旬大盘连续反弹时，皖维高新并没有跟随大涨，而是做了小幅反弹，走势明显弱于大盘，并在 9 月底形成均线纠缠。大盘在 9 月底指数连续在 BOLL 上轨线处横盘，形成短期聚压线，此时应该减仓应对。经过国庆节假期后 10 月 8 日开盘，大盘跳空下跌，皖维高新也连续下跌，并跌破所有均线，当日收盘前必须执行空仓操作。

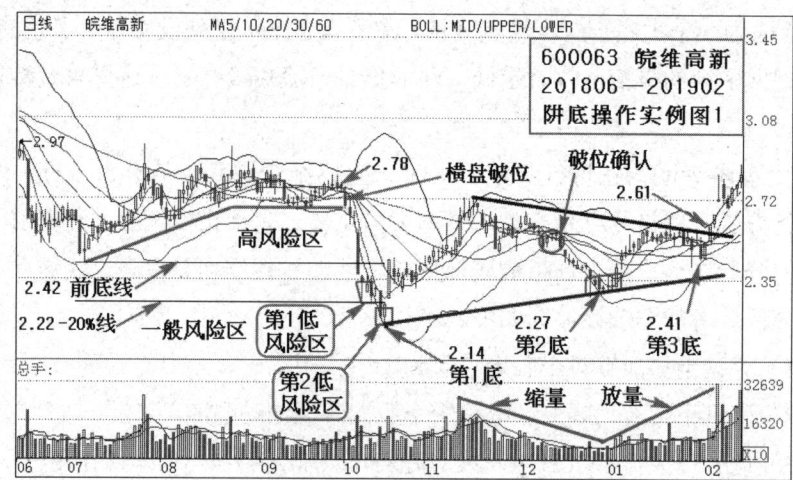

(2) 低位空仓策略：由于大盘从 2018 年 1 月 25 日的 3587 点下跌已经 8 个月，最低跌到 2644 点，跌了 943 点，幅度 26%，并且已经在地量运行中，10 月 8 日尽管发生了大跌，但是这里会不会形成中期底部，依然是考虑之列，所以空仓后做两方面分析和跟随确认工作。一方面是风险分析，不管这里是不是底部，凡是破位下跌，就要做新一轮下跌开始的打算；另一方面是这里能否形成有效反转，形成中期底部，也需要跟随分析，一旦形成要快速反转。实际上就是养成随时快速反转的习惯性分析。

(3) 风险性分析：大盘风险区依据此前低点 2644 点进行，此时是 2716 点，在高风险区，跌破 2644 点才能进入一般风险区；由于皖维高新走势特别，先反弹后横盘，而且末端形成均线纠缠，所以从两方面进行分析，一方面依据反弹分析，形成 2.42 元线，以此线之下为一般风险区；另一方面依据横盘分析，形成 2.22 元的 20% 线，以此线下为一般风险区。归纳两方面以 2.22 元以下为一般风险区。

(4) 跟随确认：日线看大盘，10 月 9 日、10 日二日在短期均线附近徘徊，似乎有一定支撑，所以此时是反转确认的关注时刻；皖维高新则继续下跌形成破位双阴线后伴随一个十字星，成交量缩量，这里个股没有明显优势不能买入。10月 11 日大盘个股都跳空大跌，反转已经不用考虑了，需要考虑的是还要跌多少。

(5) 低风险区确认：新一轮下跌肯定形成了，关注的是低风险区的寻找和确认。10 月 11 日大盘收 2583 点，已经进入一般风险区，个股皖维高新跌停收 2.37元，接近一般风险区。此后寻找大幅远离 BOLL 下轨线的地方和横盘阳线出现在下轨线上方附近的地方，就是低风险区。

(6) 初步操作：由于股价在线下运行，所以在阴壁操作和波动操作分析中，

第十二章 陷阱研究之阱底

有关于线下反弹操作原则和下跌波段分钟线操作原则，在这里都适用，就不再重复了。这里依据低风险区操作进行分析。第一次机会出现在 10 月 12 日，当日大盘跌破 BOLL 下轨探底回升，皖维高新大幅下探 4.6% 并大幅远离 BOLL 下轨线然后跟随大盘回升，是一次小仓位博取反弹并试图把握转折底的机会。可以小于 20% 仓位在探底回升时介入，并随着大盘收阳加仓，但是不超 40% 仓位。这里高抛低吸可以短期获利，并跟随确认转折底。

（7）转折底操作：10 月 18 日股价开盘后一路下跌，股价依然在 5 日线下，转折底不成立，如果仓位在 20% 以上，及早减仓甚至于空仓，由于此时在一般风险区，所以也可以不空仓，但是仓位不能超过 20%，如果早晨在大盘和个股下跌初期空仓，肯定是一流的操作。这里无法假设什么，但是 5 日线下小仓位是必须的。当我们小仓位或者空仓后仅仅过了一个晚上，10 月 19 日大盘短暂跌破 BOLL 下轨线后一路上涨，皖维高新也开始回升，上午 K 线图形成了一般风险区的 BOLL 下轨线上方的横盘阳线，需要的是快速转弯，此时我们还不能确认是转折底形成了，买入方式依然是先 20% 再酌情加仓，这里也许我们快一步转弯，买入价会低于前一天卖出价，如果慢一步，买入价会高于前一天的卖出价，但是无论什么情况，该转弯一定要转弯，而且越快越好。其后股价连续上涨，阴差阳底的转折底确认了，加仓待涨。

（8）第二转折底操作：这里对于第二转折底的把握，同样地在阱壁操作和波动操作分析中，有关于线下反弹操作原则和下跌波段分钟线操作原则，在这里都适用，并且关于风险区分析也可以用。这里只针对阱底底部波动过程分析。

（9）空仓操作：线上筑顶和反弹之后，在 12 月 10 日第一次跌破均线，这里对应大盘走势可以看到，上证指数在 60 线处走出 2 个顶部，形成弱势下跌走势，当日需要进行空仓操作，其后在均线附近横盘 3 个交易日，而此时大盘略有反弹并触碰 60 线，形成第三次冲击 60 线，皖维高新的反弹力度很弱，12 月 14 日再一次与大盘一起下跌，如果此前没有空仓那么这里是必须空仓的。

（10）低位空仓策略：到这里大盘从 2018 年 1 月 25 日的 3587 点下跌已经 11 个月，经过一轮放量上涨后又一次下跌，那么究竟要进行新一轮大跌还是进行二次探底，是我们在当时需要进行跟踪确认的。如果是新一轮下跌，那么必然会大幅跌破前期低点出现新低；如果是二次探底，则有可能在前期底部附近企稳形成反弹。由于已经空仓，所以这里最重要的还是对二次探底的分析把握。

（11）二次探底的把握：12 月 14 日后大盘及个股都连续进行缩量下跌，并都在 12 月 25 日出现单针探底。这个大幅度的针形 K 线，是我们关注此处是否反弹的起点，其后大盘小幅下跌地量运行，皖维高新更是创出年度地量，并且连续数日没有跌破单针最低价。这里我们看到上证指数周线底背驰，地量运行，下跌时长临近 12 个月，所以促使我们做出是否会出现二次探底反转的思考。2019 年 1 月 4 日皖维高新伴随大盘大阳起升，形成先导针底，当日及时跟进，仓位应该是 40% 以上。

3. **实例 2**：新疆天业（600075）2018 年 6 月到 2019 年 3 月有一次线下下跌三次底部转折底，这里只做线下下跌分析，模拟抄底错误以后应对，其他三个转折底操作与实例 1 一样。假设我们持股到了 2018 年 8 月初。

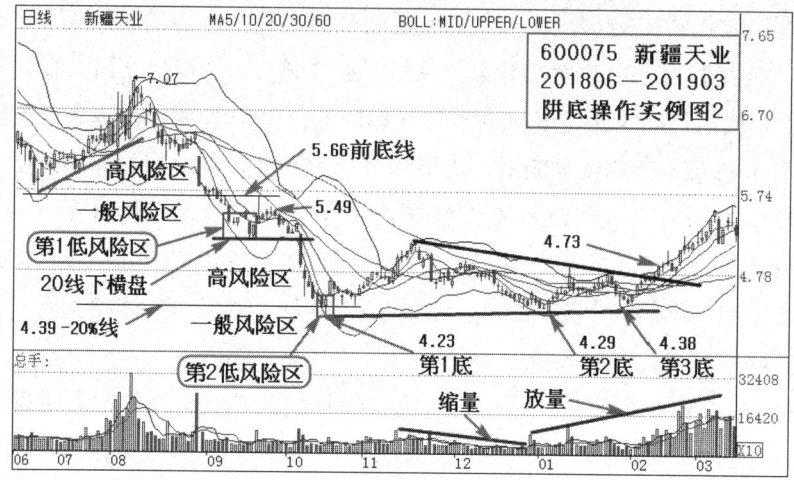

（1）空仓操作：新疆天业在 2018 年 7 月 6 日到 8 月 8 日走出一波与大盘波动不同的上涨行情，当 8 月 30 日跳空低开跌停的单日，此时股价已经跌破均线，上证指数也大阴回调，开盘不久就必须空仓。

（2）低位空仓策略：到这里大盘从 2018 年 1 月 25 日的 3587 点下跌已经 7 个月，股指在 7 月 6 日 2691 点反弹，在 8 月 20 日 2653 点又一次反弹，走出横盘波动的趋势，大盘会不会企稳反弹，是我们在当时需要进行跟踪确认的。如果是新一轮下跌，那么必然会大幅跌破前期低点出现新低；如果企稳反弹，则有可能形成中期底部。

（3）风险性分析：大盘在前期低点上方，如果新一轮下跌，那么应该在高风险区，如果大盘在 2600 点上方企稳，则在底部波动中，但是此时不能确认；新疆天业前低 5.66 元上方为高风险区，5.66 元下方为一般风险区。9 月 11 日后新疆天业与大盘一起横盘，首次出现低风险区。

(4) 疑似底部操作：由于后面的行情还没有走出来，这里大盘在前低 2660 附近横盘，并且地量运行，这里是不是三重底形成，也是必然要考虑的事情。9月18日，股指摸底 2644 点后中阳反弹，同时 MACD 日线指标形成长达 2 个月的底背驰，疑似即将形成三重底，新疆天业 20% 仓位介入，并于尾盘加仓到 40% 仓位，等待上涨。其后新疆天业大幅上涨后沿着 5 日线小幅攀升，而大盘则连续上涨，并于 9 月 21 日站上 60 线，其后几日在 60 线上沿着 5 日线小幅攀升。这里疑似形成了三重底，我们加仓买入持股待涨。

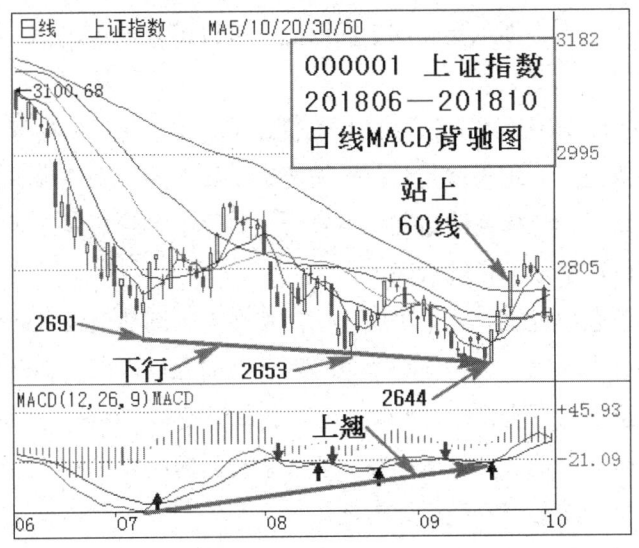

(5) 大仓位策略：当我们满心以为底部来临，仓位加大准备大涨时，我们应该注意什么呢？当然是不能抄底抄到半山腰！所以在认为底部来临之后，最重要的不是涨多少的问题，而是紧紧跟随趋势仔细分析真的是大底部而不是半山腰吗？所以大仓位的时候，需要的是大盘和股价破位的时候能够勇于止损。仓位越大，这种止损减仓的心理准备就需要越充分，各种减仓技巧要非常熟练，并且能够告诫自己快速止损快速转弯，不怕少赚及时少赔。

(6) 止损操作：在 10 月 8 日跳空大阴线出现，大盘直接跌破各均线，收于均线下方，此时初步确认底部未完成，需要大幅度减仓，如果你经验丰富能够判断准确此处不可能出现四重底，那么及时空仓是最好的操作，如果还有犹豫想等待进一步盘底，则可以留 20% 仓位。

(7) 抄底失败：在 10 月 11 日大盘大幅跳空下跌，跌破 2644 点，新疆天业从高位开盘下跌，相对情况较好，及时空仓是最好的操作。此时正式宣告抄底失败,行情将向下继续寻底,而我们需要进行下一轮操作准备。

第五节 阱底操作补充

(一)技术指标应用: 我们这里主要用到了 MACD 和 BOLL 两种指标。

1. MACD 应用: 日线 MACD 背驰,一般预示短期反弹,个别情况下可以形成中期以上底部,所以当日线 MACD 底背驰的时候,需要重审底部,并在股价冲高时能够及时减仓,而不必等到破位以后再减仓空仓。周线 MACD 底背驰一般情况下可以确认一个中期以上底部正在形成,可以进行保留底仓、高抛低吸来应对可能的抄底错误。

2. BOLL 应用: 阱底操作时,BOLL 上轨线主要用于规避阳线回调,就是聚压阳线引起的下跌,直观地说就是此前一天还是阳线上冲,仓位满满信心十足,第二天就跳空下跌、损失惨重的情况。下轨线主要用于寻找短线低风险区域进行超短线操作或比较准确地操作转折底。

(二)股票仓位控制: 如果阱底确认,那么无论高估值或者低估值,甚至部分问题股,都可以大涨,就是那种猪也可以上天的行情,而且许多垃圾股可能率先发动行情以给主力解套换股,所以是可以追龙头股的。但是一旦发现行情回调、走势不如意的时候,需要立刻减掉高估值股票和问题股,保留低估值有业绩的股票,当然在破位下跌时空仓是最好的选择。

(三)高抛低吸: 胜战理论认为,由于存在抄底错误而抄在半山腰的情况,所以始终不以满仓操作,除非主升浪启动,一般情况下以低于半仓为常规持仓,用剩余仓位进行高抛低吸,规避可能出现的抄底以后再一次的破位下跌时仓位太重的问题。由于上涨行情高抛低吸容易成功,而下跌行情不宜开展高抛低吸,所以小仓位可以在上涨初期如鱼得水,而在下跌时进一步减仓直到空仓,把损失控制到较小的状态。